중국과 이슬람 세계의 지도 그리기
전근대 아시아에서의 문화 간 교류

음역(音譯)에 대한 일러두기

이 책은 그레고리력에 따른 날짜를 제시하고, 히즈리(Hijri, 이슬람력)와 음력 날짜는 제시하지 않는다. 중국어 이름과 용어의 음역은 병음(拼音) 체계에 따르고, 아랍어 이름과 용어의 음역은 미국 의회도서관(Library of Congress)의 체계를 따른다. 페르시아어에서 기원한 이름과 용어 또한 아랍어의 방식처럼 음역하였다. 칼리프(caliph)나 바그다드(Baghdad)와 같은 흔한 단어와 지명은 구별 없이 일반적으로 사용하는 영어 형태로 적었다. 음성 알파벳을 사용하는 아랍어, 페르시아어 저술들과는 달리 중국어 저술은 표의문자(表意文字)로 되어 있으므로 이 책에서는 한자 용어 풀이를 제공한다.* 몽골어에서 유래한 이름과 용어는 F. W. 클리브스(F. W. Cleaves)에 의해 수정된 안토인 모스타르트(Antoine Mostaert)의 체계에 따라 음역하였다. 다만 다음과 같이 약간의 차이가 나는 것은 체계에 따른 음역에서 제외되었다. 즉 č는 ch로, š는 sh로, γ는 gh로, q는 kh로, ǰ는 j로 표시했다.

* 본 번역서에서는 원서의 한자 용어 풀이를 참조하여 본문에서 한글과 한자를 병기했기 때문에 별도로 용어 풀이를 삽입하지 않았다.
* 본 번역서에서는 한국에서 아직 아랍어의 한글 표기법이 통일되지 않았기 때문에 국립국어원에서 가안으로 발표한 표기법을 따른다. 예를 들어 al-Bīrūnī는 알-비루니, 알 비루니 등이 아닌 알비루니로, Rashīd al-Dīn은 라시드 앗 딘, 라시드 알-딘 등이 아닌 라시드 알딘으로 표기했다.

이 저서는 2020년 대한민국 교육부와 한국연구재단의 지원을 받아 수행된 연구임 (NRF-2020S1A6A3A01054082).
This work was supported by the Ministry of Education of the Republic of Korea and the National Research Foundation of Korea (NRF-2020S1A6A3A01054082).

중국과 이슬람 세계의 지도 그리기

전근대 아시아에서의 문화 간 교류

박현희 지음 | 권용철 옮김

경인문화사

발간사

한국의 동유라시아 물품학(物品學) 정립을 목표로

동국대학교 문화학술원은 "동유라시아 세계 물품의 문명·문화사"라는 연구 아젠다로 한국연구재단의 인문한국플러스(HK+)사업에 선정되어 2020년부터 연구 프로젝트를 수행하고 있다. 기존의 인간 중심의 연구에서 벗어나 물품이 중심이 되는 연구를 통해 물품이 인간 사회를 둘러싸고 생산, 유통, 소비되는 과정을 총체적으로 분석함으로써 한반도를 넘어 동유라시아 지역세계의 물품학을 학술적으로 정립하는 것이 목표이다.

본 사업단은 동유라시아의 지역 범위를 한국을 중심으로 놓고 동위도 선상에 있는 중국, 일본, 그리고 북으로는 몽골, 러시아의 우랄산맥 이동지역과 몽골을, 서로는 중앙아시아 및 우즈베키스탄, 카자흐스탄, 키르기스스탄 지역, 남으로는 인도 이동지역인 태국, 캄보디아, 베트남, 인도네시아, 필리핀 등지를 설정하였다.

『총·균·쇠』(원제: *GUNS, GERMS, and STEEL-The Fates of Human Societies*)의 저자로 퓰리처상을 수상한 세계적 석학 제레드 다이아몬드(Jared Mason Diamond)는 동유라시아를 포함한 유라시아 대륙은 기후·식생(植生, 식물의 생육상태) 등의 유사한 생태환경을 가진 위도가 같은 지대가 동서로 길게 펴져 있어, 이 지대(地帶)에 속한 각 지역은 생태환경이 유사하고, 식물·기술·지식·문화의 이전 및 적용이 용이하여, 그 결과 동서 교통·교류가 촉진되었다고 분석하였다. 나아가 세계사에 관심을 가진 사람늘은 동아시아 및 태평양 일대의 인류 사회를 통해 배울 점이 많은데 그것은 환경이 역사를 형성했던 수많은 사례들을 발견할 수 있기 때문이라고 명언하였다.

이러한 특별한 특성을 지닌 공간에 살았던 사람들의 물품 생산과 유통, 소비 과정을 통해 이 지역만의 Locality는 무엇이며, 그것이 글로벌 세계와 어떠한 연관성을 가지고 있는지를 밝혀내려는 시도에서 물품에 착안하였다. 인간이 살아가는데 있어 필수불가결한 물품은 한 민족이나 국가에서 생산되어 소비되기도 하지만, 주변 지역으로 전파되어 새로운 문화를 창출하기도 한다. 이런 점에서 인류의 역사를 추동해 온 원동력이 바로 물품에 대한 욕구였다고 해도 과언이 아니다.

본 사업단은 오랜 세월에 걸쳐 인류가 발명하고 생산한 다양한 수 많은 물품을 지역별, 용도별로 구분하여 연구를 진행한다. 지역별 분류는 네 범위로 설정하였다. 첫째, 동유라시아 전 지역에 걸쳐 소비된 물품이다. 동유라시아 지역을 넘어 다른 문명세계에 전파된 물품의 대표적인 것이 초피, 견직물, 담배, 조총 그리고 16세기 이후 바다의 시대가 펼쳐지면서 사람들의 욕구를 배가시킨 후추, 육두구, 정향 등의 향신료이다. 한국의 인삼, 중국의 견직물, 일본의 은, 동남아시아의 향신료는 유럽이나 아메리카를 이어주는 물품이었던 것이다. 동유라시아 지역에서 생산된 물품의 교역은 최종적으로 유럽 등을 포함한 이른바 '세계경제' 형성에 연결되었다. 둘째, 첫 번째 지역보다는 범위가 제한된 동아시아 지역에서 사용된 물품이다. 소목, 청심환, 수우각, 화문석 등을 들 수 있다. 한국(당시는 조선)에서 생산된 호피, 표피는 중국에 진상된 것을 시작으로 일본 막부와 류큐 왕조에 증여, 나아가 일본을 통해 캄보디아까지 전파되었다. 셋째, 양국 간에 조공이나 증여 목적으로 사용된 물품이다. 저포 등이다. 넷째, 한 국가에서 생산되었지만 그 사회에 국한되어 커다란 영향을 끼친 물품이다. 이처럼 동유라시아 각 지역의 역사는 서로 영향을 끼치면서 전개되었다.

다음으로 생각해야 될 점은 물품 그 자체가 지닌 속성이다. 물품 자체가 지닌 고유한 특질을 넘어 물품이 지닌 다양한 속성이다. 다시 말하자면 상품으로서의 경제적 가치를 지닌 것에 그치는 것이 아니라 정치적, 군사적, 의학적, 문화적 측면에서 다양한 용도로도 쓰였다는 것이다. 그것은 정치적으로는 조공품일 수도, 증여품일 수도, 사여품일 수도 있다. 해산물인 해삼·전복은 기본적으로는 음식재료이지만 동아시아에서는 화폐기능과 광택제로서, 후추·육두구 등 향신료는 16세기 이후 유럽 세계에 의약품으로서의 효능은 물론 음식을 상하지 않게 하는 성질을 가진 용도로 소비되었다.

이처럼 지리적·기후적 환경 차이가 불러일으킨 동유라시아 세계 사람들이 만들어낸 물품은 다른 지역, 더 나아가 다른 문명 세계에 속한 사람들에게 크든 작든 영향을 끼쳐 그 사회의 문화를 변용시키기도 하였다. 다시 말하자면 기후, 생산 자원, 기술, 정치체제 등의 여러 환경 차이에 의해 생산되는 물품의 경우 그 자체로도 차이가 나타났고, 인간 삶의 차이도 유발시켰다.

인류의 문화적 특징들은 세계의 각 지역에 따라 크고 다르게 나타난다. 문화적 차이의 일부는 분명히 환경적 차이의 산물이기도 하다. 그러나 각 지역에서 환경과 무관하게 작용한 문화적 요인들의 의의를 확인해 보는 것도 중요한 일이다. 이러한 관점 하에서 본 총서가 기획, 간행되었다.

동유라시아의 대륙과 해역에서 생산된 물품이 지닌 다양한 속성을 면밀하게 들여다보는 것은 한국을 넘어선 동유라시아 지역의 문명·문화사의 특질을 밝혀내는 중요한 작업이다. 서로 다른 지역과 국가에서 지속적이고 직접적인 접촉을 통해 서로가 갖고 있는 문화에 다양한 변화를 일으켰을 것이다.

　본 총서의 간행은 사업단의 아젠다 "동유라시아 세계 물품의 문명·문화사"를 다각적인 측면에서 접근, 분석하여 '한국의 동유라시아 물품학'을 정립하는 작업의 첫걸음이기도 하다. 달리 표현하자면 새로운 인문학의 모색과 창출, 나아가 미래 통일 한국이 동유라시아의 각 지역과 국가 간 상호교류, 경쟁, 공생하는 역동적인 모습을 새로이 정립하고 창조하기 위한 첫 작업이라 할 수 있다. 다만 동유라시아의 물품이라는 주제는 공간적으로는 규모가 넓고 크며 시간적으로는 장시간을 요하는 소재들이라는 점에 유의할 필요가 있다. 본 사업의 궁극적인 목표는 중국의 돈황학(敦煌學), 휘주학(徽州學), 일본의 영파학(寧波學)에 뒤지지 않는 세계에 자랑할 수 있는 학문적 성과를 거두는 것이자, 한국이 미래 북방과 남방으로 뻗어나갈 때 인문학적 지침서 역할을 하는 것이다.

2024년 1월
동국대학교 문화학술원장
인문한국플러스(HK+) 사업단장
노대환

한국어판 저자 서문

많은 한국 독자에게 중국과 이슬람 세계의 교류사는 생소한 주제일 것입니다. 저는 동양사 전공자로서 이 주제에 깊이 빠져들게 되었습니다. 전근대 시대에 실크로드를 통해 유라시아 여러 사회와 교류했던 중국이 한국, 일본뿐만 아니라 중동의 이슬람 세계까지 이어졌음을 가정하고 시작한 연구였는데, 생각보다 훨씬 더 풍부한 역사와 이야기를 가지고 있는 것을 발견하게 되었습니다.

이 책에서는 그 교류의 규모와 방대함 때문에 모든 사항을 다룰 수는 없었습니다. 그래서 주요 테마로 중세 시기 중국과 이슬람 세계의 교류를 통해 증진된 지리 지식과 상호 이해에 중점을 두었습니다. 교류를 통해 확장된 지리 지식은 서로에 대한 이해를 높이고, 그것이 또한 지속적인 교류의 기반을 마련했습니다.

당시 여러 면에서 가장 발전한 두 사회였던 중국과 이슬람 세계는 무역, 외교, 여행 등을 포함하는 상호 교류를 통해 서로에 대한 이해를 향상시켰고, 그 과정에서 더 넓은 세계에 대한 시야도 넓혀갔습니다. 이 두 사회가 실크로드를 통한 지속적인 교류를 지속하며 발전시킨 구체적이고 체계적인 지리서와 지도는 유럽과 다른 사회에도 영향을 끼치는 등 세계사에서 매우 중요한 역할을 하였습니다. 이러한 역사 배경은 21세기의 세계화 시대에도 중요한 교훈과 통찰력을 제공해 줍니다. 물론 근대 이후의 전지구적 교류만큼의 규모는 아니었지만, 전근대 시대에도 서로 원하는 상품을 얻으려고 교류를 지속해 나가면서 상대방의 문화를 이해하고 상호 작용하는 데 큰 노력이 기울어졌다는 것은 인상적입니다.

이 책의 초점을 벗어나는 것이라서 심도 있게 다루지는 못했지만, 한반도의 왕국들도 이 유라시아 교류에 참여한 사실을 주목해야 합니다. 중세 이슬람 세계의 상인들은 동아시아에 가서 무역하고 고향으로 정보를 가져왔는데, 이를 바탕으로 학자들이 기술한 아랍어와 페르시아어 지리서들은 신라를 금이 풍부하고, 산이 많고 온화한 기후와 비옥한 토양을 가진 곳이라고 정확히 표현하였습니다. 더욱 흥미롭게도, 이란을 지배했던 몽골 정권인 일 칸국의 재상 라시드 알딘은 중국에서 직접 가져온 동시대 자료를 바탕으로 중국에 대한 최신 정보를 기록하면서 고려도 언급하고 있습니다. 이러한 갱신된 지리 지식은 몽골 시기 이후의 지리 저작에도 적지 않은 영향을 끼쳤습니다.

인적, 물적 교류와 함께 이루어진 이러한 정보의 교류는 유라시아의 동서 쌍방향으로 이루어졌습니다. 즉, 무슬림 학자, 상인들이 몽골 치하의 중국에 가져온 이슬람 세계지도들이 유통되면서 궁극적으로 조선 왕조 초기에 조정이 동아시아의 지도를 함께 활용해서 유명한 '혼일강리역대국도지도'를 제작하는 데도 이용되었습니다. 이렇게 조선 초에 한국인들이 유라시아의 광범위한 지리를 이해하게 된 배경은 유라시아에서 활발히 이루어졌던 교류의 산물이라 할 수 있습니다. 제가 소주에 관해 쓴 후속 연구서에서도 보였듯이, 소주와 같은 여러 문화적 요소가 유라시아와의 교류를 통해 한반도 사람들에게 영향을 주었고, 반대로 한반도의 문화도 유라시아 여러 지역에 영향을 미쳤습니다.

이러한 유라시아의 다양한 사회 간 교류와 인적, 물적, 아이디어의 교환에 관한 연구는 이의 세계사적 중요성을 인지한 동국대학교 문화학술원 HK플러스사업단의 연구 프로젝트를 통해 심화되고 있습니다. 많은 전문용어와 생소한 내용을 담고 있는 저의 부족한 이 책도 이 프로젝트를 통해 번역되어 한국에 소개될 수 있었습니다. 이미 전근대 중국과 몽골 시대의 여러 중요한 연구서를 높은 수준으로 번역한 권용철 선생님이 이 책의 번역을 맡아주신 것은 저에게 너무나도 큰 행운이었습니다. 권용철 선생님이 초역을 검토하도록 허락해 주셨는데, 복잡한 내용도 정확하게 이해해서 명쾌하게 번역하신 것을 보고 놀라움을 금치 못했습니다. 제가 박사논문을 보정해서 이 책을 2012년에 처음 케임브리지대학 출판사에서 출판한 후에 여러 요건 때문에 새 버전으로 교정하기가 어려워 아쉬웠지만, 권용철 선생님이 크고 작은 실수들을 한국어판에서 고치도록 도와주셨습니다. 권용철 선생님을 비롯해, 이 책의 번역을 HK플러스사업단의 연구 프로젝트의 일환으로 추천해 주신 남종국 선생님과 이 제안을 흔쾌히 받아주신 서인범 전 단장님, 열정을 가지고 프로젝트를 주도하며 참여해 오신 여러 선생님께 깊은 감사를 드립니다.

    마지막으로, 이 책이 중세 시기 타문화에 대해 열려 있었고 적극적인 교류를 통해 새로운 지식과 문물을 교환한 이슬람 세계, 중국, 한국을 포함한 유라시아 세계의 역사에 대한 더 많은 연구를 촉진할 수 있기를 바랍니다. 이를 통해 다양한 문화와 지식이 어떻게 교류되었는지, 또 이를 통해 우리가 어떻게 광범한 세계에 대한 이해를 넓혀 나가면서 스스로 돌아보게 되었는지에 대한 심층적인 이해를 얻을 수 있기를 희망합니다.

2023년 9월
박현희

감사의 말

이 책은 광범위한 시간과 공간을 다루고, 많은 분들의 아낌없는 지원이 없이는 결코 공부하지 못했을 지리학의 전문적인 지식을 활용하고 있다. 먼저 이 책의 기원인 최초의 연구인 필자의 박사학위논문에 영감을 주고 지도해준 예일대학교의 발레리 한센(Valerie Hansen)에게 가장 깊은 감사를 드린다. 베아트리체 그룬들러(Beatrice Gruendler)는 아랍, 이슬람 학문을 배우는 여정 내내 끊임없는 조언과 격려를 해주었다. 필자는 또한 조나단 스펜스(Jonathan Spence)로부터 지도 받는 행운을 누렸다. 예일대학교에 있는 동안 그의 귀중한 제안, 통찰력, 따뜻한 격려는 필자의 생각을 풍요롭게 만들었고, 인생의 길잡이로서 역사 연구에 대한 필자의 열정을 불러일으켰다. 뉴욕시립대학교 퀸즈칼리지(Queens College)의 모리스 로사비(Morris Rossabi) 역시 이 도전적인 주제와 몽골제국에 관한 필자의 연구에 영감을 주는 멘토였다. 그리고 그는 학위논문을 책으로 전환하는 것에 대한 탁월한 조언과 지원을 제공해 주었다.

여러 동료가 필자의 원고를 꼼꼼히 읽어주었고, 필자가 원문으로는 읽을 수 없었던 페르시아 사료에 있는 내용을 포함한 구체적인 세부 사항들에 대한 귀중한 피드백을 해주었다. 그러한 동료들에는 모리스 로사비, 본대학교(Universität Bonn)의 랄프 카우즈(Ralph Kauz), 테헤란대학교(Tehran University)의 무하마드 B. 보수기(Muhammad B. Vosoughi), 하버드대학교(Harvard University)의 피터 볼(Peter Bol), 베이징대학교의 치우이하오(邱軼皓)가 포함되어 있다. 또한 출판사에 의견을 보내준 익명의 두 독자에게도 감사드린다. 그들의 제안, 수정, 서지학적 도움은 많은 당황스러운 실수로부터 필자를 구출해주었다. 그럼에도 남아 있는 어떠한 실수나 착오에 대한 책임은 전적으로 필자의 것이다.

또한 필자의 책 혹은 학위논문 원고의 일부를 읽고 중요한 조언과 논평을 해준 다른 학자들에게도 감사드린다. 특히 아이디어와 자료들을 아낌없이 지원하고 공유해 주신 분들은 특별히 언급하는 것이 마땅하다. 교토대학교의 스기야마 마사아키(杉山正明)와 미야 노리코(宮紀子), 교토 타치바나대학교의 유바 타다노리(弓場紀知), 도쿄의 야마가타 킨야(山形欣哉), 예루살렘 히브리대학교(Hebrew University)의 미할 비란(Michal Biran)·라파엘 이스라엘리(Raphael Israeli)·유리 파인스(Yuri Pines)·르우벤 아미타이-프라이스(Reuven Amitai-Preiss)·벤-아미 실로니(Ben-Ami Shillony), 서울대학교의 김호동·이은정·설배환, 단국대학교의 심재훈·정수일, 성신여자대학교의 양보경, 베이징 중국사회과학원의 천가오화(陳高華), 북경대학교의 리샤오총(李孝聰)·이명희, 하문대학교(廈門大學校)의 루시치(魯西奇), 홍콩과학기술대학교의 빌리 K. L. 소(Billy K. L. So), 그리고 뉴욕대학교의 즈비 벤 도르(Zvi Ben Dor)와 조안나 웨일리-코헨(Joanna Waley-Cohen). 또한, 취리히대학교(Universität Zürich)의 안드레아스 카플로니(Andreas Kaplony)는 마지막 순간에 필자의 학위논문을 위해 외부의 독자가 되기로 흔쾌히 동의했고, 한 달도 지나지 않아 필자의 전체 초고를 읽고 폭넓으면서도 심도 있는 논평을 해주었다.

여러 전문 세미나와 콜로키움의 주최자들은 책 원고에 대한 필자의 아이디어를 공유하기 위해 필자를 초대했고, 더욱 넓은 관점에서 필자의 주제에 대해 토론하고 많은 다른 관점으로부터 피드백을 받는 귀중한 기회를 제공해 주었다. 이러한 세미나와 워크숍들은 다음과 같다. 케네스 홀(Kenneth Hall)과 케네스 스워프(Kenneth Swope)가 주최하여 볼 주립대학교(Ball State University)에서 열린 '작은 도시들' 회의. 빙햄튼 대학(Binghamton University)의 존 채이피(John Chaffee)가 주최한 원대 중국에 끼친 유라시아의 영향에 관한 콜로키움. 테헤란의 문자 유산 연구 센터(Written Heritage Research Centre)의 후원을 받아 진행된 나시르 알딘 알투시(Nasir al-Din al-Tusi)의 과학 및 철학적 유산에 관한 회의. 보들리안 도서관(Bodleian Library)의 데이비드 헬리웰(David Helliwell)이 주최한 중국의 셸던 지도(Selden Map)에 관한 콜로키움. 니콜라스 듀(Nicholas Dew)와 자밀 라젭(Jamil Ragep)이 이끄는 맥길대학교(McGill University)의 과학의 역사와 철학 강연 시리즈. 또한 필자를 『교차로 – 동아시아 세계의 교류 관계사 연구(Crossroads – Studies on the History of Exchange Relations in the East Asian World)』의 부편집장으로 일할 수 있도록 초빙해주신 겐트대학교(University of Ghent)의 안젤라 쇼텐햄머(Angela Schottenhammer)에게도 감사드린다. 이 학술지는 문화 간 접촉의 역사를 더욱 심도 있게 연구할 수 있도록 필자를 크게 자극하였다.

필자는 선구적인 연구를 수행한 이 분야의 초기 학자들에게 큰 빚을 지고 있다. 특히 도널드 다니엘 레슬리(Donald Daniel Leslie), 가브리엘 페란드(Gabriel Ferrand), W. M. 색스턴(W. M. Thackston)을 포함하여 여러 학자가 수행한 주요 자료의 중요한 부분들에 대한 번역으로부터 도움을 받았다. 필자는 원본과 비교하면서 그들의 번역 대부분을 검토했고(다른 번역에 의지했던 페르시아 자료들은 제외), 로마자 표기법을 업데이트했다. 그러나 필자가 그들의 번역을 개선할 수는 없다는 점을 종종 깨달았다.

또한 존 제이 칼리지(John Jay College)에 있는 필자의 동료들, 특히 앨리슨 케이비(Allison Kavey), 제임스 드 로렌지(James De Lorenzi), 데이비드 먼스(David Munns), 마이클 파이퍼(Michael Pfeifer), 프리츠 움바흐

(Fritz Umbach)의 다양한 지원과 조언, 우정에 크게 감사를 표현하고자 한다. 그리고 예일대학교의 동아시아도서관을 비롯한 여러 도서관과 박물관의 동료들에게도 깊은 감사를 표한다. 재정적 지원은 예일대학교의 동아시아연구협회(Yale Council of East Asian Studies), 예일대학교의 국제학과 지역연구센터(Yale Center for International and Area Studies), 베이징대학교의 예일대-베이징대 교류 프로그램, 리처드 라이트 펠로우쉽(Richard Light Fellowship), 전문직원회의-뉴욕시립대학교의 보조금(PSC-CUNY grants)에서 친절하게 제공해 주었다. 뉴욕시립대학교의 교수 펠로우쉽 출판 프로그램은 필자에게 글쓰기 세미나에 참가할 수 있게 해주었고, 여기에서 우리 그룹의 조언자인 버지니아 산체스-코롤(Virginia Sanchez-Korrol)을 포함하여 교수 펠로우쉽 출판 프로그램의 다른 동료들로부터 책의 원고에 대한 영감, 비판, 격려의 피드백을 받을 수 있었다.

마지막으로 필자의 가족과 친구들 모든 멤버에게 깊은 감사를 표현하고자 한다. 필자의 부모님인 박동호, 최봉화 두 분이 해준 끊임없는 격려가 없었다면, 필자의 연구는 이루어지지 못했을 것이다. 필자의 남편 코바야시 후미히코(小林文彦)에게 감사의 말을 전하고 싶다. 그는 2000년에 예루살렘에서 처음 만났을 때부터 어디든지 필자와 동행했고, 일본에서 그가 연구했던 것과 비교민속학에 대한 모든 종류의 매혹적인 이야기들로 항상 필자를 응원하고 즐겁게 해준다. 필자의 남동생 준희와 올케 연정, 그리고 일본에 있는 시댁 식구들도 진심 어린 격려의 원천이었다. 필자의 친구들인 메리(Mary)와 티모시 민(Timothy Min)도 필자의 연구와 미국에서의 생활에 많은 도움을 주었다. 마지막으로 필자의 영어 편집자인 다니엘 매클렐런(Danielle McClellan)에 대한 감사를 빠뜨릴 수 없다. 편집자의 지적이면서도 지식이 풍부한 조언은 영어로 수준이 높은 학술적 글을 쓰는 것에 대한 자신감을 필자에게 안겨주었다.

2012년 1월
박현희

약어(略語)

Bretschneider	Bretschneider, E. *Mediaeval Researches from Eastern Asiatic Sources*. London: Routledge & Kegan, 1910[1888]. 2 vols.
EI2	*Encyclopedia of Islam*, 2nd edition.
HC1/HC2:1 /HC2:2	Harley, J. B. and David Woodward, eds. *The History of Cartography*: Volume One, *Cartography in Prehistoric, Ancient and Medieval Europe and the Mediterranean;* Volume Two, Book One, *Cartography in the Traditional Islamic and South Asian Societies;* Volume Two, Book Two, *Cartography in the Traditional East and Southeast Asian Societies*. Chicago, 1987-1994.
Ibn Baṭṭūṭa	Ibn Baṭṭūṭa. *Voyages d'Ibn Batoutah: texte arabe, accompagné d'une traduction*. Paris, 1853-1858.
Ibn Baṭṭūṭa /Gibb	Ibn Baṭṭūṭa. *The Travels of Ibn Battuta A.D. 1325-1354*. Translated, revised, and annotated by H. A. R. Gibb, 5 vols. Cambridge, 1958, 1961, 1971, 1994, 2000.
Ibn Mājid	Aḥmad b. Mājid al-Najdī. *Kitāb al-fawāʾid fī uṣūl ʿilm al-baḥr wa-l-qawāʿid* [The book of profitable things concerning the first principles and rules of navigation]. Dimashq, 1971.
Ibn Mājid /Tibbetts	Aḥmad b. Mājid al-Najdī. *Arab Navigation in the Indian Ocean before the Coming of the Portuguese, being a translation of Kitāb al-fawāʾid fī uṣūl ʿilm al-baḥr wa-l-qawāʿid of Aḥmad b. Mājid al-Najdī*. Translated by G. R. Tibbetts. London, 1971.
JT	Rashīd al-Dīn. *Rashiduddin Fazlullah's Jāmiʿu't-tawārīkh: Compendium of Chronicles*. Translated by W. M. Thackston. Cambridge, 1998.
Ma Huan /Mills	Ma Huan. *Ying-yai Sheng-lan: The Overall Survey of the Ocean's Shores*. Translated by J. V. G. Mills. London, 1970.
Miller	Miller, Konrad. *Mappae Arabicae: Arabische Welt- und Länderkarten*. Frankfurt am Main, 1994. 2 vols.
Muqaddimah	Ibn Khaldūn. *Al-Muqaddimah*[The introduction]. Al-Dār al-Bayḍa (Casablanca). 3 vols.
Muqaddimah /Rosenthal	Ibn Khaldūn. *Muqaddimah, an Introduction to History*. Translated by Franz Rosenthal. Princeton, 1967. 3 vols.
NQ1/NQ2	Ḥamd Allāh Mustawfī al-Qazwīnī. *Geographical Part of the Nuzhat al-Qulub composed by Hamd-Allah Mustawfi of Qazwin in 740(1340)*. Vol.1 in Persian and Vol.2 in English. Leyden, 1919.
Reinaud	Abū-Zayd Ḥasan al-Sīrāfī. *Relation des voyages faits par les Arabes et les Persans dans l'Inde et à la Chine dans le IXe siècle de l'ère chrétienne, Arabic text with French translation and commentary*. Translated by M. Reinaud. Osnabruck, 1988.
Renaudot	Abū-Zayd Ḥasan al-Sīrāfī. *Ancient Accounts of India and China by Two Mohammedan Travellers, Who Went to Those Parts in the 9th Century*. Translated by Eusebius Renaudot. London, 1733.
Sauvaget	*Aḥbār aṣ-Ṣīn wa l-Hind. Relation de la Chine et de l'Inde rédigée en 851*. Translated by Jean Sauvaget. Paris, 1948.

시대 연표

중동
아케메네스 제국(기원전 550년경-기원전 330)
셀레우코스 제국(기원전 312-기원전 63)
파르티아제국(기원전 238-기원후 226)
사산 제국(224-651)
무슬림의 정복(622-750)
우마이야 칼리프조(661-750)
아바스 칼리프조(750-1258)
일 칸국: 몽골의 지배(1260-1335)
맘루크 왕조(1250-1517)
티무르 왕조(1369-16세기)
오스만제국(1299-1922)

중국
진 왕조(기원전 221-기원전 206)
한 왕조(기원전 206-기원후 220)
육조(六朝, 222-589)
당 왕조(618-907)
오대(五代, 907-960)
송 왕조(960-1276)
요 왕조: 거란의 지배(916-1125)
금 왕조: 여진의 지배(1115-1234)
원 왕조: 몽골의 지배(1271-1368)
명 왕조(1368-1644)

차례	
발간사 • 4	시대 연표 • 17
한국어판 저자 서문 • 8	참고문헌 • 406
감사의 말 • 11	색인 • 448
약어(略語) • 16	역자 후기 • 456

서론

중국과 이슬람 세계: 육지와 바다로 연결되다 • 32
사료 • 39
지리 기록 • 41
지도 • 50
고고학적 증거 • 54
세 시기의 단계로 본 지리 지식의 성장 • 58

1장 제국의 만남에서 해상 교역으로
이슬람 세계에 대한 중국의 이해, 750-1260

머리말 • 65
초기의 접촉과 최초의 직접적 기록들 • 68
이슬람 세계와 당조(618-907) 사이의 해상 교통과 가탐(賈耽)의 항로 • 83
현존하는 중국 지도 속의 광범한 세계 • 91
송 왕조(960-1260)의 해양 문헌에 보이는 해양 교역과 이슬람 세계 • 107
맺음말 • 125

2장 중국과 세계에 대한 묘사
중국에 대한 이슬람 세계의 지식, 750-1260

중국과 인도양에 대한 초기의 아랍어 지리 기록들 • 136
아바스 후기의 현존 지도와 지리적 저술에서 보이는 중국과 세계(934년경-1260) • 168
맺음말 • 193

3장 몽골 세계에 대한 해석
중국의 이슬람 세계 인식, 1260-1368

몽골의 승국, 이란 정복으로 인한 중국인의 이슬람 세계에 대한 지식 확대 • 202
현존 지도에 반영된 이슬람 세계에 대한 중국인의 확대된 지식 • 219
증대된 해양 접촉을 통한 중국인의 이슬람 세계에 대한 지식 확대 • 235
맺음말 • 258

4장 마르코 폴로를 넘어서
중국에 대한 이슬람 세계의 지식, 1260-1368

몽골 지배 일 칸국(1260-1335) 휘하에서 중국에 대한 지리적 지식의 확대 • 267
맘루크 조 치하 시리아와 이집트의 중국에 대한 지식 • 303
이븐 바투타의 여행기에 보이는 무슬림의 교역 네트워크와 중국 • 311
맺음말 • 326

5장 1492년 이전 지구 절반의 교류 활동으로부터 물려받은 유산
이슬람 세계에 대한 중국의 인식과 중국에 대한 이슬람 세계의 지식, 1368-1500

명대 초기의 정치적 변화, 대외관계, 그리고 지리 지식 • 336
일곱 번에 걸친 정화의 항해(1405-1433)로 얻은 중국의 이슬람 세계에 대한 지식 • 346
몽골 시대 직후의 정치적 변화와 무슬림의 중국에 대한 지식의 종합 • 364
인도양에 포르투갈인이 도래하기 이전 시기 무슬림의 항해 • 373
맺음말 • 381

결론
전근대 중국과 이슬람 세계의 접촉에서 배울 수 있는 것들

정치적 갈등이 상업, 문화 교류로 이어지다 • 388
몽골 지배하의 통합된 세계에서 이루어진 정보의 직접 전달 • 392
세계에 대한 지리 지식의 확산과 증대 • 395
유럽인의 등장에 아시아의 지리 지식이 끼친 영향 • 398
다(多)중심의 세계사 모델을 향하여 • 402

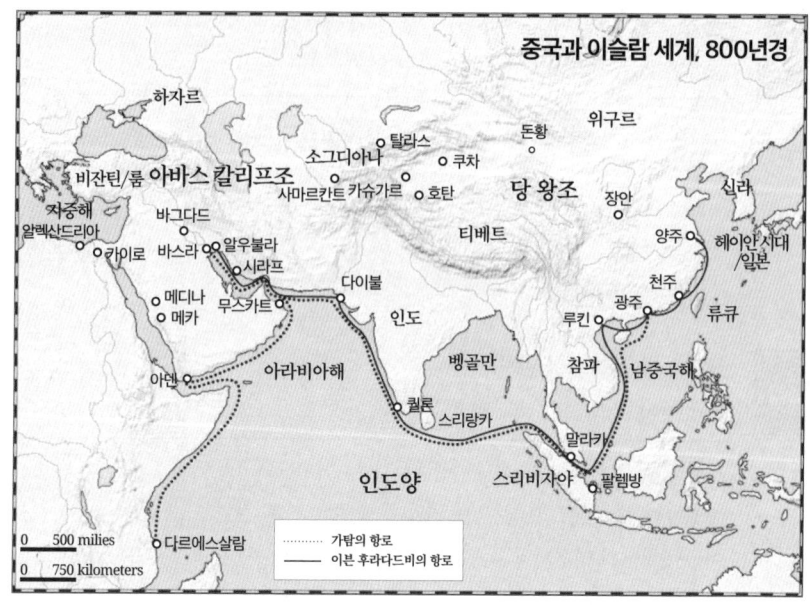

지도 1   중국과 이슬람 세계, 800년경

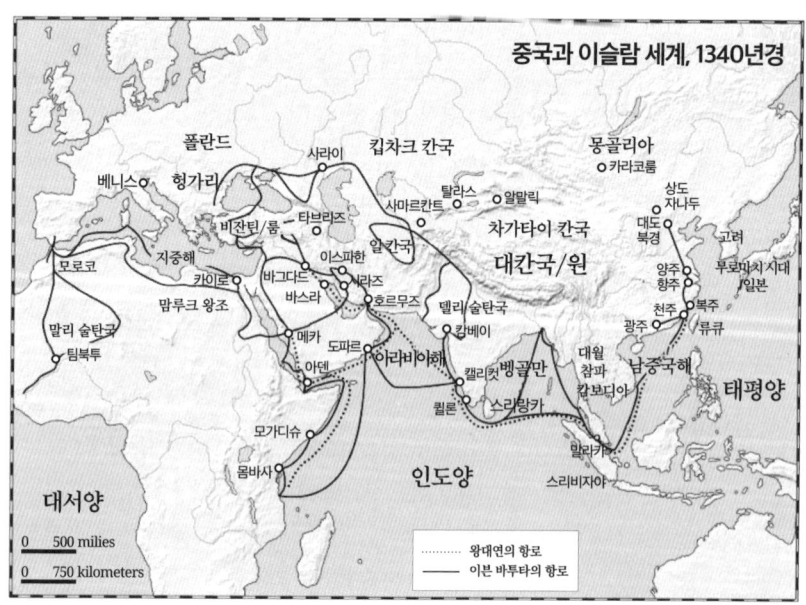

지도 2   중국과 이슬람 세계, 1340년경

지도 3 중국과 이슬람 세계, 1420년경

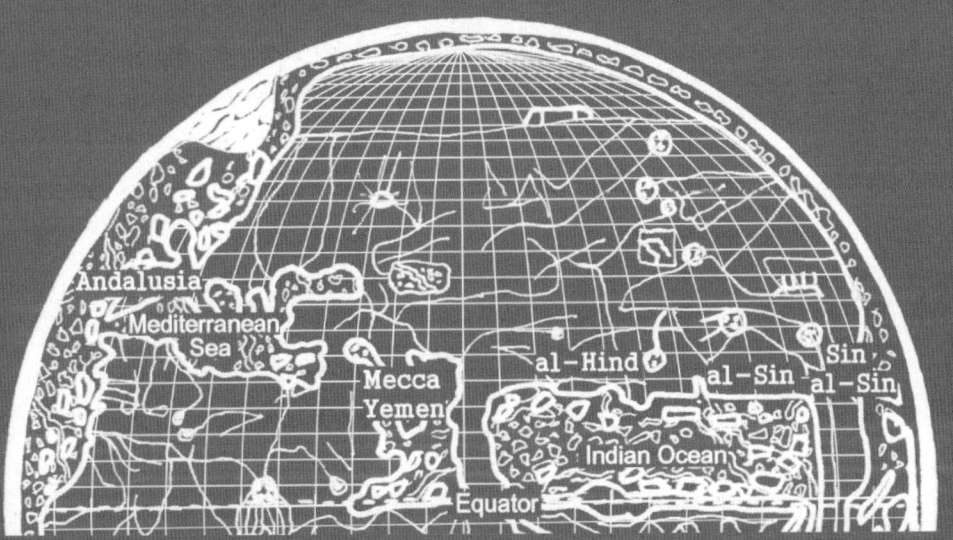

서론

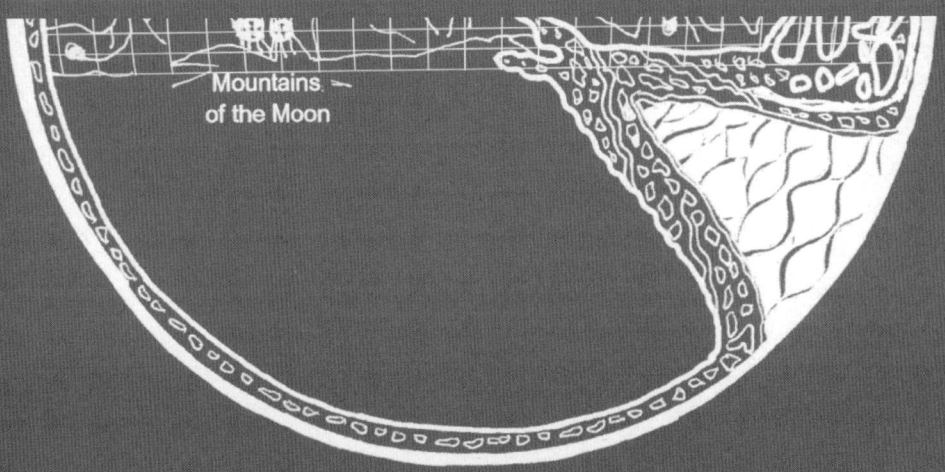

1497년, 바스코 다 가마(Vasco da Gama)는 아시아 그리고 금, 향신료가 나는 환상의 땅으로 가는 동쪽 루트를 찾으려고 포르투갈에서 항해를 떠났다. 그가 아프리카의 서해안을 따라 남쪽으로 모험했을 때, 바스코 다 가마는 유럽인이 이전에는 알지 못했던 바다를 여행했다. 그리고 그 바다는 무슬림과 중국의 지리학자들에게도 잘 알려지지 않았던 곳이었다.[01] 그러나 그가 희망봉을 도는 순간부터는 모르는 곳이 아니었고, 그렇게 인도양으로 나아갔다. 여기에서부터 포르투갈인 탐험가와 그의 선원들은 세계에서 가장 길면서도 완전히 새로운 해상교역로 위에 있다는 것을 알게 되었다. 일련의 해로들은 동아프리카, 아라비아 반도, 인도, 동남아시아, 그리고 최종적으로는 중국에 있는 사람들을 연결시켰다.

다 가마는 인도로 가는 통로를 발견했지만, 그의 성공은 캘리컷으로 연결되는 해상 항로에 익숙했던 무슬림 항해자의 전문적 지식에 크게 의존한 것이었다. 다 가마 자신이 세계에 관해서 알게 된 것을 이 책에서 다루지는 않지만, 오히려 그의 항해자가 가진 지식에 대해서 언급할 것이다. 이 책에서는 아시아 세계(즉, 중국과 이슬람 세계)를 서로 연결하게 만들

---

[01] 일부 학자들은 페니키아인이 고대에 희망봉 주위를 항해했을지도 모른다고 주장했다. Fuat Sezgin, *Mathematical Geography and Cartography in Islam and Their Continuation in the Occident*, Part 2(Frankfurt am Main, 2000), 343을 참고.

었던 두 주요 행위자 사이에 존재했던 지리적 지식의 정도를 이해하고자 하고, 수 세기에 걸친 지속적인 접촉을 통해 이러한 지식을 얻게 된 과정에 대해서도 알아보려 한다. 실제로, 우리는 다 가마의 항해자 및 아시아 지리학자, 지도 제작자 등의 시선으로 바라본 세계를 살펴보고자 할 것이다. 그리고 그들이 축적했던 지식은 다 가마와 같은 유럽인 탐험자들의 유명한 항해에 있어서 매우 중요했던 것임이 밝혀질 것이다.

이 책은 1492년 이전 세계의 중요한 두 문화권(중국과 이슬람 세계)이 연루된 8세기 동안의 접촉과 교류를 검토함으로써 세계사를 인식하는 일반적인 유럽중심주의적 방식(멀리 떨어진 문화들 사이의 상호 접촉이 처음 이루어진 순간을 여전히 1492년이라고 보고 있다)에 도전장을 던진다.[02] 700년경부터 1500년경까지 중국과 이슬람 세계 사회는 비슷하게 높은 수준의 경제적, 문화적 발전을 이룩했다. 정부의 중심은 상품을 팔기 위한 그들의 부유한 시장에 나란히 자리 잡고 있었다. 중국인이 중동으로부터 향료와 향신료를 얻고자 했을 때, 그들은 또한 선진적인 천문학, 수학, 공학, 의학 지식도 확보했다. 이슬람 세계에서 온 상인들 또한 중국으로부터 비단과 도자기를 구입하면서 궁극적으로 중국인이 개발한 다양한 기술적 발명품(예를 들면 종이 제작 기술, 나침반)들을 수용하기에 이르렀다. 이러한 활동은 또한 자연스럽게 상호 지리적 지식이 증대하는 결과를

---

02 콜럼버스와 다 가마에서 시작된 근대 유럽의 팽창은 역사가들이 끊임없이 다룬 주제였는데, 최근에는 이 주제의 연구에 큰 변화가 있음을 감지할 수 있다. 그러한 연구는 단순히 유럽의 지배로 재빨리 전환되었음을 강조했던 이전의 유럽 중심적 연구를 점점 타파하고 있다. 그 대신에 새로운 접근법은 아시아의 모든 지역의 해양 역사에 보이는 동적인 교류를 검토하려고 시도한다. John E. Wills, "Maritime Asia, 1500-1800: The Interactive Emergence of European Domination," *The American Historical Review* 98, no. 1(1993): 83-105.

불러왔다. 두 사회의 풍부한 기록 전통 덕분에 지도 제작자와 저자들은 이 새로운 지리적 정보를 기록으로 남겼다. 1500년경, 중국인은 이슬람 세계에 대해 더 많은 것을 뚜렷하게 알게 되었고, 서아시아와 북아프리카의 무슬림들은 중국에 대해 더욱 많은 것을 알게 되었다. 그 지식은 각 사회에서 8세기에 서로에 대해 알고 있었던 것보다 훨씬 다양해진 것이었다. 바스코 다 가마가 등장하기 이전 800년 동안에 엄청난 변화가 일어났다. 아시아의 가장 풍족하고 강력한 사회들은 서로 알고 있었던 세계의 극단에 각각 위치해 있으면서 상호 이해를 변화시켰다. 미지의 땅이 잘 아는 지역으로 바뀐 것이다.

  750년에는 중국의 지도에 이슬람 세계가 등장하지 않았고, 중국인은 이슬람 세계의 지도를 가지고 있지도 않았다. 중국인 지리학자들은 중국어로 아랍인 혹은 아라비아를 지칭하는 대식(大食, 훗날에는 일반적으로 무슬림을 지칭하게 된다)에 대해 알고 있었지만,[03] 그 지역의 지리적 형태에 대해서는 거의 정보를 가지고 있지 못했다. 이와 비슷하게 이슬람 세계에서도 초기에는 단지 중국에 대해 모호한 개념만을 지니고 있었다. 중국은 실크로드의 동쪽 끝부분에 있는 국가로, 상인들은 비단과 다른 상품들을 가지고 돌아왔는데 그 정확한 위치는 명료하게 정의되지 못했다. 이후

---

03 한자의 뜻으로는 '크게 먹는다'를 의미하는 용어 대식은 페르시아어 단어인 타지크(Tājik) 혹은 타지(Tāzī)를 전사한 것이다. 이는 이라크에 위치했던 타이(Tayyi')의 아랍 부족의 니스바(nisba)[이름에 출신 지명을 붙이는 아랍의 관습 - 역주]에서 기원한 것이다. 무슬림 타이 부족은 사산조 페르시아 사람들이 가장 자주 만났던 아랍인이었기에 아랍인의 국가 혹은 전체 이슬람 세계를 언급하는 용어가 되었다. Bosworth, "al-Ṣīn," EI2, 9: 618. 베른하르드 칼그렌(Bernhard Karlgren)의 *Dictionary of Old and Middle Chinese*에 따르면, 8세기경 대식의 발음은 dˈâi-dźjək이었고 이는 '타지크' 혹은 '타지'와 비슷하다. Tor Ulving, *Dictionary of Old and Middle Chinese: Bernhard Karlgren's Grammata Serica Recensa Alphabetically Arranged*(Göteborg, 1997).

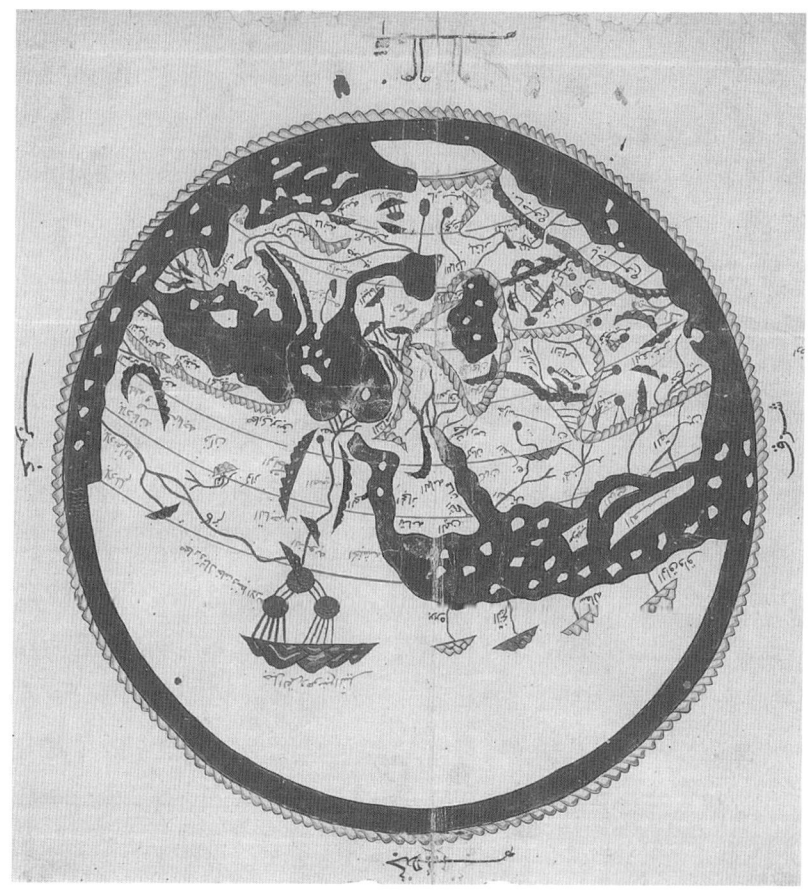

그림 0-1 『수평선을 건너기를 바라는 자의 기쁨(Nuzhat al-mushtāq fī ikhtirāq al-āfāq)』, (1154년)의 1553년 사본에 실린 알이드리시의 세계 지도. 옥스퍼드대학교의 보들리안 도서관(Ms. Pococke 375, fols. 3b-4a)의 허가를 받아 인용. 원래의 지도는 남쪽을 위에 배치했는데, 그림의 지도는 독자의 이해를 위해 거꾸로 뒤집은 것이다.

의 세기 동안에 두 영역에서 온 상인, 외교 사절, 여행자들은 다른 사회의 역사, 관습, 종교적 관행에 대해 점점 더 많은 지식을 얻었고 이를 확산하였다. 그러자 학자들은 그들의 기록을 적어서 남겼고, 그 자료에 근거하여

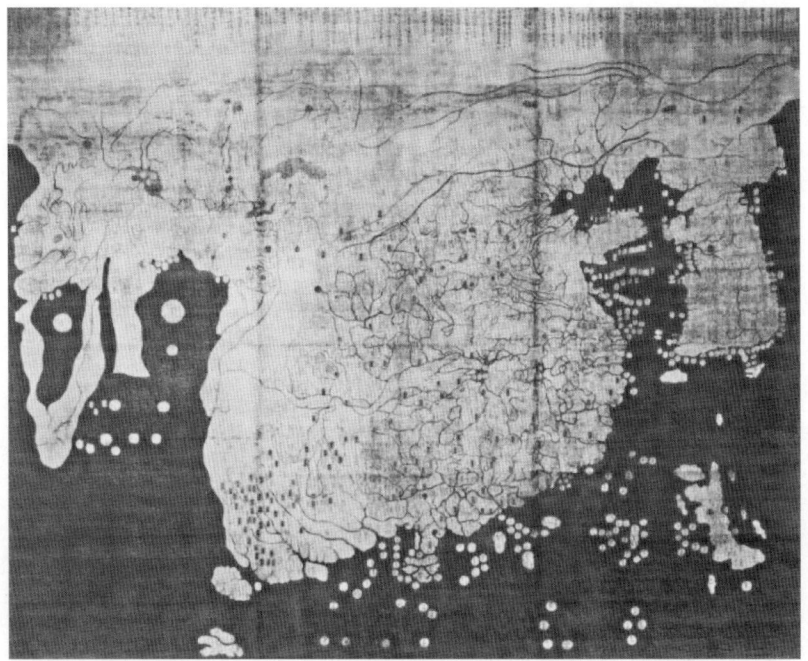

그림 0-2 혼일강리역대국도지도(줄여서 강리도)로, 몽골 시대에 중국에서 그려진 지도들을 토대로 1402년에 조선에서 만들어진 세계지도이다. 원래 조선에 있었던 이 사본은 1470년에 제작된 것으로, 지금은 일본 교토의 류코쿠대학에 소장되어 있다. 류코쿠대학의 허가를 받아 인용.

지도 제작자들은 두 지역과 그들을 연결하는 땅을 표시하여 점점 더 상세한 지도를 그렸다(그림 0-1과 0-2 참조).

그림 0-1은 12세기 중반 무슬림 지리학자인 알이드리시(al-Idrīsī)가 그린 세계지도를 보여준다. 아라비아반도를 중심에 놓고, 알이드리시는 서쪽으로 지중해 해안선, 동쪽으로는 인도양과 중국에 이르는 바다들을 매우 정확하게 묘사하고 있다. 그림 0-2는 1402년에 조선에서 그려진 지도를 보여주는데, 조선인 작가들에 따르면 이 지도는 14세기에 중국에서 그려진 지도들을 주요 사료로 삼은 것이었다. 그래서 1402년의 지도는 당시

세계에 대한 중국의 지식 수준을 보여주는 것인데, 여기에는 아라비아반도와 아프리카의 윤곽에 대한 정확한 지식이 들어가 있었다. 이 두 지도를 통해 입증되는 것처럼, 지도가 없었던 것에서부터 아주 정확한 지리적 묘사가 이루어지기까지 발전이 비약적으로 이루어졌다. 이는 중국과 이슬람 세계 사이의 지리학적, 지도학적 지식이 활발하게 교류되었던 것의 직접적인 결과였다.[04]

이 당시 유럽인의 지리 지식은 지속적이면서 개방적인 접촉을 통해 동시대 아시아인들이 만들어낸 정교하면서도 체계적이고 정확했던 세계 묘사와는 확실히 대조적인 상태에 놓여 있었다. 비록 유럽인은 이국적인 상품들이 생산된 동쪽 지역을 이해하고 그 지역과 연결되고자 열망했지만, 그들의 지식은 극히 단순한 세계관으로 대체로 한정되어 있었다. 이를 잘 보여주는 것이 "T-O 지도"인데, 이 그림은 중동 지역을 설명하고 있지만 중국처럼 멀리 떨어진 지역은 괴물들이 사는 환상의 땅과 최초의 에덴 동산 수준으로만 묘사했다.[05] 정보의 출처 가운데 가장 중요한 것 중 하나는 마르코 폴로의 여행기인데, 그는 자신이 1271년부터 1295년까지 중국에 다녀왔다고 주장했다. 그 내용들은 14세기에 아시아 전역에서 퍼져나갔던 모든 지리적 지식의 총합으로 구성되어 있었다. 다 가마의 선조인 항해왕 엔리케와 크리스토퍼 콜럼버스 모두 이 여행기를 읽어보았다고 전해진다. 즉, 세계에 대한 지리적 지식은 중국과 이슬람 세계에서 점점 축적되

---

04 필자가 '명확한' 혹은 '정확한' 서술이라고 언급할 때에는 우리의 현대적 이해와 일치하는 것을 의미하는 것이다. 정확함에 대한 전문적 논의에 대해서는 F. Jamil Ragep, "Islamic Reactions to Ptolemy's Imprecisions," in *Ptolemy in Perspective*(New York: Springer, 2010), 121-134를 참고.

05 David Woodward, "Medieval Mappaemundi," in *HC*, 286-370.

었고 마르코 폴로(그리고 다른 지리적 기록, 여행기들)를 통해서 소통되었으며 이는 16세기에 유럽의 탐험과 발견의 시대로 가는 길을 여는 데 일조했다.06

전근대 중국-이슬람 관계에 관한 엄청난 수의 2차 자료들이 이미 다양한 언어로 존재하지만,07 이 책은 교류의 주인공인 양쪽을 최초로 동등하게 다루고 중국어, 아랍어, 페르시아어로 된 주요 원천 사료를 비교 분석할 것이다. 이러한 자료들을 함께 활용하면 이 두 사회 사이에서 일어났던, 다른 문화권 사이의 지리적 지식의 교류(우리가 앞서 살펴보았듯이 이는 세계사와 밀접하게 연결되어 있다)를 추적하기 위한 충분한 정보를 얻을 수 있다.

---

06   R. A. Skelton, *Explorers' Maps: Charters in the Cartographic Record of Geographical Discovery*(New York, 1958), 16-17.
07   이 분야에서 활약한 초기의 많은 학자는 중국과 이슬람 세계 사이의 상업적, 문화적 연결 속에서의 접촉을 조사하고 관련된 주요 사료 중 몇몇 중요한 부분을 번역하면서 개척적인 연구를 진행했다. 특히 필자가 혜택을 입었던 몇몇 연구로는 가브리엘 페란드(Gabriel Ferrand), 쿠와바라 지츠조(桑原隲蔵), 도날드 다니엘 레슬리(Donald Daniel Leslie), 색스턴(W. M. Thackston) 등의 연구가 있고, 이 책에서 계속 인용하게 될 것이다.

중국과 이슬람 세계: 육지와 바다로 연결되다

우리가 '중국', '이슬람 세계'라고 지칭하는 것을 정의하기 위해 이 연구에서는 800년이라는 중요한 시기 동안에 두 사회의 서로에 대한 인식을 반영하는 지리적 표식을 사용한다. '중국'은 황하(黃河), 양자강(揚子江), 주강(珠江) 유역을 지칭하는 것인데, 현재 연구된 것 중 때로는 한인들의 지배를 받았고 때로는 그렇지 않았던 지역이다.[08] '이슬람 세계'는 현재 이라크와 이란은 물론이고, 북아프리카와 동아프리카 및 투르키스탄 지역을 가리킨다. 실질적인 목적을 위해 이 연구는 동남아시아와 같이 무슬림 인구가 압도적으로 많은 세계의 다른 지역들은 포함시키지 않는다. 중국과 이슬람 세계라고 하는 지리적 지역에 살았던 사람들은 지역 내부의 정치적 상호작용이라는 긴 과정을 거친 후 비슷한 문화와 전통을 공유하게 되었다.[09] 그들이 그랬던 것처럼, 지역 내의 작가들은 점점 자신의 사회를 규정했고 다른 사회와 구별을 지었다.

스스로 중국인이라고 칭했던 가장 최초의 사람들은 기원전 1500년에서 200년 사이 어느 시점에 황하를 끼고 자리한 화북 평원에 중국의 초

---

[08] Wang Q. Edward, "History, Space and Ethnicity: The Chinese Worldview," *Journal of World History* 10, no. 2(Fall 1999): 285-289.
[09] Patricia Risso, *Merchants & Faith: Muslim Commerce and Culture in the Indian Ocean*(Colorado, 1995), 5-7.

기 왕조와 제후국들을 설립했다. 그들은 이 국가를 '중심의 국가(중국)'라고 부르면서 그들의 세계관에 따르면 '야만인' 이웃들과 자신들을 철저히 구별했다. 중국 내지 전체가 점점 정치·문화적으로 통합되었고, 중국인들은 이어지는 지배 왕조들 휘하에서 수 세기 동안 문화적 구별을 유지하고 강조했다.[10] 중국이 서방의 사람들과 가장 이른 시기에 접촉을 한 국가 중의 하나는 이슬람 시기 이전 이란의 사산조 페르시아제국(226-651)이었다. 접촉의 수단은 실크로드 육로였지만, 거리가 너무 멀고 많은 자연적 장애물이 있었으므로 교류는 전형적으로 중개인들을 거쳐 이루어졌다. 잘 알려진 소그드 상인(현재 우즈베키스탄에 거주지를 만들었다)과 같은 교역자들이 짧은 범위 내에서 왕복하며 상품을 한 시장에서 다른 시장으로 전달했다. 그러면 이러한 상품들은 또 다른 중개자를 거쳐 또 다른 육로를 통해 이동했다.[11] 우리는 중국의 땅과 사람에 관한 일부 기본적인 정보가 상인들이 교역했던 상품들을 따라 어느 상인으로부터 다른 상인으로 전달되었을 것이라 가정해볼 수 있다. 그리고 결국 그 정보가 아라비아반도까지 갔을 것이다. 이 정보는 로마제국에 전달되었던 것보다 아마도 더욱 실

---

10 중국인과 그 북쪽 이웃들 사이의 초기 관계에 관한 미묘한 논의에 대해서는 Nicola Di Cosmo, *Ancient China and its Enemies: The Rise of Nomadic Power in East Asian History*(New York, 2002)를 참고.
11 소그드인 상인은 5세기에서 8세기 사이 실크로드의 중앙아시아에서 활약했던 주요 중개인이었다. Étienne de la Vaissière, *Sogdian Traders: A History*(Leiden, 2005); Jonathan K. Skaff, "The Sogdian Trade Diaspora in East Turkestan during the Seventh and Eighth Centuries," *Journal of the Economic and Social History of the Orient* 46, no. 4(2003): 475-524. 북중국의 도시에 남긴 소그드인의 흔적에 대해서는 榮新江, 『中古中國與外來文明』(北京, 2001)을 참고. 실크로드를 따라 위치한 주요 오아시스 도시에서 발굴된 고고학 유물 및 예술품에 대해서는 *Legends, Tales, and Fables in the Art of Sogdiana*(New York, 2002)를 포함하여 보리스 마샤크(Borris Marshak)의 필생의 연구들을 참고.

속이 있었음을 주목하는 것이 중요한데, 왜냐하면 로마제국의 작가들은 단지 중국을 세리카(Serica, [Sērikē], 비단의 나라)라고 부른다는 것만 알려주고 있기 때문이다. 당시에 중앙아시아와 서아시아에 널리 퍼져 있던, 중국을 가리키는 인도-이란식 용어는 친(Chīn)이었는데 이는 아마도 최초의 중화제국인 진(秦, 기원전 221-기원전 210)의 이름에서 유래했을 것이다. 이후 아랍인들은 이 용어를 차용하여 중국을 지칭하는 자신들의 말인 알신(al-Ṣīn)을 만들었다.[12] 그들은 진 왕조가 멸망한 지 수 세기가 지난 이후에도 이 명칭을 계속 사용했다.

622년, 중국과 서아시아를 연결하는 기존 교역로에 새로운 세력이 개입했다. 새로운 종교인 이슬람교가 아랍인의 휘하에서 강력한 정치권력으로 등장하면서 아랍인들은 신속하게 서아시아를 정복했고, 곧 이어 중앙아시아, 북아프리카, 남유럽에 대한 그들의 정치적 지배를 주장하면서 움마(ummah, 무슬림 신봉자들의 공동체)라고 알려진 정치·문화적 통일체를 만들어냈다. 우마이야 칼리프 왕조의 중앙아시아를 향한 팽창은 현재 중국의 서쪽 끝에 위치한 오아시스 도시인 카슈가르(Kashgar)까지 뻗어나갔다. 유라시아의 서쪽 지역이 정치적 격변을 겪고 있을 때, 618년에 건국된 새롭고 강력하면서도 외부로 향해 나간 왕조인 당이 중국을 장악했다.

당과 이슬람 초기에 당 왕조(618-907)와 이슬람 칼리프 왕조 사이에 접촉이 존재했음을 보여주는 현존 자료는 조금 남아 있다. 7세기에 무함마드의 가까운 친척인 사이드 이븐 아비 와카스(Saʿd b. Abī Waqqās)가 광주(廣州)를 방문한 것에 관한 전설적인 이야기는 배제하더라도, 중국의 공식 역사서에서는 651년에서 750년 사이에 당 왕조와의 평화로운 관계를 유

---

12 C. E. Bosworth, et al., "al-Ṣīn," *EI2*, 9:616-625.

지하고자 33명의 아랍 외교 사절이 왔음을 언급하고 있다. 아쉽게도 아랍어 자료들은 이 서술 중에서 극히 일부만 확인해주고 있고,[13] 이 사절단 중 얼마나 많은 사람이 이슬람 지도자들에 의해 파견되었는지는 알 수 없다. 소그드인, 페르시아인을 포함하여 서아시아에서 온 상인들은 당 왕조의 등장 이전에 그랬던 것처럼 실크로드를 따라 대규모로 중국을 계속 방문했다. 그리고 다수는 틀림없이 중국인에게 자신의 고향과 이웃한 국가에 대한 정보를 제공했을 것이다. 이와 동시에 중국인 지리학자들은 불교 승려처럼 서아시아로 여행했던 사람들로부터 이슬람교의 흥기에 대해 알게 되었다. 현존하는 한문 자료 중에서 대식(아랍인)을 언급한 가장 이른 시기의 문헌은 신라 승려 혜초(慧超, 704-787)가 남긴 기록인데, 혜초는 중국에서부터 인도와 중앙아시아를 여행했다. 그의 기록에는 아랍인의 이란 침공(651)에 관한 짧은 문장이 포함되어 있는데, 이는 중국인이 그 사건에 대해 알고 있었음을 암시한다.[14]

750년경이 되면 두 지역의 역사는 새로우면서도 극적인 국면으로 진입한다. 중앙아시아(호라산/트란스옥사니아)에서 일으킨 성공적인 반란 이후, 아바스 가문이 우마이야 칼리프 왕조(661-750)를 대체했다. 동쪽을 향한 압박을 지속한 아바스 칼리프 왕조(750-1258)는 곧 서쪽으로 확장하고 있던 당 왕조와 충돌했다. 중국과 이슬람 사회 사이의 첫 번째 대

---

13 715년과 750년경에 일어났던 단지 두 번의 사절단 파견이 알타바리의 연대기와 같은 몇몇 무슬림 자료에 언급되지만, 중국 자료에는 기록되어 있지 않다. 중국의 정사(正史)에 근거하여 아랍인 사절들을 정리한 표로는 Donald D. Leslie, *Islam in Traditional China: A Short History to 1800*(Belconnen ACT, 1986), 31을 참고. 같은 중국 측 자료들은 또한 455년부터 페르시아의 조공 사절이 46차례 왔다는 것을 기록하고 있는데, 중국에 온 사절 중 일부는 651년에 사산조 페르시아가 무너지고 난 이후에도 왔고 771년까지 지속되었다. *Islam in Traditional China*의 p.16에 있는 표를 참고.
14 慧超, 『往五天竺國傳箋釋』(北京, 2000); Leslie, *Islam in Traditional China*, 20.

규모 접촉은 중앙아시아에서의 정치적, 군사적 우위를 놓고 벌어진 충돌의 형태를 띠었다. 1장에서 살펴볼 것인데, 이 대립 직후 육로의 상황이 점점 나빠졌고 실크로드 무역은 감소되었다. 그러나 이 쇠퇴는 바닷길의 개발을 촉진하였다. 8세기가 되면, 인도양으로의 바다 여행이 중국과 이슬람 세계의 직간접적 접촉의 유력한 방법이 되었다.

1세기 그리스 문헌인 『에리트레아 항해기(The Periplus of the Erythraean Sea)』에 따르면, 홍해에서 인도양(그리스인은 1세기 중반에 이를 에리트레아 바다라고 불렀다)으로 가는 항로를 개척한 것은 그리스인이었다.[15] 이 기록은 항해 여정과 항로를 따라 위치한 항구에서 교역한 상품의 종류를 상세하게 서술하지만, 인도 너머에 있는 국가로 비단이 생산되는 시내(Thīnai, Sinae)라고 불린 곳에 관해서는 막연한 묘사만 하고 있을 뿐이다.[16] 『에리트레아 항해기』 이후로 서방의 자료들은 인도양 항로에 대해서 대부분 침묵하고 있다. 소수의 고고학적 증거들은 인도양을 통해 동아시아로 항해했던 페르시아인의 활동을 보여준다.[17] 750년 이전 중국의 공식 역사

---

15 al-Ṭabarī(838-923). *The Periplus Maris Erythraei: Text with Introduction, Translation, and Commentary,* trans. Lionel Casson(Princeton, 1989).

16 Ibid., 90-91, 238. 학자들에 의해서는 이 용어의 다양한 전사 형태(This, Thīnai, Sīnai)가 사용되었다. *Periplus Maris Erythraei,* trans. Murakami Kentaro(Tokyo, 1993)을 참고. 몇몇 학자는 그리스, 로마의 자료에서 거주가 가능한 세계의 동쪽 극단에 있는 두 지역을 북쪽(육로 연결로부터)의 세레스(Seres), 남쪽(해양 연결로부터)의 시나이(Sinai)라고 부르는 것이 중국을 언급하는 것이라고 주장한다. 그러나 두 지명의 정확한 표현과 위치에 대해서는 중국학자들 사이에서 논쟁이 진행되었다. 중국을 부르는 전근대 서구의 명칭에 대한 추가적 논의로는 Paul Pelliot, "Cin," in *Notes on Marco Polo*, Vol. 1(Paris, 1959), 264-278을 참고.

17 3~7세기에 서아시아와 동아시아 사이에는 해양을 통한 접촉이 있었다. 유리 제품, 태피스트리, 악기를 포함하여 사산조 페르시아에서 온 많은 보물이 한국의 무덤(한국의 경주)에서 발굴되었고 일본의 나라(奈良)에 있는 정창원(正倉院)에 보존되었다. 이 물건들은 아마 해양 항로를 통해 중국을 거쳐 한국과 일본으로 건너왔을 것이다. 당시 인

서(동시대 이슬람 세계에 대한 자료는 지극히 적다)는 동남아시아 및 남아시아 상인들과 중국의 해상 교역의 장기간에 걸친 발전을 기록하고 있다.[18] 아마 중국인과 서아시아인이 인도양 가운데의 어딘가에서 만났을 가능성이 있었을 것이다. 그러나 남아시아와 동남아시아의 중개인이 양쪽에서 무역을 수행했고, 그렇기 때문에 교역과 접촉의 규모는 제한되었다.

중국어 및 아랍어 자료들은 750년 이후 중국과 이슬람 세계 사이에서 극적으로(이후 곧 안정적으로) 해상 접촉의 규모가 성장했음을 입증하고 있다. 이 연구는 잘 알려진 육상 실크로드를 통해 이루어진 중국과 서역의 접촉에 관한 더 익숙한 이야기와 대조하기 위해서 해상 접촉에 주된 초점을 맞출 것이다. 1500년경(이때 유럽인은 아시아 시장과 적극적인 접촉을 시작했다), 이슬람 세계의 정치적 분열(시아파 사파비 제국이 건립되면서 우즈벡, 오스만과 같은 수니파 왕국 사이를 차단하는 역할을 했다)은 육상 교역에 혼란을 불러왔다. 이와 동시에 해상 교역은 그러한 다툼에 직면해서도 지속적으로 운영되었다. 그래서 유럽인들은 이미 이른 시기에 이라크와 중국 사이에서 아랍-페르시아 무슬림과 중국인이 개척해 놓았던 항로가 포함된 해상 교역로를 따라 1500년대에 아시아로 나아갔다.

비록 우리가 여기에서 해상 교역을 강조하지만, 육로를 통해 이루어

도양 교역 네트워크를 보여주는 고고학적 증거에 대해서는 Himanshu P. Ray, *The Archaeology of Seafaring in Ancient South Asia*(Cambridge, 2003), 198-213을 참고.
18 陳高華, 吳泰, 『宋元時期的海外貿易』(天津, 1981), 1-12. 일부 학자는 페르시아(파사)에서 온 사람들을 언급하는 정사의 몇몇 기록에 근거하여 많은 수의 페르시아 상인이 사산조 페르시아 시기(226-651)에 해양 항로를 통해 중국으로 왔다고 주장한다. 그러나 왕궁우(Wang Gungwu)는 위(魏)나라가 북중국에 위치하면서 페르시아와 교역을 수행하였음을 언급하며 이러한 주장에 반박한다. 즉, "페르시아와의 가능한 접촉의 대부분은 육로 접촉이었음이 틀림없다"라고 본 것이다. Wang Gungwu, *The Nanhai Trade: Early Chinese Trade in the South China Sea*(Singapore, 2003), 123.

진 중요한 외교적 통로를 살펴보는 것도 중요하다. 사실, 해양과 육지의 사회 모두 13세기, 14세기에 몽골의 치하에서 정치적인 통합을 경험했다. 몽골인이 유라시아의 대부분을 정복하고 수 세기에 걸쳐 쇠퇴하던 육상 교역로를 다시 연 것이다. 그러나 이 시기에도 중국과 이슬람 세계의 접촉은 대부분 해양의 교역로를 통해 이루어졌다. 최근에 들어서야 학자들은 몽골 시기 해양 교역의 중요성에 주목하기 시작했다. 이 시기 유목민 몽골 지도자들은 누구나 생각했던 것보다 더욱 활발하게 해양 교역을 지원했던 것이다.[19]

중국과 이슬람 세계 사이의 접촉이 지속적으로 이루어진 수 세기 동안에 양쪽 사회의 학자와 지리학자들은 서로에 대한 기록을 남기기 시작했다. 이러한 기록의 대부분은 교역 상품, 지역 생산품과 발명품, 항해 노선, 역사, 관습에 대한 정보를 포함하고, 이는 교역 관계를 촉진하는 지식이었다. 이렇게 상업적인 지향을 가진 정보가 두 사회 사이에서 퍼져나갈 때에 과학, 기술(지도 제작 기술도 포함)과 같은 다른 형태의 지식도 함께 이동했다. 그래서 중국과 이슬람 세계의 교류는 문화를 가로지르는 지식의 전반적인 확충을 야기했고, 이는 더 나아간 접촉을 고무하였다. 우리가 이러한 성장을 얼마나 잘 측정할 수 있을지는 우리 앞에 놓인 지리학적, 지도학적 증거를 해석하는 능력에 달려 있다.

---

19 스기야마 마사아키가 1995년에 몽골제국은 육지와 바다를 포괄하는 유라시아 상업 네트워크를 구축했다고 주장한 이래로, 최근 연구들은 몽골 시기 해양 접촉의 상세한 내용들을 분석했다. 杉山正明, 『クビライの挑戰: モンゴル海上帝國への道』(東京, 1995); Yokkaichi Yasuhiro, "Chinese and Muslim Diasporas and the Indian Ocean Trade Network under Mongol Hegemony," in *The East Asian Mediterranean: Maritime Crossroads of Culture, Commerce and Human Migration* (Wiesbaden, 2008), 73-102.

사료

비교사 전문가들은 양측의 만남을 보여주는 두 사회의 대등한 자료들을 찾아내기가 쉽지 않다는 것을 알고 있다. 이는 중국과 이슬람 세계의 접촉을 연구할 때에도 적용된다. 다행히도 중국과 이슬람 세계(750년에서 1500년 사이에 분명 세계에서 가장 발전된 두 사회)는 모두 다양한 주제에 관한 풍부한 문헌을 만들어냈다. 750년경 중국의 문예 전통은 이미 1,000년을 넘어 유지되고 있었고, 11세기경이 되면 중국은 목판 인쇄의 혁신과 확산 덕분에 대규모로 문헌을 생산했다. 그 결과 이 시기의 다른 문화권보다 중국에서 나온 많은 서적이 더욱 완벽한 형태로 남아 있다. 이와는 대조적으로 이슬람 세계의 문학은 7세기에 쿠란이 만들어질 때까지는 꽃을 피우지 못했다. 쿠란이 나온 이후에야 아랍어 문자의 표준화가 시작되었고, 이것은 아랍어 문학이 발전하는 데에 있어서 필수적인 요소였다.[20] 8세기부터 아랍 문학 장르의 숫자가 극적으로 증가했지만, 문헌들은 1,000년 동안 여전히 손으로 필사되고 있었다. 19세기가 되어서야 인쇄술이 도입되었기 때문이다. 이렇게 문자로 기록된 자료의 양과 질에서 차이가 나지만, 중국과 이슬람 사회는 모두 문헌, 필사본이 풍부하게 축적되어 있음을 자랑한다. 이는 상대방에 대한 각 사회의 지식 및 대체로 세계에 대한

---

20 이슬람 시대 이전 아랍어(특히 남부 아랍어) 문헌이 많이 존재하고 있다.

인식을 균형 있게 비교하도록 충분한 사료를 현대 역사가들에게 제공한다.[21] 이 책에서는 지리 기록, 여행과 외교 기록, 지도, 공식 역사서로부터 가져온 문맥상의 정보를 포함하여 원 사료를 보완하는 기록, 지방지, 다른 종류의 문필 저술 등을 검토하게 될 것이다. 고고학 발굴에서 나온 자료들은 그 이상의 상황을 알려주는 정보를 제공할 것이고, 문헌 사료의 한계를 보완하게 될 것이다.

이 연구에서 도전해야 할 것은 이른 시기의 원본 필사본들이 온전하게 남아 있는 것이 거의 없다는 사실이다. 대부분의 경우, 원본이 나온 지 한참 지난 후에 만들어진 사본들로 연구해야 한다. 학자들이 잘 알고 있는 것처럼, 원본의 단어가 연속적으로 생성된 사본으로 인해 때때로 왜곡될 수도 있다. 사본의 문제들, 그리고 그 사본을 다루는 방식은 일부 흥미로운 논쟁을 불러일으켰고, 자료를 우리가 더욱 엄격하게 취급할 것을 강조한다.[22] 이 시점에서 또 다시 문맥을 알려주는 자료들이 상호 참조라는 측면에서 꼭 필요하다는 점이 입증될 것이다.

---

21 두 사회의 저자들은 또한 그 사이에 존재하는 사회(중앙아시아, 남아시아, 동남아시아)에 관해서도 기록을 남겼다. 그 지역의 사람들은 자신의 사회에 관한 문헌 기록을 많이 남기지 않았으므로 중국, 무슬림 측 자료가 중요하다. 그러나 이는 이 책의 초점이 아니다.

22 이 시기 자료 중에서 주목할 만한 논쟁은 유럽인 마르코 폴로의 여행기를 둘러싸고 이루어졌다. 다양한 언어로 된 아주 많은 판본 중에 소실된 원본과 아주 가깝다고 학자들이 간주하는 것은 극소수에 불과하다. John Larner, *Marco Polo and the Discovery of the World*(New Haven, 1999)를 참고. 서로 다른 판본의 내용을 비교해서 검토하는 것은 전승 과정에서 어떤 부분이 이후에 추가되었거나 혹은 왜곡되었는지를 함께 살펴보고, 13세기 및 그 직후 시기의 신뢰할 수 있는 측면들을 정확히 확인하는 데에 도움이 된다. 중국어, 아랍어로 된 비슷한 자료들을 다룰 때에 주의를 해야 하지만, 전근대에 가장 선풍적이었던 기록 중 하나인 마르코 폴로의 서술보다는 그 변동의 정도가 크지 않았다고 가정할 수 있다.

지리 기록

이 문헌의 범주에는 저술을 남긴 작가의 목적과는 상관없이 다른 사회의 지리, 역사, 관습, 무역 상품에 대한 정보를 제공해주는 저술을 모두 포함한다. 이러한 기록의 대부분은 항목별로 구성된 방식을 통해 국가별로 편성되어 사람과 사회에 대한 기본적인 정보를 제공한다. 일부 저자들은 이 정보를 더욱 역동적인 이야기 형식으로 보여주기도 한다. 가장 이른 시기에 나온 이러한 종류의 저작들은 작가들이 쓰고 있는 국가에 직접 여행했던 적이 결코 없는 사람들에 의해 집필되었다. 대신 이런 작가들은 전해들은 보고서와 다른 사람으로부터 들은 소문에 의존했다. 결과적으로, 이러한 기록들은 미지의 땅에 관한 애매하고 환상적인 이야기들로 가득 차 있다. 그러나 접촉이 증대되면서 다른 사회에 관해 저술을 남긴 작가들은 각각의 정부 및 일반 대중의 흥미를 만족시키려고 직접적인 정보를 포함시킬 수 있었다.

종종 '중국의 헤로도토스'라고 간주되는 사마천(司馬遷, 기원전 145년경-기원전 86)은 서방 사람들에 대해 기록한 최초의 중국인 역사가였다. 그가 남긴 고전적인 역사서 『사기(史記)』에서 사마천은 서역(西域)의 국가들을 서술하면서 장건(張騫, 기원전 113년 사망)이 그에게 제공한 정보를 근거로 삼았다. 장건은 중앙아시아를 통해 육상 실크로드를 처음으로 개척했던 사절이었다. 기원전 247년에서 기원후 224년 사이에 번성했고 현재 이란과 이라크 지역에 있었던 파르티아제국(한자로는 안식(安息))에 관한 사마천의 기록의 첫 부분은 아래와 같다.[23]

> 파르티아제국[안식]은 대월지(大月氏) 지역의 서쪽으로 수천 리[1리는 대략 0.5km] 떨어진 곳에 있다. 사람들은 땅에 정착해 살고, 들판에서 농사를 짓고 쌀과 보리를 키운다. 또한, 포도로 포도주를 만든다. 그들은 대완(大宛) 사람들처럼 성벽이 둘러쳐진 도시를 가지고 있고, 이 지역에는 다양한 크기를 가진 수백 개의 도시가 포함되어 있다. 규수(嬀水)[옥수스 강]에 임해 있는 왕국은 매우 크고 둘레는 수천 리에 달한다. 거주민 중 일부는 상인으로, 수레 혹은 배를 이용하여 이웃 국가로 가는데, 때때로 수천 리를 이동하기도 한다. 국가의 동전은 은으로 만들며 화폐에는 왕의 얼굴을 집어넣는다. 왕이 죽으면 곧 화폐를 바꾸는데, 왕의 계승자 얼굴이 들어간 새로운 화폐가 발행된다. 사람들은 가죽 조각 위에 가로 방향으로 글자를 써서 기록을 남긴다. ……
>
> 한나라 사신이 처음으로 파르티아 왕국을 방문했을 때, 파르티아의 왕은 2만 명의 기병 일행을 동쪽 경계까지 보내서 맞이했다. 왕국의 수도는 동쪽 경계로부터 수천 리 떨어져 있어서 사신들이 그곳까지 도착하기 위해 수많은 사람이 거주하는 20개 혹은 30개의 도시를 통과했다. 한나라 사신이 다시 중국으로 돌아가고자 출발할 때,

---

23 고대 중국어 발음 "an-siək"는 제국의 창건자(기원전 246년 혹은 기원전 211년에 사망)의 이름인 아르사케스(Arsaces)를 전사한 것으로, 이 칭호는 이후 파르티아 지도자들도 사용하였다. Wang Tao, "Parthia in China: a Re-examination of the Historical Records," in *The Age of the Parthians: The Idea of Iran,* Vol. 2(London, 2007), 87-104. 안식(安息)이 파르티아에 해당한다는 것은 아주 설득력이 있고 일반적으로 받아들여지고 있지만, 이후의 지명들은 그렇게 분명하게 특정하기 어려워서 학자들 사이의 논쟁을 야기하고 있다. D. D. Leslie and K. H. J. Gardiner, "Chinese Knowledge of Western Asia During the Han," *T'oung Pao* LXVIII, 4-5(1982): 254-308. 안식에 대해서는 287-288 참고.

파르티아의 왕은 한나라 사신을 따라 자신의 사절들을 파견했다. 그리고 그들이 중국에 와서 그 넓이와 힘을 보고했고, 왕은 그 지역에 사는 큰 새의 알 몇 개와 여헌(黎軒)의 숙련된 요술사를 한나라에 선물로 바쳤다.[24]

사마천의 역사서는 극서 지역에 대한 중국인들의 이해에 획기적 발전이 있었음을 보여주었다. 신비로운 생물과 불멸의 영혼이 있는 환상적인 땅은 더 이상 없었고, 이제 서쪽 지역은 실재하는 것이었으며, 농경지·도시·시장·화폐·왕과 심지어 문자 체계를 완벽하게 갖춘 보통 사람들의 사회를 포함한 내용이 서술될 수 있었던 것이다.[25] 안식을 서술한 방식은 외국을 묘사하는 중국 기록들의 모범이 되었다. 외국의 지리적 위치, 자연환경, 지역의 생산품, 도시의 형태, 시장, 상인, 화폐 체계, 중국을 포함한 이웃 국가들과의 정치적·외교적 관계를 일일이 열거하고 있는 것이다. 중국인들은 점점 다른 사회에 대한 실제 정보를 축적했고, 이는 『산해경(山海經)』(여기에 나오는 기상천외한 창조물들은 경험에 입각하여 입증될 수 없는 것이었다)과 같은 당시의 '고전'에서 발견되는 자료와는 분명히 달랐다.[26] 장건과 같은 여행자들로부터 외국에 대한 실질적인 보고를 입수하자

---

24 Sima Qian, *Records of the Grand Historian of China, translated from the Shih chi of Ssu-ma Ch'ien, Vol. 2: the age of emperor Wu 140 to circa 100 B.C*, trans. Burton Watson(New York, 1961), 268, 278. 왓슨의 로마자 전사에서 약간의 변화를 주었다. 원문은 『史記』(北京, 1959) 卷123: 3162-3164, 3172-3173이다. 또한 *Islam in Traditional China*, 7-8에 있는 레슬리(Leslie)의 번역도 참고.
25 Leslie, "Chinese Knowledge," 268.
26 Anne Birrell, trans., *Classic of Mountains and Seas*(London, 1999). 비록 이후 시기에 존재했던 다른 민족지적 정보가 있지만, 『산해경』은 동시에 당시 시대의 사상에 지속적으로 영향을 끼쳤다. 명대의 왕기(王圻, 1565-1614)가 저술한 백과사전인 『삼재도회』(三才圖會)에는 외국인에 대한 『산해경』의 서술과 비슷한 몇몇 기상천외한 삽화가 포함되었다. Laura Hostetler, *Qing Colonial Enterprise: Ethnography and Cartography in*

마자 사마천은 『산해경』과 같은 문헌은 믿을 수 없는 것으로 여겨 다루지 않았다.[27]

점점 더 많은 중국인이 타국으로 여행했고, 타국에서 온 사람들은 중국을 여행하기 시작했다. 『사기』는 중국을 지배했던 한 왕조(기원전 206-기원후 220) 및 다른 국가에서 파견된 외교 사절들을 언급하고 있다. 그러나 초기에 파견된 이러한 사신 중 얼마나 많은 수가 공식 사신이었는지는 확언할 수가 없다. 사실, 중국에 도착했던 사절 중 일부는 제국 궁정으로부터 교역 특권을 획득하려고 외교관을 가장했던, 실제로는 상인이었을 것이다. 그럼에도 불구하고, 이런 방문객들은 그들의 고향과 이웃 국가에 대한 정확하면서도 직접적인 정보를 함께 가지고 왔고, 그들이 만났던 중국인들에게 그 정보를 전달했다. 이후 이 정보는 당 왕조 시기 이전부터 운영되었던 특별한 관청인 홍려시(鴻臚寺)에서 수집했고, 정부의 공식 역사서와 지도로 편찬되었다.[28]

사마천의 『사기』 이후에 고위 관리로 재직한 역사가들은 같은 형식으로 계속 공식 역사서를 집필했다. 각각의 역사서에 있는 열전(列傳)에 외국 부문이 포함되어 배치되었던 것이다. 이러한 기록의 작가들은 이전 문서들을 종종 인용했지만, 새로운 정보를 집어넣기도 했다. 비록 문서 다수가 완전하게 남아 있지는 않지만, 작가들이 문서를 공식 역사서에서 인

Early Modern China(Chicago, 2001), 87-90.

27 『史記』 卷123: 3179.

28 그들은 외국 지도 및 "조공을 바치기 위해 온 외국 방문객들의 삽화"(이를 직공도職貢圖라고 한다)도 그렸다. 현존하는 가장 이른 시기의 것은 『양직공도(梁職貢圖)』이고, 여기에는 외국에 대한 15부분의 텍스트와 그 국가에서 파견되었던 사절들의 "초상" 12폭이 담겨 있다. Kazuo Enoki, "The Liang chih-kung-t'u," in Studia Asiatica: the Collected Papers in Western Languages of the Late Dr. Kazuo Enoki(東京, 1998)를 참고.

용하거나 다른 문헌에서 이후에 그대로 가져다 적은 덕분에 단편적 기록들은 우리에게 전해지고 있다. 그러한 사례로는 중국인에 의해 작성된, 아바스 왕조의 아랍인과 무슬림에 관한 8세기 말의 기록이 있는데 이 중국인은 중앙아시아에서 당과 아바스의 군대 사이에 군사적 충돌이 있었을 때 포로로 잡혔었다. 이는 이슬람 세계에 관해 중국인이 남긴 상세한 기록 중에서 지금까지 남아 있는 가장 이른 시기의 자료이고, 이 지역에 대한 훗날 중국인들의 저술을 위한 선례가 되었다. 이 기록이 광범하게 퍼져나 갔고, 그 당시 가장 영향력 있는 공식 역사서였던 『통전(通典)』에 삽입되었기에 오늘날 우리들도 활용할 수 있는 것이다.

아랍어와 페르시아어의 지리 기록은 같은 시기 중국 자료와는 흥미로운 차이점을 보여주는데, 특성과 내용의 측면에서 모두 달랐기 때문이다. 아랍인 학자들은 쿠란의 언어인 아랍어로 이슬람 문학을 처음 탄생시켰다. 곧, 이슬람교로 개종한 비아랍인들이 이슬람 학문의 발전에서 중요한 역할을 맡기 시작했다. 무슬림 사회의 역사 초기에는 문화적 지식의 전달에 상당한 공을 들였는데, 이는 사회와 문화적 측면에서 상대적으로 발전이 늦었기 때문이기도 했고 이슬람 세계가 확장되는 과정에서 다양한 사람들과 전통이 통합되었기 때문이기도 했다.

확장이 이루어지면서 아랍인은 상당한 양의 새로운 지리적 개념, 방법, 그리고 그리스와 이란 및 인도에서 온 자료들을 체계적으로 받아들였다.[29] 그들이 익혔던 지문학(地文學)과 수학적 지리학(위도와 경도로 본 위

---

[29] S. Maqbul Ahmad, "Djughrāfiyā(Geography)," *EI2*, 2: 575-590과 J. F. R. Hopkins, "Geographical and Navigational Literature," in *The Cambridge History of Arabic Literature: Religion, Learning and Science in the 'Abbāsid Period*(Cambridge, 1991), 301-312를 참고.

치를 계산하는 학문)의 기원은 고대 그리스와 로마에 있었다. 우리가 앞서 보았듯이 그리스와 로마 항해자와 상인들은 가장 동쪽으로는 인도양까지 뻗어나가 장거리 교역에 종사했고, 이들은 동부 유라시아를 포함하여 그들이 마주쳤던 다양한 지역에 대한 정보를 가지고 귀환했다.[30] 그리고 이러한 정보가 가장 이른 시기에 편찬되어 유라시아와 북아프리카의 지리학으로 알려지게 되었다.[31] 2세기에 알렉산드리아의 프톨레마이오스(Ptolemy)가 그리스의 지리 자료와 발전된 측지학을 활용해 그의 위대한 두 저술을 출판하면서 이 지식은 확장되었다. 두 저술 중 하나는 『알마게스트(Almagest)』로 이는 중요한 지점의 황도(黃道)에서의 위치와 비교하며 위도와 경도를 기록한 천문표(天文表)였고, 다른 하나인 『지리학(Geography)』은 위도와 경도 네트워크를 활용하여 전례 없이 정확하게 기존 세계의 구획을 서술한 보고서였다.[32]

이슬람 제국의 창건자들은 651년에 비잔틴제국의 중요한 부분을 장악하고 사산조 페르시아제국을 정복한 이후, 이렇게 축적된 그리스-로마의 지식이 중요하다는 것을 재빨리 알아챘다. 그리고 바그다드의 초기 아바스 칼리프들의 후원 아래 진행된 거대 규모의 번역 프로젝트를 통해 빠르게 확산되고 있던 아랍어 문화권에 그 지식의 수용을 적극적으로 촉진하였다. 그러나 기존의 저작을 단순히 복사하는 대신에 무슬림 학자들은 더욱 수학적이었던 그리스 전통과 설명적인 이란의 지리 저작 전통(이와

---

30 Raoul McLaughlin, *Rome and the Distant East: Trade Routes to the Ancient Lands of Arabia, India, and China*(London, 2010); Ray, *The Archeology of Seafaring*, 25-26.
31 프톨레마이오스 이전 고대 그리스의 지도 제작에 대한 간략한 검토로는 Germaine Aujac et al., "Greek Cartography in the Early Roman World," *HC1*, 161-176을 참고.
32 O. A. W. Dilke, "The Culmination of Greek Cartography in Ptolemy," *HC1*, 177-200.

같은 서사 전통은 서아시아와의 육상 교역으로 인해 수 세기 동안 중국에도 잘 알려져 있었다)을 결합하면서 이를 더욱 발전시켰다.[33] 이렇게 무슬림 학자들에 의해 초기의 지리학적 전통이 종합되면서 중세 세계에서 가장 발전한 지리학, 지도학적 지식이 생겨나게 되었다.

신흥 이슬람 제국의 운영에 중요한 여러 행정적 수요는 곧 새로운 지리적 지식을 얻기 위한 동력이 되었다. 지리적 지식을 지속해서 갱신하려 했던 이유는 정치적, 종교적, 상업적인 것과 모두 연관되어 있었다. 이슬람의 확장은 아바스 왕조가 새로 획득한 영토를 더욱 원활히 통치하기 위해 실용적인 지리적 정보를 수집하는 것을 촉진했다. 무슬림은 메카를 향해 기도하고 메카로의 순례를 시행해야 한다는 쿠란의 의무 조항은 지리 지식의 획득을 더욱 활성화시켰다.[34] 마지막으로, 이 시기에 인도양 교역에서 가장 적극적인 역할을 수행하면서 8세기에는 중국으로 가는 모든 길로 활동 범주를 확대했던 무슬림 상인들은[35] 자기가 목격했던 지역에 관한 새로운 정보를 가지고 돌아왔다. 종이(중국에서 발명된 것)의 확산으로 인해 더욱 탄력을 받은 아바스 왕조 치하의 무슬림은 외국과의 교역을 적극적으로 수행해 나가면서 새로운 지식을 종합했고, 세계의 다양한 지역(중국도 포함)을 서술한 수많은 지리적, 역사적 기록을 생산했다.[36] 이는 아마

---

33 아랍인 작가들은 초기에 동남아시아로 여행했던 네스토리우스 기독교도의 문헌들과 같은 비무슬림의 자료를 편입시키기도 했다. G. R. Tibbetts, *A Study of the Arabic Texts Containint Material on South-east Asia* (Leiden: Brill, 1979), 2.

34 David A. King, *World-Maps for Finding the Direction and Distance to Mecca* (Leiden: Brill, 1999).

35 Risso, *Merchants & Faith*, 9-54.

36 Ahmad, "Djughrāfiyā"; Heribert Busse, "Arabische Historiographie und Geographie," In *Grundriss der Arabischen Philologie*, Vol. Ⅱ (Wiesbaden: 1987), 293-296; Hopkins, "Geographical and Navigational Literature," 301-

중국에 관한 아주 이른 시기의 무슬림 기록이 종종 이슬람 세계에 대한 중국의 기록보다 더욱 풍부한 모습을 보여주는 이유일 것이다.

시간이 지날수록 중국과 이슬람 세계에서는 직접적인 지리적 기록과 직접 여행을 하고 남긴 기록의 숫자가 늘어나고 내용도 향상되었다. 이는 지리학자들에게 더 믿을만한 정보의 원천을 더욱 많이 제공해 주었다. 자료의 특성이 변화한 것은 두 사회 사이의 다양한 접촉, 교류 및 그 양상의 성격도 변화했음을 드러내는데, 이는 몽골 시기에 절정에 달했다. 본론의 장들에서는 시간이 지나면서 각 사회가 가지고 있던 상대편 사회에 대한 지리적 인식에서 발생했던 내용과 형식의 변화를 탐구하게 될 것이다.

각각의 지리 기록에서 제공되는 정보를 평가할 때에는 비판적인 접근법을 취해야 한다. 한 언어에서 다른 언어로 번역될 때 혹은 어느 문서에서 다른 문헌으로 옮겨지는 과정에서 원래 정보 중 일부가 왜곡될 가능성이 높다. 심지어 여행 기록은 역사적, 지리적 정보의 출처로서는 신뢰도가 떨어질 수 있는데, 그 이유는 여행자들이 방문했다고 주장하는 장소에 실제로 갔는지를 항상 단언할 수가 없기 때문이다. 그래서 우리는 책 전체에서 다음과 같은 의문을 고려할 것이다. 아랍어와 중국어 자료에서 어떤 지리적 정보를 얻어낼 수 있는가? 몇몇 정보를 제공하는 지리적 기록, 여

327: I. Y. Kračkovsky, *Izbrannye socineniya IV: Arabskaya Geograficeskaya Literature*(Moscow, 1955-1960) 및 아랍어 번역으로는 I. Y. Kračkovsky, *Tāʾrkh al-adab al-jughrāfī al-ʿArabī*. trans. Hāshim Ṣalāḥ al-Dīn ʿUthmān(Cairo, 1963-1965); André Miquel, *La Géographie Humaine du Monde Musulman jusqu'au Milieu de 11ᵉ Siècle*, 4 vols.(Paris, 1967-1988) 참고. 가장 유명한 저술들을 상이한 언어로 부분적으로, 혹은 완역한 것들이 있다. 가브리엘 페란드는 인도양 교역에 관한 아랍인 저자들의 기록 중 일부분을 번역하여 소개했다. Gabriel Ferrand, *Relations de Voyages et Texts Géographiques Arabes, Persans et Turks Relatifs a l'Extrême-Orient du VIIIᵉ au XVIIIᵉ Siècles*(Paris, 1913-1914).

행 기록의 형식과 유형은 무엇인가? 이들 기록은 사실인가, 소설인가? 그리고 우리가 어떻게 그 사실 여부를 평가할 수 있는가? 각 시대에서 우리가 찾을 수 있는 새로운 정보는 무엇인가? 그리고 중국과 이슬람 세계의 접촉이라는 맥락에서 그 정보를 어떻게 해석할 수 있을까? 다른 사회에 대한 새로운 정보를 연결시켜줄 수 있는 수단은 무엇인가? 마지막으로, 문화 간의 증대된 인식이 두 사회의 전반적인 세계관을 어떻게 확장시켰고, 그 이상의 문화 간 접촉을 어떤 방식으로 만들어냈는가? 지면이 제한되어 있기에 이 연구에서는 우리가 활용할 수 있는 많은 자료를 모두 이용할 수는 없고, 모든 파편적인 정보를 상세하게 들여다볼 수도 없다. 이는 한 사람의 저자가 할 수 있는 일이 아니다. 그 대신에 이 연구는 지리적 지식을 얻기 위한 중국과 이슬람 세계의 접촉과 관련된 가장 중요한 자료들을 선택적으로, 비교적으로, 그리고 비판적으로 분석할 것이다. 이 책의 주된 목표는 첫 번째, 특정한 접촉 상황 아래에서 퍼져나갔던 집합적 지식의 일정한 형태를 입증하는 것이다. 두 번째, 이 지식이 역사적으로 암시하는 것을 검토하는 것이다. 문헌 사료가 전달의 과정에서 직면하는 한계로 인해 우리는 같은 현상들의 증거로 물질 자료 및 시각 자료도 활용할 것이다. 지리적 지식의 향상을 이해하기 위해 활용할 수 있는 가장 중요한 시각적 자료는 바로 지도이다.

지도

이 책은 고대 지도를 역사적 분석을 위해 진지하게 활용하려는 첫 시도 중의 하나로서, 고대 지도들이 일정 시기 사회의 문화적 지식을 기호로 표시한 '텍스트'로 간주될 수 있음을 주장하고 있다.[37] 어느 정도까지는 한 사회가 다른 사회에 대해 알고 있는 수준이 '다른' 지역에 대한 시각적 묘사를 통해서 측정될 수 있는 것이다. 비록 문헌 자료에 비해서는 확산되는 것에 한계가 있지만, 고대 지도들은 사회 내의 일정 집단 사이에서 널리 보급된 지리 지식을 보여준다. 많은 사례에서 지도는 지리적 문헌 기록보다 더 부수적으로 활용된다. 지도는 발전된 지도 제작 기술이 혼합되었기 때문에 집성된 자료의 부산물이었던 것이다. 그러나 새로 획득한 정보(그리고 심지어 새로운 지도 제작 기술까지)를 활용하여 지리학자들이 생산한 외국을 그린 지도는 지도가 제작되었을 당시 외국 사회와의 접촉과 교류의 정도를 알려줄 수 있다.

지도 제작자들은 지도를 만드는 기술을 개발하고 정확한 지도를 그리는 것을 익히게 되었는데 이는 중국에서는 3세기에, 이슬람 세계에서는 8세기에 시작되었다. 중국에서는 지도 제작이 행정 및 군사적 업무에 있어

---

37 서로 다른 시기의 종교적 신앙에 근거를 둔 사람들의 세계관, 이상, 욕구, 공간 인식의 변화를 탐구하기 위해 전근대의 삽화가 들어간 지도를 어떻게 읽어야 하는지에 대한 체계적인 논의로는 應地利明, 『繪地圖の世界像』(東京, 1996)을 참고.

서 수 세기 동안 필수적인 것이어서 많은 지도가 남아 있다.[38] 고대 중국인은 '우공도(禹貢圖)'와 같은 상징적인 그림을 그렸는데, 여기에서는 세계의 중심인 중국은 문명이 흘러나오는 원천으로 위상을 부여하고 있다. 그러나 많은 문헌 사료가 고대의 중국인 지도 제작자들이 실용적인 목적을 위해 더욱 현실적인 지도도 그렸다는 것을 입증하고 있다. 가장 이른 시기의 것으로 남아 있는 지도들은 중국인 지도 제작자들이 체계적인 거리 측정 방식을 활용했음을 보여주며, 이는 1000년경 혹은 그 이전에 더욱 정확한 비율로 중국 본토를 그릴 수 있게 했다. 중국의 경계를 넘어서 존재하는 지역의 지도들은 훨씬 이후에 출현하게 된다. 우리는 다음 장들에서 서아시아, 아프리카, 유럽을 포함한 광범한 세계를 더 잘 이해하고 묘사하기 위해 다른 사회(특히 이슬람 세계)로부터 새로운 지리, 지도 제작 정보를 중국인 지도 제작자들이 받아들여 점점 축적해 가는 과정을 살펴볼 것이다.

아랍인과 페르시아인 지도 제작자들은 중국인 지도 제작자들보다 훨씬 이전부터 세계지도를 그렸다. 고대부터 내려온 이란의 전통에서는 세계의 땅덩어리를 새의 모습으로 그렸다. 중국은 머리였고, 인도는 오른쪽 날개였으며 북코카서스(al-Khazar)는 왼쪽 날개였다. 그리고 메카와 히자즈(Ḥijāz), 시리아, 이라크, 이집트(즉, 이슬람 세계의 심장부)는 가슴이었고, 북아프리카는 꼬리에 해당되었다. 이렇게 새의 모양을 한 지리적 형상은 초기 아랍의 지리 기록에서 종종 등장한다.[39] 비록 괴상한 것으로 들릴

---

38 이러한 부류의 지도로서 현존하는 것 중 제일 오래된 것은 방마탄(放馬灘)과 마왕퇴(馬王堆)에 있는 진과 서한 제국 시대 무덤에서 발굴되었다. 曹婉如 等 編, 『中國古代地圖集: 戰國-元』. 北京: 文物出版社, 1990에 수록된 4-29의 지도들을 참고.
39 Ahmad, "Djughrāfiyā," 5: 576. 이븐 파키흐(902년에 활약)의 저술에 대한 2장의 논의를 참고.

수도 있겠지만, 이러한 모습은 실제로 유라시아 대륙에 관한 대체적인 지식을 보여주며, 주요한 지역을 대략 실제와 비슷한 위치에 놓아두고 있다.

무슬림 지리학자와 지도 제작자들은 로마와 그리스의 전통을 물려받은 이후 더욱 정밀해진 물리적 치수를 가지고 세계에 대해 더 정확한 모습을 만들어낼 수 있었다. 위도와 경도의 표인 프톨레마이오스의 『지리학』은 세계를 지도로 그릴 수 있게 하는 중요한 원천 자료를 제공했다. 무슬림 지리학자들은 스스로 획득한 정보를 가지고 프톨레마이오스의 지리학적 구도를 갱신했다. 그리스-로마 전통의 수용, 세계의 주요한 장소들의 물리적 위치 재측정, 인도양으로 항해했던 항해가들과의 지속적인 토론 덕분에 무슬림 지리학자들은 중국인 지도 제작자들보다 훨씬 이전에 이슬람 세계와 중국 사이의 해안선에 대한 감각을 발전시켰다.[40]

실제 항해가 해안선의 모양을 가장 지속적으로 접촉하게 만드는 것이었으므로 육지에 사는 지도 제작자를 위한 정보의 명백한 출처는 항해가의 해도(海圖)였다. 그러나 중국과 이슬람 세계에서 남아 있는 원본 해도는 극소수이다.[41] 정화(鄭和)가 이슬람 세계로 유명한 원정을 떠난 기간(1405-1433)에 사용된 해도 중 일부는 2세기 이후에 대중적 소비를 위해 수집되고 편찬될 수 있을 정도로 충분히 보존되어 있었다. '모곤(茅坤) 지도(정화항해도라고 한다)'라고 알려진 해도는 실제 항해를 위해 사용되어 중국과 이슬람 세계를 연결하는 모든 해상 루트에 대한 완벽한 기록을 제

---

40 전통적 무슬림 지도의 발전에 관한 간결한 개관으로는 S. Maqbul Ahmad, "Kharīṭa or Khārīṭa," *EI2*, 4: 1077-1083을 참고.

41 상해의 서점에서 우연히 발견되어 현재 남아 있는 18세기 중국의 해도는 광동에서 산동으로 이어지는 중국 해안을 따라 항해할 때 사람들이 사용했던 원시적이면서도 뿔뿔이 흩어진 형태의 해도를 보여주고 있다. 18세기 해도의 정보는 아마도 이전 시대부터 세대를 이어 전수되었을 것이다. 章巽, 『古航海圖考釋』(北京, 1980).

숭하였다.

지리 기록의 사례에서처럼, 원본 지도도 남아 있는 경우가 거의 없다. 그러나 지도를 원본의 형태로 재구성하기 위해 훗날 복사, 편찬해서 그리는 것은 가능하다. 그 사례가 이 서론에서 제시했던 두 개의 대표적 세계지도이다(그림 0-1, 0-2 참고). 우리는 지도들이 제작된 시기 무슬림과 중국인의 세계관을 조사하기 위해서 다음 장들에서 이 그림들을 더욱 상세하게 재검토할 것이다. 다행히도 2-3세기의 격차는 원래 지도의 사본을 크게 바꿀 정도로 추가되는 사항이 있거나 왜곡되기에는 너무 짧은 시간이다. 그래서 훗날의 복사본들도 우리의 탐구에 도움을 줄 것이다.

고고학적 증거

고고학적 발견은 중국과 이슬람 세계 사이의 접촉 및 서로에 대한 지식의 증대를 추적하는 데에 도움을 주는 또 다른 자료의 원천을 이룬다. 1960년대 말부터 수적으로 증가한 고고학적 발굴은 초기의 문헌에서는 결코 확인할 수 없는 정보를 제공한다. 예를 들면, 문헌 자료는 특정한 지점에서 이루어진 무역의 양을 판단하는 데에 거의 도움이 되지 않지만, 고고학적 발견은 이를 확인할 수 있게 한다. 그래서 고고학적 증거는 일정 시기 두 사회 사이의 지식 이동을 촉진했던 접촉의 상황들을 이해하는 데에 도움을 주는 것이다.

아랍의 지리 기록과 여행기는 중국에서 이슬람 세계로 온 가장 중요한 교역 물품 중 하나로 도자기를 언급하는데, 고고학적 발견은 이를 확인해준다. 지난 40년 동안 페르시아만과 아라비아해 해안에서 발굴된 중국 도자기들은 무슬림이 700년에서 1500년 사이에 지속해서 중국에서부터 도자기를 수입했음을 보여준다.[42] 1968년부터 시작된 시라프(Sīrāf)의 발굴

---

[42] 최근 20년 동안 페르시아만과 아라비아해의 해안에서 발굴된 것들은 중국과의 직접 접촉의 기원과 성장에 대한 문헌 증거를 보완하는 고고학적 자료를 제공하였다. 이웃한 민족들과 함께한 아랍인의 항해에 관한 조지 후라니(George F. Hourani)의 고전적이면서도 영향력 있는 1951년의 연구는 새로운 고고학 발견에 근거한 갱신된 연구를 위한 주석이 포함되어 1995년에 개정판이 나왔다. George F. Hourani, *Arab Seafaring* (Princeton, 1995).

은 페르시아만에 있는 이 중요한 항구에서 접할 수 있는 중국 도자기의 양이 8세기에 갑자기 증가했음을 증명한다.[43] 도자기 및 다른 매력적인 상품들을 대규모로 수입한 것은 인도양의 해로를 거치면서 가능해졌다. 무엇보다도 한 척의 배는 낙타들로 이루어진 대상(隊商)들보다 더욱 많은 도자기를 더 낮은 비용으로 운반해 올 수 있었다. 9세기경이 되면, 중동의 도공들은 결코 중국의 백자를 완벽하게 복제할 수는 없었지만 그것을 모방하기 시작했다.[44] 이와 비슷하게 중국의 고고학적 발굴은 이슬람 세계로 수출하기 위해 대규모의 도자기 생산이 이루어졌다는 것에 부합하는 증거를 내놓았다. 예를 들면, 복건(福建) 남부에서 발견된 것들은 이러한 수출 산업이 송 왕조(960-1276) 시기에 국가의 경제적 성장에 기여했음을 보여준다.[45]

---

43 David Whitehouse, "Abbāsid Maritime Trade: the Age of Expansion," In *Cultural and Economic Relations between East and West* (Wiesbaden, 1988), 62-70.
44 三上次男, 『陶磁貿易史研究(下) - 中近東編』(東京, 1988); Michèle Pirazzoli-T'serstevens, "A Commodity in Great Demand: Chinese Ceramics Imported in the Arabo-Persian Gulf from the Ninth to the Fourteenth Century," *Orient* 8(2004): 26-38; Axelle Rougeulle, "Medieval Trade Networks in the Western Indian Ocean(8-14th centuries)," in *Tradition and Archaeology: Early Maritime Contacts in the Indian Ocean* (New Delhi, 1996), 159-180; Moira Tampoe, *Maritime Trade between China and the West: An Archaeological Study of the Ceramics from Siraf(Persian Gulf), 8th to 15th centuries A.D.* (Oxford, 1989); 弓場紀知,「エジプト・フスタート遺跡出土の陶磁: 遺物一覧表」, 『陶磁器の東西交流 : エジプト・フスタート遺跡出土の陶磁』(東京, 1984), 84-99.
45 Billy K. L. So, *Prosperity, Region, and Institutions in Maritime China: the South Fukien Pattern, 946-1368* (Cambridge, MA, 2000), 186-201. 같은 책의 237-281에 있는 Ho Chiumei, "The Ceramic Boom in Minnan during Song and Yuan Times"와 Richard Pearson, Li Min, Li Guo, "Port, City, and Hinterlands: Archaeological Perspectives on Quanzhou and its Overseas Trade," in *The Emporium of the World*, 177-235를 참고.

침몰된 선박들에서 나온 증거는 중국과 이슬람 세계를 연결하는 상업 네트워크에 대한 중요한 정보를 제공한다. 선박의 선체 구조, 항해를 위한 장치, 내부 시설 혹은 크기 그리고 특히 그 화물은 이 배가 어디에서 왔는지를 알려주고, 대부분 어디로 가고 있었는지도 확인할 수 있다. 그래서 두 사회 출신의 상인들이 연계된 소통의 형태 및 고대 교역의 다른 세부사항에 대한 많은 것을 우리에게 말해주고 있다.[46] 수마트라와 보르네오 사이의 인도네시아 섬인 벨리퉁(Belitung)에서는 9세기에 침몰한 다우선(dhow)이 발견되었는데, 이는 중국과 인도 및 더욱 서쪽에 위치한 지점 사이의 직접적 교역을 보여주는 가장 이른 시기의 증거를 제공하는 것일 수도 있다. 그래서 이것은 잠재적으로 광범한 역사적 중요성을 가진다.[47] 중국 복건성의 천주만(泉州灣)에서 송대에 난파된 선박, 한국의 신안(新安)에서 원대에 침몰된 선박이 발견된 것은 도자기와 같은 상품의 교역 규모와 문헌 사료에서 발견되는 선박 건조 기술에 대한 묘사를 실증하고 있다.[48]

해안 지역에서 발견된 석각(石刻)들도 또 다른 중요한 고고학적 사료에 해당된다. 이 자료들에는 인구의 규모는 물론이고 이동도 기록되어 있다. 거대한 항구 도시인 천주(泉州)에 오늘날까지 남아 있는 초기 이슬람 묘지는 중국-무슬림의 접촉을 조용히 입증하는 증거를 제공한다. 이 묘지

---

[46] Jonathan Adams, "Ships and Boats as Archaeological Source Material," *World Archaeology* 32, no. 3(2001): 299.

[47] Michael Flecker, *The Archaeological Excavation of the 10th Century: Intan Shipwreck* (Oxford, 2002); David Gibbins and Jonathan Adams, "Shipwrecks and maritime archaeology," *World Archaeology* 32, no. 3(2001): 282. 인도양에서의 항해와 항해에 사용되었던 선박들에 대한 더욱 기술적인 검토에 대해서는 Hourani, 87-122를 참고.

[48] 三上次男, 『陶磁貿易史研究(上) - 東アジア·東南アジア編』(東京, 1987), 252-276.

에 남아 있는 중국어와 아랍어로 기록된 많은 수의 묘지명(墓誌銘)은 몽골-원 시기의 것인데, 이때는 중국과 이슬람 세계의 접촉과 교류가 정점에 달했던 시대였다.[49] 증거들은 묻힌 사람의 다수가 아랍-페르시아를 기원으로 하는 무슬림이었음을 암시하고 있고, 그들은 중국, 중앙아시아, 남아시아, 동남아시아 민족과 교역 및 다른 형태의 문화 간 상호 교류에서 적극적인 역할을 담당했다.

---

49 吳文良, 『泉州宗教石刻』, 北京: 科學出版社, 2005.

세 시기의 단계로 본 지리 지식의 성장

이 연구는 이슬람 세계와 중국 사이의 접촉이 번성하기 시작했던 750년을 출발점으로 삼고, 그들의 긴밀한 경제적·문화적 교류가 유럽인의 도래로 인해 변화가 이루어진 1500년을 종착점으로 삼는다. 이 연구가 다루는 긴 시간 범주는 페르낭 브로델(1902-1986)의 글을 읽은 독자들에게 '장기 지속'을 상기시킬 수도 있겠다. 지중해에 대한 연구에서 브로델은 정치적 정권과는 달리 오랜 시기에 걸쳐 유지되었던 사회를 형성한 '구조'를 조사하고 있다.[50] 브로델의 이론을 인도양에 적용한 쵸두리(K. N. Chaudhuri)는 해양 상업의 변하지 않는 구조를 분석하기 위해 더욱 긴 시간 범주-이슬람교의 등장(631년 이후)부터 11세기가 지난 1750년까지-를 활용했다.[51] 지역들의 경제와 문화에서 지속적해서 유지되는 구조적 특질을 설명하는 데에 있어서 이러한 접근법이 가진 많은 이점에도 불구하고, 이는 두 사회들 사이의 역동적인 상호 교류의 결과로 인한 변화(예를 들면 지식의 전파) 등 다른 중요한 양상은 다루지 않는다. 이와는 달리 본 연구는 두 사회 상호 간에 지리적 지식이 증대되고 이것이 더 많은 접촉을 불러일으켰음

---

50 Fernand Braudel, *La Méditerranée et le Monde Méditerranéen a l'époque de Philippe II*(Paris, 1949).
51 K. N. Chaudhuri, *Trade and Civilisation in the Indian Ocean: An Economic History from the Rise of Islam to 1750*(Cambridge, 1985).

을 분명하게 드러냄으로써 시간에 따른 변화를 강조한다.

　이 책은 8세기의 시간 범주를 세 단계로 나누고, 각 단계를 두 가지 평행을 이루는 장(하나는 중국, 다른 하나는 이슬람 세계)으로 나눠 다룬다. 1단계는 750년부터 1260년까지 몽골 이전 시기를 포함한다. 2단계는 1260년부터 1368년까지 몽골 시기를 다룬다. 3단계는 1368년부터 1500년까지 몽골 이후 시기를 언급한다. 각 장에서는 그 시대 중국과 이슬람 세계의 교류에 관한 간략한 역사적 서술, 주요 사료에 대한 분석, 핵심적인 고고학적 발견에 관한 요약을 결합시킨다. 이러한 조합을 통해 세 단계에서 일어난 지리 지식의 성장을 야기한 특정한 상황들은 물론이고, 교류에서 보이는 역동적인 이야기를 서술할 것이다.

　1장과 2장에서는 751년부터 1260년까지 중국과 이슬람 세계 사이의 접촉이 이루어진 5세기 동안 상호 지리 지식이 증대되었음을 추적하기 위해 중국어, 아랍어, 페르시아어 사료를 추출한다. 이 시기에는 중국에서 당(618-907)과 송(960-1276) 왕조가 지배했고, 이슬람 세계에서는 아바스 칼리프 왕조(750-1258)가 통치했다. 송과 아바스 칼리프 왕조가 몽골에 의해 멸망한 13세기 말까지 두 왕조는 제도적, 문화적 발전뿐만 아니라 전례 없는 경제적 성장을 누렸다.[52]

52　중국사를 연구하는 많은 학자가 당-송 왕조 시대에 중국에서 일어난 현저한 변화를 연구하는 데에 공을 들였다. Peter Bol, *'This Culture of Ours': Intellectual Transitions in T'ang and Sung China*(Stanford, 1992); Mark Elvin, *The Pattern of the Chinese Past*(Stanford, 1973); Miyakawa Hisayuki, "An Outline of the Naitō Hypothesis and Its Effects on Japanese Studies of China," *Far Eastern Quarterly* 14(1955): 533 을 참고. 이슬람 제국이 중앙아시아에서부터 북아프리카에까지 이르렀던 아바스 왕조가 이슬람 역사에서 가장 번영을 누렸던 시대 중 하나였다는 점도 의심의 여지가 없다. 비록 제국은 다양한 지역 자치국으로 점점 분열되었지만, 이슬람 세계의 문화적 발전은 중단되지 않았다. 이슬람 역사에 대한 기본적인 연구들로는 *The Cambridge History of*

이 시기 두 사회 간의 교류가 늘어나면서 중국과 페르시아만 사이의 항로, 교역 상품, 역사, 관습에 이르기까지 당시 작가들의 기록에서 제공할 수 있는 구체적인 정보의 양도 늘어났다. 9세기경이 되면, 아랍-페르시아 무슬림이 중국으로 항해하여 그곳에 영구 거주지를 만들면서 중국에 관한 아랍어 기록이 다수 출현하기 시작했다. 중국의 입장에서, 당과 송 정부는 점점 더 많은 외국인이 해안에 도착하면서 이들의 거주를 위한 더욱 대규모의 특별 구역을 창설했다. 이 상인들이 당시 중국과 이슬람 세계 간의 지식에 대한 가장 훌륭한 원천이었음이 분명하다.

사료들은 중국과 이슬람 세계의 접촉의 새로운 국면이 중국의 해상 교역 증가가 1000년경부터 이루어지기 시작하면서 야기되었음을 보여준다. 이전에는 아랍의 배들이 중국으로 가는 모든 길을 항해했다. 그러나 900년 이후 혹은 1000년경의 어느 시점에 중국과 아랍의 선박들은 대신 항해 중심지의 중간 지점에서 만나기 시작했다. 이와 동시에 무슬림이 체류하는 국외 거류 공동체가 남아시아와 동남아시아에 뿌리를 내리기 시작했다. 이러한 변화는 전체적으로 중국인들의 인도양 교역에 대한 이해와 세계에 관한 지리적 인식이 형성되는 것에 크게 기여했다.

중국과 이슬람 세계 사이의 접촉과 교류는 13세기에 전례 없는 규모에 도달했다. 몽골이 유라시아 대부분에 가져온 급진적인 정치적 변화 때문이었다. 13세기 초에 몽골이 대륙의 지배적인 정치 세력으로 갑자기 등장하면서 그들은 이전에 존재했던 모든 국가보다 더 큰 육상 제국을 창설했다. 그로 인한 평화는 수 세기 동안 막혀 있던 육상 교역로를 부활시켰

Islam; Marshall G. S. Hodgson, *The Venture of Islam: Conscience and History in a World Civilization* (Chigago, 1974); *EI2*에 게재된 관련 글들을 참고.

다. 이것만큼 중요하고 종종 간과되기도 했던 점은 해군 항구를 보유한 정주 사회들을 몽골이 정복했다는 것이고, 가장 중대한 것은 중국과 이슬람 세계를 차지했다는 사실이었다.

처음으로, 중국과 이슬람 세계가 정치적으로 통합되었다. 칭기즈 칸의 손자인 훌레구(1217-1265)와 쿠빌라이(1215-1294, 재위 1260-1294) 형제는 1260년에 각각 이란의 몽골 정권 일 칸국(1256-1335)과 중국의 원 왕조(1271-1368)를 창설했다. 두 국가는 몽골 칸국 사이의 분쟁에서 계속 동맹을 유지했고, 이 점은 중국과 이란 사이의 외교적, 상업적 관계를 강화하며 학문적 교류를 촉진했다.

유목민의 기원을 가지고 있음에도 불구하고, 두 몽골 정권은 두 국가 안에 자리한 항구들을 안전하게 만들었고, 이로 인해 바다로 나아갈 수 있는 기회를 활용했다. 스기야마 마사아키는 이러한 바다로의 전환이 1260년에 몽골 군대가 아인 잘루트(Ayn Jālūt) 전투에서 맘루크 왕조에게 패배하고 난 이후에 시작되었다고 주장한다. 이 패배로 인해 몽골인이 더 이상 육지를 정복할 수 없게 되었다는 것이다.[53] 같은 해에는 몽골제국의 다음 대칸을 선출하기 위해 조작된 쿠릴타이의 지지자들이 쿠빌라이를 선출했고, 그는 자신의 조정이 가진 힘을 국제 접촉을 진전시키고 지리적·지도학적 프로젝트를 촉진하는 데에 쏟게 될 것이었다. 그래서 몽골이 바다를 향해 본격적으로 진출했다는 것과 두 번째 단계로는 중국과 이슬람 세계 사이에 바다의 관점에서 이루어지는 접촉이 발전했기 때문에 1260년은 좋은 출발점이 된다. 3장과 4장에서는 1260년부터 1368년 사이 팍스 몽골리카

---

53 杉山正明, 『クビライの挑戦: モンゴル海上帝國への道』, 70-73. 이 사건에 대한 상세한 분석으로는 Reuven Amitai-Preiss, *Mongols and Mamluks: The Mamluk Ilkhanid War, 1260-1281* (Cambridge, 1995), 26-48을 참고.

에 대한 대응으로 일어난 상호 간의 지리 지식의 극적인 증가를 추적하기 위해 중국어, 아랍어, 페르시아어 자료를 추적한다.

1368년에 몽골제국이 몰락한 이후 이슬람 세계와 중국 사이의 관계는 다른 단계로 접어들었다. 명 왕조(1368-1644)는 통일된 중국을 통치했고, 서아시아와 중앙아시아의 대부분은 티무르 왕조(1369-1506)가 지배했는데 이러한 지정학적 상태는 몽골인의 등장 이전에 존재했던 것과 다를 바가 없었다. 몽골의 몰락 이후 두 사회 사이의 관계는 종종 혼란을 겪었지만, 이전에 만들어진 유산(遺産)에 기초를 둔 다른 접촉은 지속되었다. 1390년대와 1400년대에 중국과 기타 중앙아시아 국가 사이의 관계는 명과 티무르 왕조 궁정의 사절 교환 덕분에 더 깊어졌다. 5장에서는 아시아에 유럽인이 도달하기 이전 최종 시기를 다루는데, 이 시기의 지리 지식의 승대에 기여한 여러 사건 중 가장 주목할 만한 정화(1371-1433)의 7번에 걸친 항해도 언급될 것이다.

요약하면, 이 연구는 8세기 중반부터 15세기까지 중국과 이슬람 세계 사이에서 발전했던 접촉의 규모는 물론이고 문화 간 지식의 역동적인 변화를 조명하기 위해서 통시적, 공시적인 비교를 모두 활용할 것이다. 시간이 지나면서 이러한 접촉들이 점진적으로 발전했음을 관찰한 것처럼, '중국'과 '이슬람 세계'라는 용어가 고정된 지리적 존재를 언급하는 것이 아니라는 점도 명확해지게 될 것이다. 정치적 영역이 변화했던 것처럼, 두 개념도 지속적으로 변화를 겪었다. 비록 중국과 이슬람 세계는 한때 아시아의 양극단에 위치해 있었지만, 결국에는 이슬람 세계가 육지와 바다의 통로를 통해 중국과 상당히 가까울 정도로 성장했다. 이제 이 두 사회의 작가들이 알고 있었던 세계의 가장 멀리 떨어진 곳에 대한 그들의 지식을 어떻게 다듬기 시작했는지를 조사하면서 우리의 연구를 시작해보도록 하자.

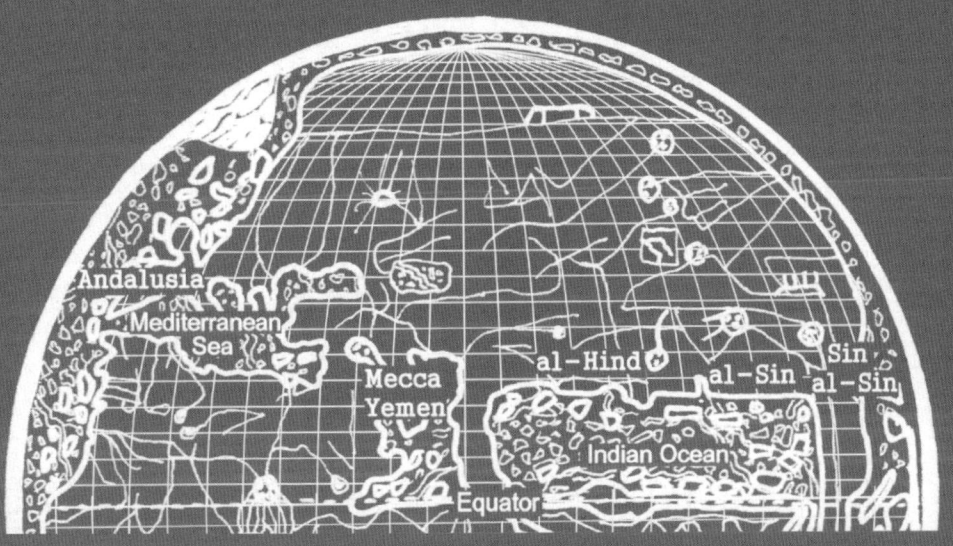

1장

제국의 만남에서 해상 교역으로

이슬람 세계에 대한 중국의 이해, 750-1260

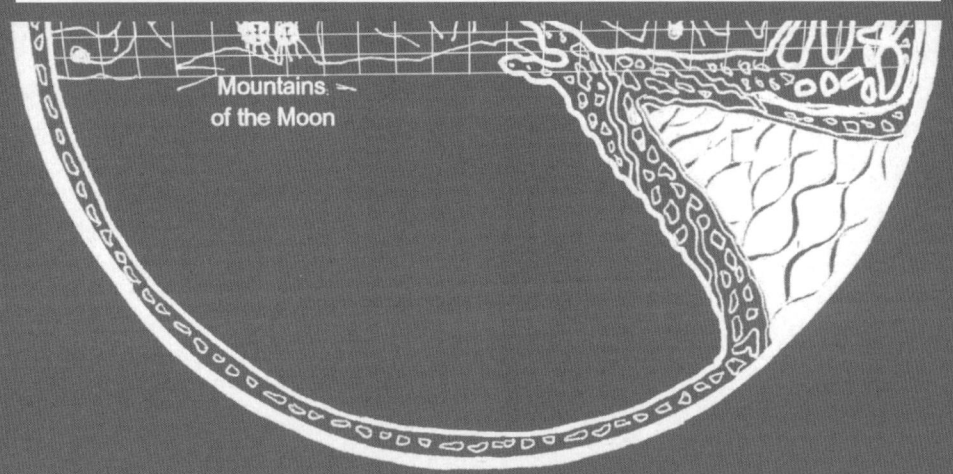

머리말

이슬람 세계에 대해 남긴 중국 최초의 현존 기록은 8세기 중반의 것이다. 두우(杜佑, 735-812)의 유명한 『통전(通典)』에서 아랍인에 관해 남긴 서술은 7세기 초 서아시아의 이슬람 공동체의 건국과 확장 과정에서 발생했던 중요한 사건들을 알려주고 있다.

> 국가는 페르시아의 서쪽에 있다. 혹자가 말하기를, 이전에 페르시아의 아랍인[무함마드]이 마치 신의 도움을 받는 것처럼 칼을 얻어 사람들을 죽였다. 여러 아랍인들에게 자신과 합류하라는 소환의 명을 내렸기 때문에 11명이 찾아왔다. 합류한 순서에 따라 그들은 첫 번째로 온 사람을 왕으로 삼았다. 이후 사람들이 점점 귀부하여 마침내 페르시아를 멸망시켰고, 비잔틴과 인도의 도시들을 격파했다. 그들이 마주쳤던 모든 곳에서 그들을 패배시키지 못했다. 그들의 군대는 42만 명이었다. 국가가 존재한 것이 34년이다[즉, 622년부터 시작되었다]. 이전에 첫 번째 왕[무함마드]이 사망하고, 계승자가 지도자로 임명되었으며 현재 왕은 세 번째 계승자[즉, 우스만]이다. 그 왕은 아랍인(대식) 종족에 속해 있다.[01]

비록 정확하지는 않지만, 『통전』의 기록은 새로운 민족 집단인 아랍

---

01 『通典』(北京, 1988) 卷193: 5279.

인(대식)을 인지하고 있고, 그 위치와 기원을 페르시아의 서쪽 어딘가로 보고 있기 때문에 중요한 것이다. 또한 이슬람의 창건자 예언자 무함마드, 추종자들이 발전시킨 그의 공동체, 정치적 세력의 성장, 페르시아 및 비잔틴 제국과 인도의 일부 정복, 예언자의 사망 이후 선출에 근거한 계승 과정을 식별하고 있기도 하다. 이 책의 이어지는 페이지들에서 언급되는 것처럼, 이 기록은 또한 무슬림들이 모스크에서 하루에 다섯 번 기도한다는 것을 알려주고 있다. 여성은 밖으로 나갈 때 베일로 얼굴을 가린다.02 그들은 중국인이 그들의 정치적 세력 성장을 인식한 직후에 당 왕조와 외교적 관계를 수립했다. 중국인은 이슬람교의 등상 이후 1세기 가량이 지나고 난 뒤에 백과사전식 역사서의 상세한 부분에 이 지식을 기록했는데, 이는 대체로 두환(杜環)이라는 사람 덕분이었다. 이 두환은 『통전』의 저자인 두우의 친척이다. 두환은 751년 아바스 왕조의 군대가 탈라스(현재 카자흐스탄의 잠불Dzhambul) 전투에서 중국 군대를 패배시킨 이후에 사로잡혀 아바스 제국의 수도였던 쿠파(Kūfa)로 끌려왔고, 여기에서 전쟁포로로 10년 동안 살았다. 그가 풀려나서 중국의 고향으로 돌아오고 난 뒤 자기 경험을 기록했고, 그의 친척이 백과사전을 집필하는 데에 이를 활용했던 것이다. 두우의 기록은 세계사에서 가장 극적인 정치적 만남 중의 하나를 반영하고 있다. 바로 당과 아바스 제국 사이의 만남인데, 이로 인해 중앙아시아의 정치적, 경제적, 종교적 모습과 인도양 교역 네트워크에 변화가 일어나게 된다.

  10년 동안 이슬람 세계에서 거주한 두환은 중국으로 귀환했다. 그는 선박을 타고 아시아 전체를 여행하는 것에서 육상 실크로드의 새로운 대

---

02 Ibid.

안으로 발전하기 시작했던 해상로를 통해 돌아왔다. 대체로 평화로운 상업적 관계로 발전해 나가며 번영한 해상 교역은 아마 8세기 이후 중국과 이슬람 세계 사이의 관계를 가장 잘 보여주는 것으로 보인다. 한때 인도양 교역에 종사했던 바그다드 출신의 수많은 상인들은 최종적으로 중국의 항구 도시인 광주(廣州)에 도착할 때까지 해양 항로를 따라 이동했다. 그중 대다수는 사업의 기회를 잡으려고 당 왕조의 수도인 장안(長安)에 도달할 때까지 중국 내지를 여행했다. 중동의 상인들은 모국에서 항상 높은 가격으로 거래되던 고품질의 도자기를 중국인과 교역하기 위해서 후추, 유향(乳香)과 같은 상품들을 가져왔다. 중국인들은 외국 상인들과 그들의 상품을 환영했는데, 그 이유는 당 왕조(그리고 이후의 송 왕조) 휘하 중국의 문화·경제적 번영은 중국인을 만족시키는 데에 필요한 여유로운 소비 욕구와 재산을 산출했기 때문이다. 중국인과 무슬림 상인과의 접촉이 증대했고, 그러한 증대가 이루어질수록 중국인은 무슬림의 고향이 모든 외국 중에서 가장 부유한 곳이라고 생각하게 되었다. 이는 무슬림 사회에 대한 중국인의 이해를 증진시켰고, 중국인 작가들이 이슬람 세계를 상상하고 독자를 위해 이를 서술하려고 자신들이 만났던 무슬림 방문자들로부터 정보를 찾아내도록 고무시켰다.

    1장에서는 중국이 몽골의 지배에 들어가기 이전에 두 사회가 첫 5세기 동안(750년부터 1260년까지) 접촉이 이루어지는 사이에 이슬람 세계에 대한 중국의 지식이 늘어난 것과 그 성격을 이해하기 위해 중국어 자료들을 활용할 것이다. 지리 기록, 지도와 같은 자료들은 이러한 지식의 범주를 해명하고 중국인들이 찾고자 했던 정보 및 이러한 정보를 찾으려 했던 이유를 이해하며, 이슬람 세계와의 접촉이 중국인의 지식에 끼친 영향을 측정하는 데에 도움을 줄 것이다.

초기의 접촉과 최초의 직접적 기록들

기원전 1세기에 『사기』를 통해 중국에서 역사 저술의 새로운 장르를 개척한 사마천의 본보기를 따라 이후 중국을 지배했던 왕조의 역사가들은 제국에서 승인하는 역사서에 외국의 민족과 지리에 대해 통째로 서술하는 부문을 만들어서 집필하는 원칙을 발전시켰다. 당 왕조 시기에 중국인들은 이웃 국가를 향해 그들의 군사적 힘과 문화적 영향력을 확대했다. 역사가들에 따르면 이때가 중국의 정치적 힘, 경제적 번영, 문화적 영향력의 황금기였다. 이때 중국은 동아시아 대부분 지역에 대해 중국 중심의 '세계 질서'를 견고하게 확립했고, 이는 중국인이 비중국인과의 관계를 관리하기 위해 사용했던 조공체제의 뒷받침을 받았다. 당 왕조의 역사가들은 중국인과 비중국인 '야만인'을 구별하는 초기의 개념들과 중국의 조공체제 궤도 내부 혹은 외부에 있는 외국인의 체계적인 분류를 수용했다. 그들은 비중국인을 동이(東夷), 서융(西戎), 남만(南蠻), 북적(北狄) 네 집단으로 나누었다. 이 네 집단 중에서 중국인이 더욱 면밀하게 지켜보아야만 했던 것이 서융이었다. 서융은 중국의 서쪽 경계 너머에 살고 있는 사람들인데, 동투르키스탄 혹은 그보다 더욱 서쪽에 있는 사람들을 가리키는 것이었다. 당 왕조는 이 지역의 광범한 부분을 정치적 영향권으로 편입시켰고, 그래서 이 지역에서 일어나는 어떠한 변화들이 중국의 이 지역 지배에 영향을 끼칠 수 있었다. 이 지역에서 아랍인의 성장과 이슬람 세력의 팽창만큼 서역 국가가 당 왕조에 가지는 정치적 중요성과 그들이 불러일으킬 수 있는 불안감을 잘 보여주는 사건은 거의 없다. 이 사건은 당 왕조의 가장 권위 있는 역사가인 두우에 의해 정확하게 서술되었다.

두우의 『통전』은 중국 황실 조정을 위해 저술된 정사(正史)는 아니다. 그는 문학적으로 탁월한 것과 고전적 비유의 사례를 찾고자 했던 작가들에게 초기의 문학과 역사서로부터 내용을 발췌하여 즉각 활용할 수 있는 모음집을 제공하고자 『통전』을 편찬했다. 백과사전식 개념은 지식을 분류하고 조직하기 위한 지적인 경향을 따른 것이었다.[03] 또한 그는 전문가 독자를 위해 대응했다. 백과사전의 끝에는 외국에 대한 정보가 필요한 것을 예상했다는 듯이 국경 방어에 대한 자료의 모음이 포함되어 있는 것이다.[04] 대식(大食, 아랍인 혹은 무슬림)에 두우가 할애한 장은 서융에 대한 더욱 큰 범주를 다룬 내용의 일부를 구성하고 있다. 여기에는 그 지역의 정치적 상황에 대한 광범한 개관(槪觀)과 개개 집단 혹은 국가에 관한 특별한 기록들이 들어 있다. 당 왕조의 정사들을 저술한 작가들은 훗날 송 왕조 시대의 사람들로서 사건이 일어나고 몇 세기가 지난 이후에 그 사건에 대해 서술한 것이었다.[05] 그와 달리 두우는 당시의 사건들로서 서역 사람들에 관해 집필한 것이었고 『통전』의 항목을 구성하면서 당대(當代)의

---

03 『통전』은 중국 최초의 제도사 겸 백과사전 문헌으로 훗날의 저술에도 상당한 영향을 끼쳤다. Denis Twitchett, *The Writing of Official History under the T'ang*(Cambridge, 1992), 84-91.
04 두우가 저술한 『통전』의 서역 국가에 관해 저술한 부분의 상세한 분석으로는 李錦繡, 余太山, 『《通典》西域文獻要注』(北京, 2009)를 참고.
05 이러한 기록에는 『구당서』(舊唐書), 『신당서』(新唐書), 『당회요』(唐會要), 『책부원구』(冊府元龜)가 포함된다.

기록들을 활용했다. 그의 문헌은 국가 관료의 관점에서 기록한 당 왕조의 가장 대표적인 지리 기록으로 간주되고, 대식의 사람들에 대한 아래와 같은 기록에서 보이는 것처럼 기본적인 지리적 특징, 생산품, 관습을 포함한 아라비아의 간략한 역사를 보여주고 있다.[06]

이 국가의 남자들은 코가 크고 길며 피부색은 어둡고 수염이 많아 인도인과 비슷하다. 여성들은 정숙하고 아름답다.[07] 문자가 있는데, 페르시아어와는 다르다. 그들은 낙타, 말, 당나귀, 노새, 양 등 여러 동물을 키운다. 토지에는 모래가 많아 농사에 적합하지 않다. 그들에게는 오곡(五穀, 쌀·보리·콩·조·기장)이 없고, 단지 낙타와 말 등 동물의 고기를 먹는다. 페르시아와 비잔틴을 격파할 때에만 쌀과 밀가루를 획득할 수 있다. 그들은 천신(天神)을 숭배한다.[08]

두우의 기록에서 드러나는 중요한 특징은 그가 수 세기 동안 중국인과 제한된 접촉을 했던 페르시아인과 아랍인을 명확하게 구분하고 있다는 점이다.[09] 일부 과장이 있기는 하지만, 위 기록은 아랍인이 이웃 국가를 향해 정치적 팽창을 시작하기 전에 아라비아 사막에서 유지했던 생활양식의 유목적 특징을 서술하고 있다. 편찬의 체계를 유지하려고 아랍인들에 관한 기록 앞에는 이 국가와 중국 사이의 외교적 관계를 서술한 짧은 문장이 나온다.[10] "아랍인들은 영휘(永徽) 연간[650-655, 아마 655년일 것이다]에

---

06 Twitchett, *The Writing of Official History under the T'ang,* 104-107.
07 『구당서』에 나온 비슷한 기록에서는 그들이 "하얗다"라고 언급하고 있다. 『舊唐書』 卷 198: 5315.
08 『通典』 卷193: 5279. Leslie, *Islam in Traditional China,* 23에 나온 번역과 비교하시오.
09 중국인이 페르시아인과 접촉했던 것에 대해서는 이 책의 서론을 참고.
10 『通典』 卷193: 5279.

당에 사신을 보내 조공을 바쳤다고 한다." 이후 왕조에서 편찬된 정사들도 7세기 중반 이후 무슬림 사절이 몇 차례 중국으로 오기 시작했음을 보여준다. 일부 사절은 방문하는 기간에 자신들의 국가에 대한 정보를 중국인 관료들에게 알려주었다. 651년(혹은 655년)에 당 조정에 온 한 사신은 그의 국가가 창설된 지 36년이 지났고 그들의 정치적 지도자인 칼리프 사이에서 변화가 일어났음을 보고했다.

비록 두우의 개략적인 서술은 정확한 정보를 포함하고 있지만, 중국인이 이슬람 세계를 얼마나 이질적으로 보고 있었는지도 드러내고 있다. 두우가 서술한 마지막 문단에서 그 점이 명확하게 드러나는데, 여기에서 그는 아랍인, 그들의 국가 및 그 너머의 세계에 대한 중국인의 지리적 개념에 대한 단서를 남기고 있다.

> 또 이르기를, [대식 국가의] 왕은 항상 의복과 식량을 실은 배에 사람들을 태워 8년 동안 바다를 건너게 하지만 서쪽 해안에는 도달하지 못한다. 바다 가운데에는 정사각형의 돌이 있는데, 돌 위에 나무가 있어 가지는 붉고 잎은 푸르다. 나무 위에서는 많은 어린 아이가 태어나는데, 키는 6-7촌(寸)[대략 15cm, 1촌은 2.25cm]이다. 그들이 사람을 보면, 말을 하지 않고 모두 웃으면서 손과 발을 움직인다. 그들의 머리는 나뭇가지에 붙어 있다. 사람들이 나무로부터 그 머리를 떼어내어 손에 넣으면 바로 말라서 검게 변한다. 사신이 가지 하나를 취해서 돌아왔다. 지금 그것은 아랍 왕의 거주지에 있다.[11]

---

11 Ibid.

여기에서 아랍인들이 서쪽 해안에 닿기 위해 건너갔던 '바다'는 '서해(西海)'를 의미하는 것으로 보인다. 서해라는 명칭은 사마천의 기록에서 시작하여 초기의 문헌에서 종종 등장하고, 학자들은 서역에서 중심적인 지리적 장소라고 간주했다. 이 기록이 가리키는 현재의 바다가 어디인지는 모호하고, 같은 장소를 언급한 다른 기록들과도 차이가 난다. 두우의 기록에서 서해는 사람들이 도달할 수 있는 가장 먼 장소였다. 훗날의 자료들은 이 바다가 더욱 구체적으로 인도양의 북서쪽 부분으로 페르시아만, 홍해, 아라비아해를 포함하는 일대라는 것을 확인하는 데에 도움을 주고 있다. 위에서 인용한 두우의 서역에 관한 기록에는 나무에 매달려 있는 아이들에 대한 묘사를 포함한 환상과 사실이 섞여 있다. 그러나 두우는 중국인 독자 사이에서 여전히 권위를 보유했는데, 그 이유는 이러한 환상이 훗날 중국의 기록에서 되풀이되고 있기 때문이다.

두우의 『통전』은 당 왕조 시기에 저술된 중국의 기록 중에서 크게 두드러지는 것인데, 그 이유는 목격자의 기록으로부터 직접 인용한 외국에 대한 현실적인 묘사가 포함되어 있기 때문이다. 이러한 장르에 해당되는 전형적인 저술들은 신뢰성이 떨어지는 간접적 정보에 의존하는 경향이 있었던 것과 대조를 이룬다. 예를 들면, 두우는 두환이 직접 목격한 서술로부터 기록을 그대로 가져오면서 여기에 3배 정도 더 많은 공간을 할애했다. 편찬자들이 늘 그러하듯이 친척의 여행에 대한 긴 설명은 생략했다. 그러나 두우는 다음과 같이 간략한 개관을 언급한다.

> 나의 친척 두환은 진서절도사(鎭西節度使, 현재 신강(新疆)을 관할) 고선지(高仙芝, 당의 장군으로 고구려인의 후예이다. 755년에 사망)를 따라 서역을 원정했다. 천보(天寶) 10재(751)에 서해에 이르렀다. 보응(寶應) 초(761)에 두환은 상인의 배를 타고 광

주(廣州)를 통해 [중국으로] 돌아왔고, 『경행기(經行記)』를 저술했다.[12]

두우가 이렇게 믿을만한 출처로부터 기록을 받았으니 얼마나 다행스러운 일인가. 두우는 두환이 서해로 여행한 이유를 설명하지는 않지만, 두환이 고선지를 따라 서역 원정을 떠났다는 사실은 고선지의 군대가 751년의 탈라스 전투에서 아바스 군대에 패배했을 때 두환이 포로로 사로잡혔다는 단서를 제공한다.

당 왕조가 한 세기 이상 서역으로 팽창했던 것은 탈라스 전투에서부터 쇠퇴하기 시작했다.[13] 630년대부터 당의 군대는 현재 중국의 북서쪽에 있는 신강 지역을 정복했다. 당의 황제들은 재위 초기부터 파미르고원을 넘어 중앙아시아 지역으로 사절을 파견했다. 곧 석국(石國, 현재 타슈켄트)과 같은 서역 국가들은 조공을 바치려고 당의 수도로 사신을 보냈다. 그러나 얼마 지나지 않아 이슬람 칼리프의 군대가 신속하게 중동에서부터 세력을 확산했다. 651년에 현재 이란에 있던 사산조 페르시아제국을 멸망시킨 무슬림 군대는 중앙아시아로 이동하여 그 지역에 대한 당의 패권을 위협했다. 이후 무슬림과 당의 군대는 티베트인과 투르크인에 의해 지배를 받았던 여러 왕국은 물론이고 중앙아시아의 실크로드를 장악하는 것을 놓고 복잡한 정치적 경쟁을 펼쳤다.[14] 그러다가 751년에 이 두 팽창 세력의 군대가 마침내 탈라스에서 충돌했던 것이다. 이는 두 사회의 자료들에서

---

12 『通典』卷191: 5199.
13 중국어와 아랍어 자료를 활용하여 탈라스 전투를 가장 상세하게 분석한 연구로는 前嶋信次, 「タラス戰考 - 序章」, 657-691과 「タラス戰考 - 本章」, 『史學』 32. 1(1959): 1-37을 참고.
14 Christopher I. Beckwith, *The Tibetan Empire in Central Asia* (Princeton, 1987), 37-140.

입증될 수 있는 중국과 이슬람 세계 사이의 첫 군사적 만남이었다.

중국어와 아랍어 자료는 탈라스 전투에 관해 모순되는 정보를 담고 있다. 중국어 자료는 당 왕조가 2만 명의 군대로 석국을 공격했다고 기록하고 있다.[15] 이 기록에서는 아바스 왕조가 석국의 편에 서서 개입했다고 이야기한다. 당의 배후에 편성된 카를룩(Karluk)까지 합류한 상황에서 싸움은 대등하게 이루어질 것처럼 보였다. 그런데 5일 후, 카를룩이 갑자기 편을 바꿔버렸다. 핵심 동맹을 잃어버린 당의 군대는 패배를 당했다. 그러나 이슬람 사료들은 다르게 설명한다. 얼마 전에 무너진 우마이야 왕조의 지지자들이 부하라(Bukhara)와 소그디아나(Sogdiana)에서 아바스 정복자들을 향해 반란을 일으켰기 때문에 전투가 발생했다는 것이다. 당의 군대는 우마이야 왕조 및 그 지지자들을 원조했다. 이에 대한 대응으로 아바스의 군대는 당에 도전하여 5만 명의 중국인 병사를 죽였고 2만 명의 전쟁포로를 사로잡았다.[16]

장기적 관점에서 전투는 두 국가 사이의 관계에 영향을 미치지 않았다. 당의 정사에 따르면, 아바스 칼리프는 당 조정으로 계속 사절을 파견했고, 당 정부는 755년에 안녹산(安祿山)의 반란을 진압할 때 황제를 도와줄 군대를 파견해줄 것을 아바스 왕조에 요청했다.[17] 그럼에도 불구하고, 탈라스 전투는 두 사회 사이 접촉의 역사에서 중요한 의미를 가진다. 아랍어 자료에 따르면, 중국인 전쟁포로들은 이슬람 세계에 종이를 만드는 기술을 소개했다. 794-795년에 바그다드에 종이 제조 공장이 처음으로 설립된 이후, 종이 및 종이 제조 기술이 이슬람 세계 전체에서 번성했다. 글

---

15 『舊唐書』卷109: 3298.
16 前嶋信次, 「タラス戰考 - 本章」, 28-29.
17 『舊唐書』卷198: 5316과 『新唐書』卷221: 6263.

을 쓰기 위한 주요한 매체로서 종이는 파피루스(손상되기 쉬운 재질)와 양피지(가격이 비싼 재질)를 대체했고, 이후 책과 도서관의 증대를 촉진하였다.[18]

중국인 전쟁포로에 의해 종이 제작이 전파되었음을 명확하게 언급하는 중국어 자료는 없다. 그러나 두환의 서술에 나오는 문장은 그러한 전달이 실제 가능했음을 암시하는데, 왜냐하면 두환은 아바스 왕조의 세계에 거주하는 몇몇 중국인 수공업자를 만났음을 언급하고 있기 때문이다. "중국인 장인들은 좋은 비단을 직조하는 것, 금과 은으로 작업하는 것, 그림을 그리는 것을 시작했다. [아바스 사회에서] 그림을 그린 사람은 장안 출신의 번숙(樊淑)과 유차(劉泚)였고, 비단을 직조한 사람은 하동(河東)[산서성의 태원?] 출신의 낙환(樂隈)과 여례(呂禮)였다."[19] 이러한 중국인들은(아마 두환처럼 전쟁포로였을 것이다) 모든 중국인이 수공업에 능숙하다는 아랍인의 고정관념을 형성하는 데에 일조했다. 우리가 다음 장에서 살펴볼 동시대의 아랍어 자료들에서는 대부분 중국 수공업의 우수성을 언급하

---

18 11세기 초에 저술된 것으로 보이는 아랍어 기록은 중국의 종이 제작 기술이 이슬람 세계로 전파된 것이 탈라스 전투 이후였음을 확증하고 있다. 'Abd al-Malik ibn Muḥammad Thaʿālibī, *The Laṭāʾif al-maʿārif of Thaʿālibī: The Book of Curious and Entertaining Information*(Edinburgh, 1968), 140. 몇몇 제지 공장은 8세기에 바그다드와 같은 주요 도시에 건설되었다. Jonathan M. Bloom, *Paper before Print: the History and Impact of Paper in the Islamic World*(New Haven, 2001), 47-89를 참고. 8세기에 중국의 수공업자(751년에 포로가 된 사람들)들로부터 사마르칸트의 사람들에게 제지 기술이 전파된 것에 관한 더욱 많은 이슬람 측 자료들에 대해서는 W. Barthold, *Turkestan down to the Mongol Invasion*(Frankfurt am Main, 1995[1928]), 236-237을 참고. 정보와 기술을 다른 사회에 전파했던 포로들에 대한 비슷한 이야기는 역사 속에서 종종 찾아볼 수 있다. 예를 들면, 일본의 도자기(이마리 야키, 伊萬里燒)는 일본에 포로로 잡혀 온 조선인 수공업자들을 통해 조선에서 일본으로 전파되었다. 三杉隆敏, 『'元の染付'海を渡る: 世界に擴がる燒物文化』(東京, 2004), 150-152.
19 『通典』 卷193: 5280.

고 있다.

    중국으로 돌아온 사람들은 이슬람 세계에 대한 정보를 함께 가지고 고향으로 왔다. 두우의 『통전』에 인용된 두환의 기록 중 일부에는 이슬람 세계와 근처 지역에 대한 지리적 정보를 알려주는 문장들이 포함되어 있다. 남아 있는 단편적 기록은 두환의 여행로를 거의 완벽하게 묘사한다. 발한나(拔汗那, 탈라스 근처에 있는 중앙아시아 국가인 현재 우즈베키스탄의 페르가나)에서 육로를 따라 이동해 사마르칸트(Samarkand)를 거쳐 이라크에 있는 아바스 칼리프 왕조의 수도로 간 것이다. 두환은 스리랑카를 거쳐 바다를 통해 중국으로 돌아왔다.[20] 이슬람 세계의 심장부에 대한 두환의 서술에서 그가 방문했던 장소에 관한 가장 길면서도 매우 구체적인 서술은 아랍인 혹은 더욱 구체적으로는 아바스 칼리프 왕조에 대해 기록한 부분이다. 기록은 다음과 같다.

    대식은 또한 아구라(亞俱羅)[아쿨라(즉, 현재 이라크에 있는 쿠파)]라고도 불린다. 대식의 왕은 모문(暮門)[즉, 칼리프 아미르 알무미닌]이라고 불리고, 이곳에 그의 수도를 만들었다. 이곳의 남자와 여자들은 크고 장대하다. 그들은 훌륭하고 깨끗한 의복을 입고, 예절은 친절하고 품위 있다. 여성들이 밖으로 나갈 때에는 반드시 베일로 얼굴을 가려야 한다. 비천한 사람이든 귀족이든 모든 사람은 하루에 다섯 번 하늘에 기도한다. 그들은 종교적 계율로서 식사하고, 동물을 죽이는 것을 공덕(功德)으로 여

---

20 두환은 대식(아라비아), 마린(摩隣, 말린디?), 대진(大秦, 비잔틴 제국), 점(苫, 시리아), 발한나(拔汗那, 페르가나), 강(康, 사마르칸트), 사자(師子, 사란디브, 현재 스리랑카), 불름(拂菻, 시리아 서부), 파사(波斯, 페르시아), 석(石, 타쉬켄트), 쇄엽(碎葉, 중앙아시아의 토크마크), 말록(末祿, 중앙아시아의 아몰)을 언급하고 있다. 이 11개의 국가가 연속해서 배치된 것은 아니므로, 원본에는 더욱 많은 목록이 포함되어 있었을 가능성이 높다. 杜環, 『經行記箋注』(北京, 2000), 1-66.

기다. 그들은 은으로 만든 길이 달린 은대(銀帶)를 착용한다. 술과 음악은 금지한다. 그들이 다툴 때에는 서로 때리지 않는다.

또한 수만 명을 수용하는 예배당이 있다. 7일마다 왕이 예배에 참석하고, 높은 자리에 올라 종교적 계율을 사람들에게 설파하며 말한다. "인생은 아주 어렵다. 천도(天道)는 바뀌지 않는다. 다음과 같은 범죄들(강간, 납치, 강도, 비열한 행동, 비방, 남을 희생하며 자신을 만족시키는 것, 가난한 사람을 속이고 천한 사람을 학대하는 것) 중 하나를 행한다면, 너희의 죄는 아주 가증스러운 것이다. 전투에서 적에 의해 살해된 사람은 하늘에서 다시 태어날 것이다. 적을 죽인 사람은 (현세에서) 무한한 행복을 누릴 것이다."

넓은 영토가 왕의 지배 아래에 있고, 그를 따르는 사람들의 숫자는 끊임없이 늘어나고 있다. 법은 관대하고 장례는 소박하게 치른다.[21]

이 서술은 외국의 지역에 대한 아주 중요한 역사적 사실을 분명하게 드러내고 있다. 아바스 칼리프는 이슬람교의 원칙에 따라 제국을 통치했다는 것이다. 이는 다른 사회의 누군가가 이슬람 사회의 종교적, 정치적 질서에 대해 보고한 가장 이른 시기의 기록 중 하나이다. 이는 샤리아(Sharia, 쿠란에 기초하여 만들어진 이슬람 원칙과 법률)와 순나(Sunnah, 무슬림의 전통, 축적된 하디스를 집대성한 것)가 이슬람 학자들인 울라마(ulama)에 의해 성문화된 9세기와 10세기 이전의 기록이다.

그의 생생한 서술은 두환의 보고에서 기록된 것 대부분이 직접 목격한 것이었을 가능성을 암시한다. 핵심적인 내용이 매우 정확하기 때문이다. 예를 들면, 그는 대식을 쿠파라고 인식하고 있는데 실제 그가 도시로

---

21 『通典』卷193: 5279.

끌려왔을 때 아바스 칼리프 왕조의 수도가 쿠파였다. 쿠파는 초기 아랍인의 도시 거주지 중 하나였고, 초기 칼리프들과 그 뒤를 이은 우마이야 왕조 시대 아랍이 팽창했던 초창기에 출현한 도시였다. 8세기 중반에 우마이야 왕조에 대한 반란을 일으키는 과정에서 아바스 왕조는 쿠파를 점령했고, 두환이 도착하기 2년 전인 749년에 수도로 삼았다. 이후 762년에 아바스 왕조는 수도를 바그다드로 옮겼다. 두환이 서술한 예배당은 틀림없이 쿠파의 대모스크였을 것이고, 칼리프는 매주 금요일 이곳에서 기도하는 그의 백성을 이끌었다. 이슬람교의 초창기 모스크 중 하나였던 쿠파의 대모스크는 7세기 중반에 건설되었다. 모스크에 관한 초기의 기록 중에는 알 타바리(al-Ṭabarī)의 연대기도 포함되어 있는데, 여기에서는 대리석 기둥이 있는 큰 예배당에 6만 명을 수용할 공간이 있다고 서술하였다.[22] 두환은 왕의 설교를 요약하였는데, 여기에는 쿠란, 순나, 샤리아에 기록된 이슬람교의 중요한 원칙 중 일부가 들어가 있다.[23]

두환의 기록은 다음과 같이 계속된다.

성곽 안, 마을 안에는 토지에서 나는 모든 것이 있다. 부족한 것이 없다. 이곳은 사방의 중심이다. 엄청난 양의 수만 가지 상품이 이곳으로 오고, 아주 낮은 가격에 팔린다. 비단, 자수, 진주, 조개가 시장에 쌓여 있다. 낙타, 말, 당나귀, 노새가 길과 골목을 가득 메우고 있다. 거주하는 집들과 다른 건물들은 석밀(石蜜)[흙으로 만든 벽돌일까?]로 조각된 것인데, 중국의 마차와 비슷하다. 명절이 올 때마다 귀족들은 엄청난

---

22 Amira K. Bennison, *The Great Caliphs: The Golden Age of the 'Abbasid Empire* (New Haven, 2009), 62; Hichem Djaït, "Al-Kūfa," *EI2*, 5: 345-351을 참고.
23 무슬림 국가에 의해 시행되고 그 사회에서 실제로 행해졌던, 종교적 계시를 통해 받은 이슬람 법률의 역사에 관한 간략하지만 포괄적인 논의로는 Knut S. Vikor, *Between God and the Sultan: A History of Islamic Law* (New York, 2006)을 참고.

분랑의 유리 제품, 노사기, 놋쇠, 병, 항아리를 내놓는다.

아바스 제국의 경제적으로 번성한 마을에 대한 두환의 묘사는 이슬람 세계의 교역 활동을 조명한다. 여기에서 그는 상인들이 많은 지역 생산품을 팔고 있고, 다른 지역에서 온 상품들이 모든 사람의 주목을 받았다고 기록하고 있다. 두환이 열거하고 있는 비단, 진주, 조개, 도자기 같은 상품의 대부분은 대외 교역을 언급하는 동시대의 중국어, 아랍어 자료에서 자주 등장한다. 유리 제품은 이슬람 세계에서 주요한 예술품이었는데, 이는 후기 고대 시기로까지 거슬러 올라가는 전통에서 발전한 것이었다. 초기 이슬람 시기(7세기에서 11세기까지)에 생산된 다양한 형태와 색깔을 가진 유리 제품 및 중국에서 수입된 도자기 파편들이 지역 고고학 유적지에서 발굴되었다. 이와 함께 문헌과 가공품들은 당시 이슬람 세계의 도시 중심지에서 거주했던 부유한 사람들의 사치품을 상상하는 데에 도움을 주고 있다.[24] 두환은 중국과의 교역을 언급하지는 않지만, 당시 세계에서 유일하게 도자기를 생산했던 중국이 바다를 통해 중동으로 도자기를 수출했음은 의심의 여지가 없다.

두환은 지역의 생산품을 중국의 것과 비교하는 데에 강렬한 흥미를 가졌음을 보여준다.

훌륭한 쌀과 밀가루는 중국과 다르지 않다. 과일에는 복숭아, 천년 된 대추가 있는데 뿌리가 1두(斗)[1계량컵: 1.9리터] 정도로 크며 맛이 정말 좋다. 나머지 채소들은 다른 국가와 같다. 포도 중에 큰 것은 계란만하다. 향기가 나는 기름 중에 비싼 것이 두

---

[24] 이 시기부터의 유리 제품이 발굴된 것에 대해서는 Stefano Carboni, *Glass from Islamic Lands*(New York, 2001)을 참고.

종류가 있는데, 하나는 야새만(耶塞漫)[자스민]이고, 다른 하나는 몰뉴사(沒紐師)이다. 향기가 나는 식물 중에 귀한 것이 두 종류가 있는데, 하나는 사새봉(査塞琫)이고, 다른 하나는 이로발(黎蘆茇)이다.

위 기록과 낙타, 말, 타조와 같은 길들여진 동물들에 대한 다음 구절은 외국의 장소에 대한 중국의 서술에서 보이는 전형적인 내용이다. 대체로 두환은 이러한 장르의 중국 저술이 가진 전통에 따라 개인적인 감정은 전혀 기록하지 않은 채 간략한 서술을 이어가고 있다. 그러나 그가 남긴 기록은 외국 사회를 이해하는 데에 있어서 중요한 가장 핵심적인 주제들을 살펴보기 위한 내용으로는 충분할 정도의 양을 유지한다. 예를 들면, 아랍인에 대한 부분은 그들의 역사에 관한 간략한 언급으로 끝맺는다. "지금 그들[아랍인]은 40~50개의 국가를 파괴하여 차지하였고, 이들 모두는 그들에게 복종하고 있다. 그들은 자기방어를 위해 많은 장소에 군대를 나누어 배치했고, 그들의 영토는 서해까지 모든 방향으로 확장되어 있다."

이 기록은 이슬람 사회와 지리에 대한 두환의 지식이 어느 정도로 정확했는지를 보여주는 것이다. 8세기 중반의 두환이 정확하게 지적했던 것처럼, 이슬람 군대는 아라비아 반도와 이라크, 이란을 정복했고 동쪽으로는 중앙아시아까지, 그리고 서쪽으로는 이베리아반도까지 도달했다. 우마이야 왕조와 아바스 왕조 치하에서 아랍인은 두환 그 자신이 방문했던 '서해'까지 모든 방면으로 확장되어 있던 제국을 운영하려고 주요 도시에 군대와 제국 행정부를 주둔시켰다. 두환의 여행기를 통해 판단해보면, 그가 언급한 서해는 아마 쿠파와 가장 가까운 바다 지역인 페르시아만을 의미하는 것으로 보인다.

이러한 초기의 중국 기록은 이슬람 세계에 대한 상당히 정확하면서도 풍부한 지식을 드러낸다. 흔히 있는 일이지만, 중국인 작가들은 두우의 백과사전을 계속 베껴서 썼고, 그래서 이 기록은 이슬람 세계에 대한 훗날 중국인들의 지식적 토대를 형성했다. 984년에 편찬된『태평어람(太平御覽)』과 같은 이후의 중국어 자료에서는 모두 두환의 기록을 인용하고 호의적으로 논평하고 있다.[25]

이러한 초기 이슬람 세계에 대해 중국인이 가진 지식의 정도는 접촉의 최초 형성 단계에서 중국과 이슬람 세계 사이에 존재했던 정치적 관계를 이해하는 데에 도움을 준다. 아바스 칼리프 왕조는 중국의 서쪽 변경을 따라 새롭게 떠오르던 세력이었다. 중국은 탈라스 전투라는 잘 알려진 예외적 사건을 제외하면 아바스 칼리프 왕조와의 정치적 접촉을 제한했다. 755년부터 763년까지 지속되었던 안녹산의 반란에는 아바스 왕조의 군대가 연루되었던 것으로 보이는데, 이로 인해 중국 제국 정부는 중앙아시아로부터 군대를 철수시켜야만 했다. 그 결과 중앙아시아에서는 토번(吐蕃, 현재의 티베트) 왕국과 같은 강력한 유목 국가가 부상했다.[26] 이러한 상황은 중국과 이슬람 세계 사이의 주요 통로였던 육로가 쇠퇴하는 결과를 야기했다. 또한 육로를 따라 중국과 이슬람 세계 사이를 연결해주던 중개자인 소그드 상인과 같은 비중국인 집단도 점점 사라지게 되었다.[27] 그러나 두 사회 사이의 접촉은 해상 항로가 번성하면서 새로운 국면에 접어들었다.[28]

---

25 『經行記箋注』, 5-6.
26 杉山正明,『疾驅する草原の征服者: 遼·西夏·金·元』(東京: 2005), 57-65.
27 De la Vaissière, *Sogdian Traders*, 223-225.
28 陳高華,『宋元時期的海外貿易』, 12. Angela Schottenhammer, "Transfer of Xiangyao 香藥 from Iran and Arabia to China – A Reinvestigation of Entries in the Youyang zazu 酉陽雜俎(862)." *Aspects of the Maritime Silk Road: From the Persian Gulf to the East China Sea*, ed. Ralph Kauz(Wiesbaden: Harrassowitz Verlag,

선박을 타고 중국으로 돌아온 두환처럼, 중국인과 무슬림들은 바다를 통해 중국과 이슬람 세계 사이를 여행하는 것으로 점차 전환했다. 그 결과, 해상 교역이 양과 중요성의 측면에서 모두 육상 교역을 능가하기 시작했다. 해상 교역이 번성하면서 중국의 이슬람 세계에 대한 지리 지식은 새로운 수준으로 성장했다.

2010), 117-149.

이슬람 세계와 당조(618-907) 사이의
해상 교통과 가탐(賈耽)의 항로

당시의 기록들과 고고학적 자료는 8세기 중엽 이후로 중국과 서아시아 사이의 해상 교역이 극적으로 증가했음을 보여준다. 당 왕조의 항해가들은 이전 시기의 선원들로부터 다른 장소, 항로, 선박, 항해 기술에 대한 지식을 물려받았고 나아가 이러한 지식을 더욱 높은 수준으로 발전시켰다. 광주에서 인도양을 거쳐 페르시아만까지 가는 기존 항로를 따라 위치한 고고학적 유적들은 8세기 이후부터 일어났던 해상 접촉의 증가를 입증하고 있다. 주목할 만한 것은 고고학자들이 인도양 해안선을 따라 8세기부터 10세기(당과 오대 시기)에 생산된 중국 도자기들을 많이 발견했다는 것이다. 당조 시기 중국 도자기가 발견된 서아시아의 모든 지역을 하나의 선으로 연결해보면, 광주에서부터 인도네시아의 항구들, 인도 마드라스(Madras)에 있는 아리카메두(Arikamedu), 파키스탄의 반보르(Banbhore), 페르시아만의 아덴(Aden)과 수하르(Suhar) 및 시라프를 지나 잔지바르(Zanzibar)까지 이어질 것이다(그림 1-1 참고).[29]

---

[29] 吳春明, 『環中國海沉船: 古代帆船·船技與船貨』(南昌, 2003), 179-188. Kenneth R. Hall, "Indonesia's Evolving International Relationship in the Ninth to Early Eleventh Centuries: Evidence from Contemporary Shipwrecks and Epigraphy," *Indonesia*, 90(October 2010): 1-31.

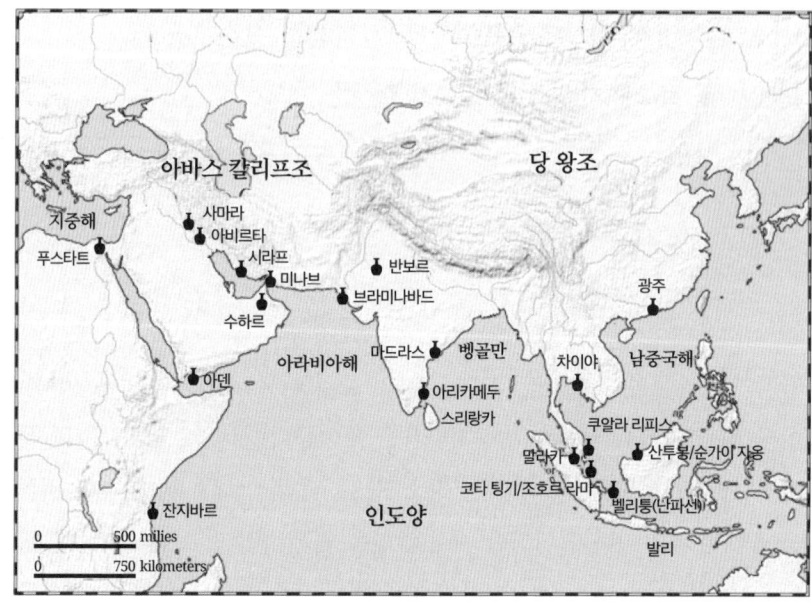

그림 1-1 중국의 도자기들이 발견된 고고학 유적들(8~10세기)

이러한 발견은 인도양 교역권의 제일 서쪽 끝에 있던 서아시아가 중국산 도자기의 중요한 소비자였다는 사실을 보여준다.[30]

1000년 이전을 다룬 현존 사료들은 중국으로부터 인도양 서부로 도자기를 실어 나른 무역업자 대부분이 이슬람 세계에서 온 상인이었음을 암시한다. 그들은 중국과 이슬람 세계 사이의 해안을 따라 항해하면서 그들이 만났던 중국인에게 항로와 교역 물품에 대한 정보를 제공했을 것이다. 오늘날에는 가탐(729-805)에 의해 800년경에 편찬되었다고 하는 "광주통해이도(廣州通海夷道)"라는 짧은 기록만이 남아 있다. 조정의 역사가

---

30 三上次男, 『陶磁の道: 東西文明の接點をたずねて』(東京, 1969), 68-78.

들은 이를 『신당서(新唐書)』의 지리지(地理志)에 포함시켰다.[31]

지리는 『사기』와 그 다음 정사인 반고(班固)의 『한서(漢書)』에서 중국인 학자들의 관심 주제로서 처음 등장하고 있고, 『한서』에는 행정 지리에 관한 최초의 지(志)가 포함되어 있다.[32] 이때부터 대부분의 정사는 이 선례에 따랐다.[33] 지리지를 포함시키면서 중국인 학자들은 중국과 그 이웃 지역에 대한 간명하면서도 광범한 지리 정보를 제공하고자 했다. 예를 들면, 가탐은 수상(首相)이면서도 유명한 지리학자였다. 『신당서』에 있는 가탐의 열전(列傳)에 따르면, 그는 어렸을 때부터 지리에 관심이 있었지만 그 자신은 결코 외국을 여행해 본 적이 없었다.[34] 그러나 외국에서부터 황실의 수도로 찾아온 방문객들을 맞이하는 홍려시의 장관으로 재직하는 동안에 그는 다양한 지역에 대한 지리적 기록을 집필하려고 정보를 수집했다. 현존하는 그의 기록 중 하나인 "광주통해이도"는 중국 혹은 이슬람 세계를 통틀어서 광주와 페르시아만 사이의 해상 항로를 서술한 가장 이른 시기의 잔존 기록이다.[35] 이 짧은 기록은 배를 타고 광주에서 출발하여 동남아시아와 남아시아를 거쳐 대식의 국가(아바스 칼리프 왕조)까지 항해하는 운항의 상세한 여정을 알려주고 있다. 이슬람 세계에 도착할 때까지의 방향을 제시하고 한 항구에서 다음 목적지로 가는 데 필요한 시간을 추

---

31 『新唐書』卷43: 1146, 1153-1154.
32 Di Cosmo, *Ancient China and its Enemies*, 284.
33 사마천에 의해 확립된 정사 서술의 스타일과 구조에 대해서 영어로 된 간략한 요약으로는 Endymion Porter Wilkinson, *Chinese History: a Manual*(Cambridge, MA, 2000), 501-515를 참고. 지리지(地理志)에 대해서는 150-152를 참고.
34 『新唐書』卷166: 5083-5085.
35 중국과 외국 지역을 연결하는 여섯 통로 중의 하나이다. 『新唐書』卷43: 1146. 아마 그의 마지막 저술인 『황화사달기(皇華四達記)』에 기록되어 있었을 것이다. 『황화사달기』는 『新唐書』卷48: 1506에 소개되어 있다.

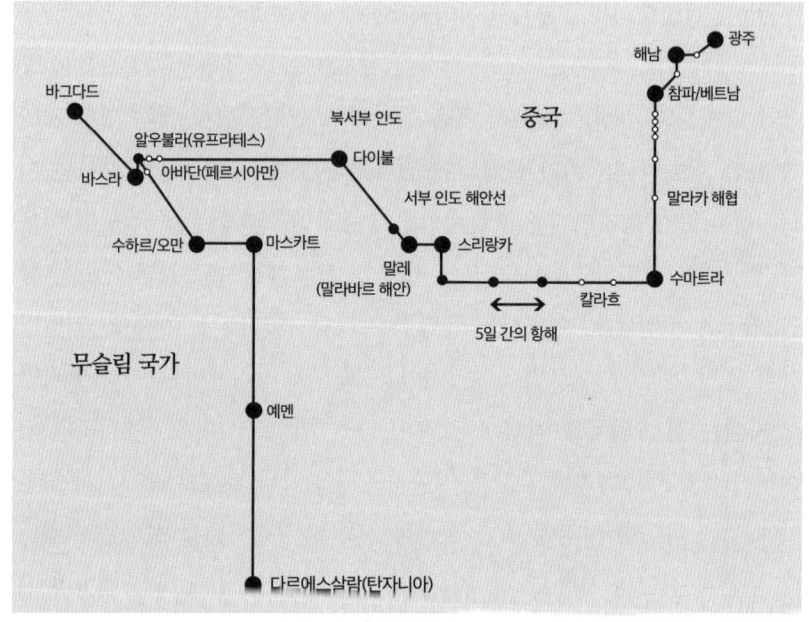

그림 1-2　가탐에 의해 구상된 광주에서부터 외국들로 가는 항로(800년 무렵)

산하면서 항해자들에게 실용적인 안내를 제공하고 있는 것이다. 가탐은 이렇게 연결되어 있는 기착지 항구들을 국가의 이름으로 인식하고 있다. 이 국가 중 다수가 사실 대표적인 교역항으로서 지역 정권의 역할을 담당하던 도시 국가 혹은 도시들이었기는 하지만 말이다(그림 1-2 참고).

　　중국인들은 한 왕조 시기(기원전 206-기원후 220)부터 중국에서 동남아시아를 통해 남부 인도의 최남단 경계까지 이르는 항로에 대해서 알고 있었다. 중국과 인도 사이의 교역과 이후 종교적 교류는 이 지역에 대한 중국인의 관심을 고취하였다.[36] 가탐의 안내서는 이를 넘어서까지 확장

36　1000년 이전 중국과 동남아시아 사이의 고대 해양 교역 활동과 정치적 동력에 대한 간

되어 인더스강의 어귀를 중심으로 인도아대륙의 북서쪽 연안 지대에 있는 제율국(提颶國, 다이불(Daibul))에까지 이르고 있다. 여기에서부터 여행자들은 현재 페르시아만의 아바단(Abadan)에 근접해 있는 제라로화국(提羅盧和國, 디에라라흐(Dierrarah))에 도달할 때까지 또 20일 동안 계속 서쪽으로 이동하게 된다. 이곳은 아바스 왕조의 영역 심장부로 들어가는 입구 지점으로서의 역할을 담당했다.

> [이후] 하루를 더 서쪽으로 가면, 오랄국(烏剌國, 알우불라(al-Ubullah))에 도착하는데 여기에서 아랍[혹은 더욱 포괄적으로 무슬림] 국가의 불리랄하(弗利剌河, 유프라테스 강)가 남쪽으로 흘러 바다로 들어간다. 작은 배로 이틀에 걸쳐 강을 거슬러 올라가면 말라국(末羅國, 바스라(Basra))에 도착하는데, 아랍의 국가에서 중요한 도시이다. 또 서북쪽으로 육로를 따라 다시 1천 리를 가면 무문왕(茂門王, 칼리프 아미르 알무미닌)의 수도인 박달성(縛達城, 바그다드)에 도착한다.[37]

광주(당시 중국에서 가장 중요했던 항구도시)에서 출발하는 가탐의 여정에서는 아바스 칼리프 왕조의 수도인 바그다드에 도착하기 위해 일련의 도시 항구들을 이용했다. 수십 년 전에 알만수르(al-Manṣūr, 아바스 왕조의 두 번째 칼리프)는 762년 바그다드에 새로운 수도를 건설하고 난 직

결한 검토로는 Wang Gungwu, *The Nanhai Trade*를 참고. 육조시대(220-589)부터 초기 중국 불교도 순례자들은 육로를 이용해서 인도로 이동했을 뿐만 아니라 광주에서 남인도 사이의 해양 항로를 통해서도 이동했다. 예를 들면, 법현(337년경-422년경)은 중국으로 돌아오려고 스리랑카에서 페르시아인의 선박에 탑승했다. 3세기 후인 671년에 의정(635-713)은 광주에서부터 해양 항로를 통해 수마트라와 말레이 반도를 거쳐 서부 인도(현재의 캘커타) 지역으로 여행했다.

37 『新唐書』 卷43: 1153-1154.

후에 이런 말로 자랑했다. "여기 티그리스강이 있고, 우리와 중국 사이에는 아무것도 없다. 그리고 바다가 가져올 수 있는 모든 것이 도착한다. ······"38

가탐의 글은 사람들이 인도의 동남쪽 해안에서 알우불라(티그리스강 델타에 위치, 바스라의 동쪽)로 갈 때에 바다의 동쪽 해안(서부 인도양)을 따라간다는 것을 명확하게 설명하고 있다. 바다의 서쪽 해안을 따라가면 아라비아 반도가 있고, 이곳은 아랍인들의 국가에 속해 있다. 중국에서부터 페르시아만까지 연속적으로 이어지던 선이 여기에서 갑자기 끝나고, 기록은 아랍 세계의 남서쪽 수평선에 있는 삼란국(三蘭國, 탄자니아에 있는 반다르 알살람(Bandar al-Salām))에서부터의 또 다른 길을 소개한다. 가탐은 여기에서부터 20일 동안 북쪽으로 직행하면 설국(設國, 현재 예멘의 남부에 있는 알셰흐르(al-Schehr))에 도착하고, 10일을 더 가면 바다의 서쪽 해안과 경계를 이루고 있는 살이구화갈국(薩伊瞿和竭國, 현재 오만의 동남부에 있는 샤리카(Shāriqah), 혹은 마스카트(Masqat))에 도착한다고 기록하고 있다. 그리고 중국에서 시작한 항로의 최종 목적지인 알우불라에 도착할 때까지 서쪽으로 6~7일을 가면 몰손국(沒巽國, 마준(Mazoon), 현재 오만의 소하르(Sohar?))에 도착하고 서북쪽으로 가면 발리가마난국(拔離謂磨難國, 현재 바레인의 마나마(Manama?))에 도착한다고 한다. 이 길은 이슬람화된 북아프리카 및 동아프리카를 아라비아반도와 연결시켰고, 무슬림 상인이 지배적인 역할을 담당했던 인도양 전체 해양 여행 및 교역체계로 이 지역을 통합시키는 데에 도움을 주었다.

---

38 al-Ṭabarī, *The History of al-Tabarī(Ta'rīkh al-rusul wa'l-mulūk)*, vol. 28(New York, 1995), 238.

기탐이 활용한 경로 여성과 지명은 두우와 두환의 기록에서는 발견되지 않으며, 이슬람 세계에 대한 새로운 체계적이면서도 실질적인 지리 지식을 보여준다. 가탐은 아마 정부가 사용할 것에 대비해 "광주통해이도"를 편찬했을 것이고, 분명히 개인적으로 항로를 경험했던 사람들 혹은 그런 사람과 이야기를 나눈 이들 사이에서 퍼져나갔던 실제 지식에 근거를 두고 있었다. 가탐에게 정보를 제공한 이들은 누구였을까? 가탐은 아라비아해를 두 개의 경로로 구분하고 있다. 첫째는 인도 남부의 해안에서부터 페르시아만의 알우불라에 이르는 경로이고, 둘째는 동아프리카 해안에서 알우불라에 이르는 경로이다. 알우불라와 시라프(극동으로 떠나는 원양 선박을 위한 페르시아만의 또 다른 근거지)는 당시 존재했던 다양한 해양 경로의 연결점 역할을 했다. 가탐에게 여정 전체를 알려준 사람들은 대부분 틀림없이 중국과 인도를 여행했던 페르시아만 지역 출신의 상인이었을 것이다. 이 당시 중동의 교역 항구에 근거지를 두고 있던 항해가들은 홍해 지역에서부터 인도양을 직접 가로질러 항해하지 않았다. 우선 페르시아만을 향해 북쪽으로 항해를 하고, 그 다음에 인도의 서북쪽 해안선을 향해 동쪽으로 항해한 다음 일련의 기착지들이 있는 인도의 서부 해안을 따라 내려왔다. 그리고 인도의 남쪽 끝 근처에 밀집해 있는 교역 항구들로 와서 동남아시아를 거쳐 중국으로 항해를 하는 것이었다. 이러한 여정은 가탐이 자신의 책을 편찬하고 반세기 정도가 지난 9세기 중반에 처음으로 나타나는 최초의 아랍어 지리 기록들로 입증되고, 이 기록들이 가탐의 서술을 확인시켜준다(지도 1 참고). 바다를 통해 건너오는 사치품들을 열망하던 당 정부는 이슬람 세계의 상인이 중국에 자유롭게 접근하는 것을 허용했고, 심지어 광주와 같은 중요한 항구에 자치구역을 세우는 것까지 허가했다. 외국의 상인들은 항로에 관한 서술에서 이 도시들의 모습을 그려내는데, 이에 대해서는 2장에서 살펴볼 것이다.[39] 비록 이슬람 세계에서 온 상인들이 이러한 항로에 대한 지식을 최초로 보유했던 것으로 여겨지지만, 가탐의 이 중국 기록이 이러한 종류의 현존 자료 중에서는 가장 이른 시기의 것이다.

    가탐의 "광주통해이도"는 항해가들이 이슬람 세계에서 중국으로 어떻게 지식을 전파했는지, 그리고 관료들이 이를 어떻게 기록했는지를 명확하게 드러낸다. 당의 정사에 있는 지리지에 나온 장소, 여정을 지도로 작성한 것은 해상 항로를 통해 중국과 이슬람 세계 사이의 관계에 새로운 축이 형성되었을 당시에 중국인이 이슬람 세계의 지리를 어떻게 인식하고 있었는지를 보여준다. 발전의 초기 단계에서는 이러한 형태의 지리 서술이 충분히 기록되고 널리 퍼져나가기가 더 쉬웠을 것이다. 이와 동시에 중국인 지도 제작자들은 이슬람 세계를 포함하여 대체로 중국과 세계를 그리는 데 힘썼다.

---

39 중국, 이슬람 세계, 한반도, 일본에서 기록된 자료들은 모두 중국 정부의 허락을 받아 항구도시에 정착한 외국인 특별 구역의 늘어나는 규모와 숫자를 입증하고 있다. 당대부터 송대에 이르기까지 광주와 같은 중요한 항구에 있었던 무슬림의 자치구역에 관한 상세한 내용으로는 桑原隲蔵, 『蒲壽庚の事蹟』(東京, 1989), 78-158을 참고.

현존하는 중국 지도 속의 광범한 세계

가탐은 또 다른 작품인 『해내화이도(海內華夷圖)』를 통해서 잘 알려지게 되었다.[40] 그러나 세계지도로 추정되는 이 자료가 안타깝게도 현존하지 않는다. 사실, 1000년 이전에 중국 내지와 외국 지역을 함께 묘사한 지도는 남아있지 않다. 그러나 증거들은 이러한 지도가 어떤 모습이었을지에 대한 단서를 제공한다. 『신당서』의 기록은 이 지도가 거대했다고 언급하는데, 대략 너비가 9미터이고 길이가 10미터였다고 한다.[41] 가탐이 정부 내에서 높은 지위에 있었고 "광주통해이도"를 통해 입증된 지리 전문가라는 점을 고려하면, 그는 아마 당 정부를 대표해서 지도를 제작했을 것이고 외국의 자료에서 온 지리 정보가 지도에 풍부히 포함되었을 것임은 의심의 여지가 없다. 훗날 송대부터 남아 있는 몇몇 지도는 제작자들이 가탐의 세계지도를 활용했음을 인정하고 있다. 이는 지도를 가설적으로 재구성해서 중국과 이슬람 세계의 관계 초기 몇 세기 동안에 세계에 대한 중국의 이미

---

40 '해내(海內)'는 '세계' 혹은 '천하'로 번역되어야 할 것이다.
41 너비가 3장(丈), 길이가 3장 3척(尺)이었다. 『신당서』에는 지금은 소실된 이 지도에 관한 문헌 서술이 포함되어 있다. 『新唐書』 卷166: 5083-5085. 가탐의 지도에 대한 또 다른 출처는 당대의 시(詩)에서도 발견된다. Hilde de Weerdt, "Maps and Memory: Readings of Cartography in Twelfth- and Thirteenth-Century Song China," *Imago Mundi* 61, no. 2(2009): 155-157. 또한 海野一隆, 『東洋地理學史硏究: 大陸篇』(大阪, 2004), 113도 참고.

지가 어떠했는지를 그려보기 위해 훗날의 지도들을 활용할 수 있음을 의미하는 것이기에 다행스러운 일이다.

가탐의 명백한 영향력을 드러내는 지도 중에 현존하는 것으로는 가장 이른 시기에 해당되는 것이 "고금화이구역총요도(古今華夷區域摠要圖)"이다. 이는 『역대지리지장도(歷代地理指掌圖)』라는 제목으로 44장의 지도를 목판으로 인쇄한 지도집의 일부분으로, 1098년에서 1100년경에 제작된 것이다.[42] 지도의 제목이 보여주는 것처럼, 고금화이구역총요도는 당시 중국인이 중요하게 여겼던 지리적, 역사적, 행정적 장소들을 표시하고 있다. 우리는 이 지도가 가탐이 만들었을 당시 중국에 존재했던 지리적 지식의 총합을 보여주는 것이라는 점만 가정할 수 있다. 지도의 좌측 상단에 자리한 목록은 서역의 지명들인데, 이 지명 중 일부는 당 태종(재위 626-649)과 그의 계승자인 당 고종(재위 649-683) 시기에 중국이 서방으로 전례 없는 정치적 팽창 원정을 시행했을 때 정복했던 지역임을 설명한다. 정복된 지역에는 중앙아시아에 있는 쿠차(Kucha), 오손(烏孫), 누란(樓蘭), 카슈가르(Kashgar), 사차(莎車), 호탄(Khotan)이 포함되어 있다.[43] 지도에 붙어 있는 별도로 분리된 주석 부분은 이 지도의 토대 역할을 한 지리

---

42 힐데 드 위어트(Hilde de Weerdt)는 중국의 이러한 제국 지도 유형이 송대의 지식 소양을 갖춘 엘리트들에게 널리 읽혔고, 북방 왕조들과 송의 관계에 있어서 정치적 전략을 논의하려고 정치가들이 활용했다는 것을 주장하기 위해 이 지도들과 동시대의 다른 현존 지도들을 검토했다. 이 책에서 필자는 지도의 원래 중국어 제목들을 위어트가 영어로 번역한 것을 활용하겠다. De Weerdt, "Maps and Memory," 145-167을 참고. 원본 자료에 대해서는 『宋本歷代地理指掌圖』(上海, 1989)를 참고. 또한 曹婉如, 「『歷代地理指掌圖』 研究」, 曹婉如 等 編, 『中國古代地圖集: 戰國-元』, 31-34와 海野一隆, 『東洋地理學史研究: 大陸篇』, 59-64도 참고.

43 이 지도는 또한 중국과 일부 상업적(그리고 일부는 긴밀한 외교적) 관계를 맺은 동아시아, 남아시아, 동남아시아의 다른 외국도 그리고 있다.

석 정보를 더 언급하며 수백 곳의 외국 지명 목록 중에서 서아시아의 파사(波斯, 페르시아)와 대식(아라비아)을 언급하고 있다.⁴⁴ 이는 또한 가탐에 의해 알려졌고 그의 지도에 목록이 나열되어 있었던 수백 개의 외국 지명 중에서 고금화이구역총요도는 가장 중요한 것만 언급했음을 알려주는 것이다.

훗날에 그려진 두 개의 또 다른 지도도 아마 가탐의 지도를 정보의 출처로 삼았을 것이다. 별도의 두 지도는 1136년에 새겨진 석각의 앞뒷면에 각각 그려져 있다. 비석의 앞면에 새겨진 지도는 『우적도(禹跡圖)』라고 불리고, 뒷면에 새겨진 지도는 『화이도(華夷圖)』라고 불린다(그림 1-3 참고).⁴⁵

『역대지리지장도』에 있는 다른 지도들과 마찬가지로, 『우적도』와 『화이도』는 중국 전체를 묘사한 지도 중에서 현존하는 가장 이른 시기의 것이다. 게다가 『우적도』는 현존하는 지도 중에서 격자(格子)를 사용한 최초의 지도이다. 지도에 적힌 글은 격자가 거리를 대체적으로 측정하는 역할을 하고 있음을 "각 사각형의 [한 변은] 100리로 환산한다"라고 설명하고 있다.⁴⁶ 이 지도는 중국인 지도 제작자들이 고도의 지도 제작 기술을 실

---

44 曹婉如, 「有關華夷圖問題的探討」, 曹婉如 等 編, 『中國古代地圖集: 戰國-元』, 42-44.
45 『우적도(禹迹圖)』를 새긴 또 다른 복사본은 '흔적'을 뜻하면서 같은 발음이 나는 다른 한자를 제목에 사용했다. 이 지도는 송대의 정부 관료이자 1142년에 현재 강소성(江蘇省) 지역 진강부(鎭江府)의 교수이기도 했던 유지(俞篪)에 의해 새겨지고 설립되었다. 이 지도는 1136년에 원래 장안에서 만들어진 사본에 근거를 둔 것이다. 두 지도는 훗날에 제작된 것이 바다 지역에 파도를 그려 넣은 것을 제외하면 거의 동일하다. 이 지도는 아마 학교의 회랑 벽에 붙어 있었을 것이고, 그래서 반대쪽에는 새겨진 것이 없었다. 이 지도에 대한 상세한 논의로는 海野一隆, 『東洋地理學史研究: 大陸篇』, 178-191을 참고.
46 D. K. Yee, "Taking the World's Measure: Chinese Maps between Observation and Text," *HC2.2*, 124. 정확한 지도를 그리기 위해 중국의 지도 제작자들이 개발했던 측량 기술에 대해서는 전체 논문(96-127)을 참고.

94 중국과 이슬람 세계의 지도 그리기

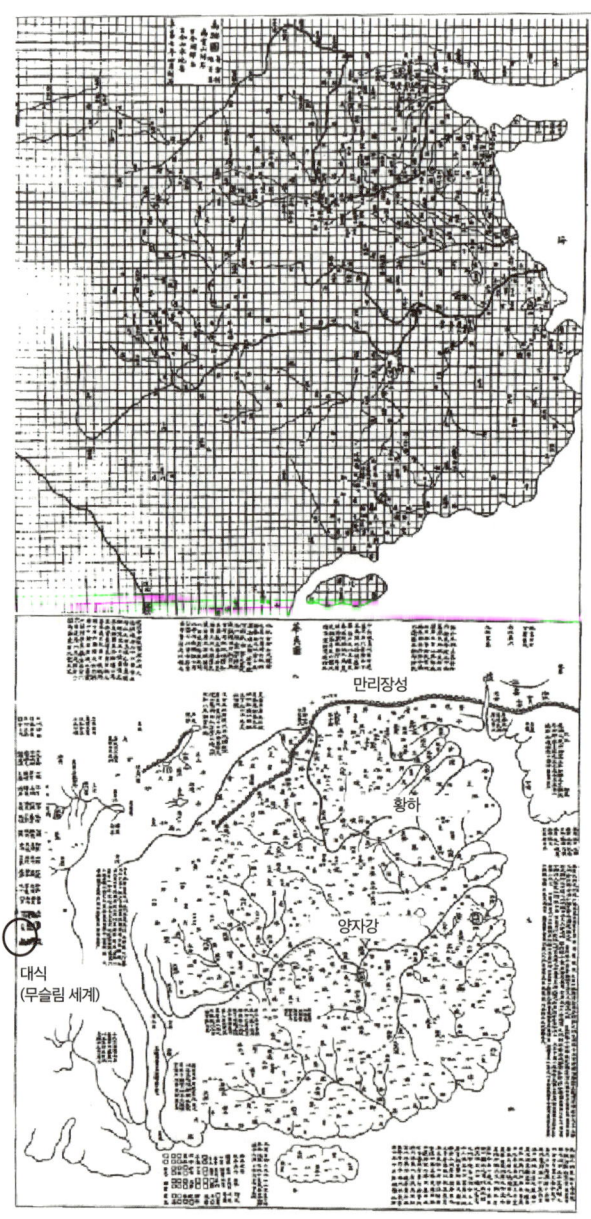

그림 1-3　1136년에 새겨진 『우적도』의 먹줄 스케치(위)와 『화이도』(아래)

행했고, 그 당시에는 전례가 없을 정도로 정확하게 그들 자신의 영토를 지도로 구현했음을 입증하고 있다. 오늘날 학자들은 이러한 격자 체계의 발전을 이룩한 공을 배수(裴秀, 224-271)에게 돌리면서 그가 가탐과 훗날 중국인 지리학자들이 채택했던 정확한 지도를 그리는 체계적인 원칙을 만들었기 때문에 '지리학의 아버지'로 간주했다.[47] 배수의 원칙을 따른 다음으로 유명한 지리학자가 바로 가탐이었고, 그는 정확하게 측정된 지도를 그리는 것에 큰 가치를 부여했다.[48] 그래서 우리는 가탐이 정확한 지도 제작을 위해 『우적도』에도 보이고 있는 격자 체계를 활용했다고 가정할 수 있다.

비록 『우적도』가 인도차이나 방면으로 향하는 중국의 모든 해안선을 꽤 정확하게 묘사하고 있고 그 수계(水系)의 윤곽도 그리고 있지만,[49] 외국의 장소들에 대한 구체적인 지리 정보는 포함하지 않고 있다. 이와는 대조적으로 『화이도』는 지도 구석에 외국의 지명들을 열거하고 있다.[50] 흥미롭게도 지도의 우측 하단 구석에 있는 주석은 지도 제작자가 가탐의 『해내화이도』에서 잘 알려진 외국의 장소 지명을 인용했다고 기록하고 있다. "고금화이구역총요도"에도 비슷한 진술을 한 주석이 있었음을 상기해보자. 두 개의 서로 다른 지도에 기록된 두 주석은 가탐의 『해내화이도』가 거

---

47 지도 제작에 쓰인 배수(裴秀)의 여섯 가지 원칙들은 『진서(晉書)』에 서술되어 있다. 房玄齡, 『晉書』(北京, 1974), 35:1039. 배수의 여섯 가지 원칙에 격자 체계의 활용이 포함되는지의 여부에 대해서는 학문적 논쟁이 있었다. 아마도 격자의 활용은 배수 이전에 개발되었을 것이고, 중국의 정확한 윤곽을 그리기 위해 훗날의 중국인 지도 제작자들에 의해 채택되었다. 王庸, 『中國地圖史綱』(北京, 1958), 18-24를 참고. 또한 Nancy Steinhardt, "Chinese Cartography and Calligraphy," *Oriental Art* 43, no. 1(1997): 10-11; Yee, "Taking the World's Measure," 110-113도 참고.
48 『新唐書』 卷166: 5084.
49 송 왕조에서 새겨진 『화이도』와 『우적도』의 석각에 대한 상세한 논의로는 青山定雄, 『唐宋時代の交通と地誌地圖の研究』(東京, 1963), 569-593을 참고.
50 曹婉如, 「有關華夷圖問題的探討」, 41-45.

대하고 포괄적이었으며 중국과 외국들을 그린 훗날의 모든 중국 지도의 토대로서의 역할을 했다는 것을 각자 보여주는 두 개의 독립적 증거이다. 『해내화이도』의 더욱 확장된 판본은 중국이 외부를 지향하면서 그 영토에 온 외국인들을 환대했던 당 왕조 시기에 그려졌기 때문에 가탐의 지도에는 증거들이 드러내는 것보다 외국의 장소들에 대해 더욱 많은 정보가 담겨져 있었을 것이다. 현존 기록 사료에서 가탐이 구두로 언급했던, 중국으로 향하는 일곱 가지의 경로(그중 하나가 "광주통해이도"이다) 모두 그의 지도에 실제로 포함되었는지의 여부는 확신할 수가 없다. 그러나 당 왕조 시기부터의 자료들은 외국 지역에 대한 많은 지도가 존재했고, 여기에는 왕현책(王玄策, 7세기에 활약했다)이 외교 사절로서 인도에 다녀온 이후 중국으로 가져온 인도 지도가 포함되었음을 보여준다. 아쉽게도 당 왕조 시기의 모든 지도는 소실되었다. 그러나 비록 후대에 만들어지기는 했어도 가탐과 같은 당 왕조의 지도 제작자들의 지리적 지식을 반영한 지도들이 존재하고 있다.

많은 사람이 비석에 새겨진 지도를 그 자리에서 목격했지만, 대부분의 개개인들은 아마 탁본으로 재생산된 자료를 통해 지도를 보았을 것이다. 예를 들면, 왕응린(王應麟, 1223-1296)이 저술한 『옥해(玉海)』라고 하는 송대의 중요한 자료는 송의 황제였던 효종(孝宗, 재위 1162-1189)이 자신의 궁전에 있는 병풍에 『해내화이도』를 베껴 그리고자 했다고 기록하고 있다.[51] 이 지도가 실제 비석에 있는 원본을 베낀 것인지의 여부는 알 수 없지만, 같은 이름과 비슷한 내용의 지도들이 재생산을 거쳐 광범하게 유

---

51 황제는 또한 다른 사본을 상서성(尙書省)에 놓으라고 재상들에게 명령했다. 潘晟, 『宋代地理學的觀念·體系與知識興趣』(北京大學校 博士學位論文, 2008), 117; 海野一隆, 『東洋地理學史研究: 大陸篇』, 113-114.

포되었을 것이라고 추측할 수 있다.

탁본을 활용하여 지도를 재생산하는 것이 지도 및 그 지식의 확산을 확실히 증대시켰지만, 목판 인쇄와는 비교가 되지 못했다. 송대부터 나온 중국 지도 대부분은 목판 인쇄본이고, 이 중 다수가 수많은 재인쇄를 통해 광범하게 유포된 책 속에 보존되어 있다. 현존하는 목판 인쇄본 지도 중 가장 이른 시기의 것은 11세기 말의 『역대지리지장도』에서 찾아볼 수 있다.[52] 이 지도집의 다른 판본이 시간이 지나면서 얼마나 많이 생산되었는지는 알 수 없지만, 송대 문헌의 언급에 따르면 상당한 숫자로 존재했다.[53] 다른 지리적 고전들과 함께 지도집은 송대에 시작된 과거 시험을 준비하기 위해 읽어야 하는 서적이 되었다.[54] 모든 증거가 지도들이 여러 차례 인쇄되었고 지식인 사이에 광범하게 퍼져나갔음을 암시하는데, 이는 당시 중국인들이 국가에 대한 이러한 종류의 지리적 지식을 광범히 공유하고 있었음을 확인시켜주는 것이다. 지식인 중 일부는 아마 페르시아, 아라비아와 같은 유명한 외국에 주목했을 것이다.

당대와 송대 초기에는 지도 제작이 대체로 정부의 손으로 이루어졌지만, 이러한 추세는 11세기와 12세기에 변화했다. 이제 지도 제작이 대부

---

52 송대의 작가 진진손(陳振孫, 1183년경-1262)은 그의 『직재서록해제(直齋書錄解題)』에서 황제가 세안례(稅安禮)에게 지도를 편찬할 것을 명령했다고 언급했다. 이어서 진진손은 황제에게 공식적으로 지도를 제출하기 전에 세안례가 사망했고 편찬한 사람은 저자의 이름과 서문을 포함시키지 않은 상태에서 편찬을 하면서 저자가 누구인지가 불명확해졌다고 말하고 있다. 진진손이 기록한 원래 문구를 참고. 陳振孫, 『直齋書錄解題』(上海, 1937) 卷8: 233.
53 송대의 가장 이른 목판본은 일본에 보존되어 있다. 중국에 보존된 가장 이른 현존 목판본은 명대의 판본인데, 내용과 철자의 측면에서 송대 판본과 큰 차이가 나지 않는다. 서로 다른 두 판본에 대한 더 진전된 논의로는 曹婉如, 「'歷代地理指掌圖'研究」, 31을 참고.
54 宮紀子, 『モンゴル帝國が生んだ世界圖』(東京, 2007), 143.

분 지역 엘리트들이 관할하는 영역이 되었던 것이다. 이는 더욱 넓은 지리적 범주에 대한 지리 지식이 점차 증대하는 결과를 야기했고, 다양한 계층의 사람들 사이로 널리 퍼져나갔다.[55] 지도는 새롭게 퍼진 정보들을 활용하며 제작되었다. 예를 들면, 명백하게 유학자 사이에서 널리 퍼져나갔던 지도 모음집은 지도들의 구석에 외국의 지명을 표시하는 것에 그쳤지만 불교도 학자에 의해 제작된 두 개의 다른 지도는 중국 밖의 지역들을 강조했다. 그 두 지도는 "한서역제국도(漢西域諸國圖)"와 "서토오인지도(西土五印之圖)"였는데, 이들은 581년부터 960년까지의 불교 역사를 중국의 정사 형식에 따라 저술한 연대기인 『불조통기(佛祖統紀)』에 수록되어 있었다.[56] 『불조통기』는 송대의 불교 승려이자 학자였던 지반(志磐)이 저술하였고, 1265년에서 1270년 사이에 목판의 형식으로 인쇄되었다(그림 1-4 참고).[57]

"한서역제국도"는 한 제국 시기에 중국인이 알고 있었던 서역을 나타낸 지도이다. 형태는 단순하지만, 이 지도는 감숙(甘肅)의 무위(武威)에서 출발하여 중앙아시아와 중동으로 이어지는 경로를 따라 중국의 서쪽 국가들을 포함한 광범한 영역을 망라하고 있다. 지도에는 구자(龜兹, 쿠차), 오손, 대완(大宛, 우즈베키스탄의 페르가나), 조지(條支), 안식(安息, 파

---

55 潘晟, 『宋代地理學的觀念·體系與知識興趣』. 이로부터 우리는 송대 중기에 지역 엘리트들 사이로 이러한 종류의 지도가 유포되었다고 자연스럽게 가정할 수 있다. 이러한 지역화의 과정은 정치적, 사회적 영역에서 북송, 남송 시기부터 일어났던 일반적인 변화와 함께 진행되었던 것 같다. Robert Hartwell, "Demographic, Political, and Social Transformations of China," *Harvard Journal of Asiatic Studies* 42(1982): 365-442를 참고.

56 Jan Yün-hua. *A Chronicle of Buddhism in China, 581-960 A.D.: Translations from Monk Chih-p'an's Fo-tsu t'ung-chi*(Santiniketan, 1966), 8-9.

57 鄭錫煌, 「關于〈佛祖統紀〉中三幅地圖芻議」, 曹婉如 等 編, 『中國古代地圖集: 戰國-元』, 81-84.

르티아제국과 메소포타미아), 대진(大秦, 비잔틴제국)과 같이 한 제국 사절들이 탐험하여 한 제국 시기에 이에 대해 기록을 남긴 가장 중요한 장소들을 표시하고 있다. 총령(蔥嶺, 파미르 산맥), 천산(天山, 오늘날 신강에 있는 천산산맥)과 같은 이 지역의 중요한 산맥 및 서해(西海, 페르시아만 혹은 지중해)도 나타나 있다. 지반(혹은 지도 제작자)은 한 왕조의 황실 역사서들에 나온 서역에 관한 초기의 기록에 기초하여 지도를 그렸다.[58] 국가의 위치는 문헌으로 된 지리적 자료와 비교해보면 상대적으로 정확하게 배치되어 있다. 파르티아제국과 같은 국가들의 명칭은 중국에서 오래전부터 사용되어 온 것이었고, 지도가 제작된 동시대 이슬람 세계에 대한 정보는 들어있지 않다. 그럼에도 불구하고, 이 지도는 중국의 지도 제작 역사에서 서역의 국가로 가는 모든 육로를 지리적으로 그린 가장 이른 시기의 현존 지도라는 점에서 중요성이 있다. 이전에는 그리는 것보다는 단지 문자 기록의 형태로만 서술되었던 것이다. 확실히 불교도 지도 제작자들은 동시대 사람들과 그 선조보다는 중국 너머의 지역을 시각화하는 것에 더욱 흥미를 가지고 있었다.

지반의 저술에 들어 있는 또 다른 지도인 "서토오인지도"는 불교도인 작가의 종교가 있는 곳인 천축(天竺, 즉 인도)에 대한 직접적인 관심을 드러낸다.[59] 유명한 당 왕조의 승려 현장(玄奘, 602/603?-664)이 7세기 중반에 19년 동안 인도를 여행하면서 방문했던 중앙아시아와 인도의 지역을 지도에 표시한 것이다. 이 지도의 외곽 부분에는 잘 알려진 장소들이 배치되어 있다. 동쪽으로는 옥문관(玉門關)이 있는데, 이는 돈황(敦煌)

---

58 사마천(기원전 145년경-기원전 86)이 집필한 『사기』, 반고(32-92)가 집필한 『한서』(漢書), 범엽(398-445)이 집필한 『후한서』(後漢書)에 서역에 관한 부분이 있다.
59 천축은 산스크리트어의 '신두'(Sindhu)를 의미하는데, 이는 인더스 강의 옛 명칭이다.

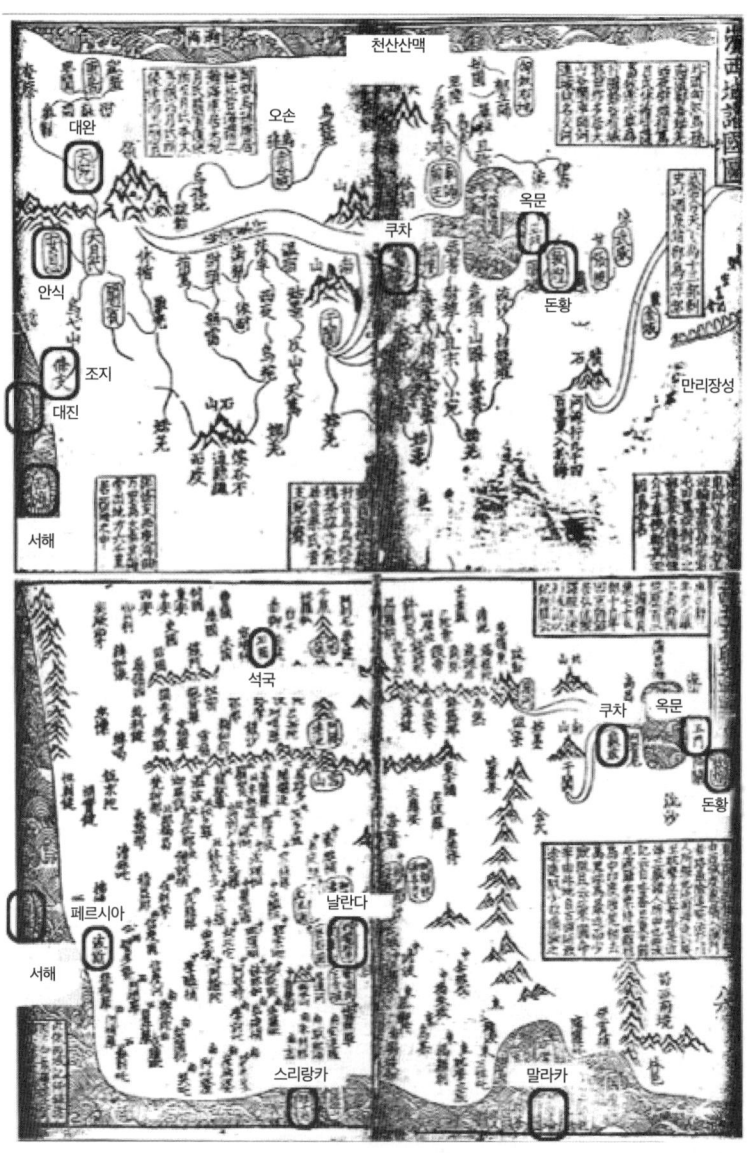

그림 1-4 지반의 『불조통기』(1270년 무렵)에 수록된 "한서역제국도"(위)와 "서토오인지도"(아래).
주석: 曹婉如 等 編, 『中國古代地圖集: 戰國-元』 지도 153과 154. 원본은 중국국가도서관에 있다. 그리고 지반(13세기), 『불조통기』(揚州, 1991), 32: 6l-7r, 9l-10r도 참고.

의 서쪽에 위치한 관문의 이름으로 여기를 지나면 외국의 땅으로 들어서게 된다. 서쪽으로는 지중해가 있다. 남쪽으로는 인도양이 있고, 북쪽으로는 안국(安國, 부하라)과 같은 중앙아시아의 국가가 있다. 지도의 오른쪽 상단 구석에 있는 문구는 현장이 629년에 인도를 여행했고, 130개 국가들을 거쳐 여행하는 과정에서 불교 경전을 획득했으며, 645년에 장안으로 돌아왔다고 기록하였다. 현장이 돌아오자 당 태종은 산스크리트어로 된 불교 경전을 중국어로 번역하는 것을 허락하는 대신에 현장의 여행에서 관찰하고 경험했던 것들을 보고하라고 명령했다. 왼쪽 하단 구석에 위치한 문구 또한 현장이 626년부터 645년까지 장안을 거쳐 인도까지 19년 동안 여행했던 것에 대한 기록인 『대당서역기(大唐西域記)』에 근거하여 지명을 나열하고 있다.[60] 지도는 원본 기록을 충실히 따른다. 지도는 현장이 방문했던 성지와 날란다(Nalanda, 날란다 불교 대학)를 포함해 그가 불교를 배우기 위해 머물렀던 모든 곳을 보여주고 있다. 현장의 여행 경로에 대한 추가적인 설명은 지도의 중간 오른쪽 편에 보인다. "동쪽 지역, 즉 중국에서부터 인도[61]까지 가는 경로는 육로와 해로를 포함해 세 가지 길이 있다." 지도에 나열되어 있는 170개의 지명 중에는 수마트라 섬과 같은 동남아시아의 지명이 있다. 중앙아시아 지명으로는 탈라스, 아프가니스탄 지역이 있다. 남아시아 지명으로는 스리랑카, 네팔, 파키스탄과 같은 국가가 있다. 서아시아 지명으로는 이란, 페르시아만, 동부 지

---

60 玄奘, 『大唐西域記校注』(北京, 1985)를 참고.
61 문헌에는 오축(五竺)이라고 나와 있다. 축(竺)은 천축을 의미한다. 문헌은 천축의 공식 명칭이 인도(印度)이고, 그렇기 때문에 오축은 동부 인도, 서부 인도, 남부 인도, 북부 인도, 중부 인도를 의미한다고 언급하고 있다. 문헌에 기록된 각 지역에 대한 더욱 상세한 설명으로는 志磐, 『佛祖統紀』 卷32: 111-141을 참고.

중해 해안과 같은 곳들이 있다. 삼각형 모양으로 된 인도아대륙의 해안선 윤곽을 명확하게 묘사한 것(지도를 약간 시계 반대방향으로 돌리면 더욱 쉽게 그 모양을 확인할 수 있다)과 같이 이 지도는 사실적인 특징이 있다. 중국의 불교도 작가는 세계가 직사각형 모양으로 되어 있다는 중국의 개념을 설명하려고 직사각형 모양으로 아대륙을 표시했던 것으로 보인다.[62]

비록 인도와 주변 국가의 지명과 위치에 대해 실질적인 정보를 담고 있지만, 지반의 지도는 여전히 불교도의 관점을 대변한다. 지도의 대략 중심부에는 불교에서 말하는 인간 세계인 잠부드비파(Jambudvīpa, 한자로는 첨부주(瞻部洲)라고 한다)의 중심에 위치해 있다고 하는 아나바타프타(Anavatapta) 호수가 놓여 있다.[63] 사실, 이렇게 특별한 불교도의 세계관은 『불조통기』의 권(卷) 31, 32에 지반의 지도를 포함해 11개의 지도가 추가되어 있는 기록을 통해 명확하게 드러난다. 이들을 모두 포함한 그 권들의 제목은 "세계명체지(世界名體志)"이다. 권 31은 더욱 큰 우주에서 시작해 궁극적으로는 상상 속의 수미산(須彌山)과 남쪽의 잠부드비파에 초점을 맞추면서 불교에서 말하는 우주의 총체적 구조를 서술하고 있다. 우리는 이러한 방향성을 『불조통기』에 있는 지도 중 하나인 "동진단지리도(東震旦地理圖)"(여기에서 진단은 산스크리트어에서 '중국의 땅'을 의미하는 Chīna-sthāna를 한자로 음사한 것이다)에서도 확인할 수 있다(그림 1-5 참고).

비록 "동진단지리도"에 그려진 주된 지역은 중국 내부이지만, 이 지도는 중국을 불교 세계 중심의 동쪽 변경에 배치해놓았다. 이러한 방식을

62　應地利明,『地圖は語る:「世界地圖」の誕生』(東京: 2007), 46-50.
63　잠부드비파는 원래 중국어로 염부제(閻浮提)라고 번역되었다. 中村 元,『岩波佛敎辭典』, 81r.

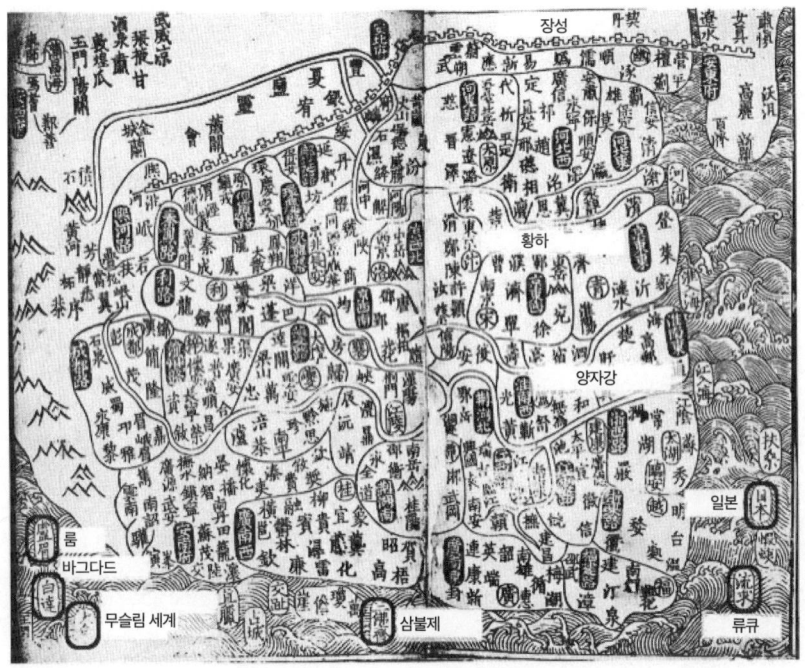

그림 1-5 『불조통기』(1270년 무렵)에 수록된 "동진단지리도".
* 주석: 曹婉如 等 編,『中國古代地圖集: 戰國-元』지도 152. 지반, 32: 5l-6r.

보면, 이 지도는 세계의 중심에 중국을 배치하는 동시대 대부분의 중국 지도 대부분의 기본적인 방향성과는 완전히 궤를 달리 한다. 이 지도들은 몇 세기 이전에 중국으로 도입된 외래 종교인 불교가 세계의 중심에는 중국이 있다는 세계관에 도전하고 있었음을 보여주고 있다.[64]

---

64 '중국 세계 질서에서 인도의 독특한 위상'에 대한 논의로는 Tansen Sen, *Buddhism, Diplomacy, and Trade: the Realignment of Sino-Indian Relations, 600-1400* (Honolulu, 2003), 8-12를 참고. 불교의 세계관과 그것이 중국인에 의해 점진적으로 수용되는 것에 대한 상세한 논의로는 海野一隆,『東洋地理學史研究: 大陸篇』, 18-30을 참고. 중심에 인도가 있는 지도들에 대해서는 海野一隆,『地圖の文化史 - 世界と日本』(東京,

"동진단지리도"가 불교도의 관점에서 그려진 것이기는 해도 그 저자는 중국을 아주 정확한 윤곽으로 그려냈다. 심지어 저자는 외국의 지리적 지식을 갱신했다. 예를 들면, 아라비아(대식)와 바그다드(한자로 백달(白達)로 기록되어 있다),[65] 룸(Rūm, 한자로는 노미(盧眉)로 기록되어 있고, 로마/소아시아를 지칭한다)은 예전 지도에서는 나오지 않는다. 그러나 이 지명들은 중국과 교역 관계에 놓여 있는 중요한 외국들로서 동시대의 문헌 자료들에는 서술되어 있다. 아바스 왕조의 수도인 바그다드는 가탐의 "광주통해이도"에서는 서쪽의 종착점으로 나와 있지만,[66] "동진단지리도"에서는 아마도 지면의 제한으로 인해 명확하게 그려지지 못했다. 이 지도들은 바다도 상상하여 그리고 있는데, 이는 작가가 중국과 외국들 사이의 해상 연계를 보여주고자 했음을 암시하는 것으로 보인다.

13세기의 것으로 현존하는 다른 지도는 외국의 장소들을 배치하였고, 그들에 대한 상세하고 갱신된 정보를 제공한다. 제국의 영역을 묘사한 『여지도(輿地圖, 1265-1274)』라는 제목의 지도가 현재 일본의 율극암(栗棘庵)에 보존되어 있다.[67] 대체로, 이 지도는 남중국에 있는 광서성에서 인도차이나로 향하는 길의 해안선의 윤곽 및 해양 항로에 있는 외국의 장소들을 각각 둥근 모양의 구획 속에 배치했다는 점에서 이전 시기 지도들과 비슷하게 닮아 있다. 분명 지면의 제한으로 인해 중국에서 만들어진 이 지도에 가탐의 지리 기록이 서술했던 광범한 지리 지식이 채택되지 않았음이 드러나지만, 『여지도』는 성장하고 있던 아시아의 해상 교역에서 중요하게

1996), 19-21을 참고.
65 칼그렌(Karlgren)에 따르면, 백달(白達)의 발음은 b′wâng-d′ăt이다.
66 여기에서는 바그다드를 박달(縛達)로 다르게 전사하고 있다.
67 黃盛璋, 「宋刻輿地圖綜考」, 曹婉如 等 編, 『中國古代地圖集: 戰國-元』, 56-60.

부상하던 유명한 항구도시들을 분명히 포함하였다. 중국을 방문하는 외국 상인의 수가 점점 늘어나면서 8세기 이후부터 중국인도 더욱 적극적으로 해상 교역에 참여했다. 선박 건조와 항해 기술의 신속한 발전은 해상 교통이 더욱 성장하도록 도움을 주었는데, 때마침 육로는 중앙아시아의 정치적 불안정에 직면하여 점차 쇠퇴하기 시작했다.[68] 또한, 한반도 및 일본과 중국의 해상 접촉도 점점 늘어났다.[69] 『여지도』는 한반도와 일본의 지명도 상세하게 표시하는데, 이는 영파(寧波)와 같이 중국의 동해안에 위치한 새로운 항구들을 통해 송대의 해상 교역이 한반도, 일본으로 팽창했음을 반영한다.[70]

중국의 동해안에서 중국의 해상 상업 활동이 성장했음에도 불구하고, 송대에 가장 중요한 중국의 해상 교역 중심지는 여전히 남중국에 있는 항구인 광주와 천주였다. 다수의 아랍인, 페르시아인 무슬림을 포함한 수많은 외국 상인이 이 도시들로 몰려들었다. 광주와 천주 주위에는 중세 남아시아와 동남아시아의 지명도 여전히 찾아볼 수 있는데, 예를 들면 삼불제(三佛齊, 스리비자야의 근거지로 말라카 해협에 있던 팔렘방에서 중심으로 삼았던 지역),[71] 도파(闍婆, 자바), 주련(注輦, 남인도 촐라 왕국의 영역)

---

68 당대의 중국 해선(海船)을 묘사한 그림은 남아 있지 않지만, 고야산(高野山)의 사원에 보존되어 있는 일본의 족자는 14세기의 것으로 804년에 중국에 간 18번째 사절단이 탔던 일본의 해선(견당사선)을 그리고 있다. 山形欣哉, 『歷史の海を走る: 中國造船技術の航跡』(東京, 2004), 97. 중국인과 일본인은 아마도 선박 건조 기술과 관련해서 서로 영향을 끼쳤을 것이다. 많은 문헌 자료가 당대에 큰 해선들을 중국이 만들었다는 것을 입증하고 있다. 孫光圻, 『中國古代航海史』(北京, 2005), 196-199.
69 일본이 당에 파견했던 사절단(견당사, 630-894년에 18~20번 파견)을 포함하여 당대 중국과 일본 사이의 접촉에 대해서는 孫光圻, 『中國古代航海史』, 218-240을 참고.
70 陳高華, 『宋元時期的海外貿易』, 99-122.
71 삼불제는 동과 서를 연결하는 해양 항로에 있는 거대한 상업 중심지였다. 桑原隲藏, 『蒲壽庚の事蹟』, 162, 182-184.

이 있다.[72] 이러한 도시들에는 중국과 이슬람 세계 사이의 항해 여정을 따라 위치한 장소에 이슬람 이주민 상인 공동체가 만들어졌다. 그리고 인도양의 양쪽 끝 사이에서 이루어지는 무역의 성장을 촉진하였다. 이러한 송대의 지도들은 활용 가능한 공간을 채우기 위해 섬처럼 멀리 떨어져 있어 낯선 땅과 임의로 모양을 그린 땅덩어리를 배치하였고, 항해가들이 그곳에 가는 데 필요한 해안선에 관한 정보는 결여되어 있다. 그러나 송대에 만들어진 현존 지리 기록들(문집이라는 특별한 기록 형태까지 포함)은 해상 교역에 중국인이 참여하는 규모가 커졌음을 보여준다. 이와 동시에 이슬람 세계에 대한 중국인의 지식은 더욱 상세해지고 정확해졌으며 남아시아, 동남아시아, 서아시아, 북동아프리카까지 확대되었다.

---

[72] 동부 해안을 따라 위치한 지명은 남부 해안의 지명보다 더욱 정확하고 개수도 훨씬 많다. 아오야마는 송대 중국인이 동남아시아, 남아시아, 서아시아보다는 일본과 한반도를 포함한 동아시아의 국가와 더 많이 접촉했기 때문이었음을 지적한다. 青山定雄, 『唐末時代の交通と地誌地圖の研究』, 610. 중국과 동아시아 국가 사이의 접촉이 송대에 극적으로 증가했던 것은 사실이지만, 동시대의 문헌 및 고고학 증거에 따르면 남중국해에서의 교역도 상당히 번영을 누렸다. 이 지도를 제작한 인물은 중국의 남부 해안에 대해서는 최고의 지식을 보유하지는 못했던 것 같다.

송 왕조(960-1260)의 해양 문헌에 보이는 해양 교역과 이슬람 세계

다양한 형태의 증거들은 중국인이 장거리 해상 교역에 직접 뛰어들었을 때인 1000년경부터 중국과 이슬람 세계 사이의 해상 접촉이 새로운 국면으로 접어들었음을 보여준다. 해상 교역의 규모 및 중국인의 참여도가 상당히 늘어나기 시작했던 것이다. 나침반과 같은 항해 기술의 새로운 발견으로부터 도움을 받아 정크선으로 항해했던 중국인 선원과 상인들이 곧 인도양 동부의 해상 교역을 장악했다.[73] 해상을 통한 상호 교류가 증가할수록, 해상 항로는 이슬람 세계와 중국의 교역에서 늘 중요한 역할을 담당했다. 송 왕조 치하의 교역이 당 왕조보다 더 활성화되면서 정부의 정책도 이에 대응하여 변화했다. 송대 초기에 정부는 황제에게 조공을 바치러 온 다른 국가의 사절들만 중국에 접근하도록 제한했고, 광주를 통해서만 들어오도록 했다.[74] 그러나 이것이 반(反)상업적 조치는 아니었다. 사실, 제국의 궁정을 위한 세입의 가장 중요한 원천 중 하나를 구성하는 것이 교역이었다. 이러한 가치 있는 교역을 통제하려고 황제는 중국의 외교 체계인 조공관계를 활용하면서도 이와 동시에 거리가 너무 멀리 떨어져 있어 군

---

73 沈括, 『夢溪筆談』 卷2: 768-771; Joseph Needham, et al., *Science and Civilisation in China*, vol. 4, Part III (Cambridge, 1971), 563-564.
74 徐松, 『宋會要輯稿』(北京, 1957), 7:22, 4:91.

사적 혹은 정치적으로는 제국에 그리 중요하지 않은 해양 국가들과의 관계를 유지하기 위해 해양 교역을 이용했다.[75] 960년에서 1022년 사이에 이 조공 체계가 절정에 이르렀던 기간에 남쪽 바다의 왕국들로부터 56회의 사절단이 도착했다. 이 중 거의 절반인 23번의 사절은 중동에서부터 온 것이었다. 해양 교역을 하는 사람들을 관리하려고 송 정부는 몇몇 항구도시에 시박사(市舶司)를 설립했는데, 이는 늘어나는 대외교역을 감독하기 위한 것이었다(이와는 대조적으로, 당 조정은 광주 한 곳에만 관청을 설립했다).[76]

해외로 나가는 중국인의 활동이 늘어났음에도, 증대된 대외 교역은 이슬람 세계로부터 더욱 많은 상인을 중국으로 끌어들였다. 이러한 상인들은 향신료, 유향, 비단, 상아, 진주, 도자기와 같은 귀중하고 이국적인 상품을 위해 지역 상인들과 협상했다. 존 채이피(John Chaffee)가 보여주듯이 10세기부터 14세기까지 남동부 중국의 항구에서는 무슬림 공동체들이 번영을 누렸는데, 이들은 해양 아시아의 교역 네트워크에서 중심적인 역할을 수행했던 교역 이주민의 일부분이었다. 사실, 이러한 무슬림 상인은 전근대 인도양 교역을 장악했던 사람들이었고 고향에서 멀리 떨어진 곳에서 성공을 거두었다. 인도양 전역에 있는 주인 사회(host society) 내에 설립된 무슬림 공동체에서 좋은 관계를 성공적으로 형성했기 때문이다.[77] 때때로

---

75 당 왕조보다 정치적으로 허약했던 송 왕조는 평화를 유지하기 위해 조공 체계의 전통적인 계서 원칙에 따라 요, 서하와 같은 강력한 북방민족들과 이미 타협했다. Chaffee, "Diasporic Identities," 400-401.
76 脫脫, 『宋史』(北京, 1977) 卷167: 3971. 시박사의 임무 및 이 주제를 다룬 중국과 일본 학계에 대한 더욱 많은 정보를 담은 간명한 영어 요약으로는 So, *Prosperity, Region, and Institutions in Maritime China*, 46-47을 참고.
77 Chaffee, "Diasporic Identities," 395-420; 10~13세기 중국의 해양 경계이자 무슬림 공동체들이 있었던 천주에 대한 Hugh R. Clark의 논문도 참고. Hugh R. Clark, "Muslims and Hindus in the Culture and Morphology of Quanzhou from the Tenth to

상인들은 상품을 얻으려고 중국의 조공 체계를 활용했다. 예를 들면, 중국의 수도로 온 일부 아랍 사절은 바그다드의 칼리프가 황제에게 조공을 바치려고 자기들을 파견했다고 주장했는데 사실 그들은 광주에 거주하는 아랍인 상인이었을 것이다.[78] 이슬람 공동체와 교역이 이 기간에 상당히 크게 성장하면서 심지어 송 정부는 중국과 이슬람 세계 사이의 교역 증진에 기여한 무슬림 아랍인, 페르시아인 상인들에게 정부의 직위를 주기도 했다. 예를 들면, 북송(960-1126) 신종(神宗, 1048-1085) 황제 재위 시기에 조정은 신압타라(辛押陀羅)라는 이름의 오만 출신 아랍인 상인을 고위 정부 관리로 임명했다.[79]

이슬람 세계에서 온 상인의 경쟁자로서 중국 상인은 이전 수준을 뛰어넘어 해상 교역 활동을 확장했다. 일반 상인들과 더불어 황실 가문의 일원 다수와 관료들도 이익을 위해 해상 교역에 투자했다.[80] 고고학적 증거는 이렇게 늘어난 활동을 입증해준다. 훌륭하게 보존되어 있는 난파선이 천

---

the Thirteenth Century," *Journal of World History* 6, no. 1(Spring 1995): 49-74. Chen Dasheng and Denys Lombard, "Foreign Merchants in Maritime Trade in Quanzhou('Zaitun'): Thirteenth and Fourteenth Centuries," in *Asian Merchants and Businessmen in the Indian Ocean and the China Sea* (Oxford, 2000), 19-24도 참고.

78 아랍인 상인 포희밀(蒲希密, 아부 하미드(Abu Hamid?))과 같은 몇몇 사례에 대해서는 Chaffee, "Diasporic Identities," 401-403을 참고. 또한 桑原隲蔵, 『蒲壽庚の事蹟』, 92, 161-162도 참고.

79 이 사례에 대한 더욱 상세한 내용에 대해서는 Zhang Jun-yan, "Relations between China and the Arabs in Early Times," *The Journal of Oman Studies* 6(1980): 102를 참고.

80 John W. Chaffee, "The Impact of the Song: Imperial Clan on the Overseas Trade of Quanzhou," in *The Emporium of the World*, 13-46; Robert M. Hartwell, "Foreign Trade, Monetary Policy and Chinese 'Mercantilism'," in 『劉子健博士頌壽紀念宋史研究論集』(京都, 1989); Jung-pang Lo, "The Emergence of China as a Sea Power During the Late Sung and Early Yüan Periods," *Far Eastern Quarterly* 14, no. 4(1955): 489-503을 참고.

주의 후저(后渚) 만에서 발견되었는데, 이는 동남아시아, 남아시아, 서아시아로부터 들여온 상품을 교역하는 규모가 팽창했음을 구체적으로 보여주는 증거이다.[81] 이 배는 천주가 중국의 해양 교역 중심지로서 번영을 누리던 13세기 말에 침몰했다. 34m 길이의 이 선박만큼 잘 보존되어 있는 중국 난파선은 거의 없고, 그래서 이 침몰선이 선박 건조 기술에 관한 가장 좋은 정보를 제공하고 있다.[82] 이 배의 내부에는 12개의 칸막이가 포함되어 있고, 13개의 다른 구획으로 분할되어 있다. 배에는 방수 구획들이 있는데, 이는 배에 타는 사람들을 위해 만든 안전을 지키는 장치 및 사생활을 위한 시설로서 이 배의 다른 장점들에 주목한 외국 관찰자들이 깊은 인상을 받았던 것이다.[83] 1975년에 한반도 서남부의 신안에서 발견된 14세기 중국의 원양 교역선이 이와 유사한 것으로 비교되는데, 이는 천주의 배가 이 시기 중국의 대규모 원양 선박 구조의 일반적인 형태를 따르고 있음을 확인시켜준다.

이 배들이 어떤 종류의 교역 물품을 운반했는지를 추적하는 것은 중국-이슬람 세계 해상 교역의 거대한 시장에서 상인들이 추구했던 품목들을 이해하는 데에 도움을 준다. 침몰선들은 종종 타임캡슐로 간주되는데, 배에 실린 물품들 대부분이 배가 만들어진 것과 같은 시기에 나온 것이기 때문이다.[84] 발견되는 전형적인 물품에는 도자기, 동전, 보석, 흙과 나무

---

81 福建省泉州海外交通史博物館, 『泉州灣宋代海船的發掘與研究』(北京, 1987).
82 송대의 조선술 및 항해술의 기술적 진전에 대한 논의로는 Needham, *Science and Civilisation in China*, vol. 4, Part Ⅲ, 563-564를 참고. 진신웅(陳信雄)은 조선술, 항해술의 기술적 진전에 관한 니담의 고전적 연구를 갱신하고 있다. 陳信雄, 「宋元的遠洋貿易船」, 『中國海洋發展史論文集』, 2卷(臺北, 1986).
83 이 책의 4장에서 마르코 폴로와 이븐 바투타의 기록에 방수 구획의 장점에 대해 서술한 것을 다룬 필자의 논의를 참고.
84 배에 있던 일부 물건은 예전 시기에 만들어졌다. 예를 들면, 14세기에 신안에서 침몰한 선박에서 발견된 1세기 동전을 들 수 있는데, 이것이 여전히 유통되었음을 명백하게 알

로 만든 세품들, 향신료가 포함되어 있다. 복건성 남부의 도자기 수출 산업에 관한 빌리 소(Billy So)의 사례 연구는 도자기 수출을 위한 충분한 역량을 입증하고 있다. 엄청나게 큰 가마에서 한번 불을 지피면 2만 5,000개의 그릇을 생산할 수 있었고, 그래서 생산의 규모는 막대했다. 도자기 생산업은 그 지역 거주민을 인원들을 많이 고용했다. 예를 들면, 복건성 천주(泉州)의 덕화현(德化縣)에서 도자기 산업은 그 지역 인구의 18.3%를 고용했다.[85] 정사, 지방지와 같은 중국의 역사 자료는 도자기와 같은 내구성이 강한 물품과 더불어 다양한 종류의 유기물(有機物, 예를 들면 후추나 유향)들이 중국과 남아시아, 동남아시아, 서아시아 사이를 항해하는 상선에 가득 채워져 있었다고 기록하고 있다. 이와 함께 고고학적 출토물과 역사 기록들로부터 얻어진 증거는 이슬람 세계까지 확장된 중국의 해상 교역이 1000년대 초기에 어떻게 작동되었는지를 보여준다.

가탐이 기록을 남긴 이후 몇 세기 동안에 해상 교역에 대한 중국의 경험, 항해의 노하우, 필요한 정보가 어떻게 축적되었는지를 상세하게 설명하는 내용은 전문적 지방지에 등장하고, 여기에는 또한 갱신된 지리적 정보도 들어 있다. 12-13세기에 기록된 두 자료는 이슬람 세계와 같은 외국의 장소들에 대한 중국의 지리적 지식의 수준이 높아졌음을 드러낸다. 이 두 책은 바로 주거비(周去非)의 『영외대답(嶺外代答, 1178년)』과 조여괄(趙汝适)의 『제번지(諸蕃志, 1225년)』이다. 두 작가는 모두 남송 시대에 살

수 있다. *Conservation and Restoration Report of Shinan Ship*(목포, 2004), 196-204.
85 So, *Prosperity, Region, and Institutions in Maritime China*, 186-201. Angela Schottenhammer ed., *The Emporium of the World*에 있는 많은 논문도 참고. 이 논문들의 대부분은 최근의 고고학적 발견에 근거를 두어 송대 천주 주변의 중국 해양 교역 중심지가 번성했음을 입증하고 있다.

앉는데, 남송은 북중국(송의 이전 수도인 개봉도 포함)이 여진족에 의해 정복된 이후인 송대의 후반에 해당된다. 여진족은 만주에서 기원한 민족 집단으로, 13세기 초에 몽골에 의해 최종적으로 멸망할 때까지 금(金)이라는 이름의 왕조를 유지했던 사람들이다. 여진족의 정복 이전에도 북동부 중국 내지의 거대한 지역은 거란족 요 왕조(916-1125)에 의해 이미 점령되었고, 요 왕조는 여진족에 의해 멸망했다. 비록 서로 다른 민족 집단에 의해 통치되었던 북방 왕조들의 침입으로 고통을 받았지만, 송 치하의 중국은 남쪽과 동쪽 해안선에 위치한 번성한 항구를 이용해 국제 해상 교역에서 계속 적극적으로 활동했다. 사실, 중국인의 상당수가 북쪽에서 남쪽으로 이주했는데 이는 개봉에서 항주(杭州)로 수도가 바뀌며 나타난 현상이었다. 이와 마찬가지로, 동아시아와 동남아시아(더 나아가서는 서역)의 외국을 향한 중국의 해상 교역이 가진 중요성은 여전히 확대되었다. 중국의 해상 접촉에 대한 이 두 책은 이러한 상황에서 저술되었다.

『영외대답』의 저자인 주거비는 진사(進士) 지위를 가진 관료였다. 그는 결코 중국의 밖으로 나가본 적이 없었고, 교역을 직접 확인할 수 있는 시박사에서 근무했던 것도 아니었다. 하지만 그는 동남부 중국의 경계 지방인 광서에서 정부 관료로 복무하면서 마주쳤던, 대외 교역에 종사하는 상인, 통역들과 이야기를 나누었다. 책의 제목이 암시하듯이, 주거비는 중국 동남부 너머에 있는 지역에 대해 받았던 질문들에 대답을 내놓고자 했다. 이 동남부 중국 지역을 주거비는 영(嶺, 이는 영남(嶺南)을 지칭한다)이라고 불렀던 것이다. 주거비의 『영외대답』은 10권으로 구성되어 있고, 다양한 주제에 대한 294개의 부문을 포함하고 있다.[86] 대부분의 주제는 광

---

86 주거비는 자신의 서문에서 처음에는 400개 분야를 요약했다가 훗날 이를 소실했음을

서의 경계 지대에서 그가 관찰했던 물건과 관습에 대한 것이다. 그러나 그 중 두 권은 이슬람 세계를 포함하는 외국만 다루고 있다.[87]

주거비는 자신의 책에서 이슬람 세계 국가들에 대해 상당한 분량의 정보를 제공한다. 그는 외국에 대한 자신의 개관을 이렇게 서술한다. "외국 중에서 귀중한 보화(寶貨)를 많이 가진 가장 부유한 곳은 무슬림의 국가들이고, 그 다음으로 부유한 곳은 자바국이며 그 다음은 스리비자야[말라카 해협에 위치]이고, 그 다음이 다른 국가들이다."[88] 이는 책의 다른 곳에서 주거비가 대식의 국가를 기록한 내용과도 일치하는데, 거기에서 그는 금은과 같은 보물을 가진 부유한 사람들이 있는 장소로 서술한 것이다. 8세기에 두환이 대식을 단일한 국가로 불렀던 것에 반해 주거비는 대식의 모든 국가를 자신의 기록에 할애하고 있다. 아마 9세기와 10세기부터 아바스 제국이 분열됨에 따라 중국인이 대식이라 불렀던 국가가 다양한 중심지들로 쪼개졌기 때문일 것이다. 대식의 부문은 이렇게 시작된다. "대식은 몇몇 국가에 대한 총칭이다. 여기에는 모두 천 개 이상의 국가가 있지만, 우리가 그 이름을 아는 것은 몇 개의 국가뿐이다."[89] 비록 주거비가 해박한 것은 아니지만, 이슬람 세계의 생산품과 생활방식에 대한 중국인의

밝히고 있고, 그래서 그가 수집했던 정보는 『영외대답』에 기록된 것보다 더욱 풍부했다. 周去非, 『嶺外代答』(北京, 1999), 7. 주거비의 『영외대답』은 네 종류의 현존 판본이 존재한다. 모두 명대 『영락대전』에 수록된 것으로, 원본과 매우 근접한 문헌을 수집하여 포함시켜 놓은 것이다. 최종 판본인 중화서국(中華書局) 판본은 양무천(楊武泉)에 의해 편집되고 주석이 첨가되었는데, 이는 앞선 세 종류의 판본을 비교해서 가장 신뢰할만한 텍스트를 제공한다. 그래서 필자는 이 책에서 중화서국 판본을 주로 활용하였다.
87 우리는 다른 장에서도 항해, 선박에 대한 몇몇 귀중한 서술을 찾아볼 수 있다. 책의 풍부한 내용 덕분에 많은 학자가 송대 해양 접촉을 탐구하기 위해 이 저술을 활용했다.
88 『嶺外代答校注』, 126.
89 Ibid., 99.

정확한 인식을 보여주고 있다. 대식을 설명한 부분에서 그는 단지 여섯 곳의 무슬림 국가만 상세하게 언급한다. 마리발(麻離拔)[ma-ljię-bʹwăt](동아프리카 해안과 연결된, 현재 오만의 하드라마우트Hadramaut 해안에 있는 미르바트Mirbat),[90] 마가(麻嘉)[ma-ka](메카), 백달(白達)[bʹwâng-dʹăt](바그다드), 길자니(吉慈尼)[kiĕt-dzʹi-ni](가즈니), 미로골돈(眉路骨惇)[mji-luo-kuət-tuən](말레이, 룸 혹은 물라히둔(Mulahhidun?)),[91] 그리고 물사리(勿斯離)[miuət-się-ljię](이집트)이다. 바그다드를 제외하면 나머지 장소들은 중국의 지리 기록에서 처음으로 등장하는 것이다. 이 지역들 역시 중요한 정치적, 상업적 중심지로 번영을 누렸다.

주거비의 관찰 기록들은 외국에 대해 서술할 때 그 지역의 생산품, 교역 물품, 문화적 및 종교적 관습을 소개하는 전통적인 형식을 따르고 있다. 주거비는 상세한 설명을 통해 이슬람 세계에 대한 새로운 지리적 정보를 풍부하게 제공한다. 주거비는 이슬람교의 중요한 종교·문화적 중심지들에 대한 새로운 세부사항을 언급한다. 7일마다 무슬림이 하늘(알라)을 숭배한다는 그의 서술은 당 왕조 시기 기록과 유사하지만, 모든 무슬림이 순례를 가는 메카국을 예언자의 출생지라고 소개하기도 한다. 이슬람력으로 열두 번째 달에 메카로 순례를 가는 것을 하즈(hajj)라고 불렀는데, 이는 이슬람교의 다섯 가지 의무 중 하나로 자리매김하고 있다. 하즈는 여유가 있는 무슬림이 반드시 수행해야 할 종교적 의무이고, 일생에 적어도 한

---

90 이 국가의 정확한 위치에 대해서는 논란이 있다. 몇몇 학자는 남부 인도의 말라바르 해안으로 규정하지만, 기록에서는 마리발에서부터 도보로 8일 동안 서쪽으로 가면 메카에 도달할 수 있다는 내용이 있으므로 메카에 가려면 항해를 해야만 하는 말라바르보다는 아라비아 반도의 미르바트(Mirbat)가 더욱 설득력이 있다. 『嶺外代答校注』, 99, 101.
91 『제번지』의 노미(盧眉)에 대한 서술에서 조여괄은 미로골돈(眉路骨惇)이 노미(로마 제국)라고 언급한다. 楊博文 校釋, 『諸蕃志校釋』, 北京: 中華書局, 1996, 116.

번은 순례를 다녀와야 한다. 아바스 칼리프가 지역의 지도자들에 의해 통치되는 사회에 대한 정치적 권력을 상실한 이후에도 이 중요한 종교적 관습은 서아시아, 북아프리카와 그 너머에 있는 다양한 사회에 사는 있는 무슬림 사이에서 굳건히 유지했다. 흥미롭게도 이러한 종교적 관행은 경제적인 성과를 창출했는데 다양한 장소에서 온 무슬림들이 메카에 모이고 거기에서 그들의 신앙을 함께 수행할 뿐만 아니라 정보와 상품까지도 교환했기 때문이다. 당-송 시기에 하즈를 수행한 중국의 무슬림 거주자의 숫자가 얼마인지는 확증할 수가 없다. 그러나 주거비의 기록은 하즈를 위해 중국에 있는 일부 무슬림이 메카로 갔음을 암시하고 있다.

이슬람 세계에 대한 중국의 갱신된 지리 지식을 보여주는 가장 중요한 증거는 중국인이 이 지역에 실제로 접근하기 위해 필요한 것보다 더욱 광범한 지리적 이해를 가지고 있었음을 보여주는 부분이다. 주거비의 대식 서술 부분은 이슬람 세계에 도착하기 위해 중국인 뱃사람들이 거쳐야만 하는 모든 국가를 나열한다. 또한 이슬람 세계에 대한 중국의 지리 지식이 어떻게 전체 세계에 대한 그들의 인식과 맞아떨어지는지를 보여준다[92]

> 외국들은 대체로 바다를 경계로 삼고 있다. 각각의 국가는 [알려진 세계의?] 모든 구역에 자리 잡고 있다. 각각의 국가는 특산품이 있고, (상업적) 부유함 때문에 생겨난 교역 중심지도 각각 가지고 있다. …… [상업적 중심지로서 스리비자야, 자바, 참파, 캄보디아, 서인도를 언급한 후] 마리발(오만의 미르바트)은 [이러한 교역 중심지 중에서] 더욱 멀고, 이슬람 세계 국가들의 상업 중심지이다. 그리고 여기를 넘어가면 목란피(木蘭皮, 무라비트 술탄국)가 있는데 국가들의 상업 중심지는 서쪽 끝에 있다.

---

92 『嶺外代答校注』, 74-75.

위의 전체 문구는 송대의 중국인이 남쪽과 서쪽의 바다를 여섯 개의 주요 구역으로 나누고 그 구도 안에서 이슬람 세계가 지형의 어디에 들어맞는지에 대한 명확한 개념을 가지고 있었음을 보여준다. 그리고 '동대식해(東大食海, 아라비아해)'와 '서대식해(西大食海, 현재 지중해 혹은 홍해)'로 둘러싸인 세계의 서쪽 끝을 파악하고 있는 것이다(그림 1-6 참고).

이슬람 세계로 가는 경로에 대한 또 다른 기록은 『영외대답』의 "항해외이(航海外夷)" 부분에 위치하고 있다. "항해외이" 부분은 중국의 항구인 광주, 천주와 외국 사이의 더욱 구체적인 여정을 기록하였다. 이 두 항구도시에는 외국 상인의 상업적 활동을 관할하는 시박사가 있었다. 송대 자료에 기록된 경로는 당 왕조에서 가탐이 보여주었던 것과 크게 다르지 않다. 그러나 송대의 기록은 항해 방법 및 상품을 옮겨 싣는 장소가 어디인지에 대해 더욱 상세하게 알려주고 있다.

> 대식국에서 온 (상인들은) 조그만 배를 타고 남쪽으로 이동해 고림국(故臨國, 퀼론)에서 큰 배로 갈아타고 동쪽으로 가서 팔렘방에 도착한다. …… 모든 외국인이 중국으로 왕복 여행을 하는 데에는 1년이면 충분한데, 무슬림들만이 2년이 걸려야 가능하다. ……[93]

주거비에 따르면, 중국-이슬람 교역에서 배를 갈아타는 중요한 지점은 인도의 남서쪽 해안에 있는 퀼론(Quilon)이었고 여기에서 선원들은 동쪽 중국을 향해 가거나 혹은 '동대식해(아라비아해)'를 가로질러 서쪽 아라비아 반도로 가는 선박으로 물품을 바꿔 실었다. 해상 교역의 규모가 증

---

[93] Ibid., 126-127.

그림 1-6 주거비의 『영외대답』(1178)에 묘사된 다섯 개의 큰 바다.

대했으므로 항해가들은 교통/운송을 더 효율적으로 만들기 위해 더욱 거대해진 계절적 네트워크들의 한 구간을 전문적으로 다루었다. 주거비의 기록을 보면 상인들은 퀼론에서부터 중국 혹은 중동까지 1년 안에 왕복 여행을 할 수 있었지만, 모든 여행을 완수하려면 2년이 걸렸는데 이는 계절에 따라 남아시아에서 여행을 잠시 멈출 필요가 있었기 때문이었다. 『영외대답』에서 퀼론에 관해 서술한 또 다른 부분에 따르면, 이슬람 세계로 항해하기를 원했던 일부 중국인 상인은 퀼론에 도착하기 위해 작은 배로 갈아타고 1달 동안 남쪽의 계절풍을 타고 항해를 해야 했다. 여기에서도 중국과 이슬람 세계 사이를 왕복하는 데에는 2년이 걸린다는 점을 입증하고 있다.[94]

큰 정크선을 타고 항해했던 중국인 상인과 선원들이 인도양의 동쪽

---

94 Ibid., 91.

구획 항해 대부분을 통제했다는 것에는 의심의 여지가 없다. 그들의 항해 활동은 나침반과 항해도의 사용에 근거한 향상된 항해 기술에 의해 더 활발해졌다. 중국인은 이미 기원전 4세기에 자석을 발견했다. 물론, 나침반을 배에서 사용했다는 기록은 1086년이 되어서야 나오지만 말이다.[95] 『영외대답』의 다른 부분에서 주거비는 항해 여정을 계획하며 중국인 선원들이 어떻게 항해도를 활용하는지를 서술한다. 항해도에는 큰 섬과 높은 산들을 보여주는 표시가 들어 있었고, 선원들은 지도에 그 장소를 표시해 놓았다. 선장들은 목적지를 향해 항해하기 위해 그들의 배를 언제 돌려야 하는지, 그리고 속도를 높여야 할지 줄여야 할지를 결정할 수 있었다.[96]

주거비가 『영외대답』을 저술하고 50여 년이 지나 세계의 교역 국가들과 그들이 중국과 교류하는 물품들을 조사한 또 다른 책이 등장했다. 사실, 조여괄이 7의 『제번지』를 저술할 때 주거비의 책이 큰 영향을 주었다. 『제번지』는 1225년에 완성되었고, 외국의 장소와 물품에 관한 가장 잘 알려져 있으면서도 매우 포괄적인 송대의 기록이다.[97] 조여괄의 『제번지』는 해상 교역에 중국인 상인들이 활발하게 종사했음을 입증하고 있다. 『제번지』에는 분량이 긴 두 부분이 들어 있는데, 하나는 국가에 대한 것이고 또 하나는 상품에 대한 것이다. 첫 번째 부분에서는 각 국가의 지리, 사람, 관습, 그리고 중국과의 관계를 소개하고, 두 번째 부분에서는 향이나 말린 과일과 같이 외국에서 수입되는 다양한 품목들을 상세하게 적고 있다. 해양

---

95 沈括, 『夢溪筆談』 卷2: 768-771.
96 『嶺外代答校注』, 216-217. 朱彧, 『萍洲可談』(上海, 1989), 26-27과 비교하시오.
97 비록 조여괄은 제목을 언급하지 않지만, 『영외대답』에서 많은 부분을 인용하고 있다. 혈스(Hirth)가 활용했던 판본에는 조여괄의 서문이 포함되어 있지 않다. 필자는 학자들이 가장 훌륭한 주석본이라고 동의하는 중화서국 판본 및 일본어 번역본을 활용했다.

무역의 구조에 대한 포괄적인 지식 덕분에 『제번지』의 저자 조여괄이 더욱 전문적인 흥미를 가졌던 것이라고 생각할 수 있다. 『제번지』의 서문에서 조여괄은 비슷한 제목과 형식의 다른 저술들 또한 존재하고 있다고 언급한다. 분명 목판으로 인쇄된 책의 광범한 배포는 지리에 관한 출판물의 양이 증대하는 것을 촉진했을 것이고, 또한 확산된 지리적 지식의 질도 향상시켰다. 이는 송대에 출판된 책 속에서 분명히 드러나듯 지식의 수준이 전례가 없을 정도로 높아지는 현상을 야기했다.

조여괄은 송의 황실 가문 사람으로, 천주의 시박사에서 근무했다. 그는 대외 교역에 직접 종사하는 사람들과 이야기를 나눌 기회가 주거비보다 더 많았다. 일부 학자는 조여괄 스스로가 새로운 정보를 수집했음을 의심하는데, 그가 두우의 『통전』 및 주거비의 『영외대답』을 포함해 다른 저작을 너무 많이 인용하였기 때문이다.[98] 인용을 많이 했지만, 조여괄의 저술은 다른 저서들에서는 더 이상 확인할 수 없는 기록들이 보존되어 있기 때문에 중요하다. 예를 들면, 조여괄은 자신의 서문에서 『제번도(諸蕃圖)』가 그의 지리 기록 편찬을 촉진했다고 말하는데 이는 오늘날 존재하는 것보다 13세기에 전파되었던 외국들에 대한 정보를 담은 더 많은 지도가 있었다는 중요한 증거이다.[99]

조여괄의 『제번지』는 대식(더욱 광범하게 전체 이슬람 세계를 의미)의 국가에 관한 긴 개관으로 시작된다. 그리고 대식의 사회·경제적 상황에

---

98 조여괄 자신은 외국 상인들에게 그들 국가의 생산품, 관습, 여정(旅程)을 물어보려고 남는 시간을 활용했다고 언급한다. 그러나 후지요시는 조여괄이 관직에 있던 기간이 1년 반에 지나지 않아 모든 것을 조사하기에는 너무 짧은 시간이었다고 주장하면서 조여괄은 아마 이전의 저술들을 활용했을 것이라 보았다. 藤善眞澄 譯, 『諸蕃志』, 1, 大阪: 關西大學, 1991, 330.
99 『諸蕃志校釋』, 1; 藤善眞澄 譯, 『諸蕃志』, 1, 339.

특별히 주목한다. 대식의 주요 도시[아마도 바그다드일 것이다]에 대한 그의 서술에서 조여괄은 사람들이 안락한 삶을 누리며 금, 은, 능라, 비단 직물을 비축한 큰 창고를 소유하고 있다고 기록하고 있다. 이러한 내용은 기록에서 찾을 수 있는 무슬림 국가에 대한 대부분의 서술에 등장하는 문구이다. 그러나 조여괄은 도시와 그 도시의 거대한 항구에 대해 더 색다르면서도 구체적인 서술을 남기고 있다. 또한 국가의 생산물의 목록(진주, 상아, 코뿔소의 뿔, 유향, 알로에, 혈갈(血碣), 불투명 유리, 투명 유리, 산호, 묘안석(猫眼石), 부드러운 금 직물, 낙타의 털로 짠 천)도 포함하는데, 이는 모두 이슬람 세계의 생산품이다. 주거비도 이러한 품목을 대부분 언급하지만, 조여괄은 『제번지』의 후반부에서 나열하고 있는 각 품목에 대한 더욱 구체적인 정보를 제공하면서 주거비를 넘어서고 있다. 조여괄의 책은 주거비 및 다른 사람들이 나열했던 것보다 대식의 항목 아래 상당히 많은 국가를 열거하고 있는데, 『제번지』의 각 부분에서 조여괄이 상세하게 서술한 국가의 숫자가 총 24개에 달한다. 이러한 속령(屬領) 중 바그다드와 메카와 같은 국가는 주거비의 저술에서도 등장하지만, 노미(蘆眉, 룸: 로마[비잔틴] 제국)와 층발(層拔, 현재 탄자니아 북동부에 있는 잔지바르) 같은 지명은 새로 보이는 것이다. 바그다드와 룸의 국가들은 1269년에 만들어진 지도인 『동진단지리도』에 나오고 있음을 상기해보라. 대체적으로 조여괄의 저서는 이슬람 세계와의 교역이 여전히 중국인에게 중요했음을 보여주는 분명한 증거를 제공하고 있다.

당시에 전파되어 있었던 이전 시기 및 동시대 자료로부터 정보의 대부분을 가져온 조여괄은 무슬림 사절이 650년부터 조공을 바치려고 중국 조정에 주기적으로 왔다고 기록하고 있고, 966년 이후부터 도착했던 사절에 관해서는 상세한 사항들을 덧붙였다. 이슬람 세계에 할애한 부분의 마시막 난락에서는 전수에서 유명했던 무슬림 교역자에 대한 이야기를 소개하는데, 특별히 주목할 가치가 있다.

> 시나위(施那幃)라는 이름의 외국 상인은 무슬림이다. 천주의 남쪽 교외에 거주했다. 부(富)를 경멸했지만 베푸는 것을 좋아했고 서쪽에 있는 고향의 기운으로 가득 차 있어서 성 밖의 동남쪽 구석에 묘지를 만들어 외국인 교역자들의 유해(遺骸)를 편히 쉬게 했다. 제거시박사(提擧市舶司) 임지기(林之奇, 1112-1176)가 그 사실을 기록했다.[100]

임지기라는 이름의 관세 조사관에 의해 남아있는 책은 조여괄의 보고를 입증하고, 더욱 최근의 고고학적 발견도 조여괄의 서술을 뒷받침한다.[101] 일본인 학자 쿠와바라 지츠조(桑原隲藏)는 이 무슬림 상인이 아마도 시라프(Sīrāf) 출신일 것이라는 흥미로우면서도 설득력 있는 주장을 한 바 있다. 왜냐하면 그의 중국식 이름인 시나위는 '시라프의'라는 의미를 가진 시라피(Sīrāfī)의 한자 음사이고, 이는 조상의 원주지를 가리키는 아랍식 이름(이를 아랍어로 니스바(nisba)라고 한다)의 일부분이

---

100 『諸蕃志校釋』, 91; 藤善眞澄 譯, 『諸蕃志』, 158 및 Chau Ju-Kua: his work on the Chinese and Arab trade in the twelfth and thirteenth centuries entitled Chu-fan-chi (Description of foreign peoples), Translated and annotated by Friedrich F. Hirth and W. W. Rockhill. St. Petersburg: Printing Office of the Imperial Academy of Sciences, 1911, 119와 비교하시오.
101 비록 임지기는 시나위(施那幃)가 아니라 시나위(試那圍)라는 다른 한자를 그의 책에서 사용하지만, 중국어 발음은 똑같다. 중국인 저자들은 종종 동일한 외국 상인의 아랍식 이름을 중국식 명칭으로 전사할 때에 같은 발음을 가진 서로 다른 한자를 사용하기도 했다. 林之奇(1112-1176), 『拙齋文集』(臺北, 1971) 卷15: 13. 아랍인 상인 시나위(시라프 출신의)의 원래 이름과 중국인 저자 임지기에 대한 간략한 논의로는 藤善眞澄 譯, 『諸蕃志』, 168을 참고.

기 때문이라는 것이다.[102] 2장에서 확인할 수 있듯이 시라프는 교역을 위해 중국으로 항해하는 많은 아랍인과 페르시아인들이 출발하는 페르시아만의 가장 중요한 항구 중 하나였다. 많은 아랍어 기록은 중국에 관한 생생한 기록을 편찬한 아부 자이드 알하산 이븐 알야지드 알시라피(Abū Zayd al-Ḥasan b. al-Yazīd al-Sīrāfī)와 같은 사람을 시라피라고 부르며, 무슬림들에 관해 언급했다. 천주에서 간행된 지방지는 무슬림들의 묘지(묘지들이 불렸던 명칭은 '메디나 사람들의 묘지')가 천주의 남동쪽 구역인 영산(靈山)에 자리 잡고 있었다고 기록한다.[103] 천주의 남서쪽 구역에서 무슬림 상인이 만든 아랍어 묘지명들이 발견되었는데, 이는 외국인 공동체의 존재 및 외국인 다수가 원래 이슬람 세계에서 온 상인이었음을 보여주는 구체적인 증거를 제공한다.[104] 이들 묘지명의 대부분은 중국의 송을 계승한 원 왕조 시기의 것이고, 시나위의 묘지를 포함한 송대의 것은 그리 많지 않다. 흥미롭게도 조여괄과 임지기 모두 시나위가 관대하고 정직한 사람이었다고 크게 칭찬하고 있다. 이는 송 왕조의 학자들도 자기가 저술했던 책들이 유포되면서 정보를 공유했음을 보여준다.

조여괄은 이슬람 세계에 대한 특별하고 자세한 내용을 책에 덧붙이고 있다. 이는 이집트를 다루는 부분에 포함된 정보인데, 현존하는 다른 중국어 저술에서는 찾을 수 없는 내용이다.

---

102 桑原隲藏, 『蒲壽庚の事蹟』, 88, 200-201을 참고.
103 *Chau Ju-Kua: his work on the Chinese and Arab trade in the twelfth and thirteenth centuries entitled Chu-fan-chi (Description of foreign peoples)*, 124.
104 최근에 출간된 무슬림 석각 자료인 吳文良, 『泉州宗教石刻』, 北京: 科學出版社, 2005에 대한 상세한 내용은 3장을 참고. 송대의 것으로 추정되는 무슬림 묘비 중 현존하는 것은 거의 없다. 10세기부터 동남부 중국의 항구에서 번성했던 무슬림 공동체들은 교역 디아스포라의 일부분이었다. Chaffee, "Diasporic Identities," 395-420.

물사리국(勿斯里國)은 백달(白達)[바그다드]의 지배 아래에 있고, [아바스 칼리프는] …… (이 나라에) 있는 강[나일강]은 매우 깨끗하고 맛은 달다. 강의 수원(水源)이 어디인지는 알지 못한다. …… 옛 전설에는 포라우(蒲囉吘)[아브라함]의 3대 후손인 십숙(十宿)[조셉]이 이 국가의 통치를 장악했는데 비가 오지 않아 가뭄의 고통을 이 지역이 겪을까 염려했다. 그래서 강 근처에 있는 지역을 선택하여 360곳의 마을을 두었고, 모든 마을은 밀을 심어야 했다. 그 다음 해에는 국가 전역에 있는 사람들에게 매일 먹을 식량을 공급해주는데, 모든 촌락이 하루를 공급했고 360개의 마을이 1년 식량을 충분히 공급할 수 있었다.[105]

당시 이집트가 바그다드에 있는 아바스 칼리프의 지배를 받았다는 것은 사실이다. 칼리프들은 중심적 정치권력이 줄어들고 한참이 지나서도 이집트에 무슬림 통치자를 계속 임명했던 것이다. 수도 카이로에서는 무슬림 통치자들인 파티마 왕조와 아유브 왕조가 1250년에 투르크-코카서스 군사 계급인 맘루크들이 통제권을 장악할 때까지 연이어서 이집트를 통치했다. 지역의 지리에 관한 정보는 정치사보다는 개작(改作)에 덜 민감한데, 예를 들면 나일강에 관한 조여괄의 서술에서 그 점을 찾아볼 수 있다. 흥미롭게도 조여괄은 나일강의 수원이 수수께끼라는 것을 이해할 정도로 충분히 나일강에 대해 알고 있었다.[106] 이는 무슬림과 중국인 사이의

---

105 『諸蕃志校釋』, 120-123; 藤善眞澄 譯, 『諸蕃志』, 192-195 및 *Chau Ju-Kua: his work on the Chinese and Arab trade in the twelfth and thirteenth centuries entitled Chu-fan-chi (Description of foreign peoples)*, 114와 비교하시오.
106 나일강의 전통적인 수원(水源)은 고대 그리스와 무슬림 지리학자들에 의해 달의 산맥으로 불리는 산악 지역이라고 간주되었다. 무슬림과 중국의 지도에 이를 묘사한 것에 대해서는 2, 3, 4장을 참고. 백나일강(White Nile)의 실제 수원은 리처드 프랜시스 버턴(Richard Francis Burton) 경과 존 하닝 스페크(John Hanning Speke)의 탐험을 통해 19세기 중반이 되어서야 찾을 수 있었다. 이 주제에 대해서는 Christopher Ondaatje,

만남이 상업적 거래 이상으로 이루어졌고, 그 수준이 문화적, 지적인 교류에 도달했음을 암시하고 있다. 우리가 2장과 3장에서도 살펴보겠지만, 이는 이슬람 세계의 지리적 보고서에서도 중요한 주제이다. 조섭에 관한 이야기, 그리고 아브라함의 증손자가 이집트를 차지했다는 이야기는 정확하게 쿠란과 성경에서 유래된 것이다. 하지만 조여괄이 언급한 360개 마을에 관한 이야기는 쿠란과 성경에 나오지 않는다.107 이집트에 소속된 국가인 알렉산드리아에 대한 다음 부분은 공격으로부터 보호하기 위해 해안에 건설한 큰 탑에 관한 유명한 전설을 소개하고 있다. "탑의 정상에는 놀랄 정도로 큰 거울이 있었다. 다른 국가의 전함이 갑자기 침입하면 거울이 사전에 이를 탐지해서 군대는 방어의 계책을 준비한다."108 이 탑은 분명 기원전 280년에 건설된 잘 알려진 알렉산드리아의 등대를 가리키는 것이다.

주거비와 조여괄의 기록들은 열거된 국가의 숫자, 그리고 그들에 대해 알고 있는 사실의 측면에서 이슬람 세계에 대한 중국인들의 지식이 팽창했음을 보여준다. 이 기록들은 중국과 이슬람 세계를 연결하는 해안선의 지도를 보여주지는 않는다. 그러나 생산품, 교역 물품, 역사, 각 장소의 문화에 대한 정보가 포함되어 있어 이슬람 세계로 가는 상세한 항해 안내의 역할을 하는 이 기록들은 적어도 중국인 독자의 마음의 눈에서는 그들이 지나갈 실제 해안선을 상상하는 데에 도움을 주었다.

Journey to the Source of the Nile(Toronto, 1998)도 참고.
107 쿠란의 이 이야기는 히브리어 성경(창세기, 30-37장)에서 나온 것이다.
108 『諸蕃志校釋』, 123.

맺음말

 8세기 중엽은 중국과 이슬람 세계 사이의 번성하는 접촉을 위한 기초 단계를 형성했다. 아바스 왕조와 당 왕조의 군대가 751년에 중앙아시아의 탈라스에서 처음으로 군사적으로 충돌한 것은 중국 및 이슬람 측 사료가 모두 입증하는 일로, 중앙아시아의 여러 다른 국가는 물론이고 중국과 이슬람 사회가 연루된 일련의 복잡한 정치적 역학관계가 눈에 띄는 사건이었다. 그러나 이러한 종류의 긴장된 정치적 관계는 오래 지속되지 않았는데, 안녹산의 반란 이후 중앙아시아에 대한 중국의 통치를 대체한 유목국가들이 실크로드 교역로를 막기 시작하면서 이것이 육로 교역의 점진적인 쇠퇴를 야기했기 때문이었다. 이러한 상황은 그 대안인 해양 항로의 성장을 자극했다. 중국과 이슬람 세계 사이의 관계는 인도양으로 옮겨 갔고, 몇 세기 동안 지속되었다. 결국 중국이 원하는 상품들을 가져왔던 무슬림 상인의 숫자가 늘어나면서 일부 중국인에게 이슬람 세계는 그렇게 멀지도, 혹은 낯설지도 않은 것이 되어갔던 것으로 보인다. 이제 이슬람 세계는 중국인도 접근이 가능한 지역이 되었고, 세계에 대한 중국인의 지리 지식의 지평이 확장되었다.

 이슬람 세계의 국가에 대한 조여괄의 기록은 1000년 이후 일어났던 중국의 지식 성장을 입증하고 있다. 8세기 당 왕조의 세계에서 애매한 이미지였던 대식이 400년 후가 되면 20개 이상의 확인 가능한 국가가 있는

다채로운 지역이 되었다. 이제 중국인은 이슬람 세계에서 중요한 장소, 무슬림 상인이 교역을 하려고 몰려드는 이유와 교역 장소, 그리고 중국 본토에서 바라던 특별한 상품을 찾을 수 있는 지역 등을 알게 되었다. 이러한 지식의 변화는 아시아 내부의 해양 교역에서 일어난 변화와 관련이 있다. 처음에는 아랍인과 페르시아인 무슬림 상인들이 전체 인도양 교역을 주도적으로 이끌었다. 그러나 현존하는 사료들은 1000년경 이후, 혹은 그 전에 중국인이 인도양의 동쪽 절반에 대한 항해를 대부분 관리하기 시작했음을 암시한다. 중국과 이슬람 세계 사이의 해양 교역 규모와 중요성의 증대는 항해와 시장에 대한 실용적인 정보를 중국인이 수집하도록 자극시켰는데, 그러한 정보에는 여행 혹은 교역에 영향을 줄 수 있는 이슬람 세계의 각 국가에 관한 세부사항이 포함되어 있었다. 비록 중국인 지리학자들은 두 사회 사이의 완벽한 해안선을 지도로 그리지는 않았지만, 그들이 항로에 대해 가지고 있는 지식과 이 항로를 따라 위치한 인도양의 주요 항구도시는 이슬람 세계를 확대된 지리적 이해 속에 자리 잡게 했다. 중국인 독자는 이슬람 세계로 향하는 길로 하나의 선을 형성하고 있는 일련의 항구를 상상할 수 있었다. 다수의 문헌 사료와 고고학적 발굴 결과는 중국의 원양 선박이 그 선을 따라 얼마나 멀리 모험을 떠날 수 있는지를 시험해보기 시작했고, 그 시기에 상당히 자주 해외를 향한 항해를 수행했음을 입증하고 있다. 해외에서(이슬람 세계였든 혹은 남아시아와 동남아시아에 위치한 제3자의 시장이었든 상관없이) 그들은 무슬림 상인과 상호 교류할 수 있는 더 많은 기회를 만들었고, 그 결과 세계에 대한 지식을 확대할 더욱 큰 기회를 창출해냈다.

     이 시기는 이슬람 세계에 대한 중국인의 지식 증대 및 지속적이면서 확고한 접촉과 교류에 연관되어 있는 사람들 사이에서 이러한 정보가 널리 퍼져나갔던 시대였다는 특징을 볼 수 있다. 더욱 늘어난 지식 그리고 더욱 커진 상호 간의 영향 사이에서 서로 강화된 관계가 성장했고, 이는 이 시기의 극적인 경제 성장(특히 해상 교역)에 기여했다. 비록 두 사회가 현저하게 역동적인 정치·외교적 관계를 가진 것은 아니었지만 지속적인 상업적 접촉은 중국의 경제와 문화, 그리고 특히 중국인의 세계관에 영향을 끼쳤다. 그리고 몽골의 지배는 이슬람 세계 및 다른 국가와 중국의 접촉 및 그들에 대한 중국의 지식을 더욱 높은 수준으로 끌어올리게 된다. 그런데 우리가 몽골 시대로 시선을 돌리기 전에, 초기 접촉이 이루어진 그 시기 동안에 무슬림은 중국인을 어떻게 인식했는지를 확인하기 위해 이슬람 측 사료로 눈을 돌려야 한다.

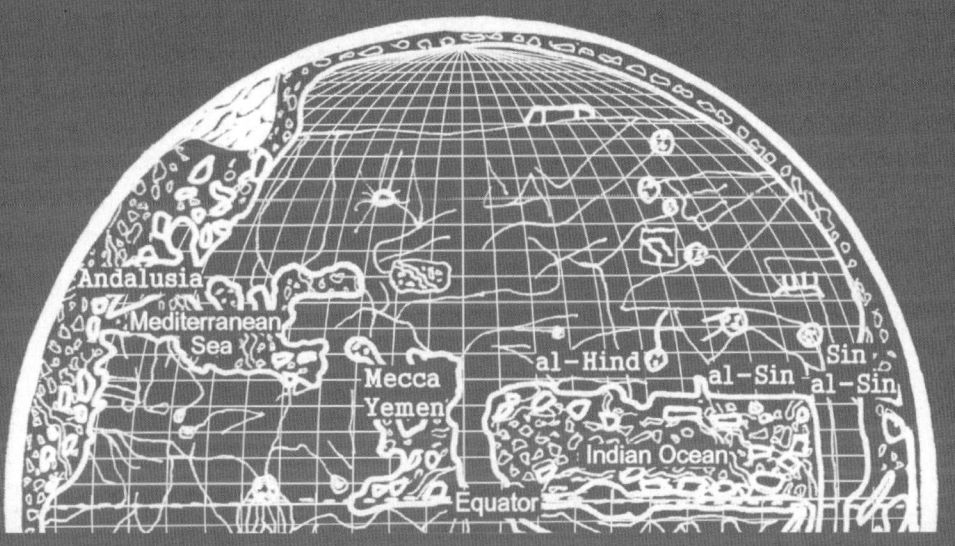

2장

중국과 세계에 대한 묘사

중국에 대한 이슬람 세계의 지식, 750-1260

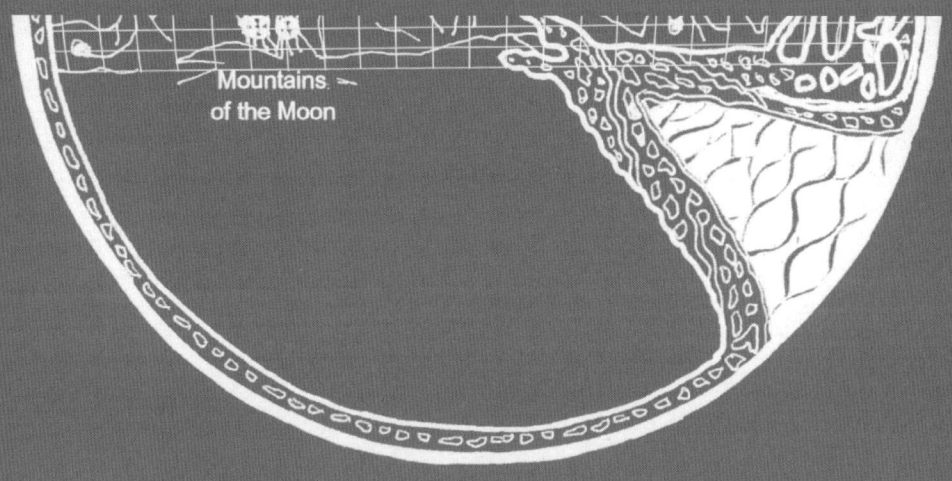

이슬람 세계에 대한 중국의 가장 이른 기록들이 8세기까지 소급되는 반면, 동시대 아랍어 문헌에는 같은 시기 중국에 대한 무슬림의 지식을 보여주는 단서가 없다. 그러나 한 세기 이상에 걸쳐 신속한 정치적 팽창, 다른 사회와의 접촉 증대를 겪으면서 무슬림은 중국을 포함하여 더 광범한 세계에 대한 지리적 지식을 극적으로 확대시켰다. 아랍인에게 중국에 대한 인상을 남긴 최초의 정치적 접촉으로 알려진 것은 751년의 탈라스 전투였다. 1장에서는 두환과 같은 사람을 포함하여 수많은 수 중국인이 어떻게 이 큰 전투에서 포로로 잡혀 이슬람 세계에서 갑자기 거주하게 되었는지를 서술한 바 있다. 아랍어와 중국어 사료 모두 이슬람 세계에서 특정 수공업에 종사했던 중국인과 이주 및 재정착의 과정에서 문화적 요소를 이식했던 중국인들의 예를 보여주고 있다. 예를 들면, 한 아랍어 사료에서는 특별히 종이 제작 기술의 이동을 언급한다. 다른 아랍어 자료들은 일부 중국인이 다양한 수단을 통해 이슬람 세계의 심장부로 들어왔고 그 지역 사람들과 접촉을 유지했다는 단서를 제공한다.

  10세기의 유명한 서지학 문헌으로, 이븐 알나딤(Ibn al-Nadīm)이 저술한 『서지목록의 책(Kitāb al-Fihrist)』은 9세기의 유명한 아랍인 의사인 알라지(al-Razi)가 중국에서 온 의사와 교류를 했던 놀라운 이야기를 소개하고 있다.[01]

중국에서 온 한 사람이 나를 보러 와서 약 1년 동안 나와 함께 살았다. 5개월 째 되었을 때 그는 아랍어를 배워서 말하고 쓸 줄 알게 되었는데 말투도 숙달되었고 쓰는 것도 전문가처럼 속도가 빨랐다. 그가 자기 나라로 돌아가기를 원했을 때, 그는 나에게 한 달 전에 이렇게 말했다. "나는 곧 출발할 것인데, 당신이 나에게 갈레노스의 책 16권을 읽어주었으면 합니다. 그러면 내가 받아 적을 수 있을 것입니다." 내가 대답했다. "당신이 가진 시간이 너무 짧고, 남은 체류 기간에는 극히 일부만 베낄 시간이 될 것이오." 그러자 젊은 남자가 말했다. "내가 머무르는 동안 당신이 노력해서 될 수 있는 한 빠르게 나에게 읽어주었으면 하고 요청하는 것입니다. 내가 쓰면서 당신을 따라갈 것입니다." 나는 내 학생 중 일부에게 이 작업에 나와 함께 참여할 것을 제안했지만, 우리는 양쪽을 비교해 볼 기회가 생겨 그가 모든 것을 받아 적었음을 보여주었을 때까지는 그를 믿을 수가 없었다.

이 일화 속에서 중국인 학자의 능력은 과장되었던 것으로 보인다. 이 학자가 바그다드를 방문했음을 입증하는 다른 증거는 존재하지 않고, 그가 중국으로 의학 지식을 전했음을 보여주는 증거는 더더욱 없다. 그런데 이야기가 워낙 생생하게 전달되고 있어서 그 신빙성을 곧바로 부인하기는 어렵다. 이 뒤에 나오는 기록들은 또한 두 종류의 한자에 대한 더욱 그럴 듯한 정보를 담고 있다. 두 종류의 한자는 바로 전서체(篆書體)와 초서체(草書體)이다. 중국인 학자는 그의 주인에게 빨리 적을 때에만 초서체를 사용한다고 설명하고 있다. 저자 알나딤은 한자를 보고 "명판의 형태로, 그 위에 왕의 모습이 찍혀 있다"라는 서술을 덧붙였다.[02] 그의 이야기를 더

01　Ibn al-Nadīm, *The Fihrist of al-Nadīm* (New York, 1970), 31.
02　Ibid., 32.

남다르게 만들고 있는 것은 단지 무슬림 학자와 정보를 교류하기 위해 중국에서 바그다드로 여행을 온 중국인 학자의 방문이라는 사건을 너무나 자연스럽게 다루고 있다는 사실이다. 비록 중국인 의사의 이야기는 일부 측면에서는 예외적인 것이기는 하지만, 이슬람 세계에 중국인이 존재한다는 것이 이례적인 것은 아니었다. 사실, 이 기록이 저술되었을 당시 무슬림은 중국인에 대해 더 익숙하게 알고 있었다. 서적 상인이었던 알나딤은 중국으로부터 종이 제작 기술이 전래되면서 생계에 도움을 받았는데, 종이 제작 기술로 인해 바그다드의 서점, 판매인, 서기(書記)들이 성장할 수 있었던 것이다.[03] 알나딤이 자신의 시대에 아바스 제국에서 유포되었던 서적의 서지 목록을 편찬했을 때, 그는 또한 여행자들로부터 들었던 중국에 대한 이야기들을 포함하여 다양한 자료에서 다른 문화에 관한 정보를 수집했다. 그러나 상인 및 다른 여행자들의 증언에 근거를 두고 저술된 책들을 통해서 이슬람 세계에 살았던 많은 독자들 사이에는 중국에 대한 이러한 이야기들이 이미 유포되고 있었다. 작가들 그리고 알나딤과 같은 서지학자들의 기여 덕분에 중국에 대한 지식은 이슬람 세계의 사람들 사이로 널리 확산되었고, 중국은 더는 미지의 땅이 아니었다.

　　해상 여행과 교역의 성장은 중국에 대한 지식이 늘어나는 데에 있어서 중요한 역할을 담당했다. 이미 해상 수송을 통한 무역은 8세기 중반에 번성하는 성장세를 누리고 있었는데, 칼리프 알만수르가 바그다드와 중국 사이에는 장애물이 없다고 분명하게 자랑했던 때가 바로 이 시기였다. 비록 알려진 세계의 동쪽 구석에 위치해 있기는 했지만, 이제 중국은 정규적

03　J. W. Fück, "Ibn al-Nadīm," *EI2*, 3: 895-896. Jonathan M. Bloom, *Paper Before Print: The History and Impact of Paper in the Islamic World*(New Haven, 2001).

인 교역을 위해 사람들이 여행하는 아주 실질적인 장소로서 존재했다. 이러한 해상 교역의 성장 덕분에 중국 사회에 대한 더욱 구체적인 정보가 이슬람 세계 내에서 퍼져나가기 시작했고, 더 많은 무슬림 작가가 그러한 정보에 대해 기록을 남겼다. 이슬람 세계에서는 중국 사회에 대해 남긴 것 중 가장 이른 시기의 현존 기록이 9세기 중반에 나왔는데, 이는 중국에서 이슬람 세계에 대한 비슷한 방식의 서술이 나온 지 대략 1세기가 지난 후였다. 이븐 후라다드비(Ibn Khurradādhbih)의 지리 기록(870년경)과 상인, 여행자들의 증언을 기록한 익명의 저술(851년경)은 중국에 대한 기본적인 지리적, 역사적 사실을 이슬람 세계에 소개했는데 여기에는 해안을 통한 여정과 중국의 가장 중요한 도시 및 생산품의 목록에 관한 상세한 정보가 포함되어 있다. 두 책 모두 이전 시기 그리고 동시대 저술 자료에서 정보를 가져와서 사용했고, 9세기와 10세기에 두 사회 사이의 상업적 접촉이 절정에 달했을 때 무슬림이 중국에 대해 무엇을 알고 있었는지를 보여준다.

이슬람 세계의 지리 기록은 한 가지 중요한 측면에서 중국의 기록과는 달랐다. 중국인 지리학자들은 먼저 자신들의 제국을 서술하고 중국 너머에 있는 지역은 단지 주변적 실체로서만 주목하기 시작했는데, 무슬림 학자들은 더욱 큰 세계를 인식하고 있었다. 이는 무슬림 학자들 이전 시기 그리스와 페르시아의 지리학자들로부터 물려받은 세계관의 특징이었다. 당연히 중국 지도 제작자는 중국 본토의 지도만 정확하게 그렸고, 반면 무슬림 지도 제작자는 아주 멀리 떨어진 중국과 그 이웃 지역들을 비교적 정확하게 배치한 세계 지도들을 만들 수 있었다. 이와 더불어 아바스 왕조 시대 동쪽의 아시아를 향한 이슬람의 안정적인 상업적 팽창과 아랍어 저술의 지속적인 발전으로 인해 이슬람 세계에서 중국에 대한 일반적인 인식이 덧붙여진 지리학적, 지도학적, 역사적 서술의 생산이 급속히 늘어났다.

2장에서는 750년에서 1260년 사이의 5세기 동안 중국에 대한 무슬림의 지식이 증대한 것을 추적하면서 이슬람 세계에 대한 중국의 인식에 대해서 1장에서 답했던 것처럼 이와 똑같은 질문들에 초점을 맞추게 될 것이다. 이를 통해 두 사회 사이의 경험 및 자료를 비교할 것이다.

중국과 인도양에 대한 초기의 아랍어 지리 기록들

여행자들로부터 중국에 대한 구체적인 정보를 받기 시작했을 때, 무슬림 지리학자들은 이미 세계의 지리를 해석하는 데에 도움을 줄 체계적인 틀을 만들어놓고 있었다. 왜냐하면 그리스와 페르시아처럼 그들이 정복했던 사회의 지식을 흡수해놓았기 때문이다. 중국에 대한 지리 정보를 체계적으로 활용하기 위해 초기 아랍어 지리 기록은 이러한 전통들에 상당히 의존했다. 지리와 같은 외국의 지식을 늘리기 위한 주요한 방법은 번역을 추진하는 것이었고, 학자들은 그리스, 페르시아, 인도의 과학적 저술을 아랍어로 번역했다.[04] 칼리프 알마문 시대(재위 813-833)에 활약했던 유명한 바이트 알히크마(Bayt al-Ḥikmah, 지혜의 집이라는 의미)[바그다드에 설립된 번역 전문 기관을 가리키는 말이다 - 역주]의 학자들은 외국의 많은 학술 저서들을 아랍어로 번역하는 일에 적극적으로 참여했다. 알라지와 중국인 의사의 일화는 아랍인 학자들이 이미 고대 그리스 의사인 갈레노스가 저술한 책 전부를 번역했음을 보여준다. 이는 여러 과학, 문학 분야에서 번역된 수많은 저술 중의 하나일 뿐이었다.

칼리프 알마문은 세계의 형상을 정확하게 그린 세계지도를 만들기

---

04 번역 운동에 대해서는 Dimitri Gutas, *Greek Thought, Arab Culture: the Graeco-Arabic Translation Movement in Baghdad and Early Abbasid Society*(New York, 1998)을 참고.

위해 물리적, 수학적 지리학을 연구하는 프로젝트를 지시했다. 칼리프는 또한 무슬림에 의해 정복되어 다르 알이슬람(Dār al-Islām, 이슬람의 지역이라는 의미)의 일부가 된 국가와 그렇지 않은 국가를 분별하기를 원하였다.[05] 칼리프 알마문 휘하의 천문학자들과 학자들은 특히 프톨레마이오스의 『지리학』으로부터 도움을 얻었는데, 프톨레마이오스의 저술은 그리스-로마 선조들의 유산을 체계적으로 종합해놓은 것이다. 그러나 알마문의 학자들이 소유했던 그리스의 지식은 이미 5세기 이전의 것이었고, 그래서 무슬림 학자들은 이란, 인도, 그리스의 전통은 물론이고 이슬람의 정치·경제적 팽창의 결과로 활용할 수 있게 된 새로운 지리적 정보까지 종합하고 그들의 과학적 기초의 토대를 확대하면서 지식을 더욱 발전시켰다.

정확한 세계지도를 얻어내려고 칼리프 알마문은 바그다드, 메카와 같은 주요한 도시의 위치와 경도를 갱신하기 위한 측지학 조사를 명령했다. 실제로 이 대규모의 조사가 더욱 정확한 세계지도를 만들어냈다. 이 조사를 통해 알마문의 지리학자들은 수백 킬로미터의 오차 내에서 지구의 둘레를 계산할 수 있었다(1% 이하의 오류이다). 이 수치는 현대 학자들이 얻어낸 수치와도 거의 근접할 정도로 정확했고, 확실한 결과를 거두지 못하고 둘레를 계산했던 프톨레마이오스보다 훨씬 나은 결과를 산출했다.[06] 안타깝게도 이 지도는 소실되었고, 현존하는 가장 이른 시기의 지도 중에서 이와 닮은 형태는 1000년이 되어서야 등장한다. 그러나 이러한 혁신적인 지리적 프로젝트에서 나온 정보는 대체로 이 사업의 일환으로 만들어졌던 아랍어 문서의 형태로 보존되어 있다. 그러한 것 중 하나가 『지구의

---

05 Busse, "Arabische Historiographie und Geographie," 293-296.
06 Ragep, "Islamic Reactions to Ptolemy's Imprecisions," 124-125.

형태(*Sūrat al-arḍ*)』라고 불리는 보고서인데, 이는 알마문의 학자들 중 한 사람으로서 수학, 천문학, 지리학에 공헌했던 박식한 인물인 알화리즈미(al-Khwārizmī, 850년경에 사망)가 저술한 것이다.[07] 이 저술은 이슬람 세계에 현존하는 가장 이른 시기의 지리 기록이고, 중국을 언급할 때 알신(al-Ṣīn)이라는 용어를 사용한 첫 아랍어 기록이다.

『지구의 형태』는 위도와 경도의 표(이를 아랍어로 지즈(Zīj)라고 한다)를 활용해서 당시 알려진 세계의 위도, 경도의 위치를 알려주고 있다. 알화리즈미는 사람이 사는 세계를 적도와 평행한 7개의 수평적 조각 혹은 구역으로 나눈 체계에 따라 정보를 배열하고 있고, 그 구역을 기후대(아랍어로 이클림(iqlīm)이라 한다)라고 불렀다. 이러한 체계는 마리누스(Marinus)와 프톨레마이오스에 의해 도입된 것에 근본적인 근거를 두고 있다. 그러나 알화리즈미는 이슬람의 성장에 따라 확산되었던 개념을 편입시키면서 그리스-로마의 토대를 강화했다. 예를 들면, 그리스-로마의 체계는 20개 이상의 기후대를 소개했는데 알화리즈미의 『지구의 형태』 및 이후 저술들에서는 이에 영향을 받아 페르시아어 자료도 활용하면서 7개의 기후대를 보여주고 있는 것이다. 지리학적인 내용으로는 프톨레마이오스의 위도 및 경도 목록표는 세리카(Sērikē, 즉 중국)를 중앙아시아의 동쪽에 위치시키고 있는데, 이로 인해 북중국이 강조되고 남중국은 소홀히 취급되고 있다.[08] 무슬림의 교역 항구들 중에서 가장 중요한 곳이 남중국에

---

07 아부 자파르 무함마드 이븐 무사 알화리즈미(Abū Djaʻfar Muḥammad b. Mūsā al-Khwārizmī)는 알게브라(algebra), 알고리즘(algorithm)과 같은 용어가 기원한 많은 과학 저술을 집필한 것으로 더욱 유명하다. J. Vernet, "Al-Khwārazmī," *EI2*, 4: 1070-1071을 참고.

08 Ptolemy, *Ptolemy, Geography, Book 6: Middle East, Central and North Asia, China*, trans. Helmut Humbach(Wiesbaden, 1998-2002), vol. 1, 201-211, vol. 2, 102-104.

위치해 있었으므로 알화리즈미는 남중국에 대해 더욱 자세히 서술하였고, 무슬림 상인이 많이 거주하던 도시인 한투(Khantu, 아마 양주를 가리키는 것으로 보인다)를 포함한 세 곳의 항구도시를 추가했다.09

아바스 제국의 첫 무슬림 지리학자들은 페르시아인과 인도인의 방법을 수용하면서 세계에 대한 지리적 인식을 위해 그리스의 이론적 틀이 가지고 있었던 부분을 보완했다. (소그드인의 지리 지식을 포함하고 있는) 페르시아어 자료는 육로를 통한 중국과의 광범한 접촉에 토대를 두어 중국을 포함한 세계에 대한 서술을 제공해주었다. 아랍인이 사산조 페르시아 왕조를 무너뜨리자마자 그 사회·경제적 혜택들 때문에 많은 페르시아인이 이슬람교로 개종했다. 개종을 하면서 페르시아인들의 풍부한 문학적 전통이 다민족 무슬림 전통 속으로 흡수되었다. 페르시아인 무슬림인 이븐 후라다드비(912년에 사망)가 저술한 『도로와 왕국의 책(*Kitāb al-Masālik wa-1-mamālik*)』은 이전 시기에 위도와 경도의 좌표를 알려주었지만 그 이외의 내용은 많이 제공해주지 않았던 물리적, 수학적인 지리학 보고서 체제를 탈피하고 있다. 그 대신 이븐 후라다드비는 아랍어로 된 최초의 지리적 설명을 제공했다. 중국과 인도양 교역에 대한 상세한 첫 기록들이 또한 여기에 등장한다.

이븐 후라다드비는 칼리프 알무타미드(al-Muʻtamid, 재위 869-892) 시기에 우편과 지식을 관리하는 직위로 근무했다. 이러한 상황은 그가 자신의 『도로와 왕국의 책』을 구성하기 위한 풍부한 자료들(아마 그리스와

---

09 빌헬름 스피타(Wilhelm Spita)는 1878년에 카이로에서 『지구의 형태』의 유일한 현존 사본을 발견했다. 쿠와바라 지츠조에 따르면, 그 기록은 중국의 세 도시를 언급하는데 그중 하나가 한투(아마도 양주일 것이다)였다. 高橋正, 「アル・クワーリズミー圖説[槪報]」, 『地理學史硏究』 2(1962): 52. 한투에 대한 논의로는 桑原隲蔵, 『蒲壽庚の事蹟』, 33, 49도 참고.

페르시아의 기록들과 여행 보고서들)을 수집할 수 있게 했다.[10] 이 책은 지구의 지리를 체계적으로 서술하면서 일곱 기후대들에 대한 상세한 연구들을 보여주고 있고, 그중 일곱 번째 기후대는 중국에 위치하고 있다.[11] 이프리둔(Ifrīdūn, 구약성서에 나오는 노아의 페르시아어 표기)의 자손인 고대 왕들의 짧은 역사에 대해 이븐 후라다드비가 서술한 부분에는 바그부르(Baghbūr)라는 이름의 중국 왕이 포함되어 있는데, 이는 페르시아어 명사로 '하늘의 아들'이라는 의미이다.[12] 중국의 황제들은 전통적으로 스스로 천자(天子)라고 불렀는데, 여기에서 하늘은 세상의 통치에 개입하는 우주를 가리키는 것이다. 이러한 형태의 정보는 분명히 이전 시기 자료들에서 수집되었을 것이고, 새로운 세대의 이슬람 측 기록에서는 종종 등장한다. 그러나 책의 제목이 암시하는 것처럼, 『도로와 왕국의 책』은 행정 구획, 바그다드에서부터 다양한 목적지로 가는 길에 있는 도시와 역참들, 중요한 무역 항구와 항로들, 다양한 지역의 세금 부과액에 대한 더욱 실용적인 정보를 제공하고 있다. 이 정보는 사산조 페르시아제국의 행정, 경제 체계를 물려받았던 아바스 지도자들에게 주로 도움을 주려는 의도가 있었다. 흥미롭게도, 이 책의 가장 상세한 서술 중의 하나는 '중국[동방]으로 가는 해양 항로'를 보여주는데, 이 특별한 부분을 이븐 후라다드비는 이슬람 세계가 아닌 지역 중에서 알려졌던 곳 전체로 뻗어나가는 경로를 추적하는 것

---

10 Ibn Khurradādhbih, *Kitāb al-Masālik wa-l-mamālik* (Leiden, 1889).
11 Ibid. 같은 기록에 대한 신뢰도 높은 영어 번역으로는 S. Maqbul Ahmad, *Arabic Classical Accounts of India and China* (Shimla, 1989)와 Pier Giovanni Donini, *Arab Travelers and Geographers* (London, 1991)을 참고.
12 이러한 관점은 인류 모두가 아담과 이브의 후손이라는 유대-기독교와 이슬람교의 공통된 교의에 근거를 두고 있을 것이다. 이러한 믿음은 무슬림이 그들의 형제라고 간주했던 중국인에 대한 개방적인 태도를 보여주었다. "Faghfūr," *EI2*, 2: 738.

에 할애하고 있다.[13] 확실히 그의 지리 서술은 그가 정부에서 직위를 보유하고 있었던 것으로부터 큰 혜택을 받아 작성된 것이었다.

이 책의 나머지 부분에서는 육로를 별개의 지역으로 쪼개고 각각의 소개를 통해 구분하는데, 이와는 달리 해양 항로를 다룬 이븐 후라다드비의 서술 부분에서는 이슬람 세계에서 중국으로 가는 하나의 긴 연결 항로를 추적하는 데에 분량을 할애하고 있다. 지역의 생산품과 교역 물품에 집중된 관심은 작가의 세계에서 존재했던 중국과의 장거리 직접 교역의 빈도와 중요성을 반영하는 것이다. 항로는 바그다드에서 가까운 페르시아만의 번성한 항구인 바스라에서부터 시작된다. 항로는 오만의 항구 및 아라비아 해안에 있는 아덴을 통해 연결되고, 아라비아해를 건너 인도 해안과 실론(Ceylon)에 이르며 말라카해협을 통과하여 말레이시아, 캄보디아를 거쳐 오늘날의 광주에 해당되는 칸푸(Khānfū) 항구까지 뻗어나간다(지도 1에 있는 항로를 참고).[14] 상업에 대한 관심이 워낙 강해서 이븐 후라다드비는 그의 항해에 대한 설명 중에 종종 토착 생산품과 상품에 대한 일화를 끼워 넣기도 한다.

알산프(al-Ṣanf)에서 중국의 첫 항구인 루킨(Lūkīn)[현재 베트남의 하노이][15]까지는 육지와 바다로 100파르사흐(farsah)[대략 600km][16] 거리이다. 루킨에는 중국의 보석[옥?], 중국의 비단, 좋은 품질의 중국 도자기, 벼가 있다. 루킨에서부터 (중국의)

---

13 Bosworth et al., "al-Ṣīn."
14 L. Hambis, "Khānfū," *EI2*, 4: 1024를 참고. 칸푸의 정체와 그 위치에 대한 상세한 논의로는 桑原隲藏, 『蒲壽庚の事蹟』, 39-42를 참고.
15 桑原隲藏, 『蒲壽庚の事蹟』, 47-48.
16 Walther Hinz, *Islamische Masse und Gewichte* (Leiden, 1970), 62.

가장 거대한 항구인 칸푸(현재 광주)로 가려면 바다로 4일을 여행하고 육지로 20일을 간다. 칸푸에는 모든 종류의 과일, 채소, 밀, 보리, 벼, 사탕수수가 있다. 칸푸에서 칸주(Khānjū)[현재 천주]까지는 8일이 걸린다. 칸주의 생산품은 칸푸와 같다. 칸주에서 깐투(Qānṭū)[현재 양주]까지는 20일이 걸리고, 깐투의 생산품은 칸푸, 칸주와 같다.

중국의 각 항구에는 큰 강이 있어서 배들이 항해하고 밀물과 썰물이 있다. 깐투의 강에서는 거위, 오리, 닭들을 볼 수 있다. 중국 국가의 길이는 해안을 따라 아르마빌(Armābīl)로부터 가장 먼 지역까지 가면 두 달이 걸릴 정도이다. 중국에는 인구가 많은 300개의 도시가 있고, 그중 90개는 유명하다. 중국의 경계는 [남쪽에서] 바다로부터 시작해 서쪽으로 티베트, 투르크족의 국가, 인도로 이어진다.[17]

이 기본적인 안내는 중국의 주요 네 항구(하노이, 광주, 천주, 양주)로 항해하기를 원했던 사람들에게 정보를 제공했다. 오늘날 베트남의 수도인 루킨(하노이)은 이븐 후라다드비가 살았던 시대에는 중국의 통치 아래에 있었다. 나머지 세 도시는 모두 당 왕조 시기에 주요 대외 교역 항구들이었다. 저자는 항구 중에서 칸주를 열거하고 있지만, 이 명칭은 이를 베껴 적은 사람의 오류일 가능성이 높다. 잔주(Jānjū, 즉 천주)라는 이름과 혼동했을 것이다.[18] 아마도 오늘날의 양주에 해당되는 깐투가 동쪽으로의 해상 항로를 따라 나오는 중국의 마지막 항구의 위치를 점했다(사실, 양주는

---

17 Ibn Khurradādhbih, 69. 실론에서 깐투에 이르는 전체 항로에 대한 상세한 논의로는 Aloya Sprenger, *Die Post- und Reiserouten des Orients* (Nendeln, Liechtenstein, 1966)을 참고.

18 Bosworth et al., "al-Ṣīn." 이번 장의 끝에 있는 알이드리시의 지리 저술에 대한 논의에서 알이드리시의 사례를 참고.

동남부 중국의 해안을 돈 이후 북쪽으로 더 가야 한다).[19] 이븐 후라다드비는 중국의 도시 전체의 숫자를 300개로 추산했고, 이 수치는 훗날의 작가들에 의해서 종종 활용된다.

다른 비슷한 항로들과는 달리 이븐 후라다드비의 해상 항로는 중국을 넘어서도 계속 이어지는데, 중국의 동쪽 산악 지역에 알실라(al-Shīlā)가 있다고 설명한다. 실라[즉, 신라]는 기원전 57년부터 935년까지 한반도를 통치했던 왕조였다. 이는 무슬림이 알고 있었던 세계의 가장 동쪽 끝을 가리킨다.[20] 이븐 후라다드비는 많은 무슬림들이 "금이 풍부하고" 땅이 "아름답다"는 이유로 알실라에 거주했다고 설명한다. 그의 서술은 산이 많고 온화한 기후와 비옥한 토양을 가진 한반도의 실제 특징을 반영한다. 왕관, 귀걸이와 같이 금으로 된 물건들은 신라의 수도 경주에서 고고학자들이 왕들의 묘를 발굴하면서 많이 발견한 것 중의 하나였다. 중국에 근거지를 두었던 많은 서아시아 상인이 당 왕조와 긴밀한 관계에 있었던 신라로 여행했음을 추정하는 것은 어렵지 않다.

이 지리학자의 보고가 동쪽에 가장 멀리 떨어진 한반도의 왕국에 대한 서술처럼 정확한 것만 있는 것은 아니다. 이븐 후라다드비는 또한 알와크와크(al-Wāqwāq)라는 전설적인 땅에 관해 서술하였다. 그는 이것 역시 중국의 동쪽에 놓여 있고 "개를 묶는 끈과 원숭이에 채우는 목걸이를

---

19 최근의 고고학 발견은 이슬람 세계와의 해양 교역에서 양주가 가진 중요성을 입증하고 있다. 謝明良, 「記黑石號(Batu Hitam)沈船中的中國陶瓷器」, 『美術史硏究集刊』 13(2002): 1-60을 참고.
20 와크와크에 대해서는 F. Viré, "Wāḳwāḳ," *EI2*, 11: 103-109를 참고. 알실라에 대해서는 한반도에 대한 다음 논문을 참고. Kei Won Chung, George F. Hourani, "Arab Geographers on Korea," *Journal of the American Oriental Society* 58.4(December 1983): 658-661.

만들" 정도로 풍부한 양의 금을 보유하고 있다고 기록한다.[21] 그러나 알실라와는 달리 이븐 후라다드비의 책에서 알와크와크가 무엇인지에 대해서는 다양한 주장이 존재한다. 이븐 후라다드비가 이를 한번 소개하자 이슬람 세계의 지리학자들은 이를 계속 재생산했고, 그중 다수는 여성의 머리처럼 생긴 과일이 열리고 그것이 익으면서 "와크와크"라고 소리를 지르는 나무에 대한 허황된 묘사와 같은 심한 과장들을 덧붙였다. 이 이야기는 훗날 무슬림의 자료에서 계속 되풀이되는데,[22] 이는 1장에서 살펴보았던 두우의 중국 기록을 상기시킨다. 그 기록에서 서해(즉, 중국인이 알고 있었던 세계의 구석)에 나무가 있고, 그 나무에 아이들이 걸려 있다고 했던 것이다. 이슬람과 중국의 사례를 비교해보면, 그들이 세계의 구석진 곳을 어떻게 인식하고 있는지 두 집단의 패턴이 나타난다. 점차 더욱 사실적인 정보가 허황된 이야기들을 대신하기 시작하고, 멀리 떨어진 장소들은 미지의 땅에서 알고 있는 땅으로 변화하게 된다. 비록 워낙 멀리 떨어져 있어 완벽한 지식은 아직 파악하기 어려운 것으로 남았지만 말이다. 동쪽에 있는 국가(매우 사실적인 신라나 신화에 가까운 와크와크 모두)에 금이 풍부하다는 이야기는 13세기와 그 이후에도 사람들의 관심을 계속 자극했다. 무엇보다도 마르코 폴로가 지팡구(Jipangu, 즉 일본)는 금이 풍부한 국가라고 비슷하게 서술했고, 이 개념은 크리스토퍼 콜럼버스에게 큰 영향을 끼쳤다.

이븐 후라다드비가 『도로와 왕국의 책』에서 제공하는 정보의 모든

---

21 Ibn Khurradādhbih, 70.
22 훗날의 무슬림 자료에서 와크와크 나무를 그린 것에 대해서는 E. Edson and E. Savage-Smith, eds., *Medieval Views of the Cosmos*(Oxford, 2004), 66에 있는 그림 33을 참고.

단편적인 내용들은 중국에 대한 무슬림의 지리적 지식을 이해하는 연구에서 중심적인 위상을 차지한다. 왜냐하면 이 정보들이 이슬람 세계로 광범하게 퍼져나갔고 훗날 학자들이 중국에 관해 만들었던 지도, 평론 등에서 표준적인 기록이 되었기 때문이다. 그러한 영향의 대부분은 후대의 이슬람 지식인들이 이븐 후라다드비를 세계의 지리를 서술하는 저술 방면의 선구자이자 권위자로 인정한다는 점에 의거하는데, 이는 사마천의 『사기』가 외국 지역에 대한 훗날 중국의 모든 지리적 서술을 위한 본보기의 역할을 했다는 것과 비슷한 진척이었다. 일부 학자는 이븐 후라다드비를 아랍어 지리 서술의 아버지라고 간주한다. 훗날의 지리학자들은 비슷한 지리 서술을 남겼고, 종종 『도로와 왕국의 책』과 같은 일반적인 제목을 취하고 있다.[23] 훗날의 저술에 대한 이러한 종류의 영향은 또 다른 무슬림 지리 고전에서 찾아볼 수 있는데, 그 고전은 이븐 후라다드비의 저술과 함께 중국에 대한 정보를 제공하는 가장 이른 시기의 주요한 두 자료들에 해당된다. 그것은 바로 『중국과 인도의 소식(Akhbār al-Ṣīn wa-l-Hind)』인데, 이는 중국을 방문했던 사람들의 상세한 증언에 기초하여 중국에 대한 기록을 남

---

[23] 가장 중요한 사례는 중앙아시아와 동부 이란에 있었던 사만 왕조(875-999)의 재상 알자이하니이다. 그의 『도로와 왕국의 책』은 현존하지 않지만, 동쪽의 국가들을 다룰 때 종종 인용되는 훗날의 몇몇 기록을 근거로 삼으면 그의 책은 이븐 후라다드비의 책과 비슷했거나 혹은 내용이 더 풍부했을 것이라고 가정할 수 있다. 왜냐하면 그는 더욱 많은 여행자가 자료로 활용하도록 내용을 확장했기 때문이다. 몇몇 학자는 우리가 현재 보유한 이븐 후라다드비의 책 판본은 요약이 된 것이고, 알자이하니가 베꼈던 것은 더욱 완벽한 판본(이븐 후라다드비는 4년이 지난 후에 그의 첫 텍스트를 개정했다)이었다고 주장한다. 이븐 후라다드비의 책을 인용했던 훗날의 작가들은 그들의 상세한 저술을 정당화하려고 간략하게 인용해서 서술했는데, 사실 그들이 다룰 수 있는 활용 가능했던 다른 자료들에 근거를 두었던 것이었다. Marwazī, *Sharaf al-Zamān Ṭahir Marvazī on China, the Turks and India: Arabic Text(circa A.D.1120) with an English Translation and Commentary*. trans. V. Minorsky(Frankfurt am Main, 1993), 6-8. 이러한 논의의 사례로는 De la Vaissière, *Sogdian Traders*, 312-313을 참고.

긴 현존하는 최초의 자료이고, 무슬림 작가들이 극동에 있는 국가에 대한 생각을 인용하는 또 다른 자료가 되었다.

851년에 편찬된 『중국과 인도의 소식』은 이븐 후라다드비의 저술 초판이 나오고 단 몇 년 뒤에 출현했다. 『도로와 왕국의 책』과는 달리 저자의 정체는 알려져 있지 않다. 초기의 학자들은 상인 술레이만(Sulaymān)이 책을 집필했다고 생각했지만, 조지 후라니(George Hourani)와 같은 학자들은 익명의 저자가 술레이만 및 다른 정보원들의 증언을 편집했을 가능성이 더욱 높다는 점을 지적하고 있다. 주요 정보원들은 교역을 위해 중국에 갔던 상인과 선원들이었다.[24] 이븐 알나딤은 그의 유명한 서지 목록인 『서지 목록의 책』에 이 책을 수록하지 않고 있다. 그러나 현존하는 몇몇 사본은 특히 인도와 중국에 관심이 있었던 무슬림 사이에서 이 책이 광범하게 유포되었던 이유를 설명해준다. 이븐 후라다드비의 형식적이면서도 체계적인 구성과는 달리 『중국과 인도의 소식』의 작가는 주로 중국과 인도에 초점을 맞추고, 이븐 후라다드비의 서술과 비교해보면 중국에 대한 더욱 풍부한 지리적, 역사적 정보를 채워 넣고 있다. 이 책은 인도양을 통해 중국-이슬람 교역에 성공하기 위해 무슬림 교역자들에게 필요한 지리적 위치, 교역 물품, 지역 문화에 대해 활용할 수 있는 실용적인 총체적 정보를 제공하였다. 흥미롭게도, 저자는 이슬람 세계와 중국 사이에 인도가 그 가운데에 놓여 있고 이슬람 세계에 훨씬 가까움에도 불구하고 중국과 인도에 동등한 중요성을 부여하고 있다. 확실히 9세기에 이 책이 저술되었을 시기에 이슬람 세계에서 중국은 큰 비중을 차지하고 있었다.

---

24 필자는 그들의 의견에 동의한다. 왜냐하면 술레이만이라는 이름이 전체 책의 내용 중에 단 한 번만 언급되어 있기 때문이다. Ahmad, *Arabic Classical Accounts*, xv와 Hourani, 68을 참고.

더욱 가벼운 문체로 기록된 현존하는 동시대의 다른 아랍어 기록들 역시 중국에 도달하면서 인도양 교역에서 적극적인 역할을 수행하던 무슬림 상인의 활발한 활동을 입증하고 있다. 『인도의 불가사의에 대한 책(*Ajā'ib al-Hind*, 10세기경)』과 『천일야화』(아라비안나이트라고도 알려져 있다, 10세기경)에 있는 유명한 선원 신드바드 이야기는 바그다드에서 중국으로 항해하면서 중국에서부터 엄청난 양의 비단과 도자기들을 교역해서 가져오는 것으로 거대한 부를 획득했던 무슬림과 유대인에 관한 많은 일화를 포함하고 있다.[25] 이 짧은 이야기들은 10세기경 바그다드, 중국, 인도양을 함께 연결했던 교역 네트워크와 사향, 비단, 도자기와 같은 교역 물품 및 위험한 바다 항해를 위해 외부로 모험을 떠나면서 이러한 상인들이 얻을 수 있는 엄청난 부의 잠재력을 반영한다. 이렇게 고립된 일화들은 그러한 지역으로 여행하는 방법에 관한 구체적인 지리적 정보에 대해서는 어떠한 것도 알려주지 않는다. 비록 이러한 이야기에 등장하는 상인들은 『도로와 왕국의 책』과 『중국과 인도의 소식』에서 찾을 수 있는 것과 같은 양질의 정보와 항해 기술 없이는 분명히 광대한 인도양을 항해해서 중국에 도달할 수도 없었겠지만 말이다.

　『중국과 인도의 소식』 원본의 첫 번째 부분은 소실되었다. 사본의 현존 부분은 7개의 바다 중에서 하나를 서술하는 것으로 시작하는데, 이 7개의 바다는 인도양을 구획하는 전통적인 방식으로 당시 서아시아에서 유행했던 것이었다. 그리고 책은 동쪽으로 이어지는 나머지 바다를 서술하

25　Buzurg b. Shahriyar, *The Book of the Wonders of India*, trans. G. S. P. Freeman-Grenville(London, 1981), 특히 62-64를 참고. *Arabian Nights: The Marvels and Wonders of the Thousand and One Nights*, vol. 1, trans. Richard F. Burton(New York, 1991).

고, 중국의 바다를 인도양의 일곱 번째 바다로 열거하고 있다. 이러한 사실을 통해 보면, 원래의 사본은 이슬람 세계와 중국 사이에 놓여 있는 일곱 개의 바다 전부를 완벽하고 체계적으로 서술했을 것이라고 추정하는 것이 온당할 것 같다. 바다에 대한 이론적인 지리적 설명은 페르시아만에서 광주에 이르는 범주에 해당되는 경로 및 항해 정보를 구체적으로 서술하는 것으로 시작되고 있다. 경로는 이븐 후라다드비와 그와 동시대인인 중국인 가탐에 의해 묘사되었던 것과 본질적으로 일치하고 있고, 이는 세 저자 모두 당시 유포되었던 지식의 총체를 활용했음을 암시한다(지도 1 참고).

『중국과 인도의 소식』의 내용은 현재까지도 보존되어 있는데, 이는 고맙게도 다른 지리학자가 그의 자료 수집을 위해 책을 베껴놓았기 때문이다. 이는 놀라운 일이 아니다. 무엇보다도, 책에 대한 수요가 높았고 그래서 책이 광범하게 유포되었던 것이다. 916년에 아부 자이드 알하산 이븐 알야지드 알시라피(Abū Zayd al-Ḥasan b. al-Yazīd al-Sīrāfī)가『중국과 인도의 소식』전체를 베꼈고, 『역사의 사슬(Silsilat al-tawārīkh)』이라는 그의 수집 저작의 1권에서 익명의 서술로 집어넣어 보존했다.[26] 아부 자이드가 스스로 서문을 썼다는 약간의 정보를 제외하면, 편찬자 아부 자이드에 대해서 알려진 것은 거의 없다.[27] 그의 이름 중 일부인 알시라피는 그가 시라프 출신임을 암시하는데, 이는 1장에서 논의했던 중국에 있었던 시나위라는

---

26 필자는 첫 번째 권의 기록을 번역하려고 장 소바제(Jean Sauvaget)가 편찬한 아랍어 원본을 주로 활용했다. 왜냐하면 원문의 아랍어 모음 표기를 더욱 분명하게 확인할 수 있기 때문이다. 그리고 필자는 레노(Reinaud)에 의해 편찬된 또 다른 아랍어 원문 및 영어, 프랑스어 번역과 원본을 비교했다. 소바제의 아랍어 원문에는 아부 자이드의 두 번째 권이 포함되어 있지 않아서 2권에 있는 기록을 번역하려면 레노의 아랍어 원문을 활용해야 했고, 영어 및 프랑스어 번역과 이를 비교했다.

27 기록의 또 다른 출처는 알마수디의『금의 초원과 보석의 광산(Murūj al-dhahab wa-maʿādin al-jawādir)』인데, 여기에서 알마수디는 그를 직접 인용한다.

이름의 무슬림 상인과 같은 것이다. 이라크(티그리스강과 유프라테스강의 중앙과 남부 유역)의 상인들은 시라프에서 중국으로 출발했다.[28] 또한 아부 자이드는 자신이 믿을 수 있는 것과 그가 해양 교역에 대해 아는 것과 부합하는 정보들을 상인들로부터 직접 수집했고, 이를 자신의 『역사의 사슬』 두 번째 권에 편집해 넣었다.[29]

인도양의 지리적 상태를 서술한 후, 아부 자이드의 편집본 1권에 있는 『중국과 인도의 소식』에서는 '중국의 배들(al-Sufun al-Ṣīnīyah)'이 중국으로의 여정을 시작하는 페르시아만으로 돌아온다.[30] 2권에서는 이 '중국의 배들'의 구조에 대한 묘사를 제공하는데, 이는 아랍인과 페르시아인 및 인도인들이 인도양을 항해할 때 사용했던 고유한 배인 다우선의 특징과 실제로 부합한다. "이렇게 나무를 꿰매는 방식은 특히 시라프의 배들 이외에는 존재하지 않고, 시리아와 룸(로마[비잔틴]제국)의 배들은 꿰매기보다는 못으로 고정한다."[31]

다우선은 함께 꿰매어 이어진 판자들로 만들어졌다. 인도네시아 섬인 벨리퉁 해안에서 발견된 9세기 아랍 혹은 인도의 난파선은 이러한 다

---

28 중세 아랍어 자료에 나오는 명칭 '알이라크'(또는 '이라크')는 분별이 가능한 정치적 단위라기보다는 티그리스, 유프라테스강 유역의 지역을 가리키는 것이다.
29 아부 자이드는 이를 그의 책 2권에서 설명한다. Reinaud, 61; Renaudot, 31.
30 저자는 '중국의 배들'이라는 용어를 '중국으로 항해하는 배들'을 가리킬 때 사용했고, 일부가 간주하듯이 중국에서 온 배들을 가리키는 것이 아니었다. 알마수디의 『금의 초원과 보석의 광산』 또한 페르시아만의 '중국의 배들'을 언급하고 있다. Al-Masʿūdī, *Les prairies d'or*, trans. Barbier de Meynard and Pavet de Courteille, vol. 1(Paris, 1962), 216; 몇몇 학자는 중국인이 페르시아만으로 항해하기 위해 사용했다는 것을 의미하는 용법이라고 해석한다. 그러나 후라니(Hourani)가 지적했듯이 중국의 선박들이 페르시아만까지 멀리 항해했음을 명확히 보여주는 다른 증거가 없다. Hourani, *Arab Seafaring*, 75-76.
31 Reinaud, 88; Renaudot, 46.

우선이었음이 입증되었다.³² 그 배에는 꿰매어 이어진 판자들이 있고, 당시 중국 배에서 사용되었던 나무 못 혹은 쇠로 된 잠금장치가 있었던 흔적은 보이지 않는다.³³ 아부 자이드가 사용한 '중국의 배들'이라는 용어는 중국식 설계로 만들어진 선박이라기보다는 중국으로 항해하는 아랍의 배들을 언급했던 것임이 분명하다. 인도양에서 꿰매는 방식으로 만들어진 많은 선박에 대한 분석은 인도양 전체에서 똑같은 단일한 끈의 패턴이 사용되었음을 암시하고 있다.³⁴

우리는 배의 출처에 관해서는 확언할 수가 없다. 그러나 엄청나게 많은 양의 중국 도자기, 은괴, 납이 들어간 동전 등은 인도네시아에서 침몰하기 전에 이 배가 중국의 한 항구에서부터 출발했음을 추정하는 데에 도움을 준다. 주조된 은괴는 모두 중국 정부가 관할하는 주조소에서 만들어졌고, 정부의 소금 전매 및 교역을 통해 축적되어 세금으로 운송되곤 했다.³⁵ 배에 실린 화물의 출처는 중국, 인도네시아, 인도, 페르시아만을 포함하고 있다. 이 배는 아마 지역의 항구에서 바삐 움직였던 많은 배 중의 하나로

---

32 1998-1999년에 발견된 인탄(Intan)의 배에 대한 더욱 상세한 내용으로는 Fleck, *The Archaeological Excavation of the 10th Century: Intan Shipwreck* (Oxford, 2002)를 참고.

33 Michael Flecker, "A Ninth-Century AD Arab or Indian Shipwreck in Indonesia," *World Archaeology* 32, no. 3(2001): 340, Plate 4.

34 인도양에 있던 고대의 꿰매어 만든 배가 어떻게 생겼는지에 대해서는 인도의 동부 해안에서 19세기 중반에 발견되었던, 현존하는 꿰매어 만든 배로부터 더욱 명확한 감각을 확보할 수 있다. Ray, 59-64. Eric Kentley, "The Sewn Boats of India's East Coast," in *Tradition and Archaeology*, 254; 19세기 중반의 마술라(masula) 모델에 대해서는 260쪽을 참고.

35 Denis Twitchett and Janice Stargardt, "Chinese Silver Bullion in a Tenth-Century Indonesian Wreck," *Asia Major* (3rd series), 15, no. 1(2002): 35-60.

서 운용되었을 것이다.36 침몰한 배에 들어있던 총 2,212점의 중국 도자기 중 일부는 이슬람 세계의 항구로 운반되어 중동의 상인에 의해 중개되어 팔릴 예정이었을 것이다. 만약 그렇다면, 발굴된 배는 아부 자이드가 기록으로 남긴 것과 완벽하게 들어맞는다. 현존하는 화물의 양을 채우고 있는 중국 도자기의 대부분은 장사(長沙)에서 온 것이었고, 도자기를 굽는 가마들은 9세기 초부터 주로 수출을 위해 만들어졌다.37 이러한 형태의 중국 도자기는 시라프에서도 발견되었는데, 1960년대부터의 발굴 성과는 9세기에 시작된 중국 도자기 수출의 극적인 증대를 확증할 수 있는 충분한 증거를 제공했다.38

아부 자이드의 기록에 나오는 '중국의' 배들은 초기 이슬람 사회에서 번성했던 페르시아만의 항구 중 하나인 시라프에서 화물을 실었다. 이 도시는 또한 이슬람 세계에서 운송 항구로서 중요한 역할을 수행했는데, 시라프에서 실리는 일부 물품은 바스라, 오만 및 다른 장소들에서부터 온 것이기 때문이다.39 마스카트(Masqat, 오만의 지방)와 같은 페르시아만의 항구들을 통과한 후, 배들은 인도에 도착했다. 이동하면서 선박들은 길을 따라 위치한 동남아시아의 여러 섬에 정박하면서 상인들은 호박, 코코넛, 조개, 진주, 금과 같은 지역 생산품을 획득했다. 여기에서 배들은 역풍, 소용돌이, 거친 파도와 맞서야 했다. 시라프에서 항해를 출발한 몇 달 뒤에 배들은 마침내 그들의 목적지인 광주에 도착했다.

36　Twitchett and Stargardt, "Chinese Silver Bullion," 25-26.
37　Flecker, "A Ninth-Century AD Arab or Indian Shipwreck in Indonesia," 339-342.
38　Tampoe, *Maritime Trade between China and the West*, 54-57, 65-66. Whitehouse, "Abbāsid Maritime Trade," 64-67.
39　Sauvaget, 7-9; Ahmad, *Arabic Classical Accounts*, 38-40.

"배들이 (중국의) 관문을 지나 입구로 들어가면, 맑은 물이 있는 곳에 도달하고 여기에서 중국에 닻을 내렸다. 이곳은 칸푸(즉, 광주)라고 불리는 도시이다. 중국의 나머지 지역에는 강과 계곡에서 흘러나오는 깨끗한 물이 있고, 모든 구역마다 수비대와 시장이 있다."[40]

일단 광주에서 닻을 내리면, 배들은 교역의 허락을 얻어내기 위해 중국의 관습에 따라 몇 가지 절차를 밟아야 했다.

상인들이 바다로 중국에 들어오면, 중국인은 그들의 물품을 취해서 창고에 넣어놓는다. 그리고 [교역 함대의] 마지막 상인이 도착할 때까지 6개월 동안의 체류 자격을 보장해주었다. 그리고 그들은 각 상품의 1/3을 가져가고, 나머지를 상인들에게 넘겨주다, 통치자는 필요한 것을 최대 가격에 근거하여 가져가고, 빨리 가격을 지불하며 [방문객들을] 부조리하게 대우하지 않는다.[41]

상인들이 교역을 위해 중국에 들어가기 위한 절차는 체계적이면서도 공정했던 것으로 보인다. 이슬람 세계에서 온 상인들은 광주에서 오랜 시간 머물러야 했다. 비록 아부 자이드는 이를 언급하지는 않지만, 상인들이 서아시아로 돌아가는 항해를 하려면 그 전에 계절풍이 바뀌는 것을 기다려야만 한다는 것을 인식하는 것이 중요하다. 많은 사람이 항해를 하는 동안에 배에서 일어난 화재, 약탈 등의 피해로 인해 1년 이상 도시에 머물러야 했다. 아부 자이드의 기록 1권의 정보 출처인 상인 술레이만은 광주의

---

40 Sauvaget, 9.
41 Sauvaget, 16; Ahmad, *Arabic Classical Accounts*, 46.

무슬림 인구가 매우 많아서 무슬림 판관들이 무슬림 상인의 이익을 보호했다고 보고하고 있다.

> 상인 술레이만은 상인들이 만나는 장소인 광주에서 중국 통치자가 중국의 왕국으로 [도달하는 것을] 목표로 이 지역으로 오는 무슬림들에 대한 사법적 권위자로서의 역할을 담당하는 한 명의 무슬림을 임명했다고 이야기한다. 신성한 날이 되면, 그가 무슬림들을 이끌고 기도하면서 후트바(khuṭba) 설교를 전하며 무슬림의 지도자[즉, 칼리프]를 위해 기도했다. 이라크의 상인은 이슬람교의 판결에 따라 신 - 그를 찬양합니다 - 의 책[즉, 쿠란]에 의거해 이루어지는 그의 통치 사안과 올바른 행동으로 인한 그의 권위에 도전할 수 없다.[42]

후트바에서 당시 활동하는 통치자가 언급되었다는 것은 광주의 무슬림이 적어도 무슬림 공동체와 관련된 사안에서는 법적으로 여전히 칼리프의 권위 아래에 있었다는 사실을 가리킨다. 축제의 날에 이를 지도하는 종교적 예식을 위한 방식은 이슬람 세계 전체에서 시행되는 규범을 따랐다. 『당률』은 이러한 상황을 허가했는데, 그 이유는 외국인 사이에서 일어나는 모든 분쟁은 원고와 피고가 같은 국가 출신이라면 그들 사회의 법률에 따라야만 한다고 규정하고 있기 때문이다. 그러나 원고와 피고가 같은 국가 출신이 아니라면, 그들의 분쟁은 대신 중국의 법으로 처리되었다.[43]

광주에 6개월 혹은 그 이상 체류했던 무슬림 상인들은 현지에서 중국에 대해 더 많은 것을 알게 되었다. 『중국과 인도의 소식』의 한 부분에

---

42 Sauvaget, 7.
43 桑原隲蔵, 『蒲壽庚の事蹟』, 97-98.

서는 "금, 은, 진주, 직물과 비단처럼 엄청나게 풍부한 이 모든 물품"과 같은 중국 측의 수출품과 "상아, 유향, 주조된 구리[동?], 조개, 거북의 등껍질"과 같은 이슬람 측으로부터의 수입품을 열거하고 있다. 또한, 해설자는 "중국인들은 접착력이 있는 훌륭한 종류의 녹색 점토(al-ghaḍār)를 가지고 있는데, 이것이 점토임에도 불구하고 그들은 이것으로 물빛이 다 보이는 유리병과 같은 양질의 컵들을 만든다"라고도 언급한다.[44] 분명히 이것은 도자기이다.

『중국과 인도의 소식』에서는 또한 특정한 주제 혹은 연대의 순서에 상관없이 중국의 문화적 관습에 관한 서술을 많이 제공한다. 여기에는 죽음을 애도하는 풍습, 비단 의복, 문자와 표기 체계가 포함되어 있다. 이 책은 종종 우상, 운수, 조상 숭배, 윤리 교육(불교, 유교, 그리고 다른 종교적 관습을 암시하는 것으로 보인다)과 같은 중국인의 종교·사회적 관습을 인도의 그것과 비교한다. 무슬림 상인의 관점에서 중국은 인도보다 "더욱 아름답고", "더욱 사람이 많았으며" "더욱 잘 통치되고 있었다."[45]

중국 전체의 법적 처분에서 보이는 동등하고 보편적인 공평함은 여행 기록들에서 중국의 두드러진 특징으로 서술된다. 각 지역 지도자들의 머리 위에 매달려 있는 작은 종은 공정한 처우를 받을 수 있는 동등한 권리를 체현한 제도였는데, 중국의 모든 사람은 자신의 사정을 들을 것을 요구하려고 그 종을 울렸다는 것이다.[46] 실제로 중국은 도시의 관문 바깥에 설치되어 있는 북을 치는 것을 통해 법정에 호소하는 것과 같은 제도를 가

---

44 Sauvaget, 16; Ahmad, *Arabic Classical Accounts*, 46.
45 Sauvaget, 11-27; Ahmad, *Arabic Classical Accounts*, 42-57.
46 Sauvaget, 18-19; Ahmad, *Arabic Classical Accounts*, 49.

지고 있었다.⁴⁷ 비록 『중국과 인도의 소식』에 서술된 종은 허구를 각색한 것으로 여겨지지만, 무슬림 자료들은 이러한 종의 사용을 처음으로 기록했다. 피해를 보상하는 절차는 실제 사산조 페르시아의 제도였고, 훗날 이 제도가 무슬림에 의해 수용되었다.⁴⁸ 이 사례는 무슬림이 자신들의 관습을 다른 사회에 대한 이해에 어떻게 투영하고 있었는지를 보여준다.

중국인에 대한 무슬림의 또 다른 특성 묘사들처럼, 아부 자이드의 편집본 두 번째 권에서는 중국인을 훌륭한 장인(匠人)으로 묘사하고 있다. 아부 자이드는 중국인에 관해 다음과 같이 서술한다. "지구상에서 가장 솜씨가 훌륭한 사람들이다. 그들은 조형 및 다른 예술 방면에 특별한 기술을 보유하고 있고, 그래서 어떠한 종류의 솜씨라는 측면에서는 다른 국가 중에서 그들과 비교될 수 있는 것이 없다."⁴⁹ 중국인에 대한 무슬림의 이러한 일반적인 인식은 일찍부터 형성되었다. 알타우히디(al-Tawḥīdī, 1023년 사망)는 그의 저술인 『탁상 회담(Majlis al-uns)』에서 초기 아랍어 산문의 개척자인 이븐 알무카파(Ibn al-Muqaffaʻ, 757년 사망)를 인용했는데, 알무카파는 중국인을 '가구와 공예의 거장들'이라고 보았다.⁵⁰ 또 다시 바그다드에 있었던 중국 수공업자들에 관한 두환의 서술을 상기해보자. 우리가 이 책

---

47 黃純艷, 「宋代登聞鼓制度」, 『中州學刊』 6(November 2004): 112-116; Edward A. Kracke, "Early Visions of Justice for the Humble in East and West," *Journal of the American Oriental Society* 96, no. 4(October-December 1976): 493-495.
48 중국, 사산조 페르시아, 이슬람 세계에서 시행된 불법 행위에 대한 피해 배상에 관한 비교적이면서도 포괄적인 논의로는 Beatrice Gruendler, "Tawqīʻ(Apostille)," in *The Weaving of Words: Approaches to Classical Arabic Prose*(Beirut, 2009), 101-130.
49 Reinaud, 75-77; Renaudot, 39-40.
50 Ilse Lichtenstadter, *Introduction to Classical Arabic Literature: With Selections from Representative Works in English Translation*(New York: Twayne Publishers Inc., 1974), 354.

을 통해 살펴보듯이, 중국인들의 이러한 특징 묘사는 수 세기 동안 계속되었다.

아부 자이드의 편집본 2권에서 가장 주목할 만한 부분은 중국에서 교역을 하는 무슬림 상인에 대한 포괄적인 보고를 보여주고 있다. 예를 들면, 그는 쿠라이쉬(Quraysh) 부족(예언자 무함마드와 같은 부족) 출신인 이븐 와하브(Ibn Wahab)에 관한 이야기를 서술하였다. 이븐 와하브는 그의 고향인 바스라를 떠나 시라프로 여행을 했고, 시라프에서 중국으로 가는 즐거운 여행을 출발했다. 광주 항구에 도착한 이후, 그는 두 달 가량을 더 여행하여 황제를 만나려고 위해 당의 수도인 훔단(Khumdān)으로 갔다. 훔단은 다른 동시대의 아랍어 자료, 그리고 훗날의 아랍어 지리 기록들에서도 등장하는데, 이는 당 왕조의 세계적 수도였던 장안(長安)을 가리키는 것이 분명하다. 동시대의 중국어 자료에는 도시에 이란인과 중앙아시아인 상인들이 있었고 그들의 활발한 활동으로 인해 중국인의 생활에 외국의 패션, 음악, 음식을 포함한 강력한 문화적 영향력을 끼쳤음을 보여주는 이야기, 시(詩)의 모음이 들어가 있다.[51] 이븐 와하브는 870년대의 어느 시점에 장안에 도착했고, 자신이 예언자 무함마드 가문 출신이라고 주장

---

51 중국인과 사산 왕조의 페르시아인 사이의 접촉에 대한 고전적인 연구로는 중국에 끼친 페르시아의 영향력에 대해서는 石田幹之助, 『長安の春』(東京, 1979)가 있고 페르시아에 끼친 중국의 영향력에 대해서는 Bertold Laufer, *Sino-Iranica*(Chigago, 1919)가 있다. 이시다 미키노스케는 『長安の春』에서 『태평광기(太平廣記)』를 포함해 당대(唐代)의 여러 일화와 시들이 수록된 기록을 활용하여 페르시아어 혹은 아랍어를 말하는 비중국인 상인들이 수많은 사업적 거래를 하는 장면 등 장안의 생생하면서도 '세계적인' 장면들을 재구성했다. 자료에 따르면, 수당 시대 중국인은 이란 스타일의 포도주, 옷, 음악, 춤을 즐겼다. 『長安の春』, 163-205. 중앙아시아에서부터 장안으로 온 이국적인 물품들에 대해서는 Edward H. Schafer, *The Golden Peaches of Samarkand: A Study of T'ang Exotics*(Berkeley, 1963)을 참고.

하면서 당 황제와 만나고 싶다고 청원했다. 광주에 있는 무슬림 상인 사이에서 오랜 시간 신중한 조사가 이루어진 후, 마침내 황제는 접견을 허락했다. 이븐 와하브는 통역을 통해 아랍인 그리고 다양한 민족의 역사에 대해 황제와 이야기를 나누었다. 중국 황제가 이라크의 왕을 세계에서 가장 최고의 지도자라고 추켜세웠고, 황제 자신은 두 번째 지위라고 했다는 그의 보고는 신뢰하기 어렵지만, 이 주장이 아부 자이드에게는 매력적으로 다가왔음을 상상해볼 수 있다.52 아부 자이드 또한 그가 직접 이븐 와하브에게 장안에 대해 많은 질문을 했다고 말하고 있고, 도시에 대한 이븐 와하브의 간결한 묘사를 인용하고 있다.

> 그는 도시의 규모, 엄청나게 많은 거주민의 숫자를 이야기했고, 길고 넓은 거리를 통해 도시가 두 구획으로 나뉘어 있었다고 언급했다. 황제, 그의 신료들, 호위대, 최고 재판관, 황제의 환관, 그리고 그들의 수행원 모두는 [도시의] 오른쪽에 있는데 이는 동쪽을 향하고 있다. 그들은 어떠한 평민과도 섞이지 않는다. [이 구획에는] 시장이 없다. [텍스트에 빈 부분이 있다.] 거리를 따라 강이 흐르고 있고, 그 거리에는 나무와 많은 집들이 줄지어 있다. [도시의] 왼쪽 부분은 서쪽을 향하고 있는데, 여기에 백성들과 상인들, 가게와 시장들이 있다. 하루가 시작되면, 당신은 황제의 집사와 그 수행원 및 그의 집을 지키는 근시(近侍)들과 장군의 근시들을 볼 수 있다. 그리고 그들의 관리들이 말을 타고 혹은 걸어서 접대와 필요한 것들을 획득하려고 시장과 상인이 있는 도시의 이 구획으로 들어온다. 그 후 그들은 떠나고 다음 날까지 그들 중 어느 누구도 [도시의] 이 구획으로 돌아오지 않는다.53

52　Reinaud, 77-85; Renaudot, 40-45.
53　Reinaud, 85-86; Renaudot, 45. Heng Chye Kiang은 이 자료에 근거하여 이븐 와하브가 장안에서 걸었던 길을 가상으로 재구성했다. Heng Chye Kiang, *Cities of Aristocrats*

당의 수도 장안에 대해 잘 알고 있는 독자들은 '서쪽을 향한 구획'인 서시(西市)를 이븐 와하브가 언급한 것에 놀라워할 것이지만, 이 기록이 페르시아어와 아랍어를 구사하는 상인을 포함해 많은 비중국인 거주자로 붐볐던 복잡한 외국인 구역에 대해서 어떠한 상세한 내용을 알려주지는 않는다. 중국의 문헌과 고고학적 유물들은 모두 장안의 서쪽 구역에는 조로아스터교, 네스토리우스 기독교, 이슬람교를 포함한 외래 종교를 위한 수많은 종교 사원이 있었음을 확인시켜주고 있다.[54] 중국인은 외국인 구획에 쉽게 접근할 수 있었고, 포도주와 외국 음식을 맛보기 위해 여기로 왔으며 외국인 무희(舞姬)들의 음악과 춤을 즐기기도 했다.[55]

얼마나 많은 무슬림 상인이 교역을 위해 중국으로 왔을까? 아부 자이드는 877년(이슬람력으로 264년)에 중국을 서로 싸우는 소규모의 지방 정권들로 분열시키는 결과를 초래했던 주요 반란을 서술하면서 그에 대한 단서를 제공하고 있다. 반란이 일어난 시기는 한때는 강력했던 당 왕조를 심각하게 약화시켰던 실제 위기가 발생했던 때와도 일치하는데, 그 위기는 바로 황소(黃巢)의 반란(875-884)이었다. 가난한 수백만의 추종자들을 끌어들인 황소는 880년에 제국의 가장 거대한 도시인 장안과 낙양(洛陽)을 포함해 중국 전역에서 몇몇 도시를 약탈하고 불태웠다. 비록 아부 자이드는 반란의 지도자를 오인하고 있지만 "바브슈아(Bābshuā)는 중국 이름인 황소[884년 사망]와 일치하지 않는다), 중국의 정치적 상황과 반란의

---

and Bureaucrats: the Development of Medieval Chinese Cityscapes(Honolulu, 1999), 1-16. 재구성된 장안의 평면도는 위의 책의 5쪽을 참고. 그리고 이븐 와하브가 걸었던 가상의 길은 그림 A를 참고.
54 石田幹之助, 『長安の春』, 214-215.
55 Ibid., 163-196.

과정에 관한 그의 상세한 서술은 중국의 기록과도 부합한다.[56] 아부 자이드는 중국을 9년 동안 괴롭히면서 당 왕조의 약화를 초래한 결정적 역할을 수행했던 반란의 사건들을 간결하면서도 생생하게 이야기해주고 있다.

> 그[황소]는 아랍인 상인들이 향하는 도시이자, 중국의 여러 도시 중 하나였던 광주[칸푸]를 겨냥했다. 광주와 바다 사이는 여러 날을 이동해야 하는 거리이고, 도시는 깨끗한 물 근처에 있는 큰 골짜기에 위치해 있다. 도시의 시민들은 그[황소]를 만(灣)에 묶어두었고, 그는 264년(이슬람력으로 서기 877년)에 도시를 정복하여 그 거주민들을 죽일 때까지 오랫동안 시민을 포위 공격했다. (중국의) 사건을 경험했던 사람들은 [나에게] 중국인과 더불어 그는 1만 2,000명의 사람을 죽였다고 이야기했다. 그 1만 2,000명은 도시에서 은신처를 찾았던 무슬림, 기독교도, 유대인 그리고 조로아스터교도들이었다.[57]

이 기록은 당이 지배하는 중국에 살았던 무슬림을 포함한 외국인들이 많았음을 드러내고 있다. 반란으로 인해 살해된 비중국인의 숫자로 아부 자이드가 제시한 수치는 정확한 것이었는데, 그 이유는 중국 정부가 정확한 인구 조사를 수행하고 있었기 때문이다.[58] 광주의 포위 공격 이후, 반

---

56 황소는 879년에 광주를 점령했다. 상세한 내용으로는 歐陽修, *Biography of Huang Ch'ao[Hsīn T'ang-shū 225C. 1a-9a]*, trans. Howard S. Levy(Berkeley, 1955)를 참고.
57 Reinaud, 62-63; Renaudot, 32-33.
58 같은 사건을 서술한 또 다른 아랍어 자료는 희생자를 20만 명으로 추산한다. 원문은 al-Mas'ūdī, *Murūj al-dhahab wa-ma'ādin al-jawāhir*(Bayrūt), 106을 참고. 프랑스어 번역 al-Mas'ūdī, *Les prairies d'or*, trans. Barbier de Meynard and Pavet de Courteille, vol. 1, 125와 영어 번역 al-Mas'ūdī, *El-Mas'udi's Historical Encyclopedia: entitled "Meadows of Gold and Mines of Gems"*, trans. Aloys Sprenger(London, 1841), 325와 비교하시오. 황소의 반란에 대한 중국 자료들은 외국인 학살을 언급하지

란자들은 최종적으로 수도 장안을 점령할 때까지 다른 많은 도시들을 정복하려고 이동했다.

아부 자이드에 따르면, 반란은 광주에서 교역하는 무슬림에게 심각한 타격을 입혔고 무슬림 상인의 상업 활동이 쇠퇴하는 결과를 불러왔다. 또 다른 동시대의 아랍어 자료는 아시아 내부의 해상 교통과 교역 전체 체계에 반란이 끼친 강렬한 결과에 대한 중요한 사실을 덧붙이고 있다. 이슬람 세계의 선박들은 페르시아만에서 중국까지 전체 거리를 한 번에 항해했는데, 반란 이후에는 도중에 동남아시아의 말레이 반도에 있는 칼라(Kalāh)에서 중국인을 만나기 시작했다는 것이다. 이 아랍어 기록의 저자는 유명한 작가인 알마수디(al-Masʻūdī, 896-956)로, 잘 알려진 그의 백과사전식 저술인 『금의 초원과 보석의 광산(Murūj al-dhahab wa-maʻādin al-jawhar)』을 집필하려고 중국과 인도에 대한 아부 자이드의 정보를 광범하게 조사했던 인물이다. 중국의 한 도시에서 일어난 정치적 혼란이라는 단일한 사건 만으로는 무슬림의 행동에 변화를 일으키지는 않았을 것이다. 중국과 이슬람 세계 사이의 직접 무역의 감소와 같은 구조적 변화는 일반적으로 해상 교역 분야 전체가 동시대의 정치적, 경제적 변화에 대응하면서 생기게 되는 것이다.

사정이 어찌됐든지 간에 9세기 말이 되면 중국과 이슬람 세계의 교역은 동남아시아를 거쳐서 중국인과 이루어지는 것이 표준이 되었고, 중국의 기록(주거비, 조여괄의 기록 등)에서는 삼불제(三佛齊)라고 불렸던 수마트라의 왕국인 스리비자야 같은 동남아시아의 항구에서 교역이 진

않는 것 같다. 이보다 100여 년 전에 당의 장군 전신공(田神功)이 반란을 일으켜 760년에 양주로 진입했을 때 페르시아인 상인 4,000명이 학살되었던, 황소의 반란과 비슷한 사건을 또 다른 중국어 자료가 언급하고 있기는 하다. 『舊唐書』卷124: 3533.

행되었다. 주거비의 기록에 서술되어 있는 것처럼, 새로운 형태의 네트워크 교역은 중국과 이슬람 세계 사이 항로의 특정 구획에서 전문적으로 활동하는 상인과 선원에 의지했고, 이는 개개 상인이 시라프에서 광주까지 바다 전체를 왕복하는 빈도를 더 낮추게 했다. 이는 또한 동시대 중동의 자료에서도 확인할 수 있다. 가장 유명한 것으로는 옛 카이로(푸스타트(Fustat))에 있었던 유대인의 저장 공간에 원래 보존되었던 게니자(Geniza) 기록이 있는데, 이는 인도양 교역에서 홍해로 연결되는 종착 지점이 점점 페르시아만과 연결되는 지점들을 능가했음을 보여준다.[59] 해양 교역 체계의 이러한 변화가 야기한 결과는 불균형적이었다. 비록 인도양에 대한 중국인의 지식은 동남아시아에서 중개인으로 더 활발하게 활동한 덕분에 증대했지만, 중국에 대한 중동의 지식은 감소했던 것으로 보인다.[60] 알마수디와 아부 자이드 모두 이러한 쇠퇴가 일어난 원인에 대해 같은 의견을 공유하고 있다. 알마수디가 시라프에서 아부 자이드를 만났음을 드러냈고 아마 기록을 그와 교환했을 것이라는 사실을 고려한다면, 둘의 의견이 같은 것이 그리 놀라운 일은 아니다.[61] (앞서 언급했던 것을 포함해서) 아부 자이드의 두 번째 권의 책에 나온 수많은 같은 문구가 알마수디의 책에도 등장하는데, 이는 개개 저자 사이에서 지리적 지식이 전달되는 하나의 방법을 보여주는 좋은 사례이다.

아부 자이드가 인도와 중국에만 초점을 맞추었던 반면, 역사가이자

---

59 S. D. Goitein, *Letters of Medieval Jewish Traders* (Princeton, 1973).
60 Kenneth R. Hall, "Local and International Trade and Traders in the Straits of Melaka Region: 600-1500," *Journal of the Economic and Social History of the Orient*, 47, no. 3(2004): 213-260.
61 S. Maqbul Ahmed, "Travels of Abu 'l Hasan 'Ali b. al Husayn al-Mas'udi," *Islamic Culture: An English Quarterly* 28, no. 1(January 1954): 523.

지리학자였던 알마수디는 『금의 초원과 보석의 광산』에서 스스로 알고 있었던 전체 세계의 맥락에서 중국을 보여주고 있다. 896년에 바그다드에서 태어난 그는 일생 동안 아바스 제국과 인도 전역을 잘 여행하면서 그의 백과사전적인 역사, 지리 걸작을 편찬하기 위해 활용한 다양한 자료들을 획득했다. 알마수디는 자신이 중국을 방문했다고 주장하지만, 실제로 중국에 관한 부분을 집필할 때에는 이전 시기의 자료에 크게 의존했고, 아부 자이드와 같은 동시대 사람들로부터 익힌 것도 있었다.[62] 그가 책의 서두에 나열한 85개의 자료에는 이븐 후라다드비의 『도로와 왕국의 책』도 포함되어 있다. 이븐 후라다드비처럼, 그는 이슬람교의 출현 이전에 존재했던 7개의 고대 국가 중의 하나로 중국을 언급하고 있고 중국인이 노아의 후손이라고 주장하였다. 그러나 알마수디는 이븐 후라다드비보다 더욱 풍부하고 상세한 서술을 보여주며, 자세한 지리적 사실과 황실 가문의 계보(그러나 이 부분은 신뢰하기가 어려운데, 여기에 나오는 이름들이 동시대 중국의 자료로는 추적하기가 어렵기 때문이다)도 제공하고 있다.

알마수디는 『금의 초원과 보석의 광산』에서 세계의 지리에 대한 매우 이론적인 정보도 언급하고 있는데, 이는 그가 바그다드와 다마스쿠스에서 배웠던 고대 그리스 시기의 저작에서 가져온 것이었다. 그 책은 지구의 형태와 육지 및 바다의 구획에 대한 전통적인 그리스 이론들로 내용을 시작하고 있다.[63] 그리스의 전통에 의거하여 바다에 대한 일반적인 서술을

---

62 바그다드에서 태어난 그는 일생동안 광범한 지역을 여행했고, 죽기 전에는 카이로에 정착했다. 알마수디에 대한 더 자세한 내용으로는 S. Maqbul Ahmad, ed., *Al-Mas'ūdī: Millenary Commemoration Volume* (Aligarh, 1960)을 참고.

63 그는 프톨레마이오스의 『지리학』과 『알마게스트』를 참조했고, 그의 책에서 지리학에 대한 관심을 자주 드러내고 있다. 알마수디에 관한 논의를 참고.

그림 2-1 알마수디의 『금의 초원과 보석의 광산』(947년 무렵)에 묘사된 일곱 개의 바다.

하는데, 이는 '아비시니아 해(Abyssinian Sea)', 즉 인도양으로 끝난다. 알마수디는 일곱 개의 연결된 바다를 구성하는 하나의 물덩어리로 인도양을 묘사하고 있다. 각각의 바다는 이름과 특징이 있는데, 가장 동쪽 끝에 있는 일곱 번째 바다는 중국의 바다였다.[64] 인도양의 일곱 바다에 대한 이러한 구체적인 서술은 851년에 편찬된 『중국과 인도의 소식』 원본의 현존 문서

---

64 첫 번째 바다인 파르스(Fārs)의 바다는 페르시아만의 바스라(Basra)와 알우불라(al-Ubullah)에서 시작된다. 그리고 중간에 다섯 개의 바다가 이어진다. 그 다섯 바다는 라르비(Lārwī)의 바다, 하르칸드(Harkand)의 바다, 칼라 바르(Kālah Bār)의 바다(칼라의 바다라고도 불렸다), 쿤드란지(Kundranj)의 바다, 알산프(al-Ṣanf)의 바다이다. 마지막 일곱 번째 바다가 중국의 바다이다. Al-Masūdī, *Murūj al-dhahab*, vol. 1, 114-122. 이른 시기의 무슬림 지리학자 알야쿠비(al-Yaʿqūbī, 897년 사망)는 다섯 번째 바다를 살라히트(Salāhit)의 바다, 여섯 번째 바다를 쿤드란지의 바다로 구획하면서 약간 다르게 서술하고 있다. Ferrand, *Relations de Voyages*, 49-50.

에 소실된 내용을 보완해주고 있다(그림 2-1).[65]

바다를 구획한다는 개념은 1장에서 살펴본 주거비의 『영외대답』에서 다섯 개의 큰 바다를 나눈 중국의 구분과도 유사하다. 비록 실질적인 구획과 기준은 서로 다르지만 말이다. 어떠한 형태를 취하든지 간에, 바다의 구획에 대한 체계화된 정보는 세계의 형태를 알고자 했던 지리학자들에게는 중요한 것이었고 그들은 목적지에 도착하기 위해 넓은 해양을 실제로 항해했던 사람들로부터 바다에 관한 정보를 얻을 수 있었다. 무슬림 지리학자들은 항상 바다와 섬들에 대한 묘사로 기록을 시작했고, 동시대 인도양의 선원들에게 얻은 새로운 정보에 근거하여 논의들을 자주 갱신했다. 알마수디 또한 그가 살았던 시기에 알려진 세계의 해안선에 대한 새로운 지리적 정보를 제공했는데, 이는 아부 자이드의 서술 속에서도 찾아볼 수 있다.

이크리티쉬(Iqrītish) 섬[크레타] 근처 룸의 바다[지중해]에서는 인도산 티크나무로 만든 배의 판자들을 발견할 수 있고, 이 배는 나무에 구멍을 뚫은 다음 코코넛 나무의 섬유 조직으로 판자들을 꿰매서 만든 것이다. 이 판자들은 바닷물의 파도 때문에 부서져서 흩어져 버린 배들이었다. 이러한 [형태의 배들은] 오직 아비시니아 해[인도양]에만 존재하는데, 룸의 바다와 서방[아랍을 서방을 뜻하는 아랍어 gharb로 수정]의 모든 배들은 못으로 고정되어 있는데 반해 아비시니아 해의 배들은 쇠로 된 못으로 조여 있지 않기 때문이다. 바닷물이 쇠를 녹여서 못들이 바다 속에서 얇아지고 약해지는 것이다. 그래서 [아비시니아 해의] 사람들은 못 대신에 끈으로 꿰는 방식을 사용

---

65 『중국과 인도의 소식』에 있는 다른 많은 기록은 알마수디의 서술과 똑같거나 혹은 비슷하다. 그러나 『중국과 인도의 소식』에는 알마수디의 기록에서는 찾을 수 없는 더욱 풍부한 정보가 담겨 있다. 일곱 바다에 대해서 비슷하게 요약한 서술은 동시대의 다른 기록에서 찾아볼 수 있다.

하고, [배들은] 기름과 석회로 표면을 입힌다. 이것은, 신께서 더욱 잘 아신다. 바다의 연결이 중국과 신라[한반도] 국가 근처의 바다가 투르크족 국가 주위를 두루 돌고 서쪽의 바다[지중해?]에는 에워싸는 해양의 해협을 통해 도달한다는 것을 입증한다.[66]

크레타 근처에서 인도양으로부터 온 선박의 판자들이 발견된 것은 인도양이 지중해와 연결되지 않는다는 것을 정확하게 알고 있었던 10세기 지리학자들을 놀라게 했다. 어떻게 판자 조각들이 지중해를 떠돌아다닐 수 있는지를 설명하려면 알마수디의 결론 밖에 없다. 바다들은 19세기 말에 수에즈 운하가 건설될 때까지 서로 연결되어 있지 않았다. 그러나 우리가 지금은 알고 있듯이 아부 자이드와 알마수디가 주장한 경로는 상상할 수 없는 것이다. 왜냐하면 조그만 다우선의 판자가 중국의 바다에서 태평양까지 표류해 오면서 베링해를 직통하여 북극해로 들어오고 다시 내려가서 스칸디나비아 근처의 노르웨이해로 흐르고, 최종적으로 지중해로 들어오려면 스페인의 지브롤터해협을 통과해야 한다는 이야기이기 때문이다. 다우선들이 육로를 통해 이집트로 운송될 수 있었을까? 지중해의 선박 건조업자들이 의식적으로 혹은 무의식적으로 다우선을 모방해서 못을 사용하지 않고 배를 만들었던 것일까? 우리는 결코 전말을 알 수 없지만, 이 기록을 통해서 아부 자이드와 알마수디가 그들의 시대에 세계의 지리를 어떻게 이해하고 있었는지를 알 수 있다.

무슬림 지리학자들은 육지와 바다의 구획을 이야기 형식으로 종종 서술하지만, 세계의 물리적 지리에 대한 그들의 논의 그리고 시각적인 형

---

66 Al-Masūdī, *Murūj al-dhahab*, 129. 아부 자이드의 아랍어 기록을 프랑스어로 번역한 Reinaud, 87-88과 영어로 번역한 Renaudot, 46과 비교하시오.

태로 지리적 지식을 보여주는 지도들을 살펴보지 않은 채 이를 이해하기는 어렵다. 서로 다른 몇몇 지리 학파와 개개 지리학자들은 공존하면서 10세기부터 지도 제작의 성과를 산출했다. 이러한 학파 중 가장 영향력 있는 학파는 발키(Balkhī) 학파였고, 이는 알발키(al-Balkhī, 934년경 사망)의 이름을 붙인 것이다. 그러나 한 지도 제작자가 먼 지역에서 겪었던 개인적 경험 및 다른 문화적 영향력에 근거하여 독립적인 방식으로 세계와 중국을 묘사한 다른 지리 기록과 지도도 존재했다. 현존하는 지도 중에서 가장 이른 시기의 것은 1193년에 제작된 것인데, 이는 바다들의 관계를 잘 보여주고 있고 발키 학파의 지리학자였던 알이스타흐리(al-Iṣṭakhrī, 961년 사망)가 그린 것으로 여겨진다.[67] 예를 들면, 필자가 원본 지도에 덧붙인 검은색 화살표는 아부 자이드와 알마수디가 다우선 판자들이 중국의 바다에서부터 유라시아 북부 대륙을 돌아 지중해까지 왔다고 생각한 경로를 보여준다(그림 2-2 참고).

이 지도는 당시 무슬림 지리학자들이 공유했던 동시대의 세계에 대한 시각적 개념에 비추어 아부 자이드와 알마수디의 개념을 이해하는 데에 도움을 준다. 이슬람 세계의 지도 제작 발전은 중국의 그것과는 다른데, 그들은 아시아, 유럽, 아프리카를 포함한 세계 전체를 보여주고자 했던 것이다. 이러한 사실은 부분적으로는 그리스의 지리적 전통의 유산에서 기인한 것이고, 일부는 동방과 서방 양쪽 사회에서 서아시아 사람들이 이룩했던 광범한 접촉의 유산에서 기인한 것이기도 했다. 서아시아 사람들은

---

67 알이스타흐리는 알발키(934년? 사망)의 기록을 근거로 삼았는데, 알발키의 기록은 현재 남아 있지 않다. 알마수디는 자신이 칼리프 알마문의 세계 지도를 보았다고 말하면서 프톨레마이오스와 티레(Tyre)의 마리노스(Marinos) 지도보다 더 뛰어나다고 간주했다. 이 지도들은 현재 남아 있지 않지만, 제작 연대가 10세기까지 거슬러 올라가는 일부 현존 지도들이 이전 지도와 비슷한 초기의 견본을 반영하고 있는 것일 수도 있다.

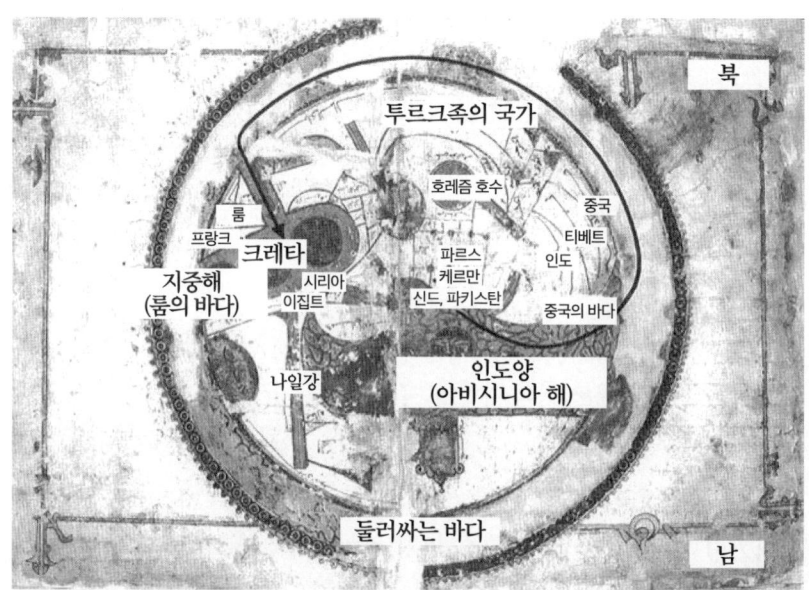

그림 2-2 알이스타흐리의 『도로와 왕국의 책』(10세기) 1193년 사본에 실린 세계지도. 원래의 지도는 남쪽을 위에 배치했는데, 그림의 지도는 독자의 이해를 위해 거꾸로 뒤집은 것이다. 레이덴 대학교의 허가를 받아 인용(MS. Leiden, Rijksuniversiteit, Or. 3101, pp.4-5)

* 주석: *HC2:1*, 도판 7.

세계의 두 지역을 연결하는 교역로의 중간에 전략적으로 위치하고 있었던 것이다.

아바스 후기의 현존 지도와 지리적 저술에서 보이는 중국과 세계(934년경-1260)

현존하는 가장 이른 시기의 아랍어 지도를 만든 알이스타흐리(961년경 사망), 이븐 하우칼(Ibn Ḥawqal, 990년경 사망), 알무카다시(al-Muqaddasī, 988년 이후에 사망)는 더 이른 시기의 지리학자로 그들에게 영향을 끼친 알발키(934년경 사망)의 이름을 따서 발키 학파 스타일 혹은 '고전'이라고 종종 칭해지는 지리 저술의 새로운 경향을 대변하고 있다.[68] 그들은 아바스 왕조의 부이 가문 통치자들 재위 기간에 번성했던 자유로운 학문적 분위기에서 많은 지리적 저술을 만들어냈다(비록 확실하게 이 학자들이 정부로부터 어떠한 특별한 후원도 받지는 않았지만 말이다). 이 지도 제작자들은 세계를 정치적 지역에 따라 체계적으로 분류했다. 그들은 한 국가를 다른 국가와 구별하기 위한 지리적 경계를 최초로 도입했다.

10세기 중반에 살았던 이 새로운 세대의 지리학자들은 바그다드에 있는 칼리프의 종교적 권위는 인정하지만 그 정치적 권위는 인정하지 않았던 독립된 정치체들로 이슬람 세계가 점차 분열되고 있음을 목격했다. 1장에서 살펴본 것처럼, 주거비와 같은 12세기 중국인 저자들은 동

---

[68] 아부 자이드 알발키의 지도는 소실되었다. Hopkins, "Geographical and Navigational Literature," 312-315. Ahmad, "Djughrāfiyā," 2: 581-582.

시대에 이슬람 세계가 서로 다른 정치체로 분열되어 있으면서도 종교적, 문화적 전통을 공유하는 지역으로서의 결합이 있다는 것을 이해하고 있었다. 비록 알마수디와 같은 동시대 사람들은 여전히 중국을 포함한 세계에 대한 광범한 관심을 계속 보였지만, 발키 학파의 지리학자들은 그들의 화제를 이슬람 지역에 대한 완벽하고 상세한 서술을 제공하는 일로 초점을 맞추었다. 그들은 이슬람 지역이 가장 중요하고 믿을 수 있는 정보를 확보할 수 있는 곳이라고 여겼다. 발키 학파의 학자들은 이슬람 세계가 아닌 세계에 대해 광범하게 서술하지 않았지만, 그들의 저술들은 세계에 대한 기본적인 관심과 그 인식을 보여주고 있다. 그들은 지역에 대한 지리 보고서 및 이슬람 세계의 서로 다른 부분들을 비교하는 지도들을 구성하기 이전에 중국을 포함한 알려진 세계 전체를 지도로 그렸다.

당시 사람 중 일부는 세계를 새 모양의 대륙으로 묘사하고 중국은 그 새의 머리라고 서술했던 더욱 이른 시기의 전통적인 지리 서술 방식을 여전히 따르고 있었다. 예를 들면, 10세기의 작가 이븐 알파키흐(Ibn al-Faqīh, 902년에 활약했던 모습이 확인된다)는 이렇게 말한다.

> 세계의 이미지는 다섯 부분으로 구성되어 있다. 바로 새의 머리, 두 날개, 가슴, 그리고 꼬리이다. 세계의 머리는 중국이다. 중국의 뒤에는 사람들이 와크와크라고 부르는 [곳이] 있다. 와크와크[라고 불리는 국가] 뒤에는 [신의 창조물 중 하나로] 신 이외에는 아무도 알지 못하는 사람들이 있다. 오른쪽 날개는 인도이고, 인도 뒤에는 바다가 있다. 이 바다 뒤에는 생물이 전혀 존재하지 않는다. 왼쪽 날개는 [카스피 해의] 하자르(Khazar)에 해당되고, 하자르 뒤에는 각각 만샤크(Manshak)와 마샤크(Māshak)라고 불리는 두 국가가 있다. 만샤크와 마샤크 뒤에는 곡과 마곡(Gog and Magog)이 있는데, 이곳에는 오직 신만 아는 국가들이 있다. 세계의 가슴은 메카, 히

자즈(Hijaz)[아라비아 반도의 서쪽 해안], 시리아, 이라크, 이집트이다. 꼬리는 다트 알후맘(dhāt al-Humām)[이집트의 변경]에서 마그레브(Maghreb)[서북 아프리카]에 해당된다. 꼬리는 새의 부위 중에서 가장 열악한 부분이다.[69]

페르시아 출신의 작가인 이븐 알파키흐는 이븐 후라다드비에서 시작된 지리 설명의 전통으로부터 영향을 받았다. 세계의 지역들을 물리적으로 배치하고 건조한 설명의 형태를 취하는 대신에 이븐 알파키흐는 중국을 포함하여 그가 공부했던 서로 다른 지역의 지리적 특징을 설명하려고 많은 전설과 여러 형태의 민간전승들을 포함시켰다. 이러한 접근법으로 그의 지리 연구인 『지역들의 책(Kitāb al-Buldān)』이 만들어졌는데, 이는 당시 유행했던 형태의 책이었다.[70] 그의 책은 광범한 독자층을 끌어들이는 순수 문학(adab)의 형태로 진화했던 아랍어 지리 저술 시대의 정점을 찍었다. 이와 동시에 발키 학파의 구성원들을 포함한 다른 지리학자들은 그들의 과학적 취향을 유지했고, 세계에 대한 더욱 정확한 지리학을 형성하기 위해 민속학적인 방법을 뛰어넘어서 지리학을 발전시키고자 했다.[71]

사실, 발키 학파의 지도들(그림 2-2 참고)은 훗날 무슬림 지리학자들이 만든 대부분의 지도의 원형이 되었다.[72] '둘러싸는 바다'라고 표시된 원

---

[69] 아랍어 원문은 Ibn al-Faqīh, *Compendium libri Kitāb al-Boldān* (Lugnuni-Batavorum, 1885), 3-4. 프랑스어 번역 Ferrand, *Relations de Voyages*, 55와 비교하시오.
[70] 똑같은 제목의 책을 저술한 알야쿠비와 같은 다른 유명한 지리학자도 있었다. Hopkins, "Geographical and Navigational Literature," 309-312를 참고.
[71] Bosworth, "al-Ṣīn."
[72] 훗날의 많은 사본은 발키 학파의 지도들이 이후 세기에 대중적인 것이 되었음을 암시한다.

형 모양은 알려진 세계를 에워싸고 있다. 지도는 북-남의 축을 따라 방위가 맞추어져 있고, 무슬림 지리학자들의 관례에 따라 남쪽이 위쪽에 자리했다. 아프리카가 남반구의 대부분을 차지하고, 대륙은 이슬람 지리학자들이 세계를 둘러싸고 있다고 생각했던 해양 대역을 향해 동쪽으로 뻗어나가고 있으며 대륙의 남쪽 부분은 미지의 땅이 된다.[73] 메카가 있는 아라비아반도는 지도의 중앙에 위치해 있다. 중국은 북반구의 동쪽 구석에 자리 잡고 있고, 남쪽의 해안선은 아프리카의 동해안과 근접하게 놓여 있다. 비록 개략적이기는 하지만, 이는 당시 무슬림 지리학자들이 알고 있었던 유라시아 및 아프리카 북부를 꽤 정확하게 표현해놓은 것이다.

알마수디와 같은 훗날의 무슬림 지리학자들은 9세기 초기에 칼리프 알마문의 휘하에 있던 학자들이 만든 세계지도를 증언하고 있다.[74] 아쉽게도 그 지도들은 현존하지 않는다. 소실된 지도는 천문학적 측정에 따른 새로운 방법과 프톨레마이오스의 지리적 전통에 근거를 둔 수학적 계산을 바탕으로 하여 그려졌기 때문에 장소들을 정확한 위도, 경도의 위치에 표시하는 것에 초점을 맞추었을 것이다. 게다가 프톨레마이오스의 연구에 도전했던 알마문의 학자들에 의해 제기된 새로운 이론도 포함되었을 가능성이 높은데, 그중에는 (프톨레마이오스가 주장했던 것처럼) 인도양이 내

Gerald R. Tibbetts, "The Balkhī School of Geographers"와 "Later Cartographic Developments," *HC2.1*을 참고.

73 발키 학파의 지도는 또한 중국이 들어가 있지 않은 부분 지도를 포함하고 있지만, 중국의 바다(현재의 인도양)를 보여주고 있다. Tibbetts, "The Balkhī School of Geographers," 112-122.

74 알화리즈미를 포함한 초기 아바스 왕조의 학자들은 그리스-로마의 지리적 전통의 영향을 받아 위도-경도 좌표 체계에 근거를 두어 세계를 그리거나 지역의 위치를 정하고자 했는데, 이 지도 중에 남아 있는 것이 없다(알마문 지도의 사본일 가능성이 있는 것에 대한 추가적 논의는 4장 참고).

류의 바다가 아니라 태평양과 연결되어 있다고 했던 알화리즈미의 결론도 포함되어 있었을 것이다.[75] 이러한 특징은 현존하는 가장 이른 시기의 이슬람 지도들에서도 분명히 확인할 수가 있는데, 다른 말로 하면 발키 학파의 지도에는 알려진 세계를 에워싸고 있는 '둘러싸는 바다'와 인도양이 연결되어 있는 것이다. 아부 자이드와 알마수디의 다우선 판자들에 대한 이론이 이러한 새로운 지리적 지식에 기반을 두고 있다는 점을 상기해보자. 이 새로운 특성을 제외하면, 발키 학파 지도들의 다른 특징은 프톨레마이오스의 위도, 경도 좌표 구조들과 비슷하다.[76] 이러한 모든 증거는 아바스 제국의 후원 아래에서 프톨레마이오스의 전통에 근거를 둔 초기의 지도들이 발키 학파에서 만들어진 것과 같은 훗날의 지리적, 지도학적 제작에도 여전히 영향을 끼쳤다는 점을 암시한다.

이렇게 선례에 의존하고 있었지만, 10세기와 11세기 발키 학파의 지리학자들은 그들의 지리적, 지도 제작 저술에 새로운 특징과 갱신된 정보들을 분명히 집어넣었다. 위도와 경도의 좌표에 따라 장소의 이름들을 단순하게 배열하는 전통을 타파하면서 발키 학파 지도 제작자들은 산, 강과 같은 물리적 요소를 묘사하는 최초의 지도를 만들었는데 이는 훗날의 지도에 영향을 끼친 특징이었다. 비록 그들이 직접 관찰한 것을 통해 지도를 그린 것은 아니었지만, 지리학자들은 그들이 계획하고 서술했던 먼 지역과 바다의 지리적 특징에 대해 여행자, 선원, 선장의 의견을 들었다고 이야기했다. 예를 들면, 발키 학파의 지리학자로 이슬람 지리학 발전의 방법론적인 토대를 놓았던 알무카다시는 이렇게 말하고 있다.

---

75 *MGC1*, 95-108.
76 프톨레마이오스의 세계를 재구성한 것으로는 Dilke, "The Culmination of Greek Cartography in Ptolemy," 184를 참고.

그래서 나는 거기에서 태어나고 자란 사람들(선장, 화물 운송업자, 해안 경비원, 교역 대리인, 상인)에 대해서 잘 알게 되었고, 나는 이 바다와 그 정박지, 바람, 섬들에 대해서 가장 잘 아는 사람이 그들이라고 생각했다. 나는 그들에게 바다에 대해, 바다의 상태에 대해, 그리고 그 한계에 대해 질문했다. 나는 또한 그들이 가지고 있는 항해 지침에 주목했다. 그들은 함께 지침을 신중하게 익히고 그 지침에 완벽하게 의지하며 지침 내용에 따라 나아갔다. 이 자료들로부터 나는 필수적인 정보가 담긴 많은 기록을 확보했고, 이를 공부한 다음에 기록들을 평가했다. 그리고 내가 언급했던 지도들과 이를 비교해보았다. …… 나는 의견이 일치하지 않는 모든 부분은 생략하고, 완벽히 일치하는 것들만 포함시켰다.[77]

이 일화는 더욱 광범해진 독자층을 위해 출간하는 지리적, 지도 제작 연구를 갱신하기 위해 지리학자들이 상인들과 여행가들 사이에서 유포되는 새로운 정보를 어떻게 얻어냈는지를 보여준다. 발키 학파의 구성원으로서 더 넓은 세계보다는 이슬람 지역에 더욱 관심을 쏟았던 알무카다시는 그의 상세한 지역 지도들에 중국은 포함시키지 않았다. 그러나 이른 시기의 작가들이 동쪽의 일곱 번째 바다라고 규정했던 중국의 바다에 대해 알무카다시도 인도양에 대한 서술에서 두드러진 역할을 부여하고 있다.[78] 비록 중국은 이슬람 세계 밖에 있었지만, 중국은 무슬림 지리학자들의 세계에 대한 인식의 영역 안에 놓여 있었던 것이다.

---

77 Al-Muqaddasī(946년경), *The Best Divisions for Knowledge of the Regions: a Translation of Ahsan al-Taqasim fi Ma'rifat al-Aqalim*, trans. Basil Anthony Collins(Reading, UK, 1994), 10-11. 아랍어 원문 al-Muqaddasī, *Aḥsan al-taqāsīm fī ma'rifat al-āqālīm*(Leiden, 1976[1877]), 10-11과 비교하시오.
78 Al-Muqaddasī, *The Best Divisions for Knowledge of the Regions*, 10-24; al-Muqaddasī, *Aḥsan al-taqāsīm fī ma'rifat al-āqālīm*, 10-24.

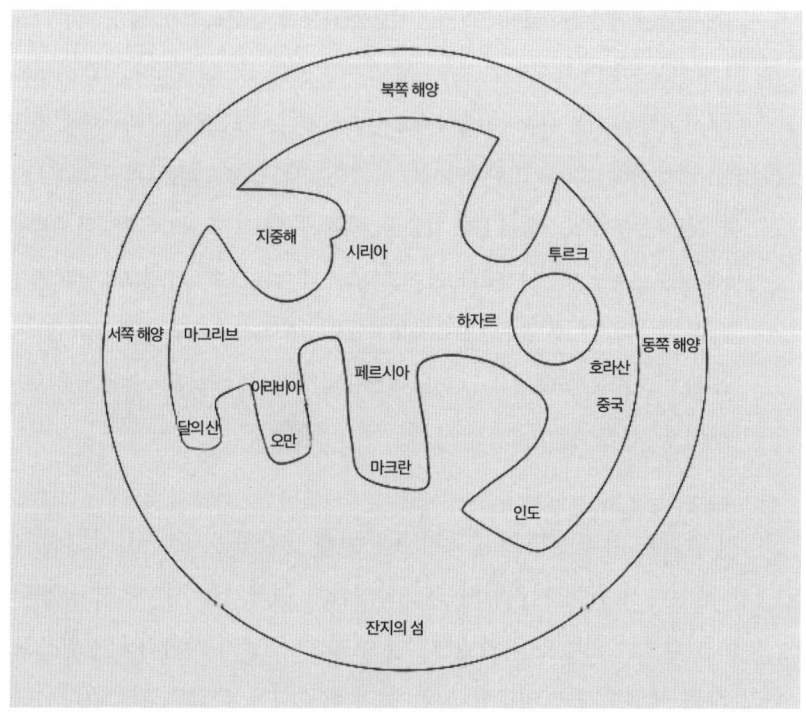

그림 2-3 알비루니의 『점성술 요소의 가르침을 위한 책』(1029)에서 알비루니가 육지와 바다의 배치를 스케치한 것이다. 원래의 지도는 남쪽을 위에 배치했다. 런던의 영국도서관의 허가를 받아 인용 (MS. Or. 8349, fol. 58a).

발키 학파의 지도들이 훗날의 지도 제작에 가장 큰 영향을 발휘했지만, 우리는 그리스의 지리적 전통에서 독립적으로 발전한 몇몇 다른 형태의 세계지도 제작에 관심을 기울여야 한다. 알비루니(al-Bīrūnī, 973-1048)에 의해 그려진 개략적 지도가 바로 이러한 지도의 예를 보여주고, 몇몇 중요한 지리학자에 상당한 영향을 끼쳤다. 그의 지도는 공간의 서로 다른 배치가 현재의 모습과 더욱 가깝게 부합한다는 것을 보여준다(그림 2-3 참고).

중국을 포함한 아시아 지역의 상대적 위치는 발키 학파 지도에 구획되어 있는 장소들과 유사성이 있지만, 알비루니의 개략적 세계지도에는 상당한 차이점도 보인다. 남반구에서 개방된 해양의 확장은 인도양과 일치하는데, 이는 발키 학파 지도에서 아프리카의 남쪽 부분을 미지의 땅으로 묘사했던 전통을 바꾸어놓았다. 그래서 인도양은 아프리카의 남쪽 끝(삼각형이 아닌 직사각형 모양으로 그려져 있다) 아래에서 대서양과 연결되어 있다.

알비루니는 973년에 중앙아시아의 호라즘에서 태어났는데, 호라즘은 이슬람의 문화적 중심인 바그다드로부터 상당히 멀리 떨어져 있었지만 당시 이슬람 세계의 동쪽 끝에 자리 잡고 있었다. 알비루니는 아마 박식한 사람으로 가장 잘 알려져 있었을 것이다. 천문학, 수학, 지리학 및 다양한 언어(페르시아어와 투르크어 포함)와 같은 여러 분야에서 그의 능력이 잘 알려져 있었다. 이런 범상치 않은 지적 능력을 가진 알비루니는 위도와 경도에 대한 개념을 포함하여 그리스, 페르시아, 인도의 전통으로부터 세계 지리학의 알려진 모든 이론을 종합한 저술을 완성하고자 이전의 지리 연구들을 수집했다. 그는 그리스와는 별개로 지리적 위치를 결정했던 지즈(Zij)라고 불렸던 인도의 위도-경도 목록표 책과 같은 인도의 수학적 지리 측정의 전통에 익숙했다.[79] 이와 더불어 그가 종합했던 서로 다른 학파의 다양한 관점과 지식은 육지와 바다의 구획에 대한 새로운 이론들을 보여주는 세계지도를 그리는 방법에 관한 새로운 개념을 그가 활용하는 데에 도움을 주었다.

---

79 지즈 책을 포함한 인도의 수학적 지리학 전통 및 알파자리, 알비루니와 같은 전통적 학자들의 영향을 받았던 무슬림 학자에 대해서는 *MGC1*, 64-74를 참고.

그런데 알비루니의 새로운 개념과 정보 중 다수는 그가 개인적으로 했던 여행(특히 아시아)을 통해서 얻게 되었다. 비록 알비루니가 중국까지 멀리 가지는 않았지만, 그는 북서부 인도에 있던 가즈나(Ghazna)의 마흐무드(Maḥmūd)의 궁정에서 근무했을 때에 중국과 같은 지역에 관한 많은 새로운 정보들을 수집했다. 그는 중국 본토의 북쪽 부분을 통치했던 히타(Khitā', 거란족 요 왕조, 키타이)와 중국의 중부와 남부 지역에 위치했던 알신(송 왕조), 그리고 서쪽에 있는 탕구트족의 서하를 구분한 최초의 아랍인 작가가 될 정도로 중국에 대해 많은 것을 알고 있었다. 그의 연구는 10세기 초기부터 발생한 중국의 정치적 분열에 대한 무슬림의 지식에 가장 중대한 갱신 내용을 제공했다. 알비루니 자신은 저술에서 그가 키타이의 사절(rasūl qitāy, 거란족)로부터 정보를 얻었다고 언급한다. 그와 동시대 인물인 페르시아인 지리학자 아부 사이드 가르디지(Abū Sa'īd Gardīzī, 1049-1062년에 활약)도 이를 1026년의 일이라고 기록했다.[80] 비록 9세기 이후 육상 실크로드는 더는 번영을 누리지 못했지만, 이와 같이 흩어져 있는 사료들은 북중국, 중앙아시아, 인도의 사회 사이에 간헐적인 접촉이 존재했음을 보여준다. 알비루니의 개략적인 지도는 단지 중국(al-Ṣīn)만 그려 놓았고 북중국의 키타이는 묘사하지 않았으나[81] 육로를 통해 중국과 근접한 지역인 투르크족의 땅과 후라산(Khurasan)은 표시를 해놓고 있다.

---

80 Anya H. King, "Beyond the Geographers: Information on Asia in Early Medieval Arabic Writers on Pharmacology and Perfumery," unpublished paper presented at the AAS annual conference, Philadelphia, March 27, 2010.
81 알비루니의 스케치 지도는 때때로 훗날의 저자들에 의해 인용되었다(예를 들면, 알 카즈비니의 우주론적 저술에서도 인용). 그러나 그 영향력은 아주 분명하게 앞으로 나올 세계의 모든 이슬람 지도에 실제로 작용했다. Tibbetts, "Later Cartographic Developments," 141-142를 참고.

이 시기에 나온 또 다른 형태의 지도들은 근동 지역의 사람들이 육로 연결망을 통해 중국에 대해 더욱 많은 지식을 어떻게 획득했는지를 보여준다. 예를 들면, 11세기에 편찬된 카슈가리(Kāshgharī)의 투르크어 사전에서는 지도의 중심에 투르크 중앙아시아를 배치해놓고 있다.[82] 분명히 이 지도에서 묘사된 세계에 대한 지리 지식은 그의 사전에 접근할 수 있었던 광범한 독자층에 전파되었다.[83] 투르크어로 된 원형의 지도는 동시대 발키 학파의 지도와는 상당히 다른데, 그 이유는 아프로-유라시아의 모든 지역에서 해안선을 그리지 않았고 지역 사이에 명확한 공간적 관계를 보여주지 않고 있기 때문이다. 그러나 안드레아스 카플로니(Andreas Kaplony)가 주장했던 것처럼, 카슈가리의 조그만 해설 지도는 색깔과 모양으로 분별되는 독특한 시각적 언어 표식을 활용해서 지리 자료를 기록하고 있다. 예를 들면, 지도는 투르크 부족을 대부분 노란색 점으로 표시한다. 흥미롭게도 언어 사전에 있는 지도에서 색깔 분류법을 사용한 것은 현대 사전들의 표지 혹은 맨 뒤 페이지에서 종종 발견할 수 있는 언어 지도들에서 공통적으로 활용하는 색깔 분류법을 상기시킨다. 교양을 지닌 투르크족 귀족이었던 카슈가리는 무슬림이었고 아랍-이슬람 지리학자 선구자들의 방법에 의존했지만, 그는 메카와 메디나를 생략했다.[84] 지도의 형태는 극단적으로 단순한 것 같지만, 카슈가리의 지도는 그의 국가와 북중국 사이에서 육로

---

82 카슈가리는 문장, 관용적 표현, 속담, 시의 일부와 함께 각 단어를 설명하는데 이는 11세기 투르크족의 삶에 대한 귀중한 통찰을 제공하고 있다. Andreas Kaplony, "Comparing al-Kāshgharī's Map to his Text: On the Visual Language, Purpose, and Transmission of Arabic-Islamic Maps," in *The Journey of Maps and Images on the Silk Road*(Leiden, 2008), 143.
83 Maḥmūd al-Kāshgharī, *Compendium of the Turkic Dialects(Diwʾan' Luyāt at-Turk)*, trans. Robert Dankoff(Cambridge, MA, 1982-1985), 82.
84 Kaplony, "Comparing al-Kāshgharī's Map to his Text," 144-148.

접촉을 통해 이 투르크족 저자가 얻어낸 새로운 지리적 정보를 추가하고 있다. 그는 당시 중국이 북쪽과 남쪽으로 갈라져 정치적으로 분열되었다는 것에 대한 새로운 정보를 드러냈다는 점에서 알비루니와 닮아 있다. 그런데 카슈가리는 다른 용어인 친(Chīn, 중국)과 마친(Māchīn, 더 큰 중국)을 사용했고 이 용어는 훗날 페르시아어 저술에서 종종 등장한다.[85] 아마도 카슈가리는 자신이 유라시아의 북동부(아마 북중국도 포함되었을 것이다)로 갔다고 주장했던 여행을 수행하면서 중국의 정치적 분열에 대해 알게 되었을 것이다. 혹은 이 정보가 중앙아시아의 육로를 따라 여행했던 사람들 사이에서는 널리 알려진 것이었을 수도 있다.[86]

『과학의 진기함과 눈을 위한 경이로움의 책(Kitāb Gharā'ib al-funūn wa-mulaḥ al-'uyūn)』이라는 제목의 11세기 문헌에는 중국과는 연결되지 않고 중앙아시아를 가로질러 뻗어 있는 실크로드를 묘사한 독특한 지도가 있다.[87] 이 지도는 아마도 10세기와 11세기에 이슬람 세계와 중국 사이 육로 교역의 쇠퇴를 반영하고 있었을 것이다. 그러나 알비루니의 기록과 카슈가리의 지도에 나오는 정보가 암시하는 것처럼, 이슬람 세계와 중국 사이에 일부 부분적으로 육로를 통한 접촉이 있었을 가능성이 높다.

---

85 인도에서 유래한 중국에 대한 용어들의 의미 변화 및 북위 왕조(386-534)의 지배 가문에서 기원한 타브가치(한자의 탁발)와 같이 중국의 북방 왕조를 가리키는 더욱 특별한 용어들의 출현에 대해서는 Michal Biran, *The Qara Khitai Empire in Eurasian History: Between China and the Islamic World*(Cambridge, 2005), 98을 참고.
86 Kaplony, "Comparing al-Kāshgharī's Map to his Text," 144.
87 이는 『과학의 진기함과 눈을 위한 경이로움의 책』에 포함되어 있었다. 새롭게 발견된 사본과 주목할 만한 일련의 초기 지도와 천문학 도표에 대해서는 Jeremy Johns and Emilie Savage-Smith, "The Book of Curiosities: A Newly Discovered Series of Islamic Maps," *Imago Mundi* 55(2003)과 Yossef Rapoport, "The Book of Curiosities: A Medieval Islamic View of the East," in *The Journey of Maps and Images on the Silk Road*, 155-171을 참고.

초기의 페르시아 자료 및 아랍의 지리 기록을 활용했던 페르시아인 저자들에 의해 저술된 동시대의 일부 보고서 또한 수 세기 동안 지속된 육로 연결망을 통해 획득했던 독특한 지리 정보를 제공한다. 가장 이른 시기의 페르시아어 저술 판본으로 익명의 저자에 의해 집필된 『세계의 지역들(Ḥudūd al-ʿĀlam, 982년)』이라는 제목의 책은 10세기 무슬림에게 알려져 있던 전체 세계에 대해 서술한다.[88] 이 문헌도 중국을 세계의 국가 중 하나로 구별하고 있다. 책 내용의 대부분은 초기의 소실된 소그드어 문헌과 알 자이하니(al-Jayhānī)의 저술을 포함한 페르시아어 지리 보고서에서 인용한 것이다. 중국의 도시와 관습을 서술하면서 이 책은 중국을 치니스탄(Chinistan)이라고 부르는데, 이는 동쪽에서부터 산스크리트어와 인도의 초기 영향력이 페르시아어 저술에 들어 있음을 보여주는 것이다. 『세계의 지역들』과 비슷한 저술은 동시대의 또 다른 페르시아 지리학자 아부 사이드 가르디지의 책인데, 이 또한 중국에 대한 훗날의 서술에 영향을 끼쳤다. 중세의 다른 페르시아어, 아랍어 문헌들과 함께 이 두 문헌은 8세기 후반으로까지 그 저술 연대가 올라가는 현재 소실된 기록으로부터 중국의 다양한 도시에 대한 서술을 인용한 것을 포함하고 있기 때문에 중요하다. 예를 들면, 탈라스 전투가 일어난 시대에 중국인, 티베트인, 위구르인, 무슬림을 포함한 다양한 정치적 세력에 의해 점유되었던 동투르키스탄의 도시인 카슈가르와 쿠차가 여전히 중국에 속해 있는 것으로 서술되었다.[89]

이후 12세기에 이란인 저자 마르바지(Marwazī)가 저술한 아랍어 연

---

88 Ḥudūd al-ʿĀlam. "The Regions of the World": A Persian Geography 372 A.H.-982 A.D., trans. V. Minorsky(Frankfurt am Main, 1993), xvi.
89 Pavel B. Lurje, "Description of the Overland Route to China in Hudud al-ʿAlam," 『歐亞學刊』 6(2007): 179-197.

구는 아랍의 영향을 받은 페르시아의 다른 저술들과 비슷한 특징을 공유하며, 이에 더해 중국에 관한 서술에서 훨씬 상세한 내용을 보여준다. 이 연구는 알비루니의 저작에서 보이는 것처럼 중국이 북쪽과 남쪽 지역으로 분열된 것에 대해 이전에 드러났던 정보를 반영하고 있다. 마르바지는 이렇게 설명한다. 중국은 "세 개의 범주로 나뉘는데 즉 알신, 키타이(일반 사람들은 히타이라고 부른다), 그리고 위구르"이고, 이 지역 중 가장 큰 지역은 알신의 왕국이라고 언급한다. 또한 마르바지는 아마도 알비루니가 중국에 대해 새로운 자료들을 모으는 데 활용했던 동일한 출처를 이야기한다. 그 출처는 바로 인도의 정복자 술탄 마흐무드(1027년 사망)의 조정으로 북중국 거란 황제가 보낸 사절들이다. 그러나 재활용된 정보와 더불어 마르바지의 책은 이전의 저술들보다 중국에 대해 훨씬 더 상세하고 정확한 정보를 포함하고 있다. 예를 들면, 중국의 12궁(宮)과 국제 교역을 관리하는 체계가 있던 광주와 같은 중국의 항구도시들을 정확하고 상세하게 기록했다.[90] 이 기록이 중국에 들어가는 외국 선박들에 대한 상세한 절차와 세금 지침(마르바지와 동시대를 살았던 중국인이 신중하게 기록했던 정보)을 알려주는 것을 고려하면, 페르시아인 지리학자는 당시 육로와 해로 사이의 제한된 연결망에 의해 만들어진 통로를 통해 추가 정보를 획득했던 것으로 보인다. 어쨌든, 이슬람 세계의 동쪽 지역과 이란 및 인도 북부에서 만들어진 지리적 정보의 독특한 단편들은 당시의 특출한 경향을 보여주는 단서를 제공한다. 아시아에 더욱 가깝게 접근할 수 있었던 무슬림 지리학자들은 11세기부터 서부 이슬람 세계에 살았던 사람들보다 더욱 신속하게 중국에 대한 더욱 훌륭한 갱신 정보를 얻었던 것이다. 이러한 추

---

90 Marwazī, *Sharaf al-Zamān Ṭahir Marwazī*, 13-29.

세는 몽골의 정복이 13세기에 중국과 이란을 직접 연결하게 된 직후에 더 커지게 되었다.

아랍어, 페르시아어, 투르크어로 저술된 다양한 지도와 지리 보고서는 서로 다른 전통과 출처에 기반하여 세계에 대한 이슬람의 지리적 지식이 변화하는 과정을 보여준다. 이는 이슬람 세계가 다양화되며 10세기부터 아시아로의 확장과 다양한 사람들과의 상호 교류를 해나가면서 이루어졌다. 지역의 무슬림 작가들은 확장된 경험 및 여행과 더불어 특정한 지리 보고서와 지도에 담긴 새로운 정보를 흡수하면서 다양한 방식으로 중국을 포함한 세계의 지리를 해석했다. 시대가 지나면서 이루어져 온 동부와 서부 이슬람 세계의 지리 보고서에 관한 연구는 서로 다른 지역에서 발전했던 핵심적인 지식이 상호 교환되었고 그로 인해 이슬람 세계 전역에서 전반적으로 지리 지식이 확산되는 데에 도움이 되었음을 보여준다. 학문적 목표를 위해서 왕실의 후원을 찾아 서로 다른 정치 영역을 자유롭게 이동했던 학자들의 상호 교류 덕분에 지리 개념이 이슬람 세계 전역으로 유포되었다. 이러한 영향력의 통로를 추적하는 것이 항상 용이한 것은 아니다. 그러나 우리는 새로운 정보가 이전의 지역적 지식 실체들과 점차 혼합되면서 새로운 종합 지식을 만들어냈고, 이것이 곧 다른 지역으로 전파되었다고 가정해볼 수 있다.

이러한 지식의 축적과 확산을 반영하는 지도 제작 및 지리 저술의 가장 중요한 세트 중의 하나는 12세기 시칠리아(무슬림 인구가 많이 살았던 기독교 왕국)에서 만들어졌다.[91] 시칠리아에서 알이드리시(al-Idrīsī, 1154년에 활약)는 은으로 주조한 크고 평평한 세계지도(아쉽게도 현재는 소

---

[91] 1장에서 살펴본 조여괄의 『제번지』에도 시칠리아에 대한 장이 있다. 『諸蕃志校釋』, 133.

실되었다), 종이 지도들, 그리고 지리 보고서로 구성된 세트를 만들었는데, 그 제목은 『수평선을 건너기를 바라는 자의 기쁨(Nuzhat al-mushtāq fī ikhtirāq al-āfāq)』이며 『로제르의 책(The Book of Roger)』이라고도 불렀다.[92] 알이드리시의 편찬본은 다양한 출처로부터 이전 시기 지리 연구를 종합했는데, 그 출처에는 그리스와 페르시아 전통에서 지구의 모양에 대해 논한 물리적, 수학적 지리학 이론 및 초기 무슬림의 지리 저술과 초기 아랍어 지도들(발키 학파의 지도들도 포함)이 들어가 있었다. 이 포괄적인 세계 지리학 연구는 이전 시기의 저술들을 효율적으로 활용했을 뿐만 아니라 알이드리시가 시칠리아 왕으로부터 특별히 허가된 후원을 받은 덕분에 이용할 수 있었던 새로운 정보들을 추가하기도 했다.

　　알이드리시의 후원자로서 시칠리아 기독교 왕국의 왕인 로제르 2세(재위 1130-1154)가 수행했던 역할을 알지 못하면 알이드리시의 유명한 저술들을 논의하기가 불가능할 것이다. 12세기에 접어들면서 기독교도이 장악한 시칠리아는 중동의 십자군에 의해 야기된 갈등의 한가운데에서 기독교도와 무슬림 문명이 만나는 장소가 되었다. 로제르는 동시대의 다른 유럽 기독교도 군주들과는 달리 그의 지적 호기심과 과학적 흥미(세계의 지리도 포함)를 키워주었던 그리스인, 아랍인 교사 아래에서 공부했다. 로제르는 다양한 지역에서 학자들을 초빙했고, 그중에 모로코 출신의 알이드리시도 포함되어 있었다. 알이드리시는 로제르의 궁정에서 일했던 가장 유명한 무슬림 학자 중 한 사람이 된다. 알이드리시의 후원자는 지적으로 굉장한 임무를 그에게 부여했다. 활용할 수 있는 모든 지리 지식(책과

92　Al-Idrīsī, *Nuzhat al-mushtāq fī ikhtirāq al-āfāq*(Napoli, 1970). 프랑스어 번역본만이 활용 가능하다. Al-Idrīsī, *Géographie d'Edrisi*, trans. P. Amédée Jaubert(Frankfurt am Main, 1992[1836-1840]).

직접 관찰을 통해 얻는 지식)을 수집해서 평가하고 그것을 엮어서 세계에 대한 정확하면서도 의미 있는 설명을 제공하라고 한 것이었다.[93] 로제르의 목적은 자신의 왕국의 진정한 상황을 더욱 잘 이해하는 것은 물론이고 그의 정치적 영광을 과시하는 것이었으므로 부분적으로는 실리적인 성격을 띠고 있었다. 그러나 지리학에 대한 로제르의 관심은 기독교 유럽에서 막 자각되기 시작했던 종류의 과학적 호기심이 표현되었던 것이라고도 볼 수 있다. 결국 이는 세계지도를 만들기 위한 접근이 과학적이기보다는 상징적, 공상적이었으며 신화에 그 근거를 두었던 예전 지리학의 기준을 대체하게 된다. 이렇게 새로운 기운 속에서 기독교도 왕은 알려진 물리적 세계에 대한 모든 동시대의 지식을 요약할 것을 모로코인 지리학자에게 요청했던 것이다.[94]

『로제르의 책』의 각 부분은 연구에 근거하여 지역에 대한 일반적인 서술로 시작하고, 주요 도시를 나열한 다음 각 도시에 대한 세부 사항(도시 사이의 거리, 초기 지리 기록의 일반적인 특징이 포함)을 기록했다. 서문에서 알이드리시는 세계의 형태에 관한 무슬림의 인식을 요약하였다. 지구는 물로 덮여 있고 공기로 둘러싸인 둥근 구(球) 모양이고, 모든 피조물은 중력 덕분에 지구의 표면에서 계속 안정적으로 살아갈 수 있다고 한 것이다. 이는 모두 프톨레마이오스와 같은 그리스 학자, 그리스의 지리적 지식을 수용하고 발전시킨 무슬림 학자들로부터 이어받은 과학적 개념이다.[95] 이후 알이드리시는 일곱 개의 바다를 서술하는데, 여기에는 적도보

---

93 Frances Carney Gies, "Al-Idrisi and Roger's Book," *Saudi Aramco World* 28.4(July/August 1977): 14-19.
94 Al-Idrīsī, *Nuzhat al-mushtāq fī ikhtirāq al-āfāq*, 4-6.
95 Ibid., 7-9.

다 13도 위에 있으면서 동쪽에서부터 시작해 적도를 따라 서쪽으로 펼쳐져 있는 중국의 바다도 포함되어 있다.[96] 보고서의 앞에 있는 평평한 은 지도(지름은 거의 80인치(2m)에 달했고, 무게는 300파운드 이상이었을 것이다)는 학자들이 상상했던 세계의 형태를 묘사했을 것이다.[97] 비록 이 은으로 된 지도는 소실되었지만, 함께 있던 지도들은 현존하고 그 지도들은 은 지도가 포함했던 부류의 지리적 내용을 짐작할 수 있게 한다. 여기에는 알이스타흐리의 지도(원본 지도는 그림 0-1 참고, 그리고 영어 전사와 함께 재구성된 지도 스케치는 그림 2-4 참고)와 비슷한 원형 세계지도가 포함되어 있고, 70개의 부분적 지도를 합쳐 놓으면 원형 지도와 비슷한 세계지도를 형성하게 된다. 이는 유라시아와 북아프리카의 대부분을 자세하고 정확하게 그린 현존하는 최초의 세계지도들이다.

70개의 부분적 지도는 그리스 지리학자들이 처음으로 만든 위도, 경도 위치 체계를 활용하여 알려진 세계를 표시하고 있다. 이 70개의 지도는 모두 거주가 가능한 세계의 일곱 기후대(북극해부터 적도에 이르기까지 동-서로 평행하게 생긴 띠로 지구를 둘러싼 임의로 설정한 구획)를 표시하고, 경도를 통해서는 10개의 구획으로 분할하고 있다. 최초의 아랍인 지리학자 알화리즈미가 8세기에 자신의 지도를 만들었을 때, 그는 위도-경도 좌표와 약간의 수정을 거친 기후대 체계를 포함하여 그리스의 체계를 직접적으로 받아들였다. 그러자 수많은 무슬림 학자가 알화리즈미의 기후대 체계를 수용했는데, 여기에 알이드리시도 포함되어 있었다. 알이드리시는 위도와 경도의 위치로 구획하기 위한 개략적인 수단을 만들려고 7

---

96 Ibid., 9.
97 Ibid., 6.

중국과 세계에 대한 묘사   185

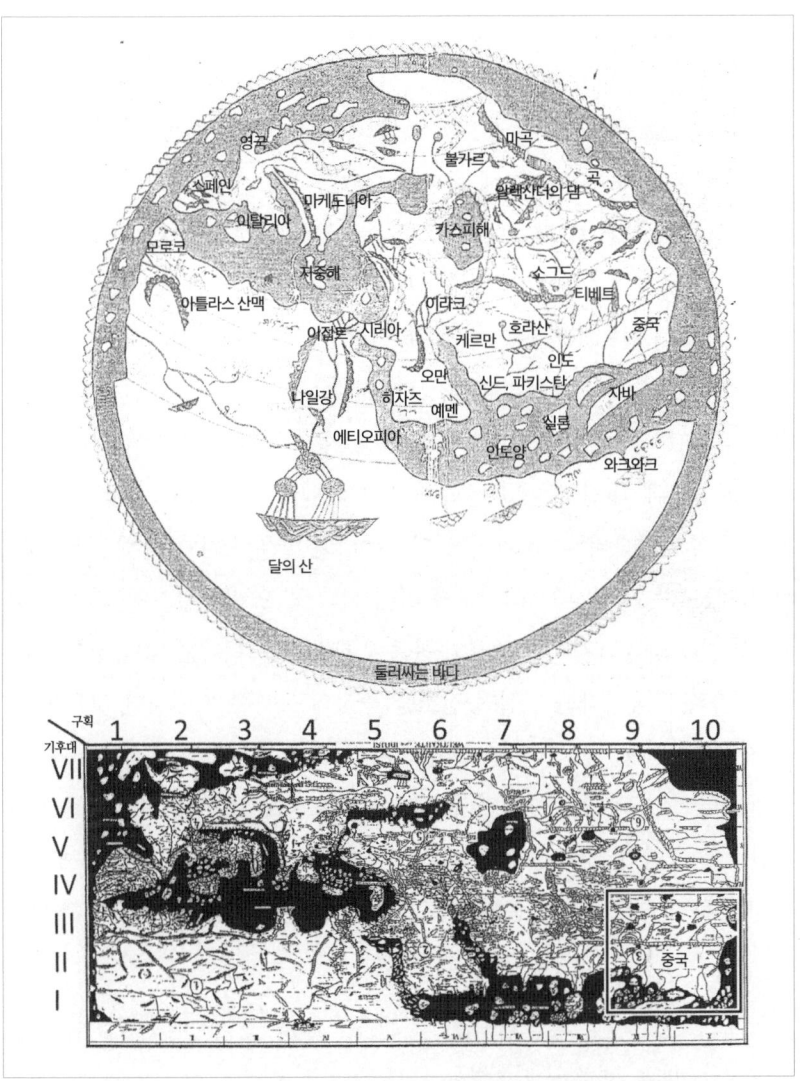

그림 2-4 알이드리시의 『수평선을 건너기를 바라는 자의 기쁨』(1154)에서 지명들이 나온 세계지도(위)와 부분적 지도를 모아 놓은 그림(아래, 밀러(Miller)에 의해 재구성된 것을 근거로 다시 그려진 지도)이다. 원래의 지도는 남쪽을 위에 배치했다.

* 주석: 지도는 콘라드 밀러(Konrad Miller)에 의해 알이드리시의 지도들을 일찌감치 재구성했던 것에 근거하여 다시 그려졌다. Miller, vol. 4, 160.

개의 기후대와 10개의 하위 구역을 활용했다. 그래서 각각의 부분 지도는 세계의 어느 지역을 표시한 것이고, 독자들은 다른 부분 지도들과 함께 각각의 지도를 큰 맥락 속에 두게 되면 세계를 인식할 수 있게 된다. 알이드리시는 개개의 부분 지도에 상세한 자료를 삽입했고, 그의 지리 보고서는 각 지역의 사회, 문화, 생산품, 상품을 상세하게 묘사하면서 지도를 보완했다. 부분적 지도를 모아 놓고 그 서북쪽 지역을 보면(3개의 기후대와 2개의 부분 구역) 대략 중국과 일치한다.[98]

알이드리시의 가장 위대한 성과는 정확한 해안선으로 된 유럽을 보여주고 있고, 유럽 내부에 대한 정확한 정보를 제공한다는 것이다. 그는 아시아와 중국에 대해서는 덜 정확한 정보를 알려주는데, 이는 알이드리시가 이븐 후라다드비, 아부 자이드, 알마수디와 같은 초기 자료에 주로 의존하여 지도를 그렸기 때문이었다.[99] 발키 학파 및 알비루니의 지도처럼, 알이드리시는 중앙아시아를 중국의 북쪽에 배치했는데 이는 대략 정확한 것이고, 곡과 마곡이라는 전설적 장소를 중국의 동북쪽에 배치한 것은 그리스의 전통을 따른 것이다.[100] 일본 학자인 오지 토시아키(應地利明)는 당시의 중국 지도와 알이드리시의 지도를 비교한 후, 알이드리시는 중국의 해안선을 그리기 위해 중국의 지도를 활용했는데, 그 이유는 둘의 해안선이 비슷하기 때문이라는 흥미로운 가설을 제시했다. 로제르 2세의 조정이

---

98 밀러(Miller)는 알이드리시의 기록에서 나타나는 중국을 상세하게 재구성한 지도를 만들었다. Miller, vol. 3, 44-45를 참고.
99 알이드리시의 인도에 대한 지리의 약점에 대한 논의로는 Al-Idrīsī, *India and the Neighboring Territories in the Kitāb Nuzhat al-Mushtāq fi'khtirāq al-'afāq of al-Sharīf al-Idrīsī*, trans. S. Maqbul Ahmad(Leiden, 1960) 참고.
100 곡과 마곡에 대해서는 E. Van Donzel and Claudia Ott, "Yādjūdj wa-Mādjūdj," *EI2*, 11: 231-234를 참고.

다양한 사회 출신의 학자로 붐볐다는 것은 사실이다. 일부 현대 역사학자들은 그러한 학자 중 소수가 아마 중국 출신이었을 것이라고까지 주장한다.[101] 그러나 알이드리시의 지도에 있는 중국 해안선의 윤곽은 이전의 발키 학파 지도와도 비슷한 점이 있고 이는 오지 토시아키의 주장을 위한 근거와는 맞지 않다. 게다가 알이드리시의 지도는 이븐 후라다드비 같은 이전 세대의 이슬람 지리학자들이 예전에 서술은 했으나 지도로는 표시한 적이 없는 도시들만 나타내고 있다. 그러한 도시에는 동남아시아에서 중국으로 가는 해안선에 자리한 루킨(현재 베트남의 하노이), 한쿠(광주), 잔쿠(천주)가 포함되어 있다.[102]

사실, 알이드리시의 지리 요약서인 『로제르의 책』에서는 독창적이지 않은 지식을 통해 중국을 3개의 기후대와 2개의 부분 구역으로 배치해 채워 넣었는데, 이는 앞서 인용한 이슬람 지리학자들의 저술을 분석하면서 얻어낸 결과였다. 예를 들면, 『로제르의 책』의 첫 번째 기후대 10번째 부분에서는 중국의 통치자, 주요 도시, 교역의 중요성에 관해 이전 연구들과 같은 내용을 반복하고 있다. 여기에는 지역 통치자의 머리 위에 달린 종을 울려서 조정에 호소하는 제도에 관한 서술이 포함되어 있는데, 이는 분명히 아부 자이드의 『중국과 인도의 소식』에서 찾을 수 있는 같은 이야기를 각색한 것이고 군주와 정부의 측면에서 중국적 성격의 공명정대함을 서

---

101 크릴(Herrlee G. Creel)과 하트웰(Robert Hartwell)도 중국의 제도적 형태가 시칠리아까지(예를 들면, 로제르 2세가 과거제도를 채택했던 것) 퍼져 있었음을 주장하려고 알이드리시의 기록을 인용했다. Robert M. Hartwell, "Foreign Trade, Monetary Policy and Chinese 'Mercantilism'," 『劉子健博士頌壽紀念宋史研究論集』(京都, 1989), 461.
102 이는 이븐 후라다드비의 길과 같은 것이다. 이전의 논의에서 약간 다른 철자로 된 지명들을 참고. 지도들은 동시대의 중국 지도인 '서토오인지도'와 비슷한데, 이 중국 지도는 인도 도시들의 적절한 위치 및 중국인 승려 현장이 순례를 갔던 길을 보여주고 있다.

술하는 것으로 요약하고 있다.[103] 편찬본의 핵심(두 번째 기후대의 10번째 부분)에서 알이드리시는 세계의 강 중 가장 크고 유명한 것의 하나로 훔단강을 소개한다.[104] 이전 시기의 지리학자들은 당 왕조 치하 중화제국의 수도인 장안을 가리키는 명칭으로 훔단을 사용했으므로, 알이드리시는 장안과 같은 초기 제국의 도시들을 발전시키며 그 근처에 있었던 중국에서 두 번째로 긴 강인 황하를 여기에서 언급했음이 분명하다. 확실히 알이드리시는 그의 시대에 존재했던 북송 왕조(960-1127) 및 남송 왕조(1127-1276) 각각의 수도였던 개봉(開封)과 항주(杭州)와 같은 중국의 새로운 수도에 대해서는 알지 못했다. 알이드리시는 이전 무슬림들의 지식을 주로 활용했고 원본 자료는 거의 이용하지 않았으므로 지리 연구를 위한 중국의 출처는 필요하지 않았다. 그래서 시칠리아의 로제르 2세 조정에 중국의 지도 혹은 중국인 학자가 있었다는 가정은 부자연스럽게 들린다. 그러나 알이드리시의 편찬본은 12세기 시칠리아에 있던 무슬림 학자들이 활용했던 지리 정보에 대한 훌륭한 증거를 제공한다.

　　알이드리시의 걸출한 지리 저작 이후, 이슬람의 지리 문헌은 계속 발전해 나갔다. 이는 지명 사전이 제작되는 것으로 정점에 이르렀는데, 이슬람 세계에서 수 세기 동안 가장 권위 있는 지리 사전으로 명성을 유지했던 것으로는 야쿠트 이븐 압드 알라 알하마위(Yāqūt ibn ʿAbd Allāh al-Ḥamawī, 이슬람력 626년/서기 1229년 사망)가 저술한 『지리 사전(Muʿjam al-buldān, 1224년경)』이 있다.[105] 알파벳 순서로 배열된 이 사전은 이전의

---

103 Al-Idrīsī, *Nuzhat al-mushtāq fī ikhtirāq al-āfāq*, 98.
104 Ibid., 210.
105 원문에 있는 중국 기록에 대해서는 Yāqūt ibn ʿAbd Allāh al-Ḥamawī, *Muʿjam al-buldān*(Bayrūt, 1990), 500-509와 Yāqūt ibn ʿAbd Allāh al-Ḥamawī, *Yāqūt's*

수많은 문학적, 과학적 저술들로부터 축적된 역사적, 사회학적 자료에 근거하여 각 항목을 싣고 있다.[106] 중국에 상당한 지면을 할애함으로써 야쿠트는 세계에 대한 무슬림의 지식을 강화하고자 지식인 사이에서 중국에 대한 무슬림의 지식이 공식화되고 널리 유포되는 데에 도움을 주었다.

중국에 대한 야쿠트의 설명은 그의 통상적인 형식을 따른다. 지명의 역사적 혹은 신화적 기원을 인용하고, 왕국의 물리적 위치를 배치한 다음에 역사적 기록과 일화를 언급하는 것이다. 이 패턴을 따라서 야쿠트는 알신의 의미를 분석하는 것으로 설명을 시작한다. 중국인들은 노아의 아들 야페트(Yaphet)의 후손이라는 옛 전설을 반복하는데, 이는 가장 이른 시기에 활동한 이븐 후라다드비의 남아 있는 연구에서 발견할 수 있는 정보였다. 그리고 야쿠트는 중국의 위치를 경도 164도 30분으로 결정짓는다. 그런데 기존에 존재했던 정보에 더해 야쿠트는 새로운 지식을 추가한다. 예를 들면, 그는 북중국(거란족 요)과 남중국(송 왕조)의 분열을 서술하는데 이는 알비루니, 카슈가리, 마르바지와 같이 10세기부터 활약했던 무슬림 지리학자들이 알고 있었던 역사적 사실이었다. 또한 야쿠트는 교역을 위해 중국으로 가면서 알시니(al-Ṣīnī, '중국에 있었던 사람')라는 별명을 얻게 되었던 무슬림에 대한 일화 정보도 삽입하고 있다.

비록 야쿠트는 자신의 모든 정보를 이전의 자료들에 의존하였지만,

Geographisches Wörterbuch: herausgegeben von Ferdinand Wüstenfeld(Frankfurt am Main, 1994[1866-1873]), 444-458을 참고.

106 야쿠트와 그의 저술에 대한 더욱 많은 정보로는 Khandkar M. ʻAbdur Rahman, "The Arab Geographer Yāqūt al-Rūmi," *Journal of the Asiatic Society* 3(1958); Barbara Ostafin, "Yāqūt-Geographer, Compiler or Adīb? According to the Preface to his Dictionary," *Folia Orientalia* 30(1994); Fuat Sezgin, ed., *Studies on Yāqūt al-Ḥamawī*(d. 1229)(Frankfurt am Main, 1994)를 참고.

간접적인 정보를 덜 믿을만한 것으로 간주한다. 그는 동시대 사람 중에서 실제로 중국을 방문한 사람이 없었다고 주장하는데, 이는 중국이 자신들의 땅에서 너무 멀리 떨어져 있고 상인들도 단지 동남아시아에 있는 무슬림 공동체들까지만 여행하기 때문이라고 했다. 그의 이야기는 8세기와 9세기에(875년부터 884년까지 발생한 황소의 반란 때문에) 무슬림 교역자들이 더 이상 중국으로 여행하지 않았고 중국인들과의 해상 교역은 동남아시아에서 이루어지는 것으로 제한되었다고 일찍이 서술했던 아부 자이드와 알마수디의 기록을 확인시켜 주는 것이다. 이는 해상 교역로(혹은 야쿠트가 알고 있었던 범위 내에서)에 관해서는 사실인 것 같지만, 13세기 초에 시작되는 극적인 정치적 변화를 경험했던 육상 교역로의 측면에서는 분명 틀린 서술이다. 야쿠트가 1229년에 사망했을 당시에 카리스마를 갖춘 몽골 지도자였던 칭기즈 칸이 이미 중앙아시아(의 여러 사람 중)에 있던 무슬림 상인들의 도움으로 북중국의 일부를 정복했고, 수많은 무슬림을 몽골 초원과 북중국으로 이주시켰던 것이다.

통일된 몽골제국 시기(1206-1260)는 비록 이 책에서 자세하게 다루지는 않지만, 카라한조와 중국 사이 육로를 따라 이루어진 중국-무슬림의 접촉에서 중대한 시기였다. 여진족이 북중국의 본거지를 정복하면서 망명했던 거란족 요 왕조의 후손이 건국했던 중앙아시아의 카라 키타이(서요) 왕조 또한 이 시기 중국과 이슬람 세계 사이의 접촉이 유지되는 데에 있어서 결정적인 역할을 수행했다.[107]

마지막으로, 우리는 1244년에 무함마드 이븐 나지브 바크란(Muḥammad ibn Najīb Bākran)이 저술한 중요한 페르시아어 지리 저술을 간과해서는

---

107 Biran, *The Qara Khitai Empire in Eurasian History* 참고.

안 된다. 그의 『세계의 책(Jahān-nāmah)』은 당시 육지와 바다의 새로운 접촉 통로를 통해서 중국에 대한 이란인들의 인식이 갱신되었음을 보여주고 있다. 먼저 이 책은 바닷길을 간략하게 지적하며 이렇게 언급한다. "홀즘(Kholzum, 홍해)에서부터 중국까지는 200곳의 장소(혹은 주둔지)가 있다."[108] 초기의 아랍어 저작들이 페르시아만과 중국 사이의 길을 서술했지만, 이 페르시아어 연구는 중국과 홍해를 연결하는 새로운 길을 알려준다. 또한 이븐 후라다드비의 저술과 같은 초기의 지리 연구에서 발견되는 것과 비슷하게 중국에 대한 일반적인 설명도 제공한다. 즉, 중국은 300개의 크고 부유한 촌락과 도시가 있는 매우 큰 국가라고 이야기한다. 그런데 중국이 '친'(중국)과 '마친'(더 큰 중국)으로 분리되어 있다는 추가 정보도 덧붙인다. "한 부분은 안전하고 부유한데, 여기를 순수한 중국 혹은 외부 중국이라고 부른다. 그리고 다른 부분은 동쪽에 위치하고 있고, 내부 중국 혹은 마친이라고 부른다."[109] 비록 그가 제작한 세계지도가 현존하지는 않지만, 더욱 중요한 것은 글로 기록된 문헌이 중국 및 중국과 관련된 국가를 명백하게 구분하면서 세계에 대한 생생한 묘사를 담고 있다는 점이다. 문헌 서술로 판단해보면, 소실된 지도는 아마 이슬람 세계에서 가장 오래된 격자형 지도였을 것이고, 14세기의 함드 알라 무스타우피(Ḥamd Allāh Mustawfī)가 그린 현존하는 최초의 격자형 지도보다 130년 앞선 시기의 것이었다. 이 지도들에 관해서는 4장에서 더욱 자세히 논의할 것이다.

1260년에 이슬람 세계의 중요 부분을 몽골이 정복하기 이전에, 번성했던 접촉이 이루어진 예전의 수 세기에 걸쳐 축적되었던 중국에 대한

---

108 Muḥammad ibn Najīb Bākran(1208년에 활약), *Jahān-nāmah*(Tehran: Ibn-I Sīnā, 1963[1342]), 15.
109 Ibid., 71-72.

지식은 다른 시기에 이슬람 세계의 여러 지역에서 계속 확장했다. 이것은 알고 있는 땅에 대한 이슬람 세계의 전반적인 인식에서 작지만 중요한 부분이었다. 그 인식은 당시 세계에서 가장 정확하면서도 포괄적인 것이었다.

맺음말

아바스 왕조 시기 이슬람 세계의 정치적, 상업적 팽창은 그리스, 이란, 인도로부터 물려받은 전통을 뛰어넘어 지리학 분야가 발전할 수 있도록 자극을 가했다. 초기의 세계 지리에 대한 이론에 근거하여 아바스 시대 지리학자들은 알려진 세계의 중심에 이슬람 세계를 위치시켰다. 이를 위해 그들은 그리스의 조상들은 몰랐던 당시의 새로운 정보를 흡수했고, 이는 알려진 세계의 동쪽 구석에 중국에 대한 상세한 정보를 분명히 포함시킨 것으로 잘 드러난다. 9세기와 10세기에 인도양에서 중국으로 종종 항해했던 상인과 선원들은 귀중품과 함께 그들이 방문해서 오랜 기간에 걸쳐 종종 머물렀던 사회에 대한 풍부한 정보를 서아시아의 고국으로 가지고 돌아왔다. 동아시아 사회의 이국적인 상품과 문화에 관한 그들의 이야기는 소설이 아닌 저작 속에 들어갔을 뿐만 아니라 선원 신드바드와 같은 인도양 항해자들에 관한 공상적인 이야기와 『천일야화』 속 중국에서 일어났던 이야기들로도 반영되었다. 무슬림 상인과 선원들은 또한 중국과 그 사회, 교역로에 대한 더욱 실질적이면서도 상세하고 정확한 정보를 가져다주었고 이븐 후라다드비, 아부 자이드, 알마수디와 같은 전문 작가들은 이 정보를 수집하여 체계적으로 배열하면서 9세기와 10세기에 일반 독자를 위해 이러한 정보들을 출판했다. 중국과의 잦은 접촉(대체로 아라비아와 중국의 항구도시 사이를 직접 항해했던 다우선을 통해서 이루어졌다) 덕분에 알려진 세계에 대한 이슬람의 지리 지식은 늘어나게 되었고 중국을 미지의 땅에서 알고 있는 땅으로 변환시켰다. 이러한 초기의 저술은 지식을 더욱 확장시키게 되는 훗날의 연구를 위한 중요한 토대를 제공했다.

서로 다른 시기에 나온 무슬림 저술에 관한 면밀한 비교는 중국에 대한 대부분의 정보가 이전 세대에서 이후 세대로 직접 전파되었음을 보여준다. 이븐 후라다드비가 두 명의 위대한 아랍 지리학자(12세기의 알이드리시와 13세기의 야쿠트)의 지리 서술 업적에 기여를 했던 사례를 통해서도 이를 확인할 수 있다. 초기의 정보를 재활용하는 과정에서 12, 13세기 중국과 이슬람 세계의 학자들은 기록을 첨가하는 현상을 지속하면서도 다른 접근법을 보여준다. 조여괄은 상당한 정도의 새로운 정보를 추가하면서도 주거비의 기록을 많이 인용했던 반면, 야쿠트는 이와 비교해보면 새로운 정보를 많이 추가하지 않았다. 야쿠트는 9세기 말에 시작된 해상 운송 체계의 변화가 이슬람 세계에서 중국으로 가는 상인들의 여행을 감소시키는 결과를 낳았다고 주장한다.

이러한 변화에 영향을 끼친 사건은 중국어와 아랍어 자료에서 모두 그 증거를 찾을 수 있다. 9세기에서 10세기로 넘어갈 때에 무슬림은 점점 남아시아와 동남아시아에 정착하기 시작했고, 여기에 영속적인 이주 공동체를 창설했다. 소수의 예외가 있지만, 무슬림은 더 이상 페르시아만에서 중국의 항구까지 항해를 하지 않았다. 그 대신에 그들은 인도양 동부를 통해서 남아시아, 동남아시아와 중국 사이를 항해했던 중개상인을 거쳐서 중국에서부터 멀리 떨어진 곳에서 교역했다. 운송의 구조에서 일어난 이 변화는 이슬람 세계 출신 상인들이 해상 연결을 통해 국가에 대해 획득할 수 있었던 정보의 양을 감소시켰을 것이다. 사실, 10세기부터는 전체 인도양 영역에 대한 중동 사람들의 지식은 점점 새롭지 않은 것이 되었다. 홍

미룹게도 육로를 통해 중국과 더욱 가깝게 연결되었던 일부 무슬림 작가들은 중국에 대한 갱신된 정보(예를 들면, 제국이 북쪽과 남쪽으로 분리되어 있었던 것)를 제공했다. 정보가 모이고 유포되면서 지리학자들은 새로운 정보를 지리 보고서에 편입하고 창조적인 방식으로 지도를 그리면서 세계와 중국에 대해서 더욱 다양해지고 포괄적인 이미지를 발전시켰다. 아바스 제국이 분열되어 이슬람 세계가 다양한 지역 세력들로 쪼개지고 난 이후에도 지속적인 여행과 교류를 통해 무슬림 학자들은 학문적 전통, 일반적인 핵심적 지식을 여전히 공유했다.

이렇게 축적된 모든 지리적 지식은 알이드리시와 야쿠트에 의해 이루어진 위대한 두 건의 종합적 문헌을 위한 토대를 만들었다. 알이드리시는 그의 시대에 가장 정교한 세계지도를 만들었는데, 이 지도는 중국이 알려진 세계의 동쪽 끝 부분에 있다는 점을 보여주며, 중국과 이슬람 세계를 연결하는 해안선의 윤곽을 표현하고 있다. 이 지도는 이후 수 세기 동안 이슬람 세계에 지속적인 영향력을 발휘하게 된다. 알이드리시의 지도의 기본적인 구조는 초기 이슬람 지리 연구들에서 비롯된 것이었고, 이는 곧 그리스와 아마도 이란의 전통에 근거를 두었다는 이야기가 된다. 그러나 알이드리시와 같은 무슬림 지도 제작자들은 새로 획득한 사실로써 초기의 이론들을 갱신했다. 인도양이 갇힌 바다라고 했던 그리스의 이론으로부터 벗어나면서 이슬람 세계의 지도는 인도양을 태평양과 연결된 개방된 바다로 묘사하기 시작했다. 물론, 이 지도들은 여전히 부정확한 정보를 많이 포함하고 있었다. 발키 학파의 개략적인 세계지도처럼, 알이드리시 지도에 나오는 아프리카는 동쪽으로 멀리 뻗어나가 있어서 남반구의 대부분을 차지하고 있었다. 그럼에도 불구하고, 프톨레마이오스에 근거한 지도의 구조는 현대의 지도들과 닮은 정확성을 보유하고 있다.

3장에서는 중국의 몽골 조정으로 많은 무슬림 학자가 이슬람의 학문을 전파했던 몽골 시기에 이러한 무슬림 지도들이 중국의 지도 제작자들에게 영향을 주었을 것이라는 흥미로운 가능성을 살펴보고자 중국으로 돌아갈 것이다. 이슬람 학문의 전파는 아라비아 반도, 아프리카, 유럽의 상당히 정확한 해안선이 들어가 있는 최초의 중국 지도가 만들어지는 결과를 창출했다.

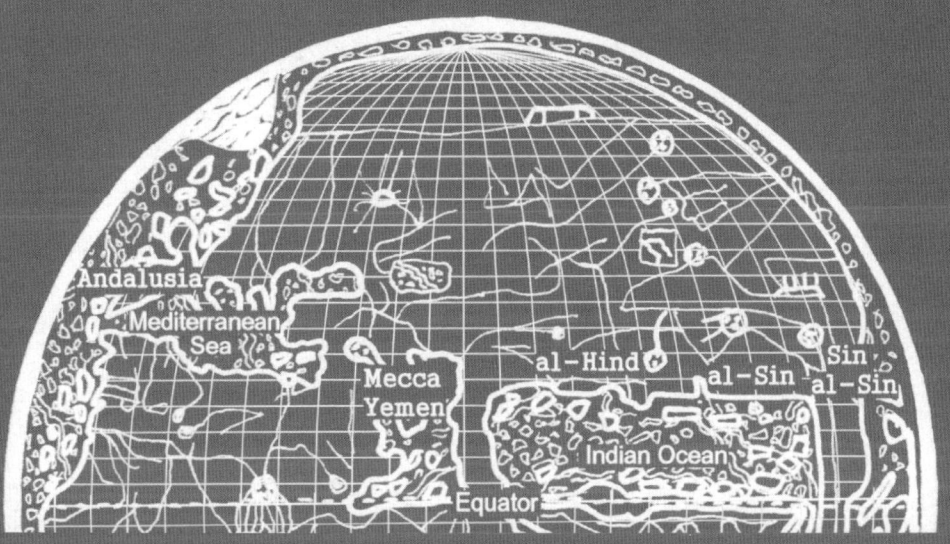

3장

몽골 세계에 대한 해석

중국의 이슬람 세계 인식, 1260-1368

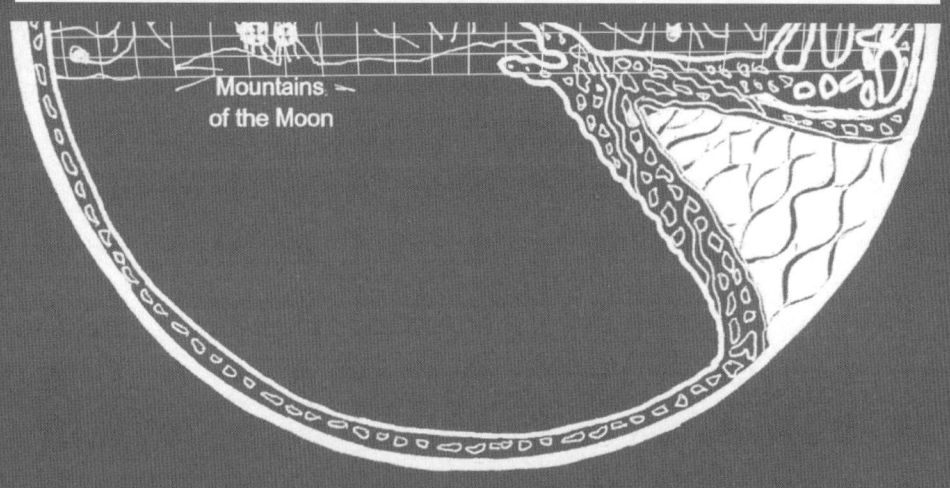

14세기 중엽, 중국 출신의 왕대연(汪大淵)은 자신이 인도양을 통해 서아시아와 동아프리카 해안까지 갔다고 주장하는 여행에 관한 기록을 남겼다. 아마 고전적 중국 문학 교육을 받았을 저자는 광범한 범위에 미치는 여행과 직접 탐방을 통해 수집한 정보에 근거한 이야기를 만들려고 스스로 위대한 역사가 사마천의 뒤를 잇는 것으로 모범을 삼았다. 그와 동시대 사람이었던 베네치아인 마르코 폴로가 1275년부터 1291년 사이에 중국을 여행했던 것에 관한 이야기가 동료들에 의해 곧바로 무시되었던 것과는 대조적으로, 왕대연의 기록은 중국인 사이에서 인정(심지어 화제가 되었다)을 받았고 유명한 중국인 작가인 오감(吳鑒)이 서문을 써주었으며 지방지에 기록이 인용되기도 했다. 왕대연은 서아시아를 방문해서 정보를 가져오고 기록한 최초의 중국인은 아니었다. 1장에서 살펴본 것처럼, 두환과 같은 여행자들이 이미 수 세기 전에 그러한 일을 시행했다. 그러나 왕대연은 자신의 호기심을 만족시키려고 자유롭게 서쪽으로 여행했다. 두환은 전쟁 포로가 되어 강제로 끌려갔었다. 이러한 환경의 변화는 중국, 서아시아, 동아프리카 해안 사이가 상업적으로 그리고 문화적으로 더 긴밀히 연결된 것에서 비롯되었다. 그리고 왕대연이 1328년에 여행을 출발했을 시기에 그러한 경향은 절정에 달했다. 해상 접촉 그리고 범아시아 규모의 상업 네트워크의 큰 확대는(왕대연의 여행 기록에서 분명하게 드러난다) 이 시기 유라시아를 휩쓸었던 거대한 정치적 변화로 인해 발생한 것이었다. 그 변화는 바로 몽골제국의 창건으로, 이는 또한 육로를 다시 열게 했고, 유라시아의 접촉 규모를 증대시켰다.

    13세기와 14세기 사이에 중국 전역은 그때까지 존재했던 가장 거대한 연속적 육상 제국이었던 몽골제국의 일부분이 되었다. 중국 전체에 대한 몽골의 통치는 거의 1세기 정도 지속되었지만, 이 짧은 시기에 중국인은 무슬림을 포함하여 멀리 떨어진 아시아의 서쪽 지역에 사는 사람들과 접촉할 수 있는, 예전에는 없었던 기회를 받게 되었다. 이와 동시에 몽골이 서아시아를 향해 성공적으로 팽창하고 특히 13세기 중반에 이란에서 몽골 정권을 수립하게 되면서 많은 무슬림이 육지와 바다를 통해 중국으로 여행을 오도록 촉진했다. 사람들의 움직임은 고국으로부터 상품과 사상이 함께 이동하게 만들었고, 몽골의 지배를 받는 이란으로부터 중국에 사는 몽골인 및 중국인에게 정보와 지식이 직접 전파되는 결과를 만들어냈다. 이렇게 쌍방향으로 진행된 범아시아적 교류가 낳은 결과는 아주 분명하게 나타난다. 중국의 지도 제작자들은 처음으로 무슬림의 지도를 기반으로 삼아 아라비아, 아프리카, 유럽의 해안선을 꽤 정확하게 표현하면서 그리기 시작했다. 그들은 몽골 시기에 페르시아만에서 가장 중요한 항구였던 호르무즈(Hormuz)로 가는 해양 항로를 묘사하였다. 왕대연 이전에 양추(楊樞)라는 이름의 또 다른 중국인도 페르시아만의 호르무즈로 곧바로 향하는 아시아의 해안선을 따라갔고, 서아시아와 더욱 규모가 큰 이슬람 세계에 대한 중국인의 지식이 급격히 늘어나는 것에 직접적으로 기여했다. 이 여행자들의 서아시아를 향한 모험은 몽골 시기 사람들이 증언했던 활발한 접촉의 일부분만을 반영하는 것일 뿐이다. 이렇게 확장된 접촉 덕분에 이슬람 세계 및 남아시아와 동남아시아에서 성장했던 무슬림 공동체들에서부터 더욱 많은 무슬림이 중국으로 이주하여 정착했고, 무슬림 공동체를 창설했다.

 3장에서는 1260년에서 1368년 사이에 중국과 이슬람 세계 사이에서 이루어진 문화 간 접촉의 정도를 가늠해보기 위해 중국어 자료를 조사할 것이다. 그리고 몽골 시대 동안에 이루어진 전대미문의 접촉 규모로 인해 이슬람 세계에 대한 중국인의 지식이 극적으로 팽창한 영향에 대해서도 살펴볼 것이다. 부분적으로는 몽골인이 중국을 한 세기 동안 지배하면서 발전시킨 세계주의적 분위기 덕분에 이슬람 세계에 대한 새로운 지식의 획득에 몽골인이 어떻게 기여했는지도 알아볼 것이다. 무슬림을 포함한 외국인과의 증대된 접촉을 이용하면서 중국인이 그들의 지리적 지식을 확장했던 것은 분명하다. 이는 다음과 같은 의문을 불러일으킨다. 이 시기 중국인과 몽골인을 위해 예전 중국인이 남겨 놓은 유산은 어떤 종류의 것인가? 이 시기에 처음 출현했던 지식의 형태는 무엇이었고, 그것은 이전 시기의 지식과는 어떻게 다른가? 특별한 지식의 획득을 촉진한 사건은 무엇이고, 누가 연관되어 있었는가? 증대된 접촉의 사례에서 몽골인은 사상의 이동을 어떻게 촉진했던 것일까? 그리고 마지막으로, 사료는 얼마나 믿을 수 있을까?

몽골의 중국, 이란 정복으로 인한 중국인의 이슬람 세계에 대한 지식 확대

몽골인이 유라시아 북부를 휩쓸고 있을 때, 중국은 두 왕국으로 나뉘어 있었다. 금 왕조(1115-1234)는 여진족의 지도 아래에서 북중국을 지배했고,[01] 남송 왕조(1127-1276)는 남중국을 통치했다. 지리적 한계로 인해 그들은 이슬람 세계에 대한 새로운 정보를 얻으려고 각각 다른 통로를 활용했다. 남송의 중국인들은 이미 외국과의 해상 교역에 종사한 덕분에 이슬람 세계로 가는 해안선 경로에 대해 분명한 감각을 지니고 있었다. 예를 들면, 초기 13세기 조여괄의 지리 저술인 『제번지』는 바다를 통해 도달할 수 있는 외국에 대한 전대미문의 정보를 중국인에게 제공했다. 이와 달리 북중국의 여진족 금 왕조 치하에서 살았던 지리학자들은 몽골인이 정복 과정에서 육로를 다시 개척하기 시작하고 금 왕조가 성장하고 있던 제국과 접촉을 시작했을 때 서아시아로 향하는 육로에 대해서 새로운 정보를 접하게 되었다.

몽골인은 역사적으로 유라시아 초원에서 살면서 가축을 방목하는 유

---

01 북중국에 대한 금 왕조의 지배에 대해서는 Tao Jing-shen, *The Jurchen in Twelfth-Century China: a Study of Sinicization* (Seattle: University of Washington Press, 1977); Hoyt Cleveland Tillman and Stephen West, eds., *China under Jurchen Rule* (Albany: State University of New York Press, 1995)를 참고.

목민으로, 가축을 위한 새로운 풀을 찾기 위해 여러 초원 시역을 이동하는 삶을 살았다. 이동 과정에서 그들은 다른 유목 부족 및 중국인과 갈등을 겪었다. 이러한 패턴은 칭기즈 칸이 1206년에 몽골을 통일하고 정복을 시작할 때까지 수 세기 동안 지속되었고, 몽골의 지배가 태평양에서 헝가리까지 미치게 되면서 비로소 종결되었다. 정복자들은 비교적 신속하게 움직였다. 1218년에는 카라 키타이 왕조, 1231년에는 호라즘 샤 왕조, 1234년에는 북중국, 1240년에는 러시아, 1258년에는 바그다드, 1276년에는 남중국을 정복했던 것이다. 몽골의 유라시아 정복은 8세기 중반부터 정치적 갈등으로 인해 지체되었던 육로를 통한 중국과 이슬람 세계 사이의 외교적 접촉을 다시 활성화하는 데에 도움을 주었다. 그런데 정복은 이보다 더 큰 결과를 불러왔다. 이슬람화된 중앙아시아와 서아시아가 중국과 연결되면서 두 사회의 정치적 통합이 이루어진 것이다. 북중국의 여진족 금 왕조의 지배 아래에 살았던 중국인이 1234년에 왕조가 멸망한 이후 몽골의 지배에 복속했을 때, 중국인은 빠르게 서쪽의 이슬람 세계에 직접 도달하는 상황을 맞이하게 되었다. 몽골인이 그들을 군대로 징발하여 서쪽으로 보냈기 때문이다. 서쪽 지역을 여행했던 사람들의 보고서는 고국으로 돌아온 중국인들이 그들 주변에서 일어나고 있던 정치적 지형의 변화를 빠르게 이해하고 이슬람 세계의 지리와 사회에 대한 일반적인 지식을 갱신하는 것에 도움을 주었다.[02]

---

02 금 왕조와 몽골 사이에는 1200년대 초부터 외교적 교류가 있었다. 몽골 지역을 여행했던 일부 사람들은 몽골인 및 다른 민족에 대한 가치 있는 정보를 제공했는데, 여기에는 몽골인에 의해 정복되어 그 지역에 거주하는 무슬림에 대한 정보도 포함되어 있었다. 현존하는 기록 중 하나인 『북사기(北使記)』는 유기(劉祁)에 의해 편찬되었는데, 이는 평화 협상을 위해 중앙아시아에 있는 칭기즈 칸을 만나러 여행했던 오고손중단(烏古孫仲端)의 서술을 기록한 것이다. 더욱 상세한 정보 제공원은 도사(道士) 구처기(邱處機, 1148-1227)였다. 그는 장춘(長春)이라고도 불렸고, 1220년경에 초빙을 받아 중국에서 사마르칸트를 거쳐 힌두쿠시 산맥에 있던 칭기즈 칸의 진영까지 여행했다. 그의 제자 중 한

이 시기의 기록 중 현존하는 것의 하나로 『서사기(西使記, 1263)』가 있는데, 이는 당시 이슬람 세계에서 일어난 가장 중요한 정치적 사건을 서술하고 있다. 즉, 몽골인에 의해 바그다드가 몰락하고 이란에서 새로운 몽골 정권인 일 칸국이 창설되었음을 기록한 것이다. 이 책의 저자인 유욱(劉郁, 1260년대에 활약)은 몽골의 칸인 뭉케의 동생 훌레구(1265년 사망)의 군대가 이란을 막 정복했을 때 중국의 사절 상덕(常德, 1260년대에 활약)이 훌레구를 만나려고 여행하는 동안에 보고 들었던 것을 기록했다.[03] 유욱은 사절의 여행 이야기를 두 부분으로 나누었다. 첫 번째 부분은 이란으로 가는 여행의 여정이다. 상덕은 1259년에 카라코룸을 출발하여 육로를 따라 여행하여 중앙아시아 지역인 비슈발릭(Bishbalik), 탈라스, 사마르칸트를 거쳐 흘립아(訖立兒, 아마도 마잔다란 근처일 것이다)에서 1259년 4월 28일에 여행이 끝났다. 상덕의 여정에 관한 유욱의 기록 첫 번째 부

사람인 이지상(李志常)은 구처기의 여행에 근거하여 『장춘진인서유기(長春眞人西遊記, 1224?)』를 저술했다. 이지상의 서술은 사마르칸트의 무슬림 사회와 문화에 관한 생생한 세부 내용을 알려주고 있다. 예를 들면 사원의 장식에 사람을 그리지 않는 것과 죽은 사람의 머리를 서쪽을 향해 매장하는 것과 같은 무슬림의 관습, 사마르칸트에서 대석마(大石馬, 페르시아어로 학자 혹은 승려를 뜻하는 다니시만드)가 무앗딘(Muaddin, 모스크의 첨탑 중 하나에서 금요일의 행사 및 매일 다섯 번의 기도 시간을 외치는 사람)으로서 했던 역할, 라마단 기간의 금식 등을 언급한다. Li Chih-Ch'ang, *The Travels of an Alchemist - The Journey of the Taoist Ch'ang-Ch'un From China to the Hindukush at the Summons of Chingiz Khan*, trans. Arthur Waley(London, 1931).

03 여행 기록은 왕운(王惲)의 『추간선생대전문집(秋澗先生大全文集)』의 「옥당가화(玉堂嘉話)」 및 도종의(陶宗儀)의 『설부(說郛)』 및 몇몇 훗날의 저술에 포함되어 있다. 왕운, 도종의의 기록은 몽골 시대에 편찬된 것이다. 브레트슈나이더(Bretschneider)는 기록을 번역하려고 네 가지 다른 판본 문헌을 비교해서 완벽한 원본을 재구성했다. Bretschneider, vol. 1, 109-156을 참고. 브레트슈나이더는 문헌에 대한 소개와 주석, 각주가 달린 영어 번역을 제공하고 있다. 이 책에서 직접 인용한 영어 번역을 위해서 필자는 왕운의 『옥당가화』 중화서국 판본을 활용했다. 『옥당가화』는 이 기록이 포함된 첫 번째 원 왕조 시대 문헌이다. 劉郁, 『西使記』(上海, 1936), 1-4와 비교하시오.

본은 아마 직접 얻은 정보에서 인용한 것으로 보이는데, 그 이유는 장소들 사이의 여행에 필요한 거리와 시간이 들어가 있기 때문이다. 지리적 위치, 자연 환경, 지역의 생산품을 포함해서 각 국가에 관해 이루어진 유욱의 지루한 서술은 일반적인 중국인이 중국 밖에 존재했던 거대하면서도 이국적인 풍경을 지나왔다고 느끼면서 놀랐을 것이라고만 상상하게 만든다.

유욱의 기록 중 두 번째 부분은 바그다드의 몰락에 관한 상세한 내용과 몽골 군대에 의해 정복된 이슬람 세계의 국가에 관한 서술을 포함하고 있다. 책의 첫 번째 부분과는 달리 두 번째 부분은 아마 간접적인 증언에만 근거를 두었을 것이다. 상덕이 이란에 도착했을 시기가 되면, 훌레구의 원정은 이미 종결되어 있었다. 카라코룸을 떠난 후 상덕이 이란에서 소비했던 14개월은 이 사절이 넓은 지역을 여행하기에 충분한 시간이 아니었다. 그러나 바그다드의 몰락에 관한 그의 서술은 꽤 생생하다.

> 정사년(1258), [훌레구의 몽골 군대는] 보달(報達, 바그다드) 왕국을 정복했다. 국가는 남북으로 2천리에 달하고, 그 군주는 합리법(合里法, 칼리프)이라고 부른다. 성(수도)은 동쪽과 서쪽 구획으로 나뉘어 있었다. 큰 강[티그리스강]이 도시 안에서 흘렀다. 서쪽 성에는 성벽이 없지만, 동쪽에는 큰 벽돌로 지은 성벽으로 방어를 했다. 성벽의 윗부분은 멋지게 건설했다.
> [훌레구의] 제국 군대가 도시의 성벽 아래에 도착했을 때, 그들은 전투를 시작했고 참전한 병사 40만 여 명을 격파했다. [먼저] 서쪽 성을 함락하고, 그 백성을 모두 도륙했다. 곧 동쪽 성을 포위하여 6일만에 정복했는데 죽은 자는 수십만에 달했다. 합리법(칼리프)은 배를 타고 [강을 통해] 도망을 가려고 했지만 사로잡혔다.[04]

---

04 『玉堂嘉話』, 60. Bretschneider, vol. 1, 138-139와 비교하시오.

마르코 폴로의 기록과 같은 동시대의 자료들은 아바스 칼리프의 마지막 나날을 잘 보여준다.05 바그다드에 관한 유욱의 기록은 칼리프 왕조에 대한 꽤 정확한 정보로 계속 이어진다.

> 그 사회와 인구의 측면에서 [당시 칼리프의] 왕국은 서역을 이끄는 지위에 서 있었다. …… 왕국은 40명 통치자의 치하에서 600여 년 동안 존재했고, (마지막) 칼리프 시기에 멸망했다. …… 그 지역 사람들은 바그다드가 모든 호(胡, 서역 사람들)의 조상이기 때문에 모든 사람이 복종한다고 말한다.06

여기에서 상덕은 구체적으로 그 당시의 정보를 알려주고 있다. 예를 들면, 그는 아바스 칼리프 왕조가 몽골인에 의해 멸망할 때까지 분권화된 이슬람 세계에서 상징적인 권위를 유지하고 있었음을 깨닫고 있다.07

메카(천방(天房)), 이집트, 부랑(富浪, 프랑크), 시라즈(Shiraz)와 같은 이슬람 세계의 다른 지역에 관한 그의 간략한 서술은 지역의 생산품과 관

---

05 이 사건을 기록한 동시대의 다른 자료들에 대해서는 J. A. Boyle, "The Death of the Last 'Abbāsid Caliph: a Contemporary Muslim Account," *Journal of Semitic Studies* 6(1961), 145-161; David Morgan, *The Mongols*(Oxford, 2007[1986]), 132-133을 참고. 유욱이 칼리프국이 지속된 햇수를 "40명의 통치자 휘하에서 600년 이상"이라고 계산했던 것은 아마도 4명의 정통 칼리프 시대와 우마이야, 아바스 칼리프조 시기를 모두 포함한 것으로 보인다(50명의 통치자 휘하 총 627년).
06 『玉堂嘉話』, 60-61.
07 아바스 왕조가 9세기에 전성기를 누렸던 직후에 통제력을 상실하기 시작했다는 것을 우리는 앞선 장들에서 살펴보았다. 무슬림의 정복 과정에서 창설된 많은 지역 무슬림 정권은 900년경이 되면 아바스 칼리프의 정치적 권위를 무시하기 시작했다. 아바스 칼리프의 권위 아래에서 통일되면서 이상적인 움마(이슬람 공동체)로 여겨질 수 있었던 이슬람 세계가 분열되기 시작했던 것이다. 그러나 다양한 정치체들은 바그다드에 있는 칼리프의 종교적 권위(정치적 권위가 아니다)는 계속 인정했다.

습에 초점을 맞추고 있다. 가장 주목할 만한 것은 남서부 이란에 있는 시라즈 지역에 대한 서술이다.

> 시라즈 왕국에서는 진주가 생산된다. 통치자의 이름은 오사아탑비(擨思阿塔卑)[아탑비는 아타벡을 가리키는데, 이는 12세기부터 메소포타미아 지역의 투르크인 총독을 가리키는 일반적인 칭호이다]이다. 국가의 서남쪽에는 바다(페르시아만)가 있고, 진주 채취가 활발히 이루어진다. 그들은 가죽 주머니를 사용한다. 그들의 손을 성가시게 하지 않기 위해[손을 자유롭게 활용하기 위해] 허리에 돌을 묶어서 바다 속으로 들어간다. 진주조개와 진흙, 모래를 채취하여 주머니에 집어넣는다. 사악한 벌레를 만나면 그들에게 식초를 뿌려서 쫓아낸다. 조개로 주머니를 가득 채우면 줄을 당겨 뱃사람이 그를 끄집어낸다. 때때로 일부 진주 채취자들은 (바다 속에서) 사망하기도 한다.[08]

693년에 아랍인과 이란인 무슬림의 지배 아래에서 수도로서 수 세기에 걸쳐 번영을 누린 후, 13세기가 되면 아바스 왕조로부터 독립한 투르크인 총독(아타벡)들은 왕조의 권력이 쇠퇴하면서 이 지역을 통치하기 시작했다. 일부 아타벡들은 페르시아 지역에 대한 몽골 군대의 정복에 협력하거나 심지어 합류하기도 했다.[09] 아마 상덕은 이란의 서부 지역에 대한 일부 정보를 몽골의 병영에서 만났던 시라즈 사람들로부터 얻었을 것이다. 진주 채취에 대한 상덕의 기록은 페르시아만에서 진주를 채취하는 것에 대해 오늘날 확인할 수 있는 가장 이른 시기의 정보 중 하나이고, 알마수

---

08 『玉堂嘉話』, 61.
09 7~14세기 이 지역의 역사에 대한 더욱 상세한 내용으로는 John Limbert, *Shiraz in the Age of Hafez: The Glory of a Medieval Persian City* (Seattle, 2004)를 참고.

디와 알이르디시와 같은 동시대의 아랍인 지리학자들도 그 내용을 기록하고 있다.[10] 서아시아의 다른 곳은 말할 것도 없고 상덕이 방문했던 시라즈와 같은 장소에서 이러한 관습은 잘 알려져 있었을 것이다.

유욱의 『서사기』는 중국인이 몽골의 원정으로부터 얻은 갱신된 정보를 통해 기원전 2세기에 장건(張騫)이 원정을 하면서부터 중국인에게 알려진 지역인 서역의 국가에서 오랜 세월 동안 일어났던 수많은 변화를 새롭게 이해할 수 있게 되었다고 서술하면서 결론을 마친다.[11] 유욱의 기록은 왕운(王惲, 1227-1304)과 같은 동시대의 중국인 작가에 의해 중요한 문집에 삽입된 덕분에 지금까지 보존될 수 있었다.[12] 이슬람 세계, 그리고 세계를 변화시킨 몽골의 서방 원정 및 서역 국가에 대한 지리적 정보에 대해서 이와 비슷한 중국의 기록들이 있었을까?

서아시아 국가를 향한 훌레구의 원정을 서술한 비슷한 기록은 몽골인을 위해 싸웠던 중국인 장군인 곽간(郭侃, 1217-1277)의 전기에서 찾아볼 수 있다. 그 기록은 몽골인이 중국을 통치하려고 창설했던 원 왕조의 공식 역사서에 등장한다.[13] 이 기록은 이슬람 세계에 대한 정보가 다양한 출처를 통해 중국으로 더욱 널리 전파되었음을 분명히 반영하고 있다. 다수의 몽골인, 중국인 병사가 성공적인 서방 원정에 참여했고, 그래서 그중

---

10 R. A. Donkin, *Beyond Price: Pearls and Pearl-fishing: Origins to the Age of Discoveries*(Philadelphia, 1998), 119-129.
11 브레트슈나이더는 유욱이 당 왕조의 정사에 언급되어 있는 불름(拂菻, 비잔틴제국)을 이집트로 잘못 간주했다고 주장했다. Bretschneider, vol. 1, 156. 이집트는 7세기에 아랍인에 의해 정복될 때까지는 비잔틴제국에 예속되어 있었다. 아마도 유욱은 시대에 뒤떨어진 자료를 활용했을 것이다.
12 3장의 주석 3을 참고.
13 『元史』卷149: 3523-3526; Bretschneider, vol. 1, 111-156.

일부가 직접 경험한 이슬람 세계에 관해 기록을 남기고자 했다는 것은 놀라운 일이 아니다. 두 장군(곽간, 곽자의)은 상당한 유사성을 가진 기록을 남겼는데, 그 차이점에 주목할 필요가 있다.[14]

『원사(元史)』에 따르면, 곽간은 서아시아에서 300개 이상의 도시에 대한 몽골의 정복 전쟁에 적극적으로 참여했고, 칼리프의 장군 중 한 사람인 주답아(紂答兒)를 죽이라는 명령을 받고 그를 추격했다.[15] 『원사』를 편찬한 명 왕조의 편집자들이 급속한 편찬의 과정에서 원 왕조의 확대된 접촉과 다른 국가와의 관계에 대한 대부분의 정보를 생략했던 사실을 감안하면, 남아 있는 정보는 특별한 가치를 지니고 있는 것이다. 명 조정의 역사가들은 이슬람 세계와 그 지역 사람들을 조명하는 데에 거의 관심이 없었다. 사실, 그들은 한인 영웅이자 유명한 당 왕조의 장군이었던 곽자의 (697-781)와 그 후손의 공적을 부각시키려고 했던 것이다. 그렇게 함으로써 그들은 몽골의 서아시아 정복이 중국과 이슬람 세계 사이의 더 나아간 접촉에 어떻게 토대를 놓게 되었는지를 이해할 귀중한 기록을 동시에 남기게 되었다.

---

14 서술에서 보이는 몇몇 주요한 차이점을 중심으로 두 기록 사이의 비교를 시도한 후, 브레트슈나이더는 두 보고서가 아마도 별개로 기록되었을 것이라고 간주한다. 몇몇 고유 명칭에서 다른 철자가 쓰인 것에 대한 그의 지적은 근거가 확실한 것이다. Bretschneider, vol. 1, 111. 예를 들어 『서사기』에 기록된 보달(報達, 바그다드를 의미하는 것으로 여기에서는 아바스 왕조를 지칭한다)과 밀걸아(密乞兒, 이집트)는 『원사』에서는 서융(西戎)과 밀석아(密昔兒)로 나온다. 『元史』 卷149: 3524.
15 Bretschneider, vol. 1, 139; 『元史』 卷149: 3524. 구일호(邱軼皓)는 다와트다르 (Dawatdar, 문자 그대로 술탄의 잉크병을 가지고 있는 사람을 의미)라는 공식 칭호를 가리키는 토답아(討答兒)를 아마 주답아(紂答兒)로 잘못 썼을 것이라고 주장한다. 동시대의 페르시아어 자료(바그다드의 붕괴에 관한 나시르 알딘 투시의 보고)는 바그다드가 붕괴될 때에 다와트다르가 배를 타고 탈출하려 했다가 실패하고 결국 죽임을 당했음을 입증하고 있다. "Zeyl Khwāja Naṣir al-Dīn Ṭūsī bar Jahāngūshā'ī-yi Juwaynī," *Tārīkh-i Jahāngūshāÿ*, ed. Qazwīnī(Leyden: Brill, 1937), 384-385.

훌레구의 휘하에서 이루어진 몽골의 서아시아 정복은 곧 중국과 이슬람 세계 사이의 문화 간 이동을 야기했다. 아바스 제국을 정복한 시기와 동시에 훌레구는 이슬람 세계의 심장부에 일 칸국을 창설했는데, 그 영토는 현재의 이란, 이라크, 투르크메니스탄, 아제르바이잔, 그루지야, 아르메니아, 그리고 아나톨리아의 상당 부분으로 이루어져 있었다. 다른 말로 하면, 이슬람 세계의 핵심부가 몽골제국의 일부가 되었고 예케 몽골 울루스(Yeke Mongol Ulus, 대몽골제국)의 대칸이 있는 몽골리아 및 몽골이 지배하는 북중국과 통합되었던 것이었다.[16] 대부분 이슬람화된 중앙아시아의 사회를 통해 중국과 이슬람 세계 사이의 육로 연결이 새롭게 열리면서 많은 수의 이란인 무슬림이 중앙아시아에서 몽골리아와 중국으로 이동할 수 있게 되었다.[17] 틀림없이 이러한 이동은 북중국에 사는 중국인과 무슬림 사이의 접촉을 증대시켰고, 일부 무슬림이 몽골 지배자에 적극적으로 협력하는 사람이 되도록 만들었다.

그런데 1260년에 몽골제국의 다섯 번째 대칸으로 쿠빌라이가 즉위하고 훌레구가 그의 형인 쿠빌라이의 지위를 인정하면서 몽골이 지배하는 중국과 이란 사이의 상품, 사람, 정보의 대규모 교환이 촉진되었다. 훌레구의 형이자 재위하고 있는 칸 뭉케의 동생인 쿠빌라이는 남중국을 정복하기를 원했고, 그래서 몽골 초원에 진영을 두고 있던 동생 아릭 부케(Arigh Böke, 1266년 사망)에게 도전장을 던졌다. 1259년에 뭉케가 사망하자 쿠

---

16 몽골의 이슬람 세계 정복과 이후 시기에 이어지는 몽골의 영향력 및 유산(遺産)에 대한 간략한 개관으로는 Michal Biran, *Chinggis Khan: Makers of the Muslim World*(Oxford, 2007)을 참고.

17 Michal Biran, "The Mongols in Central Asia from Chinggis Khan's invasion to the rise of Temür: Ögödeid and Chaghadaid realms," in *The Cambridge History of Inner Asia*, vol. 2: *The Chinggisid Age*(Cambridge, 2009), 46-66.

빌라이는 스스로 몽골제국의 칸이자 중국의 황제로서 즉위했다. 아릭 부케와 그의 지지자들은 쿠빌라이에 저항했지만, 훌레구는 쿠빌라이 편에 섰고 그를 대칸으로 인정하면서 사안이 정리되었다.[18] 12년 후인 1271년에 쿠빌라이는 그의 중국 왕조 이름을 원이라고 지었다.

쿠빌라이가 승리한 이후, 몽골제국 휘하 칸국의 결속력은 약화되었고 경쟁하는 몽골 칸국 사이에서 정치적 갈등이 분출하자 중국과 이슬람 세계를 연결하는 육상 교통로의 안전이 다시 위험에 빠졌다. 그럼에도 불구하고, 중국과 이슬람 세계에 있던 두 몽골 정권 사이의 관계는 확고하게 유지되었고 두 사회 사이를 잇는 직접적인 통로가 발전하면서 지속적인 교류를 위한 더욱 강력한 토대가 마련되었는데, 이때는 육지보다는 바다로 상호 교류하는 경향이 짙었다. 무엇보다도 중국과 이슬람 세계는 이미 수 세기 동안 해양 경로를 통해 소통해 왔다.[19] 그런데 해양 여행을 결코 경험해 본 적이 없었던 몽골인들이 어떻게 수로를 이용하게 되었을까?

여기에서 우리는 유라시아의 광범한 지역을 몽골인이 신속하면서도 성공적으로 정복했던 것이 더 나아간 팽창을 촉진하기 위해 정복된 사람

---

18 Morgan, *The Mongols*, 138-139. 쿠빌라이의 또 다른 경쟁자인 카이두(몽골의 두 번째 카안인 우구데이의 손자로, 1301년에 사망) 및 카이두가 야기한 몽골 칸국 사이의 전쟁에 대해서는 Michal Biran, *Qaidu and the Rise of the Independent Mongol State in Central Asia*(Richmond, 1997)을 참고.
19 이 정부들의 통치 기간에 이루어진 원 왕조와 일 칸국의 지속적인 정치적, 외교적, 경제적 관계에 대한 간략한 개관으로는 Thomas T. Allsen, *Culture and Conquest in Mongol Eurasia*(Cambridge, 2001), 17-56을 참고. 올슨(Allsen)은 두 사회 사이의 경제적 연계가 유지될 수 있었던 중요한 요소는 이전에 몽골이 중국을 정복하고 호남성의 창덕(彰德)과 같은 지역을 대칸으로부터 일 칸국이 할당을 받았다는 사실이라고 설명하고 있고, 두 조정 사이에는 공식화된 경제적 교류가 유지되었음을 분석했다. Allsen, *Culture and Conquest*, 43-50을 참고. 올슨이 자신의 책 후반부에서 계속 보여주는 것처럼, 원과 이란의 일 칸국 사이에는 다양한 분야에서 많은 교류가 이루어졌다.

들의 기술을 수용하고 활용하는 몽골인들의 특별한 능력 덕분이었다는 점을 기억해야 한다. 예를 들면, 칸이 원 왕조를 선포하고 그로 인해 이전 중국 왕조를 정당하게 계승한 것임을 단언했을 때 몽골인들은 중국의 정치적 현실에 순응한 것이었다. 초원의 유목민 출신이었음에도 불구하고, 그들은 중국 수군의 기술과 전략을 재빨리 받아들이면서 남중국을 지배했던 남송 왕조의 수군에 대해 승리를 거두었다. 1276년에 남송을 격파하면서 몽골인은 천주와 같은 남중국의 국제 항구를 통해 오로지 바다를 통해서도 이슬람 세계에 접근할 수 있게 되었다. 이는 몽골의 중국 지배 역사에서 중요한 전환점으로 작용했다.[20]

남송을 정복하고 중국 전역을 통일한 이후, 원 왕조는 중국의 해양 교역에서 광범한 세력을 보유하고 있던 포수경(蒲壽庚, 13세기에 활약)을 포함한 중국인이자 무슬림이었던 사람들로부터 지원을 얻었다. 포수경은 송 정부에서 천주 시박사의 관리자로 일했는데, 여기에서 그는 송에서부터 원으로 이탈한 후 원의 군대가 송의 수군에 승리를 거두는 데 결정적인 역할을 수행했다.[21] 포수경은 교역을 위해 중국에 와서 정착했던 무슬림의 후손이었다. 그의 성인 포(蒲)는 아랍어 아부(Abū)를 중국어로 음사한 것이고, 그 의미는 '~의 아버지'이다.[22] 포수경 및 천주의 다른 영향력 있는

---

20 杉山正明, 『遊牧民から見た世界史』(東京, 1997), 314-317.
21 몽골인이 송을 공격하자 포수경은 그의 휘하에 있던 강력한 해군을 몽골에 제공하면서 지원 세력을 바꾸었다. 몽골인이 송의 해군에 대해 거둔 최종적인 승리에서 포수경이 수행했던 결정적인 역할 덕분에 몽골 정부는 그를 제거시박(提擧市舶)에 임명했는데, 이는 해양 교역을 수행하는 데에 있어서 가장 중요한 지위였다.
22 대부분의 학자는 포수경이 무슬림이었다는 점에 동의하고 있다. 그의 출신에 대한 의견으로는 Leslie, *Islam in Traditional China*, 66을 참고. 포수경에 대한 더욱 상세한 내용으로는 Kuwabara Jitsuzō, "On P'u Shou-keng," *Memoirs of the Research Department of the Tōyō Bunko* 2(1928): 1-79, 7(1935): 1-104를 참고. 또한 일본어

무슬림과 중국인 가문들은 해양 교역에 대한 투자를 포함하여 가문의 이득을 보존하기 위해 몽골인을 지지했다.²³ 그 결과, 해양 사람들은 유리한 위치에 스스로 놓여 있다는 점을 알게 되었다. 원 왕조와 가장 긴밀한 정치적 동맹인 일 칸국과의 접촉을 유지할 중요한 수단으로 바다를 인식하고 있었던 정권에서 일을 하게 된 것이다. 1292년에서 1293년 사이에 자바를 향한 원정, 동남아시아와 남아시아 국가에 사절을 파견한 것은 전임자였던 남송 시대에 이미 번영을 누렸던 해양 접촉을 확대하려는 원 조정에 의한 노력이었다고 이해할 수 있다.²⁴ 그래서 해양 접촉과 교류가 이전 수준을 넘어서 성장했다.

육지와 바다를 통한 아시아 내부에서 접촉의 증대는 이란과 중국에 있던 두 몽골 정권에 의해 촉진되었고, 두 사회 사이에서 지리적 지식이 교류되는 데에 기여한 새로운 중개자 집단이 등장했다. 토마스 올슨 (Thomas Allsen)이 원 왕조와 일 칸국 사이에서 일어났던 일련의 교류에

원서인 『蒲壽庚の事蹟』에 있는 논문 모음의 새로운 판본들도 참고. 아울러 羅香林, 『蒲壽庚研究』(香港, 1959); Geoff Wade, "The Li(李) and Pu(蒲) 'surnames' in East Asia-Middle East Maritime Silkroad Interactions during the 10th-20th Centuries," *Aspects of the Maritime Silk Road*, ed. Ralph Kauz(Wiesbaden, 2010), 181-193도 참고.

23 남송의 몰락에 포수경이 끼친 결정적인 역할에 대한 쿠와바라 지츠조의 널리 받아들여진 이론(1928)을 따르는 대신에 빌리 소(Billy So)는 영향력 있는 지역 엘리트의 지지를 강조한다. 그의 주장은 최근에 새롭게 그려진 송대 지역 엘리트에 대한 새로운 관점을 추가하고 있다. 천주에 거주하는 외국인들과의 긴밀한 연계를 통해 그들은 가문의 이익을 보존하려고 몽골 침입자들에게 협력했던 것이다. 빌리 소의 사회-정치적, 경제적 연구에서 이루어진 재평가에서 그는 송, 원대의 천주에 관한 광범한 문헌 자료들을 활용한다. 그러한 자료에 연대기, 지방지, 포도주 생산에 대한 시(詩)까지 포함시킨 것을 확인할 수 있다. So, *Prosperity, Region, and Institutions in Maritime China*, 80-81을 참고.

24 David Bade, *Khubilai Khan and the Beautiful Princess of Tumapel*(Ulaanbaatar, 2002), 18-32.

관한 연구에서 주장했던 것처럼, 두 사회 사이의 문화적 전달과 교류를 위해 몽골 유목민들은 매개자로서의 역할을 담당했다.25 초기의 원정이 중앙아시아와 서아시아를 휩쓸기 시작했을 때, 몽골인은 무슬림 병사, 장인, 상인들을 그들의 휘하로 징발했다.26 올슨은 중앙아시아에서 중국으로 비단과 금 직물이 광범위하게 이동했던 것은 물론이고 대부분 무슬림 직물 노동자였던 숙련된 장인들도 이동한 것에 대해 생생한 묘사를 제공한다. 몽골의 지배 엘리트는 이러한 직물을 군사적 성공을 측정하는 기준의 일종으로 널리 활용했고, 이것이 직물 소비를 촉진시켰다.27

몽골 지도자들은 전통적으로 중국인이 보유했던 중요한 정부 직위에 무슬림과 여타 비중국인 외국인(한문으로는 색목인)을 임명했다.28 몽골인 및 중국인과 나란히 근무했던 무슬림은 종종 재정 행정가, 총독, 세금 징수 관리의 역할을 맡았는데 이는 중국인 사이에서 약간의 악감정을 불러일으켰다. 무슬림에 대한 부정적인 이미지는 그들이 탐욕스럽고 호전적이며 인색하다고 서술되면서 형성되기 시작했다. 중국인 저자들이 혐오스러운 존재로 간주했던 무슬림 중 한 사람이 아흐마드(Aḥmad)였는데, 그는 원 정부에서 재상으로서 막강한 권력을 행사했다. 그는 1282년에 적에게 암살되었다. 그러나 부정적인 고정관념이 보편적이었던 것은 아니

---

25 Allsen, *Culture and Conquest*, 189.
26 Wang Jianping, *Concord and Conflict: the Hui Communities of Yunnan Society* (Stockholm, 1996), 43-53을 참고.
27 Thomas Allsen, *Commodity and Exchange in the Mongol Empire: A Cultural History of Islamic Textiles* (Cambridge, 1997).
28 비록 쿠빌라이가 몽골 정부에 중국인 엘리트들을 초빙했고, 희곡이나 예술 등 중국의 많은 전통을 받아들였지만 그는 또한 몽골의 관습을 수호했고 많은 외국인의 의견을 들었다. Morris Rossabi, *Khubilai Khan: His Life and Times* (Berkeley, 1988), 177-205를 참고.

었다. 다른 무슬림 관료들은 공적의 측면에서 중국인으로부터 찬사를 받았다. 그러한 사람 중에는 쿠빌라이 칸의 치세에 운남성의 첫 총독을 맡았던 사이드 아잘 샴스 알딘(Sayyid ʿAjall Shams al-Dīn, 1211-1279)이 있었는데, 운남의 경제와 문화 발전에 헌신했던 업적은 그에게 큰 명성을 안겨주었다.[29]

원 조정은 무슬림의 임명을 정치와 상업 분야로 한정하지 않았다. 원대의 무슬림 관료들은 전통적으로 중국인 관료들의 통제 아래에 유지되면서 큰 위신과 정치적 중요성을 가진 기관인 정부의 학술 기구에서도 현저한 영향력을 발휘했다. 그런데 몽골 정부는 무슬림들을 위한 특별한 관청들을 창설했고, 그러한 기관으로는 회회국자감(回回國子監)과 회회사천대(回回司天臺) 같은 것이 있었는데 이는 무슬림들이 원의 학문 체계에서 중요한 역할을 맡았음을 암시하는 것이었다. 몽골 시기 중국 기록에서 드러나는 것처럼, 중국인은 무슬림을 가리킬 때 대개 대식(大食) 대신에 '회회(回回)'라는 용어를 사용했다.[30] 중국 자료에 따르면, 몽골 조정의 이러한

---

[29] 앞에서 언급한 두 관료는 긍정적, 부정적 측면에서 모두 중국 사회에 큰 영향력을 끼쳤다. 양지구(楊志玖)와 같은 학자들은 아흐마드를 재평가하기 시작했고, 원의 재정 정책에 대한 그의 공헌은 물론이고 꾸준한 기질, 성실함, 관계에 대한 관심, 품위 있는 취향과 같은 개인적 미덕을 강조한다. 楊志玖, 『元史三論』(北京, 1985)에 수록된 아흐마드의 전기를 참고. 또한 H. Franke, "Aḥmad(?-1282)," in *In the Service of the Khan*(Wiesbaden, 1993), 539-557도 참고. 사이드 아잘 샴스 알딘에 대한 상세한 논의로는 Jacqueline Misty Armijo-Hussein, "Sayyid ʿAjall Shams al-Dīn: A Muslim From Central Asia, Serving the Mongols in China, and Bringing 'Civilization' to Yunnan"(PhD dissertation: Harvard University, MA, 1996)을 참고. 원 왕조 초기의 무슬림에 대한 분석으로는 Morris Rossabi, "The Muslims in the Early Yuan Dynasty," in *China under Mongol Rule*(Princeton, 1981), 257-295를 참고. 원 궁정에서 일했던 더 많은 무슬림의 전기로는 白壽彛, 楊懷中 編, 『回族人物志』 1卷(銀川, 1985)를 참고.

[30] 회회는 아마도 위구르족을 가리키는 회흘(回紇) 또는 회골(回鶻)로부터 탄생한 용어일

무슬림 기구에 소속된 학자들은 '회회' 혹은 '무슬림'의 언어로 강연을 시행하기도 했는데 대부분의 경우 그 언어는 페르시아어를 의미했다.[31] 그렇다면 우리는 중앙아시아와 이란 출신으로 페르시아어를 말하는 무슬림 관료가 몽골 조정에서 함께 일하는 중국인 동료들에게 이슬람 문화를 소개했다고 추측할 수 있다. 틀림없이 그들의 지적인 활동은 이슬람 세계에 대한 중국의 학문적 지식이 더욱 증대되는 것에 기여했다. 구체적인 사례들도 존재한다. 예를 들면, 이렇게 선발된 무슬림 중 한 사람으로 자말 알딘(중국어 자료의 찰마로정(扎馬魯丁, Jamāl al-Dīn))이 있는데 그는 전통적인 중국의 사천대와 같은 역할을 수행하는 기관으로 운영하려고 1271년 상도에 설립되었던 회회사천대의 첫 관리자가 되었다.[32] 이후 자말 알딘은 곧 행비서감

것이다. 위구르족 또한 중국에 와서 핵심적 행정 역할로 몽골인을 위해 봉사했다. 때때로 회회라는 용어는 더욱 넓은 관점에서 서역 출신 민족 사람들도 포함하는 것으로 본다. 원 왕조 측의 정사에서도 교역을 위해 바다를 통해 중국으로 온 무슬림의 국가를 이전의 표현인 대식의 국가라고 쓰지 않고 회회의 국가라고 불렀다. 『元史』 卷210: 4671을 참고. 무슬림이 중국으로 이주한 조건과 과정에 대한 상세한 논의로는 馬建春, 『元代東遷西域人及其文化研究』(北京, 2003)을 참고. 당대부터 원 왕조에 이르기까지 중국인이 규정했던 무슬림의 이름 변화에 대한 간략한 논의로는 E. Bretschneider, "Chinese Medieval Notices of Islam," *The Moslem World* 19, no. 1(January 1929): 52-61을 참고. 원대에 중국인, 무슬림 사이에서 '회회'라는 명칭이 변화하며 유포되었던 것에 대한 논의로는 Wang Jianping, 125-126을 참고. 원대 중국의 무슬림에 대한 전반적인 상세한 논의로는 고전적 연구인 田坂興道, 『中國における回敎の傳來とその弘通』, 1卷(東京, 1964), 557-852를 참고.

31 Liu Yingsheng, "A Lingua Franca along the Silk Road: Persian Language in China between the 14th and the 16th Centuries," *Aspects of the Maritime Silk Road*, ed. Ralph Kauz(Wiesbaden, 2010), 87-95.

32 『元史』 卷90: 2297. 동시대의 사료로 잘 알려진 『집사』는 페르시아인 역사가인 라시드 알딘(1247-1318)에 의해 저술된 것으로 4장에서 살펴보게 될 것인데, 이 기록에서는 네 번째 대칸 뭉케(재위 1251-1259) 시기에 활동했던 부하라(현재 우즈베키스탄에 위치) 출신의 자말 알딘 무함마드 이븐 타히르 이븐 무함마드 알자이디를 언급하고 있다. 이 두 자말 알딘이 같은 사람일 가능성이 있다. *JT*, 502.

사(行秘書監事)가 되었고, 여기에서 회회사천대를 그에 소속된 관청으로 감독했다.³³ 『원사』 그리고 『비서감지(秘書監志)』라는 이름의 기록은 천문학, 지리학 분야에서 그가 이룬 업적을 기록하고 있다.³⁴

자말 알딘은 만년력(萬年曆)의 제작을 통해 중국 천문학에 기여했는데, 만년력은 본래 프톨레마이오스의 『알마게스트』를 수정한 이슬람의 행성 목록을 중국어로 번역한 것이었다. 비록 조정은 만년력을 공식적인 역법으로 아주 잠깐 동안 배포했지만, 이 역법은 아마도 중국 관료들이 중국의 공식 역법인 수시력(授時曆)과 함께 사용한 회회력(回回曆)에 영향을 주었을 것이다.³⁵ 『원사』의 천문지(天文志)는 자말 알딘이 1267년에 쿠빌라이 칸에게 7개의 천문 관측기구를 바쳤다고 서술한다. 그 관측기구에는 관측의, 격자 구조로 되어 색깔이 칠해진 지구의가 포함되어 있었고 이는 아마 이슬람 지도 제작자들이 사용했던 위도, 경도 좌표 체계를 표시했던 것으로 보인다.³⁶ 또한 자말 알딘이 이슬람의 지도를 중국으로 가져왔거나 혹은 다른 무슬림으로부터 중국에서 지도를 획득했을 수도 있다. 이러한 지도의 대부분은 남아 있지 않고, 몽골 시기에 서역을 표시한 다른 수많은 중국 지도도 남아 있지 않다. 이것이 지리 지식에 대한 탐구를 가로막지는 않지만, 새로운 접근법을 요구하고 있다. 역사가들은 원대에 그려진 소실

---

33 자말 알딘이 1267년에 이미 회회사천대에서 활약했다는 사실에 비추어보면, 그는 아마도 몽골 정복 초기 혹은 1259년에 일 칸국이 설립된 직후에 이슬람 세계에서부터 중국으로 왔을 것이다. 원 왕조의 문헌에 분산되어 있는 정보에 근거를 두고 그의 활동과 저술에 대해 논의한 것으로는 白壽彝, 楊懷中 編, 『回族人物志』, 73-88을 참고.
34 王士點, 『秘書監志』(杭州, 1992).
35 宮島一彦, 「『元史』天文志記載のイスラム天文儀器について」, 『東洋の科學と技術: 藪内淸先生頌壽記念論文集』(京都, 1982), 410.
36 『元史』卷48: 998-999 참고.

된 지도와 같은 이른 시기의 지도들에 근거하여 훗날에 그려진 지도로부터 가치 있는 자료를 추출해낼 수 있다. 이는 원대의 지리적 지식을 이해하는 데에 있어서 중요한 것인데, 왜냐하면 원대에 그려진 원본 세계지도가 단 한점이지만 현재 존재하고 있기 때문이다.

현존 지도에 반영된 이슬람 세계에 대한
중국인의 확대된 지식

원대의 지도는 원래 『원경세대전(元經世大典, 1330년경)』의 일부분이었는데, 청대의 편찬본인 위원(魏源)의 『해국도지(海國圖志, 1842년)』에 삽입된 덕분에 지금까지 보존되었다(그림 3-1 참고).[37]

이 원대의 지도는 기술 및 지리 내용의 측면에서 모두 이전 시기의 중국 지도와는 상당히 다르다. 우선, 지도의 방위가 다르다. 비록 지도 제작자들은 네 방위 각각에 해당하는 한자를 지도의 해당 방향 구석에 적어 놓았지만, 남쪽을 가장 위쪽에 배치했다. 이 사례는 이슬람의 지리적 이해가 중국의 지도 제작에 영향을 끼쳤던 것이다. 현존하는 이전 시기 중국 지도 중에서 이러한 방위를 보여주는 것은 없다. 격자 역시 중국의 지리학에 끼친 이슬람의 두 번째 영향을 반영하는 것이다. 1136년에 비석 『화이도』의 뒷면에 새겨졌던, 『우적도』라고 불렸던 송대의 지도에도 비슷한 격자가 등장한다. 우리가 1장에서 살펴보았듯이 그 격자는 각 사각형이 100

---

37 위원이 이 지도를 수집했던 이유에 대한 더욱 자세한 논의로는 Hyunhee Park, "Cross-Cultural Exchange and Geographic Knowledge of the World in Yuan China," in *Eurasian Influences on Yuan China: Cross-Cultural Transmissions in the 13th and 14th Centuries*(Singapore, 2011)을 참고.

220 중국과 이슬람 세계의 지도 그리기

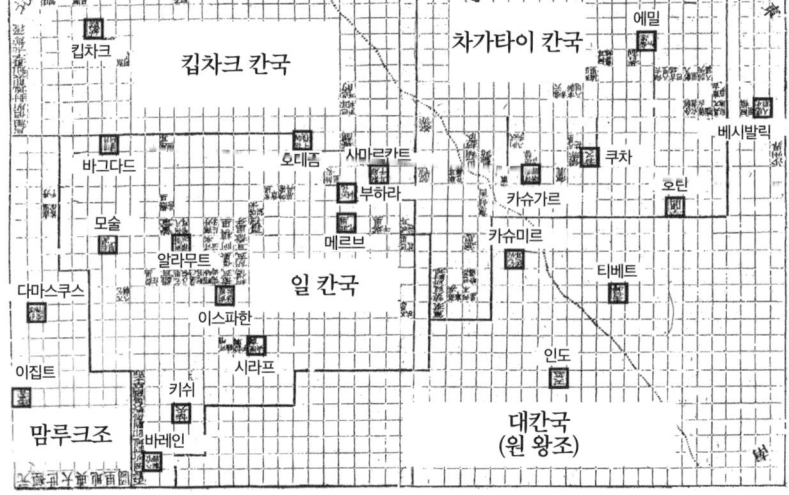

그림 3-1 몽골제국의 네 칸국(위). 위원의 『해국도지』(1842)에 있는 『원경세대전지리도』(1330년 무렵). 원래의 지도는 남쪽을 위에 배치했는데, 그림의 지도는 독자의 이해를 위해 거꾸로 뒤집은 것이다(아래).

* 주석: 魏源, 『海國圖志』(臺北, 1967), 219-220. 브레트슈나이더(Bretschneider)는 『원사』 지리지의 끝 부분에 있는 '서북지부록'(西北地附錄, 『원사』 권63: 1567-1574)과 지명을 비교했다. 비록 약간 다른 부분이 있지만, 지명들이 서로 일치한다. 지명들에 대한 상세한 사항은 Bretschneider, vol. 2, 18-136을 참고.

리 거리에 해당되는 일반적 단위로서의 역할을 하고 있다. 이와는 대조적으로, 원대 지도의 격자는 지구의 구역을 평면으로 투영하면서 특정한 지점들을 배치하기 위한 체계로서의 역할을 하고 있는 것으로 보인다. 비록 지도의 x-y 축에는 숫자로 표시되어 있는 것이 없지만, 각 장소가 하나의 사각형으로 할당되어 있는데 이는 x-y 축이 정확한 위도, 경도 좌표의 기능을 하고 있음을 암시한다. 2장에서 보았던 것처럼, 지구의 구역을 평면으로 투영하는 것은 이슬람 세계의 지도 제작에서 보이는 주된 현상이었다. 몽골 시대 중국의 지도 제작자들은 그들이 획득했던 이슬람의 지리 연구를 통해 이러한 기술을 접하게 되었을 가능성이 높다. 그러한 좌표 체계는 아마도 자말 알딘이 1267년에 쿠빌라이 칸에게 바친 색깔이 들어간 지구의의 격자와 비슷했을 것이다.[38] 사실, 위도와 경도 좌표를 모두 드러내는 지도 격자를 가장 이른 시기에 활용한 사례는 13세기와 14세기 페르시아어 저술에서 나타나는데, 여기에는 원대 지도와 닮은 지도가 포함되어 있다. 4장에서 몽골 시대 중국과 일 칸국 사이에 지리 정보와 지도 제작 기술이 이동했을 가능성을 분석하기 위해 두 지도를 상세히 비교해볼 것이다. 우선은 이 지도에 포함된 새로운 지리 정보가 무엇인지를 이해하는 것이 중요하다.

원대의 지도는 중국에서 서쪽으로 멀리 떨어진 지역의 지명들을 표시하고 있다. 중앙아시아의 55개 장소, 그리고 서아시아에서 지중해까지 또 다른 50개의 장소를 모두 나타내고 있는 것이다. 여기에는 다마스쿠스,

---

38 격자에 대해서는 다음과 같이 서술되어 있다. "[지구의의 표면은] 조그만 격자들로 분할되어 있고, 이를 통해 전체 지역의 크기와 공간의 거리를 측정할 수 있다."『元史』卷48: 999. 지구의에 대한 더욱 세부적인 논의로는 馬建春,「元代東傳回回地理學考述」,『回族研究』 45, no. 1(2002): 15-16을 참고.

키쉬(Kish), 알라무트(Alamut), 이스파한과 같은 장소들이 포함되어 있는데 이는 이전 시기의 현존하는 중국 지도에서는 찾아볼 수 없는 지명이다. 청 왕조 시기 편집자였던 위원은 그가 원래 『영락대전(永樂大典, 1408)』에서 가져왔던 지도의 동남쪽 부분에 4곳의 지명만을 추가했다고 언급하고 있다.[39] 위원은 이 작은 변화들을 제외하면 전체 지도를 그대로 유지했을 것이다. 지도의 전반적인 지리적 내용은 몽골리아와 서아시아 사이의 육로에 대한 이전의 지리 정보와는 분명히 다른데, 그 이유는 이 지도가 중앙아시아와 서아시아 세계를 완벽하게 평면적인 이미지로 묘사하고 있기 때문이다. 지도가 만들어질 당시 세계의 대부분은 몽골인이 정복하였고, 네 칸국(원 왕조, 킵차크 칸국, 차가타이 칸국, 일 칸국) 중의 하나로 편입되어 있었다. 지도는 몽골제국의 네 구획 및 왼쪽 아래에 있는 조그만 지역인 맘루크 왕조(1260년 몽골의 침입을 버텨냈다)의 영역을 보여준다. 지도에 있는 지명의 대부분은 아주 정확한 위치에 배치되어 있는데, 이는 지도 제작자 자신이 조사했던 지리 공간에 대해 상당히 정확한 지식을 보유했음을 보여준다. 원 정부는 1331년에 『원경세대전』을 편찬하기 이전에 이러한 확장된 지리 지식을 명확하게 알고 있었고, 분명히 이보다 이른 시기인 쿠빌라이 통치 시기(재위 1260-1294)에 이를 알게 된 것으로 보인다. 『해국도지』의 원대 지도에 주석을 적어 놓은 짧은 문구에서 위원은 그의 출처가 『영락대전』이었다는 점을 적고 있지만, 지도 제작자가 이 지도를 어떻게 그렸는지에 관한 설명은 없다. 그런데 위원의 문구에서 그는 또한 『대원대일통지(大元大一統志)』의 편찬을 언급하고 있는데, 이 편찬은

---

39 천축(인도), 토백특(土伯特, 티베트), 우전(신강의 호탄), 사주(沙州, 돈황)이다. 魏源, 『海國圖志』, 221.

원 왕조의 거대한 지리 사업으로 쿠빌라이 칸의 명령으로 시작되어 1303년에 마무리되었다. 위원의 설명은 이 사업과 지도 사이에 연계점이 있음을 강력하게 암시한다. 역사적 맥락 또한 이를 뒷받침한다.

 1276년에 남중국을 정복한 이후, 쿠빌라이는 헝가리에서부터 태평양까지 뻗어 있는 제국의 수장이 되었다. 비록 그의 실질적인 권위는 주로 중국, 몽골리아, 티베트에 걸쳐 있었지만, 우리는 쿠빌라이가 그의 지배 아래에 세계 전체를 궁극적으로 끌어들이려고 했다는 점을 쉽게 추측할 수 있다. 만약 그렇다고 한다면, 그의 영역에 대한 지리 정보는 그의 정치적 야망에서 아주 중요한 것이었다. 이러한 지식에 대한 쿠빌라이의 욕망은 몽골인이 정복했던 모든 지역을 아우르는 통합된 지리 보고서의 제작을 후원해줄 것을 자말 알딘이 칸에게 청원했던 1286년이 되어서야 충족되었다. 쿠빌라이는 그의 위대한 보고서를 편찬하기 위해 제국의 모든 지역으로부터 지리 지방지와 지도를 수집하라고 비서감에 명령을 내렸다.[40] 1303년에 편찬이 완료된 『대원대일통지』는 600권, 1300개 항목을 포함하고 있고 여기에 교정과 추가 작업도 이루어졌다. 비록 『대원대일통지』는 그 서문을 제외하면 오늘날 전해지는 것이 없지만, 그것을 언급한 내용을 통해서 이 보고서가 원래 외국에 대한 광범한 서술을 포함했을 것이라고 추정해볼 수 있다.

 이러한 편찬 사업을 고려했을 때, 지도의 편찬은 더욱 주목받을 가치가 있다. 1286년에 자말 알딘이 쿠빌라이에게 제시한 아래 기록은 『대원대

---

40 許有壬, 『至正集』(臺北, 1978) 卷35: 41-61에 있는 『대일통지』의 서문을 참고. 『대원대일통지』의 편찬에 대한 논의로는 馬建春, 「元代東傳回回地理學考述」, 14-18; 宮紀子, 「「混一疆理歷代國都之圖」への道 – 14世紀四明地方の「知」の行方」, 『モンゴル時代の出版文化』(名古屋, 2006), 517-523을 참고.

일통지』와 함께 새롭고 거대한 세계지도를 그리는 것에 조정이 관심을 가졌음을 논하고 있다.

> 중국의 전체 영토는 과거에는 아주 작았습니다. 키타이(중국)의 지리서는 단지 40~50종류 정도 있었습니다. 이제 해가 떠오르는 곳에서부터 해가 지는 곳에 이르는 모든 땅이 우리의 영토가 되었습니다. 일부 지도가 있기도 하지만, 저 멀리 떨어진 지역들을 우리가 어떻게 알겠습니까? 이슬람의 지도들이 우리 손에 있습니다. 그래서 [세계]지도를 그리기 위해 이 지도들과 [중국의 지도를] 결합하면 어떻겠습니까?[41]

『비서감지』에 실린 위의 기록은 몽골 황제와 그의 관료들 치하에서 중국과 세계에 대한 지리적 인식의 규모가 이전의 중국 조정보다 확대되었음을 분명하게 진술하고 있다. 이렇게 말한 사람은 전체 세계를 받아들이면서 이전 시기에 중국인이 알았던 세계는 더욱 작은 세계였다는 점을 암시하고 있다. 증대된 지리적 지식을 위한 수요를 충족하려고 몽골 조정은 자말 알딘과 다른 무슬림들이 이슬람 세계로부터 획득한 이슬람 지도와 또한 기존의 중국 지도를 모두 활용하여 지도를 그릴 수 있었다.

『대원대일통지』를 편찬하려고 학자들이 이슬람의 지리 연구를 활용했을 가능성이 있음에도 불구하고, 이전에도 사용된 적이 있던 격자 지도를 제외하면 원 왕조의 지도들은 심지어 사본(寫本)으로도 남아 있는 것이 없다. 우리는 몽골 시기 지도의 정보를 기반으로 훗날에 만들어져 현존하

---

41 王士點, 『秘書監志』, 卷4: 74. 원문은 중국어 구어로 적혀 있는데, 이는 몽골어를 중국어로 번역한 것이다. 필자는 미야 노리코의 일본어 번역과 김호동의 한국어 번역을 참조하여 영어로 옮겼다. 김호동, 「蒙元帝國期 한 色目人 官吏의 肖像 — 이사 켈레메치('Isa Kelemechi, 1227-1308)의 생애와 활동」, 『中央아시아研究』 11(2006): 102 및 宮紀子, 『モンゴル時代の出版文化』, 520과 비교하시오.

는 지도들을 조사함으로써 몽골 시기의 다른 지도들이 어떤 모습이었을까를 재구성해볼 수 있다. 이러한 종류의 지도로 가장 유용한 것이 바로 『혼일강리역대국도지도(混一疆理歷代國都之圖)』이고, 이후로는 줄여서 『강리도』라고 언급할 것이다. 1402년 조선에서 제작된 이 지도는 1470년의 사본 덕분에 지금까지 남아 있다(그림 3-2 참고).[42]

강리도를 제작한 사람들은 다양한 부분을 구성하려고 서로 다른 지도들에서 얻은 자료들을 결합했다. 지도 제작자 중 한 사람인 권근(權近)이 지도의 밑에 써놓은 발문(跋文)에는 그와 그의 동료 지도 제작자들이 조선의 사신 김사형(金士衡)이 1399년에 중국에서부터 조선으로 가져온 두 점의 중국 지도를 활용했다고 나와 있다. 그 두 지도는 이택민(李澤民)

---

[42] 원본은 소실되었지만, 훗날의 두 사본이 일본에 소장되어 있다. 가장 이른 시기의 사본은 1470년의 것으로, 류코쿠대학(龍谷大學)의 도서관에 보존되어 있고 1673년에서 1680년 사이의 것으로 비정되는 두 번째 사본은 시마바라(島原)시에 있는 혼코지(本光寺)에 보존되어 있다. 『대명국지도』, 『대명국도』라는 제목의 훗날의 두 지도 또한 일본에 보존되어 있는데, 몇 가지 사소한 차이점을 제외하면 1402년 지도의 사본들과 거의 똑같다. 그중 하나는 16세기 후반의 것으로 구마모토(熊本)시에 있는 혼묘지(本妙寺)에 보관되어 있고, 연대 미정인 또 다른 사본은 텐리 대학(天理大學) 도서관에 보존되어 있다. 이 지도들에는 권근의 발문(跋文)이 없고, 북극해 및 인도양의 몇몇 섬처럼 1402년 지도의 사본에서는 찾아볼 수 없는 지명이 포함되어 있다. 이러한 차이점에도 불구하고, 지도에 보이는 대륙들의 윤곽은 1402년 지도의 사본들과 거의 동일하다. 그래서 일본인 지도 제작자들이 이 훗날의 지도를 그리기 위해 1402년 지도의 사본을 활용했고 외국인(아마도 유럽인)에게 획득한 정보를 추가했을 가능성이 있다. 1402년 지도의 사본들, 그 출처, 중국에서 기원한 지리 정보가 한반도와 일본으로 전래한 경로에 대한 가장 상세한 분석으로는 宮紀子, 「「混一疆理歷代國都之圖」への道 - 14世紀四明地方の「知」の行方」, 487-651을 참고. 또한 杉山正明, 「東西の世界圖が語る人類最初の大地平」, 『大地の肖像 - 繪圖・地圖が語る世界』(京都, 2007), 54-69 및 그 책에 나온 컬러 지도들도 참고. 아울러 영어로 된 간략한 소개와 분석으로는 Walter Fuchs, *The "Mongol atlas" of China by Chu Ssu-pen, and the Kuang-yü-t'u*(Peiping, 1946), 10; Gari Ledyard, "Cartography in Korea," in *The History of Cartography, Volume Two, Book Two*, 244-249; 海野一隆, 『東洋地理學史研究: 大陸篇』, 211-223도 참고.

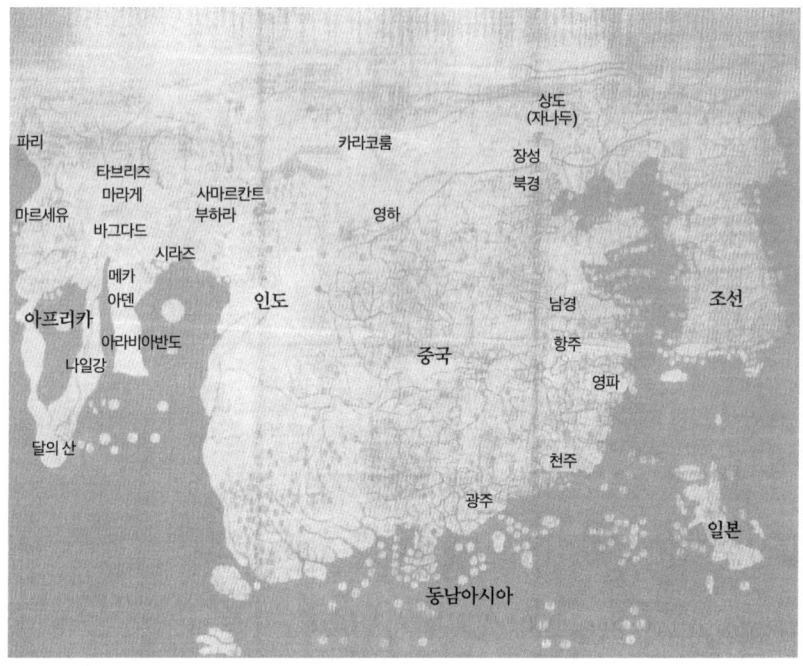

그림 3-2 지명이 들어간 강리도(1402, 원래 지도는 그림 0-2도 참고).

의 『성교광피도(聲敎廣被圖)』와 청준(清濬)의 『혼일강리도(混一疆理圖)』였다.[43] 학자들은 조선의 제작자들이 세계의 서쪽 지역을 그리려고 이택민의 『성교광피도』를 활용했다고 가정한다. 그 이유는 명대의 또 다른 현존 지도인 『광여도』(廣興圖)가 아프리카 부분을 그리는 데 이택민의 지도를 활용했기 때문이다.

『강리도』의 분석은 1300년경 존재했던 서아시아, 아프리카, 유럽에

---

43 권근의 발문은 그의 문집에도 수록되어 있다. 權近, 『陽村集』(서울: 솔, 1997), 22: 2[60](한문), 165-166(한글).

대한 몽골의 세계관을 재구성하는 데에 도움을 준다. 지도의 윤곽을 살펴보면, 이 지도는 동아시아 지도 제작의 전통에서는 최초로 서아시아, 유럽, 아프리카를 한꺼번에 보여준다. 이 지역들의 크기는 중국과 비교하면 왜곡되어 있다. 아라비아 반도, 아프리카, 유럽은 조그맣게 나타나 있는데 중국과 한반도는 거대하게 그려져 있다. 비록 축척에 따라 그린 지도는 아니지만, 땅덩어리의 모양은 놀라울 정도로 정확하게 그렸다. (현존하는 지도 중에서는) 역사상 최초로, 아프리카가 삼각형 형태를 보이고 있다. 이를 그린 중국의 지도 제작자들은 단지 이슬람의 지도들을 참조했을 것이다. 그러나 『강리도』의 서쪽 부분의 근거가 되는 같은 내용을 정확하게 제시한 현존 이슬람 측 지도는 존재하지 않아서 새로운 증거가 나타난 이후에 반드시 해결되어야 할 수수께끼로 남아 있다. 아마 이 내용은 아프리카의 끝 부분 주위를 항해했던 일부 무슬림이 직접 관찰했던 것에서부터 나왔을 것이다.[44] 무엇보다도 일부는 포르투갈인보다 이전에 중국인이 아프리카 끝 부분 주변을 항해했다고 주장하지만, 이러한 주장을 뒷받침할 현존하는 고고학 유물, 문헌 혹은 비석 증거는 없다.[45] 현존하는 증거에 근거를 두어 나온 그럴 듯한 하나의 가설은 중국의 지도 제작자들이 중국과 이슬람 지도를 결합하는 과정에서 아프리카의 윤곽을 수정했다는 것이다. 발키 학파와 알이드리시의 지도들처럼 아랍의 세계지도에서 아프리카의 곡선을 동쪽으로 연장시킨 이유에 대한 설명은 단순한 것일 수 있다. 무슬림 세계지도들의 둥근 구조에 대륙을 맞추기 위해서는 그럴 필요가 있었던 것이다. 그러나 중국의 지도는 전통적으로 사각형의 틀로 그려졌는데, 이

---

44 이 가능성에 대해 더 논의한 4장의 내용을 참고.
45 5장의 주석 18을 참고.

는 중국의 우주론이 둥근 하늘 아래에서 땅의 모양은 사각형이라고 보고 있었기 때문이다.[46] 그래서 중국의 지도 제작자들이 그들의 사각형 틀에 아프리카를 끌어넣을 때에 아랍의 지도에서 묘사된 뾰족한 끝부분을 유지하면서 세로 방향으로 펴야만 했다. 이로 인해 아프리카가 수직으로 된 역삼각형과 같은 모양으로 만들어진 것이었다.

『강리도』 속의 아프리카 대륙에 대한 상세하면서도 채색된 모습은 지도 제작자들이 이른 시기의 이슬람 지도에서 정보를 가져왔음을 보여주는 명백한 증거를 보여준다. 사하라 사막, 알렉산드리아의 파로스 등대와 더불어 지도는 달의 산(Mountains of the Moon)이라고 불렸던 나일 강의 세 수원(水源)을 보여주는데 이는 알화리즈미(850년경 사망)까지 거슬러 올라가는 이슬람의 지리 연구에서도 거의 동일한 방식으로 나타나는 것이다(그림 3-3 참고).[47]

『강리도』에 있는 지중해도 상당히 정확하다. 지도는 물이 있는 구역을 바다 대신에 호수로 그린 것으로 보이지만, 더 면밀하게 들여다보면 훗날에 사본을 만든 사람이 지브롤터해협을 육지의 색깔로 잘못 칠해서 지중해가 대서양으로 연결되는 통로를 지워버렸다는 것을 명백하게 알 수 있다.

『강리도』는 상당히 정확한 윤곽을 제시한 것과 더불어 상세한 내용

---

46 전통적인 중국 우주론에 따르면, 세계는 천(天)과 지(地)로 나뉘고 지구는 다시 화(華)와 이(夷)로 나뉜다. 하늘은 원형(圓形)이고, 땅은 방형(方形)이다(이를 천원지방天圓地方이라 한다). 應地利明, 「インド洋の陸封と解放」, 『大地の肖像』, 46-47.

47 조여괄도 『제번지』에서 알렉산드리아의 파로스 등대를 언급했다(1장 참고). 나일강의 수원에 대한 알화리즈미의 묘사는 프톨레마이오스의 지리 연구에서 영향을 받은 것이었다. Florian Mittenhuber, "The Tradition of Texts and Maps in Ptolemy's Geography," in *Ptolemy in Perspective*, 114-115.

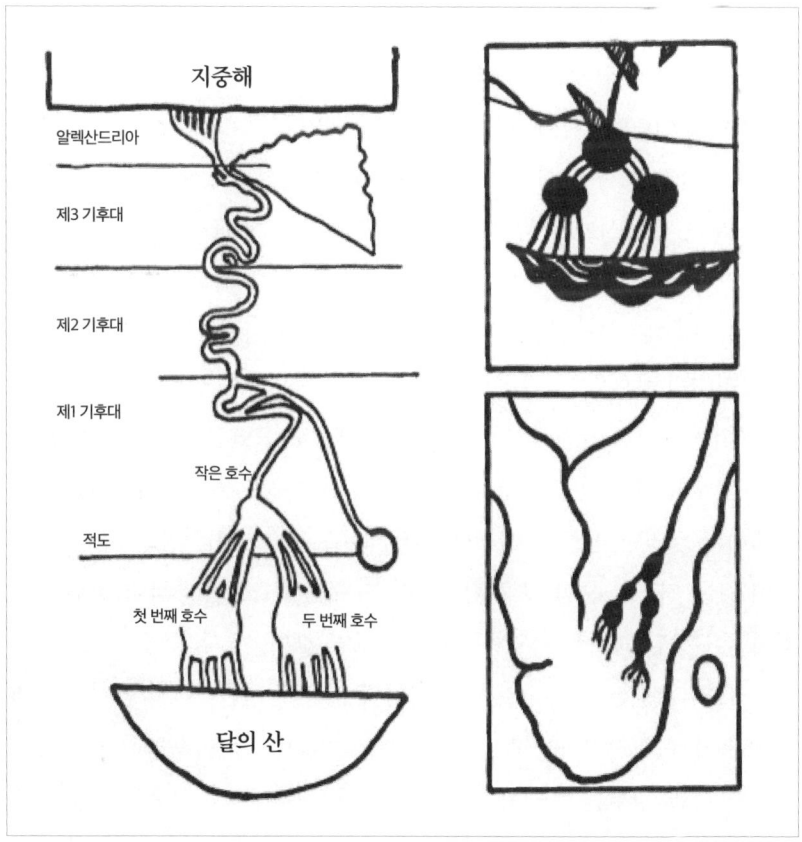

그림 3-3 달의 산에 대한 묘사를 비교한 것. 나일강을 그린 알화리즈미의 그림(왼쪽). 알이드리시의 세계지도 속의 묘사(오른쪽 위), 강리도의 묘사(오른쪽 아래).

을 제공하고 있기도 하다. 지도는 유럽의 100개 지명, 아프리카와 서아시아의 35개 지명에 대한 지식을 드러내고 있다. 예를 들면, 현재 프랑스의 도시 마르세유가 유럽 부분에 등장한다.[48] 아프리카와 서아시아의 지명 중

---

48 마리석리나(麻里昔里那).

에는 현재 우즈베키스탄에 있는 사마르칸트와 부하라, 현재 이란에 있는 마라게(마라가), 현재 리비아에 있는 트리폴리, 그리고 바그다드, 메카, 아덴 및 현재 이란에 있는 시라즈가 포함되어 있다.[49]

『강리도』는 유라시아 전체를 묘사하지만, 정보의 중요한 부분은 놓치고 있다. 남아시아와 동남아시아의 정확한 해안선을 명확하게 그리지 않은 것이다. 이것이 이상한 현상은 아니다. 초기 중국, 이슬람의 지도들은 이와 유사하게 지도 제작자의 고국 너머 지역에 대해서는 정확한 해안선을 그려내지 못했다. 일반적으로, 초기 중국 지도들은 동남아시아와 남아시아를 큰 바다로 둘러싸인 섬들과 같은 장소로 그렸고, 반면에 이슬람 지도들은 알이드리시의 모델을 따르면서 그 지역들의 정확한 해안선을 전혀 표시하지 않았다. 몇몇 다른 지도(중국의 지도 및 서아시아, 아프리카, 유럽이 나온 지도가 포함)을 결합하면서 지도를 만들었던 중국과 조선의 제작자들은 중간 지역을 채워넣는 것을 소홀히 했다.

그러나 문헌 자료들은 몽골 시기에 많은 몽골인과 중국인이 중국과 이슬람 세계를 연결하는 해양 항로에 익숙했다는 것을 분명히 보여준다. 중국의 몽골 정부는 무슬림 선원에게 획득한 항해도를 보유하고 있었다. 1287년 2월의 날짜로 『비서감지』에 기록된 내용은 이렇게 언급한다. "복건도(福建道)의 바다를 항해하는 무슬림은 그들의 언어[페르시아어를 뜻한다]로 된, 해양 항로를 알려주는 랄나마(剌那麻, Rāh-nāma, 페르시아어

---

49 한자로 된 원래의 명칭은 산마나사(山麻那思), 불합랄(不哈剌), 마나합(麻那合), 달랄불라사(達剌不羅思), 팔합타(八合打), 마갈(馬喝), 합단(哈丹), 실랄사(失剌思)이다. 지명을 한자로 전사한 것이 꽤 정확하다. 예를 들면, 마르세유는 당시 라틴어로 마살리아(Massalia)라고 불렸다. 서아시아, 중앙아시아, 유럽에 있는 지명과 그 위치에 대한 상세한 분석으로는 杉山正明, 「東西の世界圖が語る人類最初の大地平」, 58-59에 있는 표를 참고.

몽골 세계에 대한 해석 231

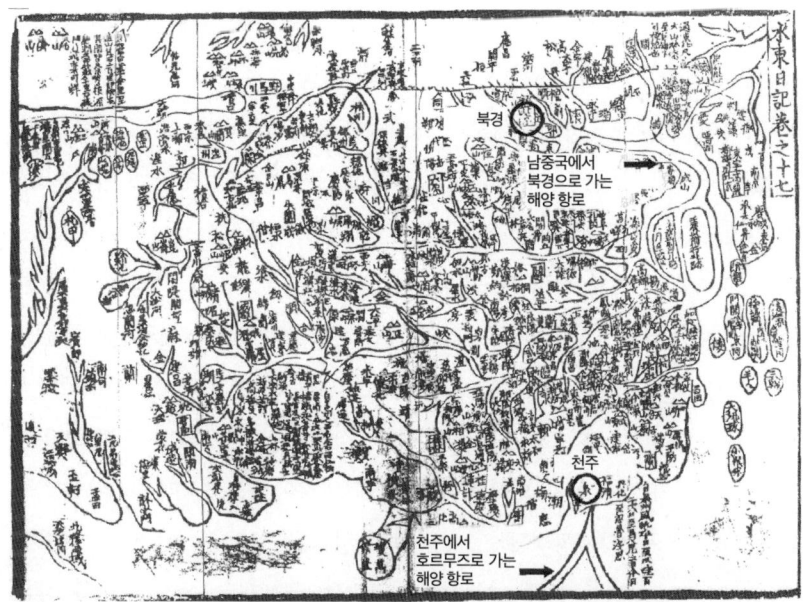

그림 3-4 섭성(1420-1474)의 『수동일기』에서 인용한 "광륜강리도"(1360). 미국 국회도서관에 보존되어 있다.

로 '길의 책'이라는 의미)를 가지고 있다. 이를 중서성(中書省)에 바쳤으니 요청하는 소속 기관에 내려주도록 하라."[50]

"광륜강리도(廣輪疆理圖)"는 명 왕조 시대의 작품에 포함되고 그 서문이 1452년에 지어졌지만, 원래는 1360년에 그려진 것이며 해양 항로로 보이는 몇 개의 선이 바다에 표시되어 있다.[51] 또한 해안에 위치한 가장 중

---

50 王士點, 『秘書監志』 卷4: 76.
51 섭성(葉盛, 1420-1474)이 저술한 『수동일기(水東日記)』의 대중적으로 유포된 사본에서 이 지도를 언급하고는 있지만, 지도의 사본을 포함하고 있지는 않다. 최근에 미야 노리코는 국회도서관(Library of Congress)에 소장된 것을 포함하여 기록의 일부 판본에서

요한 항구들 근처에 구역을 설정하여 정확한 장거리 항해 안내를 보여주고 있다. 천주 근처 구역에는 서쪽으로 확장되어 나아가는 선을 따라 이러한 기록이 보인다. "천주에서부터 바람을 타고 가면 60일 만에 자바에 도착할 수 있고, 128일 만에 말라바르(Malabar)에 도착할 수 있으며 약 200일 만에는 호르무즈에 다다를 수 있다."(그림 3-4 참고)

호르무즈(현재 호르무즈해협 근처에 있는 섬)는 페르시아만에 있는 조그만 국가 중 하나였고, 일 칸국의 속국이 되어 상당 정도의 자치권을 유지하기 위해 세금(페르시아어로 하라즈(kharāj)라 한다)을 지불했다.[52] 당 왕조 시기 중국과의 교역을 위해 한때 페르시아만에 있던 가장 중요한 항구였던 시라프는 점차 쇠퇴했다. 그곳에는 카이스(Qais, 페르시아어로는 키쉬)와 호르무즈가 성장했고, 교역의 우위를 놓고 두 섬이 서로 경쟁했다. 호르무즈는 13세기 페르시아만의 주요 항구로서 카이스를 점차 대신하게 되었고, 두 세기 이상에 걸쳐 인도양 교역 네트워크의 중심점이자 페르시아만에서 가장 중요한 세계적 상업 중심지로 번영을 누렸다. 호르무즈에서부터 상인들은 인도, 중국에서 온 상품들을 이슬람 세계로 옮겨 실어 가지고 왔다.[53] 앞으로 살펴보겠지만, 서역에 관해 기록한 원대의 중국

지도의 사본들을 찾아냈다. 미야 노리코는 이 지도가 소실된 『혼일강리도』(조선에서 만든 지도의 출처)와 일치하는 것이라 보았다. 더욱 자세한 논의로는 宮紀子, 『モンゴル時代の出版文化』, 도판 12, 489-503을 참고.

52 '신(新)호르무즈'인 호르무즈 섬과 '구(舊)호르무즈'는 다른 것이다. 구호르무즈는 외부의 침입에 더욱 많이 노출되었던 미나브(Mīnāb) 근처의 대륙에 있었던 호르무즈 왕국의 옛 수도였다. Ralph Kauz and Roderich Ptak, "Hormuz in Yuan and Ming Sources," *Bulletin de l'École Française d'Extrême-Orient* 88(2001): 31-35. 중국 및 서아시아의 자료들을 모두 활용하여 1500년 이전 호르무즈에 대해 상세히 논한 전체 논문(27-75)을 참고. 또한 Jean Aubin, "Les princes d'Ormuz du XIIIe au XVe siècle," *Journal Asiatique* 241(1953): 77-138도 참고.

53 마르코 폴로도 호르무즈를 방문했고, 교역을 위해 세계 여러 지역에서 배를 타고 상인들

서술의 대부분은 호르무즈(이 지명은 다양한 방식으로 음사되었다)를 언급하고 심지어 그리기도 하는데 이는 동시대의 지리학자들이 이전 시기의 정보를 재활용하는 대신에 서아시아와 해양 연결에 대한 최신 정보를 활용했음을 암시한다. 지도에 드러난 길은 해양 항로가 자주 여행에 활용되었음을 보여준다. 다음 장에서 논의할 동시대의 이슬람 자료는 이러한 주장을 뒷받침한다.

텍스트에 보이는 또 다른 구역은 남중국에서부터 산동반도를 통해 원의 수도 대도(현재의 북경)로 오는 길을 보여준다. 상인들은 원 왕조 시기가 되어서야 시작되었던 해운(海運)을 위한 경로로서 이 길을 활용하기 시작했다.[54] 이 경로는 천진(天津)의 항구인 직고(直沽)로 연결되었고, 쿠빌라이에 의해 건설된 갑문 운하에 의해 이용이 쉬워진 '적수담(積水潭)'을 통해 대도로 들어왔다.[55] 항해에 대한 텍스트에 나온 두 구역은 몽골 시기 일 칸국 치하 페르시아만과 원의 수도가 연결되었던 해양 항로를 입증하고 있다. 원 조정과 일 칸국에서 온 사신들은 물론이고, 다른 무슬림 국가와 유럽에서 온 상인과 여행자들은 해양 항로를 따라서 왕복했다. 이 지도는 몽골인, 중국인 지도 제작자들이 해양 교역에 들인 적극적인 관심을

이 찾아오는 번성하는 국제 항구도시로 서술하고 있다. 또한 호르무즈는 해양 교역 및 부활된 육로 장거리 교역 구간이 합쳐지는 곳이기도 했다. 랄프 카우즈(Ralph Kauz)와 로데리히 프탁(Roderich Ptak)은 마르코 폴로의 기록에 나온 서술이 동시대에 살았던 왓사프의 기록과 매우 유사하다는 점을 지적했다. Kauz and Ptak, "Hormuz in Yuan and Ming Sources," 35-36.

54 원 왕조 이전에는 해운 체계가 단지 전쟁 혹은 긴급한 사안이 생겼을 때 많은 물품을 운송하기 위해서 활용되었다. 원 왕조의 해운 체계에 대한 더욱 상세한 논의로는 有高巖, 「元代の海運と大元海運記」, 『東洋學報』 7(1917): 411-424를 참고.

55 陳高華, 『元大都』(北京, 1982); 杉山正明, 『文明の道』, 74-87; 杉山正明, 『疾驅する草原の征服者：遼·西夏·金·元』(東京, 2005), 341-343.

확인시켜주고 있고 이슬람 세계로 가는 해양 항로에 대한 그들의 정확한 지식을 증명한다.

3장의 도입부에서 살펴보았듯이 몽골의 정복으로 인한 중국과 서아시아 사이 육로의 재개통은 중국과 이슬람 세계 사이 육로 접촉을 확대시켰다. 그래도 해양 지역을 도외시해서는 안 되는데, 그 이유는 인도양 항로와 상업 연결의 확대 덕분에 중국과 이슬람 세계 사이 해양 접촉 또한 몽골 시기에 정점을 찍었기 때문이다. 몽골제국 내의 갈등을 겪던 칸국들 사이의 전쟁으로 인해 육로는 여전히 완벽하게 안전하지는 않았다. 이와 비교하면 해양 항로에는 장애물이 많지 않았다. 중국의 몽골 지도자들에 의해 규정된, 동남아시아와 남아시아를 향한 해양 교역과 탐험을 촉진시킨 많은 정책이 중국의 원 왕조와 이란의 일 칸국 및 극서 지역 사이를 연결하는 해양 항로의 중요성을 입증하고 있다.[56] 문헌 및 고고학 증거는 몽골 시기에 급증했던 해양 접촉을 명백하게 증언한다. 이렇게 활발했던 교통로는 중국과 이슬람 세계 사이의 상품과 지식이 교류되는 중요한 관문이었다.

---

56 쿠빌라이는 1279~1283년에 남인도로 가는 사절로 양정벽(楊庭璧)과 위구르인 역흑미실(亦黑迷失, 이그미쉬)을 말라바르에 파견했다. 양정벽에 대해서는 『元史』 卷12: 245와 卷210: 4669-4670을 참고하고 역흑미실에 대해서는 『元史』 卷131: 3198-3200을 참고. 원 왕조와 인도 사이의 관계라는 넓은 맥락에서 원 정부에 의해 인도로 사절을 파견한 것에 대해 분석한 것으로는 Tansen Sen, "The Yuan Khanate and India: Cross-Cultural Diplomacy in the Thirteenth and Fourteenth Centuries," *Asia Major* 1/2, part 1/2(2006): 299-326을 참고. 또한 陳高華, 「元代的航海世家澉浦楊氏」, 『海交史硏究』 1(1995): 4-18도 인용된다.

증대된 해양 접촉을 통한
중국인의 이슬람 세계에 대한 지식 확대

몽골 시대에 무슬림들은 중국 전체로 퍼져나갔다. 중국인은 무슬림과 오랫동안 교류했는데, 특히 광주와 양주와 같은 중국의 항구 도시들에 주로 살았던 상인들과 특히 접촉했다. 그러나 몽골의 지배 아래에서는 무슬림 거주자의 숫자가 극적으로 증가했는데, 이는 몽골 정복 시기에 군대에 징발되어 중국으로 이주해 왔던 무슬림이 많았기 때문이다. 또한, 무슬림 교역자들은 몽골의 초기 원정 때부터 몽골 지도자들에게 재정 지원을 하고 있었다. 몽골인과 협력했던 이러한 무슬림 상인 중 가장 중요한 부류는 오르탁(ortagh)이었는데, 이 명칭은 '동료'를 의미하는 투르크어 '오르톡(ortoq)'에서 나온 것이었다.[57] 네 번째 대칸이었던 뭉케를 위해 활동했던 무슬림 오르탁에 대해 서술한 페르시아어 사료들은 1260년 이전에 중국에서 이러한 무슬림들이 활동했음을 보여주는 많은 일화를 기록하고 있다.[58] 몽골제국이 남쪽으로 확장하면서 이러한 무슬림 중 다수가 남쪽으로 이동

---

[57] 페르시아어로는 오르탁(ortaq)이고, 중국어로는 알탈(斡脫)이다. 오르탁에 대한 더욱 상세한 논의로는 Allsen, "Mongolian Princes and Their Merchant Partners," 83-126; Endicott-West, "Merchants Associations in Yüan China: The *Ortoy*," 127-154; 杉山正明, 『モンゴル帝國の興亡』, 2卷(東京, 1996), 187-191을 참고.

[58] *JT*, vol. II.

했고, 남중국의 천주와 항주 같은 항구도시의 상업 중심지에 대다수가 정착했고 여기에 무슬림 인구가 늘어나게 되었다.

　　남송이 패배하면서 몽골인들은 중국의 해양 항로를 통제할 수 있게 되었고, 남중국에 있던 무슬림 상인들이 국제 해양 교역에 종사하면서 원 조정에 계속 협력하도록 고무하였다. 오르탁 상인들은 이러한 추세의 모범이 되었고, 정부의 후원을 받는 해상 교역에서 중요한 역할을 수행하기 시작했다. 절차는 간단했다. 몽골 조정은 일정한 상품을 구입할 것을 이 상인들에게 요청하면서 대금을 미리 지불했다. 그러면 상인들은 상품을 획득하여 조정으로 가져왔는데, 때로는 행천부사(行泉府司)와 같은 정부 관청을 통해서 물건을 가져왔다. 이에 대한 보답으로 그들은 교역에서의 이득을 취했고,[59] 이는 현재의 제한된 제휴와도 닮은 수단을 통해서 이루어졌다.[60] 오르탁 상인들이 구매했던 물품(진주, 상아, 노예와 같은 것) 중 일부는 해양 교역을 통해 도착했다.[61] 틀림없이 해양 교역에 종사하는 오르탁 및 다른 외국인 상인들은 천주에 자기 회사를 두고 있었고, 천주는 몽골 시대 중국과 외국을 연결하는 가장 중요한 항구였다. 무슬림 상인들은

59　그들의 활동을 이해하려면 페르시아 자료도 확인해야 한다. 한문 자료들은 오르탁 상인에 대한 상세한 정보를 제공하지 않지만, 『원전장』과 같은 일부 자료는 이러한 상인들의 구체적인 활동(예를 들면, 진주 교역)에 대한 단서를 남기고 있다. 四日市康博, 「元朝の中賣寶貨: その意義および南海交易・オルトクとの関わりについて」, 『內陸アジア史研究』 17(2002): 41-59를 참고. 또 다른 동시대 사료인 『통제조격(通制條格)』은 바다를 통해 이슬람 세계로 항해하고 교역하는 천주의 오르탁 상인들을 언급하고 있다. 『通制條格』 卷 27: 45-46. 법률 문서는 상인들이 해양 교역을 통해 이슬람 세계 혹은 인도에서 몽골인 남성이나 여성을 노예로 구입하는 것을 금지하고 있다.

60　일부 대규모 오르탁 상인 연합은 유라시아의 몽골제국 전역에서 더 넓은 범위의 상품과 원자재를 다루는 것은 물론이고 운송, 금융까지 처리했던 일반적인 무역 회사로서 기능하기도 했다. 杉山正明, 『クビライの挑戰』, 203-204.

61　『元史』 卷134: 3266을 참고. 四日市康博, 「元朝の中賣寶貨」도 참고.

몽골과의 연계뿐만 아니라 인노양의 주요한 모든 항구에 거주하던 무슬림 이주 공동체와 광범한 연결도 활용하면서 이러한 요인들이 제공하는 교역 세계를 확장시켰다.[62]

천주에 대한 몽골 시기 모든 기록이 입증하는 것처럼, 이전에는 조그만 항구도시였던 천주는 13, 14세기에 세계에서 가장 큰 국제 항구 중 하나로서 전성기에 도달했다. 증거들은 원대에 천주에 거주했던 무슬림 가문들이 북쪽의 육로와 남쪽의 해로 양쪽을 통해서 왔다는 점을 암시한다. 천주에 있는 아랍어 묘지명들은 이슬람 세계의 다양한 장소에서 중국으로 이주했던 무슬림의 활동과 그들이 대규모로 존재했음을 가장 구체적으로 보여주는 증거를 제공하고 있다. 시라프 출신의 시나위라는 이름을 가진 무슬림 상인이 송대(960-1276)에 도시의 교외 동남쪽 구석에 최초의 무슬림 묘지를 건설했는데, 천주에는 몽골인이 도래하기 한참 전에 무슬림 공동체가 위치해 있었다. 그럼에도 불구하고, 묘비의 숫자가 원대에 두드러지게 증가했다는 사실은 이 도시에서 무슬림 공동체가 번성했던 시기를 알려준다. 확실하게 날짜가 원대의 것으로 기록된 묘비의 대부분은 서아시아 출신임을 알려주는 지명들이 보이는데, 예를 들면 이란의 카즈빈(Qazvin)과 타브리즈가 보이고 중앙아시아의 부하라와 헤라트도 포함되어 있다.[63] 서아시아와 중앙아시아에서 니스바(nisba, 어느 인물의 조상의 출

---

62 무슬림에 우호적인 몽골의 정책과 원대에 확장된 해양 네트워크 덕분에 무슬림 공동체가 확보했던 특별한 특징들에 대한 간명한 논의로는 Chaffee, "Diasporic Identities," 412-416을 참고.
63 필자는 이를 추산하려고 가장 최근에 간행된 무슬림 비문을 활용했다. 전체 37개의 비문 중에서 단지 하나만 연대가 1171년(남송 시기)으로 올라가고, 31개는 원대(1260-1368)로 비정되며, 5개는 명대(1368-1644) 초기 20년 동안으로 연대가 비정된다. 吳文良, 『泉州宗教石刻』을 참고.

신이 어디인지를 보여주는 아랍식 이름의 일부분)를 자칭했던 대다수 무슬림이 실제로 남아시아의 무슬림 이주 공동체로부터 중국에 왔을 가능성이 높다. 동남아시아의 무슬림들도 아마 니스바를 사용했을 것이다. 비록 그들은 오랫동안 이슬람 세계 바깥에서 살았지만, 이슬람 세계와 정치적으로, 더욱 중요하게는 상업적인 연결망을 유지했고 서아시아와 중국 사이의 국제 교역 네트워크를 발전시키는 데에 있어 그들의 중간 위치를 활용했다. 중국에 있던 무슬림 공동체의 규모는 단순히 천주가 아니라 제국의 더욱 거대한 부분으로 틀림없이 확장되었지만, 증거들은 확실히 천주가 무슬림 국제 교역과 공동체의 거대한 네트워크의 중심점이었음을 확인시켜준다.

천주에서 새롭게 발견된 일부 묘지명은 13세기 무슬림 관료인 포수경 덕분에 유명해진 포씨 가문 이외에도 영향력을 가진 지역 무슬림 가문들을 확인하는 데에 도움을 준다. 부하라 출신의 아미르 사이드 토간 샤(Amīr Sayyid Toghān Shāh)의 묘비는 한 무슬림 가문에 관한 구체적인 증거를 제공한다. 『원사』에 따르면, 이 가문은 칭기즈 칸의 서방 원정 결과 중국으로 이주하여 천주에 정착했다.[64] 그의 묘비와 더불어 『원사』에는 그의 열전이 실려 있는데, 여기에는 그가 회회 혹은 무슬림이며 페이감바르(Peyghāmbar, 페르시아어로 예언자 무함마드를 일컫는 말)의 후손이라고 나와 있다. 원대의 천주에 있던 또 다른 묘비인 정절재(丁節齋)의 묘비는 남송이 멸망할 때에 가문이 중국으로 이주하여 해상 교역을 수행하기 위해 천주에 정착했다고 기록되어 있고, 이는 이 가문의 현존 족보 기록들에 의해서 확인되는 내용이다. 천주의 남쪽 관문 근처에 거주하는 현재 정

64　吳文良, 『泉州宗教石刻』, 64-68을 참고.

씨 기문의 족보는 그들의 선조인 정절재가 훗날 운남의 승상이 되었다고 서술하고 있다.⁶⁵ 사실, 선조 정절재는 다름이 아닌 그 유명한 원대의 재상 사이드 아잘 샴스 알딘(賽典赤 贍思丁, 1211-1279)이며 그는 실제로 쿠빌라이 지배 시기에 운남의 평장정사로서 통치했다. 천주 옛 도시의 남쪽 관문 근처에 거주하는 정씨 성을 가진 회족의 대부분은 정절재의 후손이라고 주장한다.

천주에 살았던 이러한 무슬림들은 그중 대다수가 원 왕조 시대에 정부의 직위를 보유하였고, 도시의 교역 활동을 촉진하고 통제하며 원 정부와 함께 일했다. 이 목적을 위해 원 정부가 만들었던 제도 중의 하나가 관본선(官本船) 제도였는데, 이는 대외 교역을 정부가 독점하고 사적인 해양 교역 활동을 금지하기 위해 1285년에 제정되었다. 이후 정부는 관본선 제도를 폐지하고 사적 교역을 허용했는데, 1298년에는 치용원(致用院) 제도를 부활하여 정부의 해양 교역과 사적인 해양 교역 활동을 동시에 후원했다.⁶⁶

무슬림은 물론이고 중국인도 원 정부가 후원하는 국제 교역에 참여했다. 해양 교역에 국가가 개입했다는 것과 그것이 중국과 일 칸국의 관계와 연결되어 있음이 문서로 입증되는 사례는 양추(楊樞)라는 이름을 가진

---

65 吳文良, 『泉州宗教石刻』, 42-45를 참고. 오문량(吳文良)은 영산(靈山), 동당두(東塘頭), 천주의 동쪽 교외에 있는 무슬림 무덤들 사이에서 비석의 위치를 파악하였다.
66 陳高華, 「元代的航海世家澉浦楊氏」, 243. 스기야마 마사아키와 요카이치 야스히로의 연구들을 포함하여 많은 연구에서 이전의 남송 정부 때보다 훨씬 확대된 해양 교역에 원 정부가 적극적으로 간여했음을 보여주는 상세한 증거들을 논의하고 있다. 좋은 예로는 원 정부의 선박(이를 관본선(官本船)이라 한다) 체계이다. 정부가 선박을 만들어 자금을 투자했고 교역자를 모집했으며, 국가가 이득의 70%를 받고 관리자들은 30%를 받았다. 원래 목적은 개개 상인들이 교역하는 것을 금지하려는 것이었지만, 잘 작동하지는 않았다. 『元史』 卷94: 2402.

중국인 상인의 항해를 상기시킨다. 그는 일 칸국에서 온 사절들을 호송하여 그들의 모국으로 돌아가게 하는 정부의 선박을 통해 페르시아만의 호르무즈까지 항해했다. 양추는 감포(澉浦, 절강성) 양씨 가문 일원으로 원래는 민(閩, 현재 복건성 남부) 지역 출신이었고, 여러 세대에 걸쳐 해양 교역에서 높은 직임에 종사했다.[67] 심지어 19세의 나이에 항해와 교역에서 그가 경험했던 것으로 인해 몽골 정부는 서아시아로 항해할 인물로 어린 양추를 선발했다.[68] 그의 묘지명은 두 번의 항해를 서술하고 있다.

…… 1301년, 그가 19세였을 때 치용원이 본선(本船)을 타고 항해하도록 그를 보냈다. 서양(西洋)에 도착하여 '친왕(親王)' 가잔(Ghazan)이 [중국의] 수도[즉, 북경]로 파견한 사절 나회(那懷) 등을 만나 드디어 그들을 [자신들의 배에] 태우고 [중국으로] 돌아왔다. 나회의 조공이 끝나자 그는 양추에게 자신들을 호송하여 서쪽으로 돌아가게 해줄 것을 청했다. 승상 카르카순 타르칸(한자로는 합랄합손 답랄한(哈剌哈孫 答剌罕))은 그 요청을 따랐고, 양추에게 '충현교위(忠顯校尉)', '해운부천호(海運副千戶)'를 주고 금부(金符, 패자?)를 패용하게 하여 함께 가자고 아뢰었다.

1304년에 수도를 출발하여 1307년에 호르무즈라 불리는 목적지에 상륙했다. 이 일을 수행하면서 양추는 오랜 바람과 큰 파도 속에서 여행하며 5년을 보냈다. 무릇 모든 선박, 음식, 물건들은 그에게서 나왔고 [치용원의] 관료들을 번거롭게 하지 않았다. 대부분, 양추는 개인 돈으로 지역의 생산물(흰색 말, 검은색 개, 호박, 포도주, 외국의 소금 종류)을 구입하여 [정부에] 바쳤고, 평장정사 찰나(察那) 등은 그를 신경전

---

67 양추 가문에 대한 상세한 논의로는 Wilt L. Idema, "The Tza-jiu of Yang Tz: An International Tycoon in Defense of Collaboration?" in *Proceedings on the Second International Conference on Sinology*(臺北, 1989), 523-529를 참고.
68 陳高華,「元代的航海世家澉浦楊氏」, 243; Idema, "The Tza-jiu of Yang Tz," 526.

(宸慶殿)에서 맞이하고 물러났다.69

양추는 첫 번째 항해(1301-1304)에서 서양으로 항해했고, 일 칸국의 일곱 번째 통치자가 되었던 가잔(1271-1304)의 사절을 만났다. 두 번째 항해(1304-1307)에서는 도착지가 이란의 호르무즈로 지정되었는데, 이곳은 "광륜강리도"에 그려진 해양 항로의 최종 목적지이기도 했다. 페르시아어 자료는 물론이고 마르코 폴로의 기록은 원 왕조와 일 칸국 사이 사절들의 교환을 상기시킨다(4장 참고). 이러한 교환 중 하나로 나회가 중국을 방문했고, 이때 양추가 중요한 역할을 수행했던 것이다.70

양추가 첫 번째 항해를 서양으로 갔다는 기록은 중국의 역사에서 최초로 인도양과 중국해를 동양과 서양으로 나누었던 원대의 지리 개념을 보여주고 있다. 이러한 분할은 훗날의 지리학자들이 동방과 서방으로 세계를 나누어 언급할 때 점차 활용하는 개념이 되었다. 이렇게 체계적인 지리적 분할은 진대진(陳大震)에 의해 편집된 『남해지(南海志, 1304)』에 처음으로 등장한다.71 『남해지』는 서역에 있는 국가를 동양과 서양 사이에 있다고 구분하고 있다.72

---

69 陳高華, 「元代的航海世家澉浦楊氏」, 243. 그의 묘지명은 '송강가흥등처해운천호양군묘지명'(松江嘉興等處海運千戶楊君墓志銘)인데, 황진(黃溍)의 『금화황선생문집(金華黃先生文集)』 卷35에 수록된 덕분에 보존될 수 있었다.
70 Sir Henry Miers Elliot, *The History of India, as Told by Its Own Historians: the Muhammadan Period*(Frankfurt am Main, 1997), 45-47.
71 陳大震, 『大德南海志殘本』(廣州, 1986), 37-38.
72 원 왕조의 중국인은 자바를 중심으로 동방과 서방을 나누어 보았다. 劉迎勝, 『絲路文化: 海上卷』(杭州, 1995), 146-148을 참고.

이러한 구도 속에서 동양과 서양은 칼리만탄(Kalimantan)의 서쪽 해안과 순다(Sunda) 해협을 따라서 나뉘고 있다. 그래서 인도양을 포함한 서양은 칼리만탄의 서쪽 해안에서 시작된다.『남해지』는 먼저 '작은' 서양(소서양)을 규정하는데, 이는 서부 자바에서부터 수마트라와 말라카에 이르는 범위이고, 다음으로 나오는 '큰' 서양(대서양)은 인도양을 가로질러 더욱 서쪽으로 뻗어 있게 되는 것이다. 그리고 소동양은 북부 칼리만탄에서부터 필리핀의 섬들까지로 정의되고, 대동양은 순다해협에서부터 술라웨시, 티모르, 몰루카의 섬들과 자바 및 남부 칼리만탄을 거치게 된다.

『남해지』의 편찬자들은 이슬람 세계를 서술하면서 사용했던 지명들을 만들기 위해 새로운 자료와 예전 자료들을 혼합해서 인용했다. 바그다드, 가즈니, 물발(勿拔), 미르바트(Mirbat)과 아라비아 반도에 있는 묵가(默茄, 메카), 아프리카에 있는 물사리(勿斯里, 이집트를 가리키며 아랍어의 미스르(Misr))와 같은 몇몇 국가는 이미 송대의 조여괄이 쓴『제번지』에 등장한다.『남해지』의 일부 내용에서는 발음 표기를 위해 예전 기록과 비슷하지만 약간은 다른 한자를 사용하고 있다. 예를 들면, 두환과 조여괄의 기록에서는 마가(麻嘉)로 표기된 것이『남해지』에서는 묵가로 표시되고 있다. 이러한 새로운 음사는 저자가 이전 연구들로부터 모든 정보를 가져온 것은 아니었음을 암시한다. 활리부사(闊里扶思, 호르무즈), 옹만(瓮蠻, 오만), 아단(啞靼, 아덴?)과 같은 새로운 명칭은 몽골 시기 이슬람 세계에 대한 중국인의 확대된 지리 지식을 확실하게 입증하고 있다.

중국인들은 인도양의 교역 네트워크 때문에 멀리 떨어진 사회에 대한 지리 정보가 필요했다. 광주의 지방지로서『남해지』는 항구 도시와 대외 교역의 번영을 기록하고 있고, 그래서 몽골 시기 중국의 접촉들에 대한 중요 핵심 자료를 제공한다.[73] 주거비의 『영외대답』, 조여괄의 『제번지』처럼, 『남해지』는 저자가 다른 사람들로부터 얻은 정보에 근거하여 지역의 생산품, 대외 교역, 외국에 관해 서술하고 있다. 예를 들면, 교역 물품(박화(舶貨))에 대한 부분은 아래와 같이 시작한다.

> 원 왕조는 사해(四海)[세계 전체]를 점유하고 있고, 해와 달이 뜨고 지는 곳에서는 조공을 바치고 머리를 조아리며 스스로 신하로 칭하지 않는 곳이 없다. 그래서 바다와 산, 사람과 짐승의 기이한 것과 이국적인 진주, 소뿔은 항상 내부(內府, 정부의 창고)에 채워져 있다. …… [왕조의] 진귀한 물품이 풍성한 것은 이전 지방지에 서술되었던 것보다 지금은 2배에 달한다. 지금 그 이름을 알고 있는 국가를 박화(교역 물품) 부분 뒤에 붙여서 기록한다.

실제로, 남송 시기에 저술된 조여괄의 『제번지』에서 찾아볼 수 있는 외국의 수는 143개이고 이슬람 세계의 국가는 약 20개인데 『남해지』에 열거되어 있는 외국의 숫자는 그 두 배에 달한다. 『남해지』의 기록은 조여괄과 같은 이른 시기 저자들처럼 각 국가에 대한 상세한 서술을 제공하고 있지 않은데, 아마 이 책의 다른 목적들이 그러한 생략을 설명해줄 수 있을 것이다. 『남해지』의 저자는 광주의 특정한 주제들을 포함한 공식 지방지를 저술하려는 의도를 가지고 있었던 것이다.

---

73 원래 총 20권으로 되어 있었지만, 명대 『영락대전』의 권11905-11907의 『광주부지(廣州府志)』에 포함된 덕분에 단지 5권(6-10권)이 현재 남아 있다. 비록 도입 부분은 원대 광동 사회의 일반적 상황을 다루지만, 나머지는 해상 교통과 외국들에 대해서 서술하고 있다.

그러나 『남해지』는 새롭고 흥미로운 정보를 다량 포함하고 있다. 예를 들면, 이 책은 천주와 광주에 있는 농장을 서술하면서 이를 레몬(Lemon, 한자로는 이목(里木))이라고 불렀다. 레몬(이 영어 단어의 기원은 페르시아어 '리무' 혹은 아랍어 '라이문'에서 나온 것이다)은 장거리 항해를 떠나는 선원들을 위한 비타민 C의 중요한 공급원이었다. 중국인 선원들은 레몬을 먹었으므로 비타민이 결핍된 유럽인 선원들이 겪었던 괴혈병으로 고통을 받지 않았다.[74] 이러한 부류의 의학적 정보가 몽골 시대에 일반적인 지식이었다는 사실은 중국인이 항해 교역에서 겪었던 빈번한 탐험을 통해 다른 상인과 선원들로부터 이에 대한 정보를 얻었기 때문에 필수적인 지혜로서 전파되었음을 암시한다.

원 왕조 치하에서 일어났던 교역 및 지리 인식의 증대를 암시하는 자료로서 이 지방지는 역사가에게 중요하지만, 직접적인 출처인지에 대한 확실한 신빙성은 결여되어 있다. 다행히도 우리는 이 시기에 만들어진 중요한 직접적 기록을 가지고 있다. 유럽인 마르코 폴로 혹은 무슬림 이븐 바투타(4장 참고)보다는 잘 알려져 있지 않지만, 왕대연(1311-1350)은 『도이지략(島夷誌略)』을 편찬했다는 점에서 주목받을 가치가 있다. 이 책에서 그는 동남아시아, 남아시아 그리고 심지어 서아시아, 북동부 아프리카의 다양한 장소에 관해 기록했는데 이 장소를 그가 1330년대에 방문했다고 주장했다. 그와 동시대의 여행 작가 대부분이 서쪽에서 동쪽으로 이동했던 반면에 왕대연은 반대 방향으로 갔다는 점에서 그의 기록은 매우 중요하다.

왕대연의 기록에 대해 가장 훌륭하게 직접적으로 보여주는 것으로는

74　陳大震, 『大德南海志殘本』, 31.

왕대연과 동시대 사람인 장저(張翥)와 오감(吳鑒)이 1350년경에 쓴 두 편의 서문이 있고, 또 왕대연 자신이 『도이지략』 뒤에 붙인 후서(後序)가 있다.[75] 오감의 서문에 따르면, 왕대연은 원래 천주에 대한 지방지를 보완하는 것으로 자신의 책을 썼고, 그 제목은 『청원속지(淸源續志)』였다. 훗날 명 왕조의 복건 지역 지방지인 『민서(閩書)』는 오감에 의해 편집된 『청원속지』의 일부분으로서 『도이지(島夷志)』를 소개하고 있다.[76] 이는 분명히 오감이 그의 지방지에 포함시켰던 왕대연의 기록일 것이다. 이후에 왕대연은 자기 책을 별개의 저술로 출판했다. 두 서문 모두 이전의 중국 역사서와 자료들이 외국에 관해 충분히 서술하지 못했던 사실에 탄식하면서 외부 세계에 대한 중국인의 지식을 확장하기를 원한다고 밝혔다. 그들은 왕대연이 어렸을 때부터 세계 주위를 여행하고자 했던 독특한 의욕을 소유했고 결국 이후에 그 희망을 실현했던, 매우 개방적인 사상을 보유한 중국인이라고 서술했다. 왕대연이 국제적 장거리 여행을 한 것이 '세계주의적' 천주에서 살았던 중국인 지식인들에게 호평을 받았다는 것은 놀라운 일이 아니다. 장저의 서문은 세계가 다양한 지리적 중심들로 구성되어 있다는 관점을 가지고 9개의 큰 대륙을 주장한 고대 이론가인 추연(鄒衍, 기원전 340년경-기원전 260)을 언급하는 것으로 시작한다.[77] 천주 항구의 개방적이고 국제적

---

75 汪大淵, 『島夷誌略』(北京, 1981), 1-11, 385.
76 何喬遠, 『閩書』(福州, 1995), 4362.
77 Ibid., 1. 아래 기록은 『사기』에서 추연(騶衍)의 전기 부분에 나오는 것이다. "유학자들이 칭하는 중국은 천하의 81분의 1을 차지하고 있다. 중국은 적현신주(赤縣神州)라고 불린다. 적현신주 내에 구주(九州)가 있고, 우(禹)의 서문에 언급된 구주가 바로 이것이다. …… 중국의 바깥은 적현신주처럼 아홉 개이고, 이것이 이른바 구주이다. 여기에는 비해(裨海)가 둘러싸고 있고, 사람과 짐승들은 서로 소통할 수 없다. 한 구역 안에 있는 것이 하나의 주가 되는 것이고, 이러한 것이 아홉 곳이 있다. 그 안에 대영해(大瀛海)가 있어 바깥을 둘러싸고 있으니 이것이 하늘과 땅 사이의 경계이다." 『史記』 卷74: 2344.

인 분위기 속에서 이곳 지역의 중국인들은 많은 외국인과 일상적으로 접촉했고, 이 중 일부는 아마도 중국 중심의 권위적인 세계관으로부터 탈피하려고 고대에서 비롯한 다양한 지리적 개념들을 상기했을 것이다.[78]

왕대연은 자신의 후서에서 책에 서술했던 외국의 모든 장소를 방문했다고 주장한다.[79] 그는 자기 자신에 대한 상세한 정보는 언급하지 않는다. 오감은 왕대연이 스스로 위대한 역사가인 사마천을 본보기로 삼았다고 말하고 있기 때문에 그가 고전 교육을 받은 것으로 보았다.[80] 마르코 폴로의 긴 여행기와 비교하면, 왕대연의 기록은 더욱 짧고 그의 여정에 대한 내용도 그다지 상세하지 않다. 필립 스노우(Philip Snow)와 로데리히 프탁(Roderich Ptak)과 같은 일부 서구 학자들은 왕대연이 홍해, 지중해 혹은 동아프리카 해안까지 멀리 여행했다는 것을 의심하고 있어서 최근 마르코 폴로의 여행기를 둘러싼 논쟁과도 닮은, 문헌의 신빙성에 대한 논란이 제기되고 있다.[81] 왕대연은 인도양 영역의 서쪽 끝까지 멀리 여행할 수 있었던 것일까? 그는 자기가 목격했던 것에 관해서 기록을 남겼고, 단순히 다른 사람으로부터 들은 것을 기록하지는 않았다고 주장한다. 물론,

---

78 중국 중심의 권위적인 세계관은 고대의 지리 서술인 『우공』 이래로 영향력을 끼쳤다. Yee, "Chinese Maps in Political Culture," *HC2:2*, 76.
79 汪大淵, 『島夷誌略』, 385.
80 Ibid., 5.
81 Roderich Ptak, "Wang Dayuan on Kerala," *Explorations in the History of South Asia: Essays in Honour of Eietmar Rothermund* (New Delhi, 2001), 40; Philip Snow, *The Star Raft: China's Encounter with Africa* (New York, 1988), 17. 그런데 윌리엄 락힐(William Rockhill)은 『도이지략』이 개인적이면서도 가치가 있는 기록이라고 보았기 때문에 『영외대답』(1178), 『제번지』(1226)와 같은 이른 시기의 비슷한 중국 기록들과는 구별해서 보았다. William Rockhill, "Notes on the Relations and Trade of China with the Eastern Archipelago and the Coast of the Indian Ocean during the Fourteenth Century," Part II, *T'oung Pao* 15(1914), 62.

우리가 단지 이 하나의 주장에만 의존할 수는 없다. 그렇나고 여행의 가능성을 배제할 수도 없다. 우리는 이전 시기 그리고 이후 시기 중국의 여행 문학 작품들이 현존하는 두환의 기록처럼, 외국에 대해 서술하려고 사마천이 처음에 『사기』에서 만들었던 것과 같은 중국의 표준 형식을 따르고 있음을 주목해야 한다. 동시대의 자료들도 상인들의 활발한 활동이 14세기에 이미 남중국과 페르시아만에 걸친 강력한 해상 네트워크를 만들어 냈음을 입증하고 있다. 그래서 왕대연 혹은 그의 믿을만한 정보 제공자가 단순히 서아시아와 중국 사이를 항해했던 중국인, 인도인, 아랍인, 페르시아인 상인들과 동반했다면 이슬람 지역에 도착하는 것이 어렵지는 않았을 것이다. 더욱 중요한 것은 그의 기록에는 최신의 정확한 정보가 꽤 높은 비율로 포함되어 있다는 점으로, 여기에는 이전 중국의 기록보다 훨씬 늘어난 외국의 목록, 합계 220곳의 지명을 포함한 99개의 부분들이 들어가 있다. 명대의 기록인 『민서』도 원대의 『도이지』가 대략 100개의 국가를 기록했음을 확인시켜주는데, 그 국가 중 대부분은 서부 인도양에 위치해 있었고 모두 교역을 위해 복건 지역과 교류하였다.[82]

왕대연은 1330년 이전 어느 시점에 천주에서 출발했다. 그는 동남아시아를 지나 남아시아로 항해했다. 그의 책의 90%는 이 두 지역에 할애되어 있고, 학자들은 그가 이 두 지역을 직접 목격했다는 것에 동의한다. 그는 중동과 동아프리카의 국가에 대해서는 단지 책의 10%만 할애하고, 장소도 모두 8곳에 불과하다. 왕대연은 서쪽으로 가는 경로를 서술하지 않았고, 어떠한 지역에서 그가 거쳐갔던 여정에 대해서도 서술하지 않는다. 비록 그가 방문했다고 주장하는 장소들의 목록에 근거하여 남인도에서부터

---

82 何喬遠, 『閩書』, 4362.

서아시아로 가는 가능한 항해 경로를 재구성해서 만들 수는 있지만 말이다(지도 3 참고).

왕대연은 이슬람 세계에 대한 구체적 내용도 언급하는데, 진실성의 측면에서는 맞지 않는 부분이 있다. 어떤 내용은 더 신뢰가 가지만, 어떤 내용은 그렇지 않다. 왕대연은 책의 각 부분에서 비슷한 패턴을 따른다. 논의하는 장소의 상대적인 위치를 배치한 후, 중요한 지리적 특징과 사회적 관습, 교역 물품들을 개괄한다. 메카(천당(天堂), 하늘의 집이라는 의미)에 대한 부분에서 그는 메카가 모래투성이인 사막 한가운데에 놓여 있고 기온이 따뜻하다고 기록했다. 그는 서남부 중국에 있는 운남에서 육지 혹은 바다를 통해 이슬람 세계로 갈 수 있다고 암시한다. 왕대연은 말, 용연향, 산호와 같이 서로 다른 지역에서 나오는 다양한 토산물에 관한 서술에 덧붙여 교역에 활용되는 여러 가지 특산품에 많은 지면을 할애하였다. 여기에는 정향, 육두구, 푸른색 비단, 사향, 후추, 은, 쇠 항아리, 유향, 향, 운남의 금박, 백은, 납, 상아, 철기, 계피와 같은 수입·수출 물품이 포함된다. 책의 대부분에서는 또한 중국에서 생산되는 무역 물품도 언급하는데, 예를 들면 소주와 항주의 채색 비단 및 청자와 백자가 있다.

청자, 백자와 더불어 원대부터 발전해서 인기를 얻게 된 것이 흰 바탕의 도자기에 청색 염료로 무늬를 그려 넣은 청화백자이다. 청화백자의 생산을 증명하는 고고학적 증거는 풍부한데, 이를 독자적인 연구 주제로 삼을 수 있을 정도이다. 경덕진(景德鎭)과 같은 곳에 있던 중국의 옛 가마들이 많이 발굴되었고, 이는 중국에서 몽골의 후원 아래에 특별히 수출을 위해 청화백자를 대량으로 생산하였음을 보여준다. 청화백자는 용천요(龍泉窯)에서 생산된 것과 같은 몽골 이전 시기 중국 도자기와는 다른데, 무슬림의 취향을 반영하여 무슬림이 이슬람 건축에 자주 선택했던 색채를 사용한 것이었다.[83] 몽골인과 그들의 협력자들은 서아시아의 잠재적 고객에게 호소할 것이라고 생각했던 색깔, 모양, 장식 무늬를 중국인 도공들에게 알려주었을 가능성이 높다.[84] 도자기 전문가들은 청화백자의 생산자들이 파란색 유약을 만들기 위해 사용하는 특별한 고품질의 산화된 코발트를 중국에서는 얻을 수 없었으므로 이란에서 수입했다고 주장한다. 해양교역을 통해 중국으로 온 코발트의 대부분은 경덕진으로 갔다. 청화백자가 생산되면, 중국 상인들은 코발트가 왔던 길의 역방향으로 이란을 향해 청화백자를 수출했다. 중국산 청화백자는 몽골 시대부터 이슬람 세계에서 선호하는 수입품으로 지위를 유지했는데, 이는 서아시아에서 발굴된 것들로 입증되는 사실이다. 이스탄불의 토프카프 사라이 박물관에서 전시되었던 1만 2,000점의 도자기 중 38점은 원대 청화백자임을 분명히 드러내는 표식을 가지고 있다.[85]

호르무즈에 대한 부분에서[86] 왕대연은 말 교역과 말을 다른 배에 옮겨 싣는 것을 설명하고 있다. 상인들은 아마 퀼론(Quilon) 혹은 인도 남서쪽 해안에 자리한 근처의 다른 항구로 말들을 운송했을 것이다.[87] 퀼론에 대한 왕대연의 설명에서 이 무역을 이렇게 언급한다. "[때때로 상선들은]

---

83 Rossabi, "Mongol Empire and its Impact on the Arts of China," prepared for Conference at the Hebrew University, June, 2006.
84 Ibid. 몽골의 유라시아 정복으로 인해 야기된 청화백자의 생산과 이슬람 세계에 대한 중국의 늘어나는 접촉에 대한 논의로는 弓場紀知, 「元靑花磁器とモンゴル帝國」 참고.
85 三杉隆敏, 『元の染付'海を渡る: 世界に擴がる燒物文化』(東京, 2004); Priscilla Soucek, "Ceramic Production as Exemplar of Yuan-Ilkhanid Relations," *Res* 35(Spring 1999): 125-141을 참고.
86 한자 명칭 감매리(甘埋里)를 호르무즈로 해석하는 것에 관한 논쟁에 대해서는 Kauz and Ptak, "Hormuz in Yuan and Ming Sources," 29-30, 42-45를 참고.
87 汪大淵, 『島夷誌略』, 364. "Hormuz in Yuan and Ming Sources," 39-40에 있는 호르무즈에 대한 부분의 새로운 영어 번역과도 비교하시오.

바람의 방향 [때문에] 늦게 도착한다. - [즉] 말을 실은 배들이 [호르무즈에서부터] 출발한 이후에는 - 그래서 화물을 가득 채울 수 없다."[88] 호르무즈와 퀼론에 대해 서술한 부분의 정보가 겹치는데, 이는 두 도시 사이에 빈번하게 이루어진 해양 교역과 강력한 상업적 네트워크를 암시한다. 상인들은 종종 남아시아와 동남아시아의 생산지로부터 서쪽을 향해 호르무즈로 후추를 운반했다. 엄청나게 많은 양을 운반해왔음에도 불구하고, 지역의 수요가 만족을 몰랐기 때문에 상당한 이득을 불러왔던 것이다.[89]

『도이지략』의 정보는 간결하지만, 왕대연의 서술은 명확하면서도 흥미롭다. 호르무즈에 대한 부분에서 그는 선박 건조 기술에 관해 묘사하는데, 이는 직접적 경험에서부터 나왔던 것으로 보인다. 기록은 이렇게 해석할 수 있다. "그들은 말을 운송하려고 이 나라에서 배를 만든다. 배의 옆쪽은 판자로 [만들어지고] (그들을 잇기 위한) 못이나 회반죽을 쓰지 않고 코코넛 섬유질을 사용한다. 각각의 배에는 나무로 된 창고가 있는 2개 혹은 3개의 갑판이 있다. 물이 들어오는 것을 막으면서 전진하기 위해 선원들은 낮과 밤에 교대로 물을 배 밖으로 퍼내는데 쉬지 않고 그렇게 한다."

이는 다우선에 관한 중국의 현존 기록 중 가장 이른 시기의 것이다. 못을 사용하지 않고 선박을 만든다는 왕대연의 서술은 9세기에 아부 자이드에 의해 기록된 내용(2장 참고)과 비슷하다.

왕대연은 이 지역에 대해 단지 짧은 보고서만을 남겼지만, 이 지역 모두를 방문했다는 그의 주장이 흥미를 자아낸다. 그의 기록은 14세기에 기록된 중국-이슬람 간의 해상 접촉에 대한 정보를 가장 잘 드러내는 자

88　Ptak, "Wang Dayuan on Kerala," 47. 汪大淵, 『島夷誌略』, 321과 비교하시오.
89　汪大淵, 『島夷誌略』, 364.

료 중의 하나로, 훗날에 여러 차례 다시 출판되었다. 원대에 출판된 원본은 원과 명이 교체되는 혼란의 시기에 소실되고 말았다. 그러나 『도이지략』의 몇몇 판본이 명대에 다시 출판되었다. 우리는 왕대연의 기록 혹은 비슷한 제목과 내용을 가진 기록들이 얼마 동안 중국 전체에 광범하게 유포되었고, 이는 동시대 그리고 이후 시대 기록들이 왕대연의 서술을 자주 언급했기 때문이라는 점을 추정할 수 있다. 왕대연의 저술은 명 왕조 초기에 이슬람 세계를 향한 정화(鄭和)의 항해에 아마 영향을 끼쳤을 것이다. 이에 대해서는 5장에서 살펴볼 것이다.

왕대연은 이슬람 세계를 여행함으로써 그 지역에 대한 중국인의 지식을 증대시켰는데, 사실 많은 중국인이 중국 내의 무슬림 공동체를 관찰할 기회가 있었다. 이전 시기에는 광주와 같은 국제적 항구도시에 무슬림이 주로 거주했지만, 그와 달리 원대에는 중국 전역에 무슬림 공동체가 널리 퍼져 있었기 때문이다.[90] 몽골인의 중국 지배에 대해 서로 다른 입장을 취했던 중국 지식인들의 몇몇 기록도 상이한 관점에서 중국에 있는 무슬림에 대해 서술했다. 몽골의 지배에 저항했고 죽을 때까지 몽골인을 경멸했던 정사초(鄭思肖, 1241-1318)는 또한 무슬림과 그들의 문화적 행위에 대한 적대감과 반감을 보였다. 분명히 과장된 한 이야기로, 정사초는 첨탑 근처에서 알라에 부름 받은 이후 자살했던 열광적인 무슬림에 대한 일화를 남기고 있다.[91] 이와는 대조적으로 정사초와 동시대를 살았던 지식인

---

90 『명사(明史)』는 "원대에 무슬림이 중국 전역으로 퍼져나갔다"라고 언급한다. 『明史』 卷 332: 8598.
91 鄭思肖(1241-1318), 『鄭思肖集』, 184. 또 다른 중국인 작가인 도종의(1329-1412)도 그가 관찰했던 무슬림에 대해서 정사초와 비슷하게 경멸하는 어조로 서술하고 있다. Leslie, *Islam in Traditional China*, 92-93. 무슬림 공동체에 대한 중국인의 서술에 대해서는 田坂興道, 『中國における回教の傳來とその弘通』, 813-852도 참고.

중 일부는 그들이 관찰했던 무슬림들의 삶과 문화에 대해 더욱 객관적인 기록을 남겼다. 예를 들면, 몽골인에게 저항하지도 않았고 협력하지도 않았던 주밀(周密, 1232-1298)은 항주의 무슬림 공동체들에서 거주했던 사람들의 장례식과 그들이 활용한 달력에 대해 더욱 객관적이면서도 사실적인 내용을 기록했다.[92]

심지어 무슬림과 상호 접촉했던 중국 지식인 중에는 무슬림에 대해 굉장히 긍정적인 관점을 보여주기도 했다. 그 중 한 사람이 삼산(三山, 현재의 복주(福州)) 출신의 오감이었고, 오감이 바로 왕대연의 『도이지략』의 서문을 썼는데 이는 그가 중국 밖의 국가에 대해 개방적인 사고를 지니고 있음을 보여주는 것이었다. 무슬림을 호의적으로 보는 오감의 태도는 1350년에 그가 지은 비문(碑文)에서 가장 잘 확인할 수 있고, 이 비문은 원대의 한 무슬림 모스크 앞에 위치해 있었다. 비문은 중국의 기록에서 찾을 수 있는 이슬람 종교와 사회에 대한 가장 상세한 정보를 제공하며, 이슬람 세계에 대한 중국인의 지식을 요약하는 역할도 하고 있다. 내용이 상당히 포괄적이면서도 정확하기 때문에 그 전체 내용을 신중히 살펴볼 가치가 있다. 비문의 원본은 마모되었지만, 운이 좋게도 어느 무슬림 집단이 1507년에 "중립청정사비(重立淸淨寺碑)"라는 제목의 현존하는 아랍어 비문 위에 다시 새겨 놓았다.

[감숙성의] 옥문관(玉門關)을 넘어 서쪽으로 1만여 리를 가면 아랍인의 국가가 위치해 있고,[93] 오늘날에 이를 타지크(대식)라 부른다. 북쪽으로는 파르티아와 조지(條支)

---

92 周密, 『癸辛雜識』(北京, 1988), 138, 142-143, 254.
93 한자 대실(大實)은 더 많이 사용되었던 대식(大食)과 발음이 비슷하다. 대석(大石)과 같이 비슷한 다른 사례들도 있다.

와 접해 있고, 동쪽으로는 투르판 및 고창(高昌)과 접해 있으며 남쪽으로는 운남, 안남과 접해 있고, 서쪽으로는 바다와 접해 있다. 이 지역은 큰 평원으로 덮여 있고, 폭과 길이가 수만 리에 달한다. 육로 수송을 통해 중국과 육지로 접촉하는 것이 결코 끊어진 적이 없었다. 성지(城池)와 궁실, 정원, 도랑, 배수관, 들판, 가축, 시장, 점포는 양자강과 회하(淮河) 지역과는 매우 다르다. 춥고 따뜻한 날씨가 조화를 이루고, 사람과 물건이 풍부하다. 그들은 모든 종류의 곡물, 포도, 모든 종류의 과일을 심는다. 사람들은 죽이는 것을 절대로 가볍게 취급하지 않고, 그들의 관습에서 선한 것을 좋아한다. 그들은 글자를 옆으로 적는다. 서체는 세 가지로 나뉘어 있다. 전서(篆書), 해서(楷書), 초서(草書)이다. 그들은 경전, 역사, 시문, 점성, 천문, 의약, 음악을 저술한다. 그들은 이 지식의 모든 분야에서 전문성을 보여주고 있다. 그들의 제조품, 직물, 무늬가 새겨진 도구들 또한 정교하다.[94]

중국의 도시에 거주했던 무슬림은 묘지명을 아랍어로 새겼기 때문에 주변에 사는 중국인들은 긴밀한 관찰을 통해 특정한 문체를 익힐 수 있었을 것이다. 그러나 저자는 아마도 정통 무슬림 지도자 혹은 지식인과의 세부적인 논의 없이 이슬람의 필기체가 세 종류의 형태로 구분된다는 것(쿠픽(Kufic) 문자, 툴루스(Thuluth) 문자와 같이 아랍어의 상이한 서체를 가리키는 것으로 보인다) 혹은 무슬림의 문화적 관습과 학문적 전문 지식에 대한 상세함 등의 정보를 얻을 수는 없었을 것이다.

"사람들이 선한 것을 좋아하고 죽이는 것을 결코 가볍게 여기지 않

---

94 吳文良, 『泉州宗敎石刻』, 17; 陳達生, 『泉州伊斯蘭敎石刻』, 福州: 福建人民出版社, 1984, 9(중국어 부분의 고전 중국 텍스트)와 영어 부분의 영어 번역은 13-14를 참고. 비석이 언제 그리고 어떻게 세워졌는지에 대한 상세한 정보로는 Maejima, "The Muslims in Ch'üan-chou at the End of the Yüan dynasty, Part 1," *Memoirs of the Research Department of the Tōyō Bunko* 31(1973): 27-51을 참고.

았다"와 같이 종교적 신앙을 암시하는 몇몇 문구는 8세기 두환의 서술에서도 나타난다(1장 참고). 그러나 오감의 기록은 두환의 서술에서 찾을 수 있는 것보다 이슬람교의 기원 및 무슬림의 종교적 신앙에 대해 더욱 상세한 사항을 보여주고 있다.

처음에 메디나 국왕인 페이감바르 무함마드는 태어나서 신성한 영혼을 보유했다. 그는 덕으로써 통치했고 그의 신하들은 서역의 모든 국가를 복속시켰고 모든 사람이 무함마드를 성인이라고 불렀다. 페이감바르는 중국어로 '천사(天使)'와 같은 뜻이고, 이는 대개 존호(尊號)이다. 그 종교는 만물이 하늘에서 기원했다고 간주한다. 하늘은 형상으로 표현할 수 없다. 그래서 하늘을 섬기는 가장 헌신적인 이들에게는 우상(偶像)이 없다. 매년 1개월은 단식을 하는데, 이때 옷을 바꾸어 입고 목욕을 하며 일상적인 거처도 반드시 바꾼다. 그들은 매일 서쪽을 향해 하늘에 절을 하고 [그들의] 마음을 정화하며 경전[쿠란]을 암송한다. 경전은 본래 천인(天人)이 준 것이었다. 이는 30장(藏), 134부(部), 6,666권(卷)으로 구성되어 있고 모든 부분에는 심원하고 미묘한 개념이 담겨 있다. 교리는 깊고 정교하며, 이는 공정하고 이기적이지 않으며 올바른 마음을 가지게 하고 덕을 키우도록 하는 것이다. 그들의 의무는 순례를 가고 사람들을 가르치고 위험으로부터 불쌍한 사람들을 구해내는 것이다. 그들은 스스로 혁신을 위해 회개해야 하고 스스로를 올바르게 다루고 다른 사람을 겸손하게 대해야 한다. 집과 밖에서 그들 스스로 행동을 삼가야 하고, 아주 조금도 이탈하는 것을 허락하지 않는다. 지금까지 [이 종교가 생긴 이후로] 800년이 되었고, 국가와 사람들은 신앙을 견고하게 고수하며 그래서 외국에 살고 있을 때에도 신앙을 그 후손에게 전달하고 후손의 세대도 결코 그로부터 벗어나지 않는다.[95]

95　吳文良, 『泉州宗教石刻』, 17; 陳達生, 『泉州伊斯蘭教石刻』, 9 그리고 14.

쿠란은 실제 114부로 되어 있지만, 134부로 구성되어 있다고 서술한 것처럼 사실과는 다른 일부 정보가 들어 있기는 하나, 무함마드와 순례에 관한 서술 내용은 정확한 것이다. 오감은 무슬림에게서 직접 정보를 받았음이 분명하다.

이슬람교에 대한 오감의 기록은 또한 사하바 사드 이븐 아비 와카스(Sahaba Sa'd b. Abī Waqqās)에 대한 중국인 무슬림의 전설을 이야기하고 있다. 와카스는 수 왕조(581-618) 시기에 바다를 통해 광주에 도착한 최초의 무슬림이며, 무함마드의 친척으로 여겨졌던 사람으로 광주의 모스크인 회성사(懷聖寺)를 건설했다고 한다. 기록은 천주의 남쪽 성에 나지브 무지르 알딘(Najīb Mujīr al-Dīn)에 의해 건설된 또 다른 모스크에 주로 초점을 맞추는데, 그는 시라프에서부터 항해하는 교역선을 타고 송 왕조 시기에 천주에 왔던 사람이었다. 모스크는 얼마 동안 파손된 상태로 방치되었지만, 천주의 무슬림들이 청원을 한 이후 천주의 민해(閩海)에서 새로운 관료가 모스크의 중건(重建)을 허용했다.

> 그는 청렴하게 통치했고, 사람들과 관료들은 그를 경외(敬畏)하면서 복종했다. 셰이흐 알이슬람 부르한 알딘(Shaykh al-Islām Burhān al-Dīn)[96]은 샤리프 알딘 하팁(Sharīf al-Dīn Ḥaṭib)[97]에게 무리를 이끌고 호소하라고 하였고, 법률 관료는 조사를 실시해 정황을 확인하고 다루가치[몽골 조정에 의해 임명된 총독] 고창(高昌) 설옥립(偰玉立) 정의대부(正議大夫, 문관의 산관 직함)를 임명해서 앞에서 언급했던 낡은 재산[모스크]을 적절히 복원할 수 있었다. 사람들은 이에 크게 만족했다.[98]

---

96 섭사렴불로한정(攝思廉不魯罕丁).
97 사랄보정합제복(舍剌甫丁哈悌卜).
98 吳文良,『泉州宗敎石刻』, 17; 陳達生,『泉州伊斯蘭敎石刻』, 9 그리고 14.

4장에서 언급하겠지만, 무슬림 여행자인 이븐 바투타는 그가 천주를 방문했을 때 앞 기록에서 이름이 언급된 사람들(셰이흐 알이슬람 부르한 알딘, 샤리프 알딘 하팁)을 만났고, 그들이 도시의 가장 영향력 있는 무슬림 지도자 중 두 사람이었다고 기록하고 있다. 다음 기록은 오감이 무슬림과 긴밀한 관계였고 천주의 무슬림 공동체를 지지했음을 보여주고 있다.

나는 대식(아랍인/무슬림) 사람들이 처음 중국에 들어오기 시작했을 때에 그들의 관습과 교화(教化)가 다른 국가와 크게 달랐다고 장로(長老)가 말하는 것을 들은 적이 있다. 서사[기]와 도이지[략]과 같은 문헌은 이에 대해 더욱 신뢰하게 만들었다. 그래서 나는 이렇게 말한다. …… 내가 예전에 청원군지(清源郡志, 청원은 천주이다)를 편찬했을 때에 이미 이 일을 기록했다. 이제 나는 비석에 적혀 있던, (이 모스크의) 쇠퇴와 재건에 대한 완벽한 서술을 다시 적어 놓아서 대체적으로 훌륭한 종교가 멀리 확산되어 그 뜻이 다다르지 않는 곳이 없음을 보이려 한다.[99]

비문에는 이 비석이 재건된 것과 관련된 사람들을 계속 더 나열하고 있는데, 여기에는 천주의 무슬림이 공동체를 유지하는 데 도움을 주었던 중국 지식인 몇 명도 포함되어 있다. 우리는 오감이 『서사기』(아마도 유욱이 저술했던 것)와 『도이지』(아마도 왕대연이 저술했던 것)와 같은 현존 기록을 신뢰하고 있었던 것을 통해서 이 책들이 중국인 및 무슬림 지식인들 사이로 광범하게 유포되었음을 가정할 수 있다.

몽골 시대에 중국에 살았던 외국 무슬림의 수가 극적으로 증가하면서 중국인은 다양한 부류의 무슬림과 만나게 되었고, 무슬림의 관점이 매

---

[99] 吳文良, 『泉州宗教石刻』, 17-18; 陳達生, 『泉州伊斯蘭教石刻』, 9 그리고 15.

우 다양하다는 것을 발견했다. 관점의 폭넓은 차이와는 관계없이 저자들은 무슬림과 그들의 문화에 대해 어느 정도의 인식과 지식을 보유했고, 이슬람 모국 사회에 대한 지리적 정보도 알고 있었다. 그리고 그러한 지식이 확대되어 13세기와 14세기에는 견고한 지식이 형성되었다.

맺음말

13세기와 14세기는 이슬람 세계에 대한 중국의 이해가 양과 질의 측면에서 모두 극적인 발전을 보여주었던 시기였다. 지식의 획득은 이 시기의 진정한 국제적 분위기와 이 세기에 번성했던 동적인 문화 간 접촉과 얽혀 있었다. 몽골인이 중국과 이슬람 세계의 동부를 정치적으로 통합시킨 최초의 대륙 횡단 제국을 창설하면서 이러한 지식의 팽창을 주도했던 것이다. 1260년에 중국과 이란에 몽골인이 세운 국가들(원 왕조와 일 칸국)은 긴밀한 정치적 연계를 유지했고, 비록 기간은 짧았지만 그들 사이에서 상품, 사람, 정보가 전례가 없을 정도로 많이 그리고 다양하게 이동할 수 있었다. 남송을 멸망시킨 이후, 사실상 중국의 황제이자 몽골제국의 정당한 지도자가 된 쿠빌라이는 그의 제국을 정치적으로 그리고 경제적으로 장악하고자 했고, 그래서 세계에 대한 지리 지식을 확보하는 것에 더욱 열정적이었다.

1280년대를 시작으로 쿠빌라이 치하에서 무슬림 학자 자말 알딘은 멀리 떨어진 지역들을 그리기 위해 무슬림 지도를 활용한 세계 지리 기록을 편찬했다. 이 시기에 만들어진 세계지도 중에서 극소수만 현존하지만, 1402년에 조선에서 그려진 『강리도』와 같은 훗날의 지도들은 아라비아반도, 아프리카, 유럽의 꽤 정확한 윤곽에 대한 중국인 지리학자들의 인식을 재구성하는 데에 도움을 주고 있다. 지도는 인도아대륙을 중국과 이슬람 세계 사이에 구겨 넣고 있고, 동남아시아의 국가는 조그만 섬들로 그리고 있으며, 중국과 이슬람 세계 사이의 완벽한 해안선은 생략하고 있다. 그러나 현존하는 몽골 시대 지도는 천주에서부터 페르시아만에 이르는 해상 항로를 시각적인 형태로 그려 넣고 있다. 이러한 지도들이 중국에 유포되었고, 이들을 통해 서아시아와 아프리카 및 유럽에 대한 더욱 구체적인 지리 정보를 얻게 되면서 중국인의 이슬람 세계에 대한 지식이 팽창했던 것이다.

몽골이 육로를 개통한 것으로 인해 무슬림이 중국으로 오게 된 것도 있지만, 천주에서의 해상 교역은 몽골 시기 중국과 이슬람 세계 사이의 국제 교역과 문화 간 접촉을 위해서 가장 중요한 지점을 만들었다. 원 정부는 몇 세기 이전에 이미 번성했던 해양 항로에 완벽하게 접근할 수 있게 되었고, 이는 일 칸국으로 가는 아주 중요한 통로가 되었다. 예전의 당, 송 왕조 치하에서 중국인들이 발전시켰던 해상 교역을 물려받은 몽골인들은 전반적으로 새로운 차원에서 국제 해양 교역을 수행했다. 중국의 몽골인 지배자들은 정부의 재정을 충족시키려면 해양 교역이 중요하다는 점을 알고 있었고, 이에 교역에 종사하는 무슬림 및 중국인들과 적극적으로 협력했다. 당시의 중국 자료들은 항해와 교역에서 종종 활용되었던 인도양 항로가 몽골 지배 하에서 고도의 발전을 이룩했음을 입증하고 있다. 이전 당, 송 왕조 시기에 저술된 중국 자료들도 이슬람 세계로 가는 항로를 묘사하지만 서역을 여행했던 중국인(양추, 왕대연과 같은 인물)에 대한 기록은 몽골 시기에 나타난다. 다른 중국인 여행자들은 이 항로는 물론이고 중국과 이슬람 세계의 연결 그리고 더욱 크게는 중국과 세계의 연결에 대한 더욱 믿을만한 정보를 제공하고 있다.

중국에 있는 무슬림 공동체의 번영과 교역에서 수행한 그들의 역할은 이슬람 세계에 대한 중국의 지식 형성에 기여했다. 천주에 있는 많은 무슬림 비문 중에는 1350년에 기록된 오감의 비문이 존재한다. 중국인 학자 오감은 왕대연이 저술한 여행 기록의 서문을 쓰기도 했고, 천주의 무슬림 공동체와 긴밀한 관계를 맺기도 했는데 그러한 오감은 천주시에 있던 무슬림 모스크를 복원하는 데에 비문을 헌정했던 것이다. 이 비문에는 무슬림의 지리와 역사에 대한 간결한 서술이 있음은 물론이고, 일부 중국인이 무슬림과 무슬림 공동체들에 대해 가졌던 개방적인 태도를 보여준다. 이 비문은 이슬람 세계에 대한 정보를 제공하는 동시대의 중국 기록들도 언급하는데, 이는 당시 유포되었던 갱신된 지식을 암시하는 것이다.

　　요약하면, 이슬람 세계에 대한 중국의 인식은 이전 시대의 그것과 비교하면 더욱 역동적이면서도 광범했고 융통성이 있었다. 몽골 시대에 융성했던 세계주의적 분위기는 더 광범한 세계에 대한 지식의 지평을 중국인이 확장하는 것을 촉진시켰다. 무슬림을 포함한 다른 외국의 동료들처럼 많은 중국인이 그 시기의 정치, 학문, 교역 등 다양한 분야에서 활동하고 있었다. 4장에서 살펴보게 되듯이 이슬람 세계의 자료들은 같은 시기 중국에 대한 지식이 비슷하게 증가했음을 보여준다.

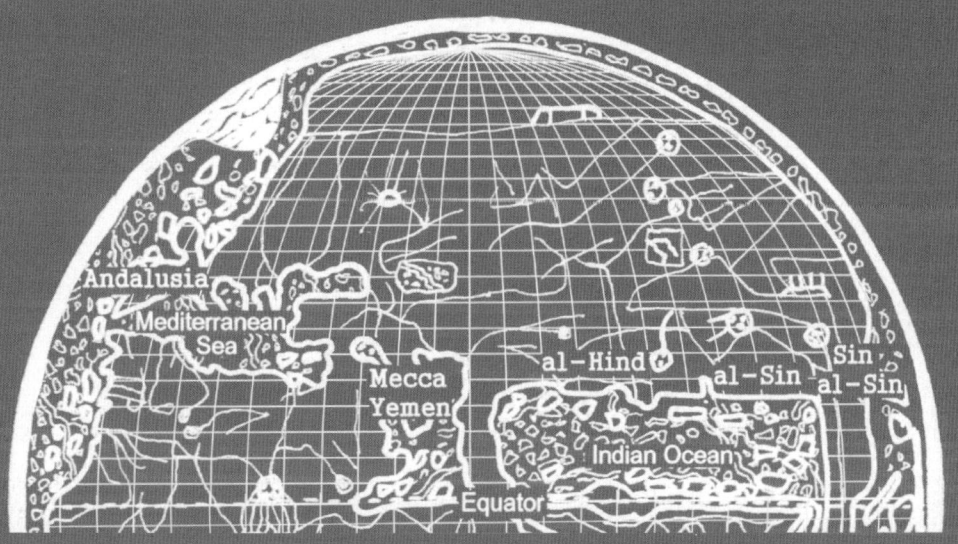

4장

마르코 폴로를 넘어서

중국에 대한 이슬람 세계의 지식, 1260-1368

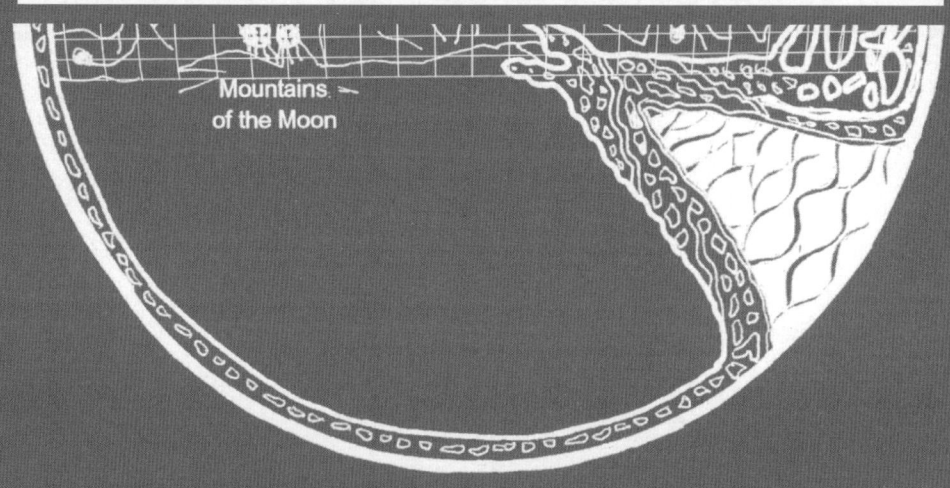

마르코 폴로를 넘어서

마르코 폴로와 비견될 수 있는 몽골 시대의 중국인 세계 여행자인 왕대연과 같은 여행객을 살펴보았는데, 이제 우리는 이슬람 세계에서 왕대연과 비슷한 역할을 한 모로코인 이븐 바투타(Ibn Baṭṭūṭa, 1304-1368)에 대해서 살펴볼 것이다. 이븐 바투타의 명성은 왕대연을 훨씬 능가하여 계속 성장하고 있지만, 그 명성이 유럽인 중에서 그와 비슷한 여행가인 마르코 폴로보다는 크지 않다. 그러나 역사학자들은 12만km(마르코 폴로가 여행한 거리의 3배)를 여행한 모험가로서, 그리고 14세기 세계에 대한 정보의 원천으로서 이븐 바투타가 지닌 중요성을 인지하고 있다. 비록 역사학자들은 이븐 바투타가 실제로 중국을 여행했는지의 여부에 관해 여전히 논쟁 중이지만, 그는 마르코 폴로와 함께 몽골 시대 문헌의 저자 중에서 가장 많이 인용되는 한 사람으로 남아 있다. 이븐 바투타의 여행기는 중국의 선박들에 관한 매우 상세한 서술을 포함하여 문화 간 접촉에 대해 역사학자들에게 귀중한 정보를 제공하고 있다. 메카를 향한 순례를 시작으로 이븐 바투타의 호기심은 여행을 계속해나가도록 고무하였다. 결국 그는 그 시점까지 역사에서 아마 어느 누구도 가지 못했던 다양한 장소를 여행했다고 주장했고, 그러한 장소에는 중국과 같이 아시아에서 이슬람 세계가 아닌 지역까지 포함되어 있었다.

아마 이븐 바투타의 여행은 마르코 폴로 혹은 왕대연이 그들의 사회에 끼쳤던 것보다는 그의 동료 무슬림을 놀라게 하지는 못했던 것 같다. 왜냐하면 이븐 바투타는 서아시아에서 중국으로 갔던 수많은 사람 중의 하나에 불과했기 때문이다. 그가 모험을 시작했을 시기에 무슬림들은 이미 수 세기에 걸쳐 중국을 여행했고 중국과 이슬람 세계를 연결하는 해상 항로들도 이미 활용하고 있었다. 이븐 바투타의 여행기는 3장에서 드러났던 내용들을 확인해주고 있다. 몽골 시대에 인도양을 통해 동부 유라시아와 서부 유라시아를 연결하던, 더욱 체계화된 일련의 교역 네트워크를 활용하여 엄청난 수의 무슬림이 중국으로 여행했던 것이다. 대체로 몽골이 지배하는 이란과 몽골로부터 자유로운 이슬람 세계 지역으로 분할되어 있던 상황에서, 개방된 바다는 남아시아와 동남아시아의 중개 근거지를 통해 더욱 파편화된 이슬람 세계를 중국과 여전히 연결시키고 있었다. 이는 수많은 무슬림 공동체가 이미 그곳에 오랫동안 존재하였고, 서아시아와 북동부 아프리카의 무슬림 심장부에 있는 이슬람 정권들과 정치·경제적 관계를 유지한 덕분이었다. 몽골 시대 중국과 이슬람 세계 사이의 확대된 접촉들은 무슬림이 다양한 지역에서 중국에 대해 알게 되는 전례 없는 기회를 제공했고, 동시에 중국인도 이슬람 세계에 대해서 더욱 많이 알 수 있게 되었다. 이븐 바투타는 두 세계 사이에 이루어진 접촉의 팽창과 강화는 물론이고, 이 접촉을 통해 무슬림이 중국과 더 넓은 세계에 대해 확보했던 확장된 종합적 지식을 입증하고 있다. 모로코인 여행가의 이야기는 그가 알고 있었던 몽골 시대의 세계 전체에서 발생한 사상과 사람, 물품의 이동을 생생하게 보여주는 더욱 풍부한 자료들로 뒷받침되고 있다.

  중국에 대한 무슬림의 지식 확충의 역사에서 가장 중요한 시기는 몽골 일 칸국(1260-1335) 시대였다. 이 시대에 심지어 일 칸국은 몽골이 지배하는 원 왕조와 같이 동쪽으로 멀리 떨어진 왕국들과 직접적인 정치·

외교적 관계를 유지하면서 사회의 모든 차원에서 중국과 연결되었다. 자말 알딘과 같은 무슬림 학자들은 이란에서부터 중국의 원 왕조로 가서 그곳에서 최초의 세계지도를 만드는 데에 기여했던 반면, 중국에서부터 이란으로 간 몽골인 재상이자 외교관은 이란 역사가들의 전례 없는 세계사 집필 기획에서 중국의 입지를 강화하는 데 사용할 수 있는 실질적인 문서들을 이란 역사가들에게 제공했다. 그 몽골인의 이름이 볼라드(Bolad, 한자로는 패라(孛羅))여서 마르코 폴로와 발음이 비슷했기 때문에 마르코 폴로가 중국 자료에 나타나고 있음을 입증하고 싶어 하는 일부 학자들은 볼라드와 세계의 유명한 여행자인 마르코 폴로가 같은 사람이라는 흥미롭지만 미심쩍은 가설을 제기하기도 했다. 몽골의 다른 국가에서 재상과 외교관들이 각각 이란에 오면서 이들이 가져온 새로운 자료와 정보가 이란에 전달되었고, 이는 무슬림 학자들에게 세계 지리에 관한 무슬림 지식의 지평을 넓히는 기회를 제공했다. 예를 들면, 라시드 알딘(Rashīd al-Dīn, 1247-1318)은 '알려진' 세계의 사회들에 대한 최초의 체계적인 연대기인 『집사(集史)』를 저술했는데, 이는 다른 사회로부터 가져온 문헌 출처에 대체로 의존하고 있었고, 여기에는 볼라드가 중국에서부터 가져온 것들도 포함되어 있었다. 『집사』는 이 시기 중국에 대한 무슬림의 지식에서 벌어졌던 도약을 가장 잘 보여주는 자료이다. 맘루크 왕조가 지배했던 이집트와 시리아처럼 몽골의 지배에서 벗어났던, 더욱 서쪽에 위치한 이슬람 국가들의 지리학자들도 중국에 대한 무슬림의 지식을 확대시켰다. 중국에 관한 이러한 새로운 지리 정보의 대부분은 일 칸국과의 학문적 접촉 및 중국과의 상업적 접촉이 낳은 산물이었다.

  4장에서는 1260년부터 1368년까지의 몽골 시대에 중국과 이슬람 세계 사이의 접촉들을 재구성하기 위해 아랍어와 페르시아어 자료들을 활용한다. 이러한 문헌들은 마르코 폴로와 같은 유럽인들이 제공하는 어떤 것을 훨씬 능가하는, 알려진 세계에 대한 무슬림의 지식 수준을 보여주며 멀리 떨어진 중국 사회의 사람들과 부에 대해서까지 풍부한 정보를 제공한다. 아시아에서 몽골의 질서는 새롭고 더욱 믿을만한 지리 정보가 유례가 없을 정도의 양으로 나오는 환경을 창출했고, 지도 제작의 기술은 그 어느 때보다 더욱 자유롭고 광범하게 전파되어 몽골 국가 내부와 그 너머로도 확산되었다.

몽골 지배 일 칸국(1260-1335) 휘하에서 중국에 대한 지리적 지식의 확대

몽골의 침입 이전에 아랍인이 장악했던 이슬람 세계는 이미 이란계 부이 왕조(945-1055)와 투르크 셀주크 왕조(1055-1194)와 같은 비아랍인의 지배를 경험했다. 이러한 비아랍인 지배 엘리트들은 결국 이슬람교로 개종했고, 그들은 정치적으로 여전히 자치적이었지만 바그다드에 있는 칼리프에게 말로만 복속을 표시했다. 그러면서 이슬람 세계는 비록 정치적으로는 분열되었지만, 문화적으로는 단일한 형태로 통합되기 시작했다. 1206년 이후 동북아시아에서 몽골인이 갑자기 성장하고 그 이후 여러 해에 걸쳐 이슬람 세계 중동에 대한 그들의 침입이 이어지면서 실질적인 변화가 발생했다. 1218년에는 중국에서부터 온 통치자가 거의 한 세기 동안 존재하면서 대부분의 무슬림 인구를 지배했던 중앙아시아의 카라 키타이(1141-1218)를 멸망시켰다. 1231년에는 거의 두 세기에 걸쳐 중앙아시아와 이란에서 번성했던 이란인 무슬림 왕국인 호라즘 샤 왕조를 격파했다. 1258년에는 여전히 이슬람 세계의 문화적 중심지였던 바그다드를 몽골 군대가 격파하면서 아바스 칼리프 왕조는 종말을 맞이했다. 몽골의 서아시아 정복과 관련된 주요 사건들은 몽골 군대에 참가했던 중국 장군들에 의해 목격되었다. 서아시아에서 훌레구(쿠빌라이의 동생이자 몽골 서방 원정군의 총사령관)는 이슬람 세계의 정복 지역을 통치하려고 비무슬림 정부를 창설하면서 이제 몽골제국의 주요 부분을 형성했고, 이는 일 칸국이라고 불린다.01 몽골인 이교도들에 의해 바그다드가 함락된 것은 각지 무슬림의 간담을 서늘하게 만들었고, 무슬림 역사가들이 이러한 변혁 사건에 관한 역사를 저술하도록 고무하였다.02 이 위대한 도시가 함락된 직후, 페르시아인 연대기 작가인 아타 말릭 주베이니('Aṭā Malik Juwaynī, 1283년에 사망)는 1260년에 『세계 정복자의 역사』(세계 정복자는 칭기즈 칸을 의미한다)를 완성했다.03 바그다드에서 몽골인을 위해 복무하며 몽골리아에 다녀오기도 했던 주베이니는 몽골의 중앙아시아, 서아시아 원정에 대한 많은 양의 정보를 모으는 데 자신과 가까운 곳에 있던 광범한 자료들을 활용할 수 있었다.04 몽골 정부에 고용된 사람이었던 주베이니는 몽골 병사들이 아바스 왕조의 마지막 칼리프를 살해하며 바그다드를 약탈했던 시기의 냉담한 순간들은 서술할 수 없었다. 무슬림 독자에게 이를 설명하기 어렵다는 것을 그가 알아챘기 때문이다. 대신에 그는 몽골이 암살자단을 정복하는 것을 서술하면서 자신의 역사서를 마무리했고, 이를 수니 정통파가 시아파 이스마일리 교단에 대해 승리를 거둔 것으로 표현했다. 주베이니는 새롭게 창설된 일 칸국의 몽골 주군들을 위해 일하기로 결정하고 이슬람 세계 심장부에 대한 몽골의 지배를 정착시키는 데에 기여한 많은

---

01 B. Spuler, "The Disintegration of the Caliphate in the East," in *The Cambridge History of Islam*, vol. 1A(Cambridge, 1970), 143-174.
02 Morgan, *The Mongols*, 15-16.
03 흥미로운 것은 이 해는 이 사건에 대한 중국의 최초 기록인 『서사기』가 중국인 학자에 의해 저술되기 단지 3년 전이었다는 점이다.
04 "'Alā' al-Dīn' 'Aṭā Malik Juwaynī", *The History of the World-Conqueror*, translated from the text of Mirza Muhammad Qazvini by John Andrew Boyle(Cambridge, MA, 1958).

무슬림 중 한 사람에 불과했다.
    그러나 이슬람 세계에 대한 몽골의 지배를 완벽하다고 하기에는 부족한 점이 많았다. 훌레구의 원정은 바그다드 정복으로 끝나지 않았고, 이란과 서아시아에서 강력하게 오랫동안 존속했던 왕조들을 멸망시키면서 남쪽으로 맘루크 왕조의 이집트를 향해 진군했다. 그러나 이때 훌레구가 파견한 군대는 1260년에 팔레스타인의 아인 잘루트('Ayn Jālūt)에서 벌어진 역사적 전투에서 패배했다. 이슬람 세계에 대한 몽골의 팽창은 사실상 끝났다. 이후 이 지역은 두 구역으로 나뉘었다. 첫 번째는 동쪽 절반에 해당되는 곳으로 비무슬림 몽골인이 지배했던 이란과 메소포타미아이다. 그리고 두 번째는 서쪽 절반으로 무슬림 맘루크 왕조 치하에 있는 이집트와 시리아가 포함되어 있었다.[05] 이슬람 세계가 몽골인과 비몽골인 지배 구역으로 분할됨으로써 무슬림이 어떠한 경로를 통해 중국과 접촉하여 중국에 대해 실제로 더 많이 알게 되었는지를 이해하기 위해 두 곳의 하위 구역 사이를 비교하면서 분석할 기회를 제공한다.
    몽골인이 통치하는 이란의 일 칸국은 중국의 원 정부와 긴밀한 관계를 형성했는데, 이는 중국과 이슬람 세계의 일부 구역이 수립했던 관계 중에서 가장 밀접한 정치적 관계였다. 원 왕조는 전체 몽골제국의 종주국으로서 추가적인 지위를 가지고 있었고, 그렇기 때문에 원 왕조와의 관계는 일 칸국에 있어서는 중요한 것이었다. 그 결과 공식 교류가 두 조정 사이에서 주기적으로 이루어졌다. 사실, 정치적인 관계보다 더 많은 것이 이 관계를 함께 이끌고 나갔다. 훌레구의 후손은 실제로 중국에 경제적 관심도

---

05 Bernard Lewis, "Egypt and Syria," in *The Cambridge History of Islam*, vol. 1A, 175-230.

가지고 있었다. 훌레구가 일 칸국을 통치하는 기간에 쿠빌라이의 동생인 그는 적은 숫자의 중국 호구(戶口)를 보유했다. 이는 칭기즈 칸의 사망 이후 제국의 모든 몽골 제왕(諸王)에게 부여되었던 토지와 백성들을 전형적으로 할당해준 것의 일환이었다. 이를 지키고 경제적 자산을 보살피기 위해 훌레구는 중국에 자신의 대리인을 선임했고, 심지어 그의 이득을 감독하기 위해 외교관을 파견했다.[06] 외교관, 학자, 심지어 신부(新婦)들의 지속적인 교환은 이러한 정치적 관계를 더욱 긴밀해지게 만들었다.

일 칸국에서 몽골인 지배 가문의 입지는 3장에서 서술했던 중국 원 왕조 엘리트들의 그것과 비슷했다. 초기에는 바그다드와 칼리프 왕조를 파괴했지만, 새로운 몽골 군주들은 무슬림의 문화와 학문을 후원했다. 실제로, 몽골인 엘리트가 이슬람교로 개종하는 것에는 그리 오랜 시간이 걸리지 않았다. 일 칸국의 일곱 번째 통치자였던 가잔(재위 1295-1304) 통치 시기에 개종이 이루어지면서 이슬람 모국의 문화를 적극적으로 채용하는 결과를 야기했다.[07] 몽골인이 이슬람교로 개종하기 이전에도 이슬람 세계의 몽골 지배자들은 페르시아어와 아랍어로 된 예술과 과학을 연구하는 무슬림 학자들을 후원했다. 한 사례로, 조정은 1259년에 마라게(Maragheh) 천문대가 설치되는 것을 지원했다. 천문대의 창설자인 나시르 알딘 투시(Naṣīr al-Dīn Ṭūsī, 1201-1274)는 이전의 천문대와 오래된 도서관 자료들이 있는 마라게에 근거를 두고 있었는데, 1256년에 훌레구의 군대가 알라무트(Alamut)에 있던 시아파 이스마일리 교단의 성채를 정복했을 때 훌레구에게 충성을 바칠 것을 다짐했다. 투시는 주베이니와 같은 다

---

06 Allsen, *Culture and Conquest*, 43-50.
07 A. Bausani, "Religion under the Mongols," in *The Cambridge History of Islam*, vol. 5, 541-543.

른 무슬림들이 당시에 그랬던 것처럼, 몽골인 휘하에서 근무했다. 투시는 천문대를 위한 기획을 입안하여 훌레구로부터 허락과 후원을 얻어냈는데, 칸이 서아시아에서 몽골이 군사적 성공을 거두는 것에서 투시의 조언을 신뢰했기 때문이다.[08] 당시 가장 컸던 천문대에 중국을 포함한 몽골제국 전역에서 일련의 새로운 천문표를 만들기 위해 학자들이 모여들었다. 이렇게 만들어진 『일 칸의 천문표(*Zīj-i Īlkhānī*)』는 프톨레마이오스의 우주 체계를 향상시킨 지구의 자전을 관찰한 것에 근거를 두고 있었다. 『일 칸의 천문표』에는 중국 달력에 대한 정확한 서술이 포함되어 있는데, 이는 천문표 제작에 중국의 학자들이 면밀하게 관여했음을 입증한다. 몽골의 영역을 넘어서서 투시의 기획은 결국 유럽의 코페르니쿠스 모델에 영향을 끼쳤다.[09]

투시가 그랬던 것처럼, 일 칸국에 있던 대부분의 무슬림 학자들은 그들의 과학적, 역사적, 지리적 연구를 아랍어는 물론이고 페르시아어로도 집필했는데, 페르시아어는 일 칸국 시대에 이란의 교육에서 주요 언어로서의 역할을 담당했던 것이다.[10] 이 새로운 페르시아어는 아케메네스조 페르시아(기원전 559-기원전 330) 시대의 옛 페르시아어 및 사산조 페르시아 시대의 중세 페르시아어(혹은 파흘라비어)와는 달랐고, 9세기부터 시작하여 아랍어 어휘를 흡수하면서 호라즘 샤 왕조 치하 이란의 교육에서

---

08 몽골인이 이슬람화되기 오래 전에 훌레구가 마라게 천문대를 후원한 것에 대해서는 George Lane, *Early Mongol Rule in Thirteenth-Century Iran: A Persian Renaissance*(London, 2003), 213-225를 참고.
09 George Saliba, *A History of Arabic Astronomy: Planetary Theories during the Golden Age of Islam*(New York, 1995).
10 몽골 시대의 페르시아어, 아랍어 문학에 대한 포괄적인 연구로는 Edward G. Browne, *A History of Persian Literature under Tartar Dominion(A.D. 1265-1502)*(Cambridge, 1920)을 참고.

주요 언어였던 아랍어를 점차 대체해 나갔다.[11] 물론, 학자들은 아랍어 저작들을 계속 참고했고 몽골 지배의 변경을 넘어 아랍어를 사용하는 세계의 학자들과도 접촉을 유지했으므로 새롭게 출현하는 문헌에서 아랍어는 여전히 중요한 역할을 맡았다. 그래서 일 칸국 및 아랍어를 사용하는 세계에서 세계 지리에 관한 무슬림의 문헌은 대체로 이전 시기 무슬림의 지리학적 전통을 이어나가면서 중국에 대한 이슬람 세계 지식의 발전에서 연속성을 만들어냈다.

몽골 시대 이러한 지리 지식의 성장에는 두 가지 요소가 포함되어 있었다. 새로 획득한 정보에 기초하여 정기적으로 갱신이 이루어졌던 것, 지리 연구에서 중국을 새로운 형태로 표현하는 새로운 지리적 정보와 지도 제작 기술이 그것이었다. 몽골 시대에 널리 유포되었던 지도의 현존 사본들은 많은 무슬림 지도 제작자들이 예전 지도를 여전히 베끼고 있었음을 보여주는데, 특히 발키 학파와 알이드리시의 스타일로 만들어진 지도들을 활용했다.[12] 이는 13세기와 14세기에 그리 변화되지 않은 지도들이 대량으로 재생산되는 결과를 초래했다. 이와 동시에 다른 지도 제작자들은 이전의 지도 제작 전통을 여전히 따라가면서도 형식과 내용의 측면에서 모두 무슬림 지도 제작에 새로운 요소를 추가시키는 혁신을 만들어냈다.

몽골의 후원 아래에서 지리 기록을 집필했던 학자들의 가장 이른 사례는 유명한 이란인 지리학자이자 우주론자였던 자카리야 이븐 무함마드 알카즈비니(Zakariyā' b. Muḥammad al-Qazwīnī, 1203-1283)였고, 그는 이슬람 세계의 지리학과 지도 제작의 혁신적인 경향을 잘 보여주는 사례

---

11 G. Lazard, "The Rise of the New Persian Language," in *The Cambridge History of Islam*, vol. 4, 595-632를 참고.
12 Miller, vol. 5에 수록된, 몽골 시대부터 만들어진 많은 아랍 지도를 참고.

이다. 페르시아의 카즈빈에 거주했던 가문에서 태어난 알카즈비니는 페르시아, 바그다드, 메소포타미아, 시리아를 포함하여 일 칸국 곳곳에 있는 여러 장소에서 정치적으로 복무했다. 은퇴한 이후, 그는 두 편의 기념비적 저작을 집필했는데 하나는 지리학적 저술이었고, 나머지 하나는 우주론 저술이었다. 그의 지리학 사전의 제목은 『지역들의 기념비(Athar al-bilad)』였고 13세기 초에 집필된 야쿠트의 『지리 사전』을 많이 활용했다. 알카즈비니는 일곱 기후대를 통해 배치한 야쿠트의 항목을 알파벳 순서로 새롭게 재배열했다.[13] 그럼에도 불구하고, 알카즈비니의 저작은 야쿠트로부터 내용을 많이 차용하고 있다. 그러나 가장 중요한 것은 알카즈비니의 지리학 사전은 아랍의 지리학 전통이 몽골 지배 아래 이슬람 세계의 학계에 현저한 영향력을 계속 끼치고 있음을 보여주는 명백한 증거라는 사실이다.

알카즈비니의 유명한 『창조물의 기적과 현존하는 것들의 불가사의(Ajā'ib al-makhlūqāt wa-gharā'ib al-mawjūdāt)』 속에서 찾을 수 있는, 세계를 개략적으로 그린 지도 또한 몽골 지배 아래 이슬람 세계 지역에서 초기 아랍의 지리적 전통이 지속적인 영향력을 가졌음을 보여준다.[14] 이 보고서는 아랍어로 집필된 최초의 무슬림 우주론으로서 독특한 중요성을 지닌다. 이 기록은 천사와 같이 세속을 초월하는 것에 주로 집중하지만, 알카즈비니 책의 2부는 지구를 7개 기후대로 분할한 것을 묘사하고 있고 세계의 알려진 바다와 강들을 그림으로 보여주고 있다. 중국에 대한 그의 서술에는

---

13 Hopkins, "Geographical and Navigational Literature," 320-321.
14 삽화로 가득 차 있는 이 전문 서적은 큰 인기를 누렸고, 이로 인해 자주 재판(再版)되었기 때문에 오늘날에도 사본들이 남아 있다. 그 새로움은 조직적인 배열에 담겨 있다. 저술의 두 부분은 하늘, 지구에 관련된 사안을 다룬다. T. Lewicki, "Ḳazwīnī," *EI2*, 4: 865-867을 참고.

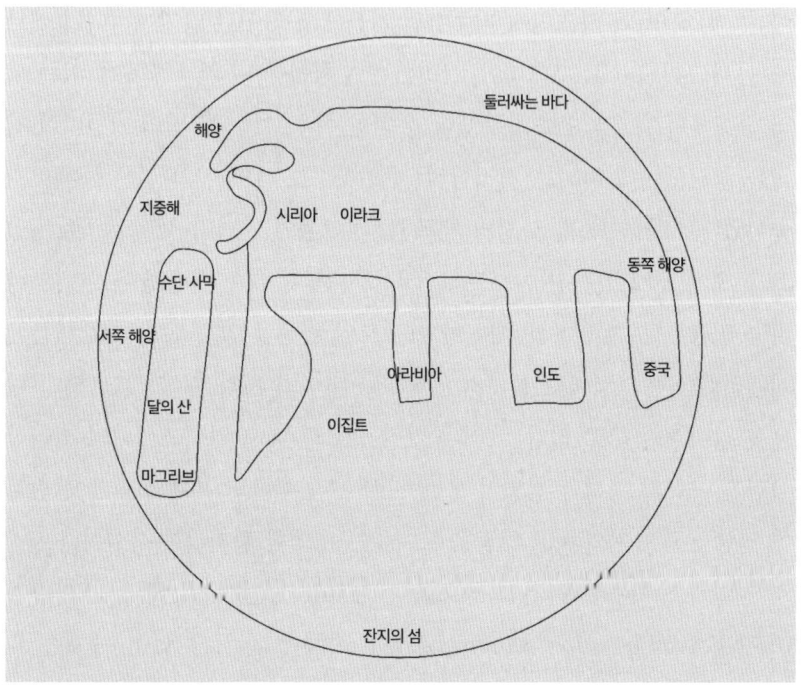

그림 4-1 알카즈비니의 『창조물의 기적과 현존하는 것들의 불가사의』(13세기 말)에서 알카즈비니가 육지와 바다의 배치를 스케치한 것이다. 원래의 지도는 남쪽을 위에 배치했다. 옥스퍼드대학교의 보들리안 도서관(Ms. Pococke 350, fol. 73v)의 허가를 받아 인용.
*주석: 사본은 1539년의 것이다.

새로운 정보가 포함되어 있지 않고, 단순히 사람과 자원이 풍부한 거대한 영토로서 중국을 묘사할 뿐이다. 그러나 세계의 땅과 물의 배치를 보여주는, 첨부한 개략적 그림은 중국과 아프리카를 독특하게 묘사했다는 점에서 주목의 가치가 있다(그림 4-1 참고).

　　알카즈비니가 그린 이 개략적인 지도는 분명히 11세기 알비루니의 지도로부터 영향을 받은 것이다. 그러나 두 지도에는 차이가 있다. 알카즈비니의 지도는 중국을 북반구의 동쪽 구석에 있는 주요 아대륙으로 묘사한다. 즉, 인도와 아랍 세계와 비슷한 크기의 중요하고 거대한 지역이라고 본 것이다. 그리고 아프리카를 여전히 대륙의 형태로 묘사하지만, 나일강에 의해 나뉜 두 구역으로 분할하고 있다.[15] 사실, 알비루니는 인도양이 달의 산맥(나일강의 전설상 수원) 남쪽으로 흐르는 물들을 통해 대서양으로 연결되는 것이 분명하다고 주장했던 최초의 지리학자였다. 알비루니의 영향을 받은 알카즈비니는 이 지도를 그릴 때 알비루니의 이론을 충실하게 적용했던 것으로 보인다. 이러한 경향은 다양한 방식으로 훗날의 많은 지도 제작자가 모방하였다.

개략적 지도를 포함해서 알카즈비니의 지리 연구 집필을 위해 활용한 새로운 자료들은 무엇이었을까? 알카즈비니는 『창조물의 기적과 현존하는 것들의 불가사의』를 바그다드 총독인 주베이니에게 바쳤는데, 주베이니는 칭기즈 칸의 연대기인 『세계 정복자의 역사』를 쓴 사람이었다. 따라서 알카즈비니는 주베이니로부터 후원을 받는 학계 안에서 자기 연구들을 저술했던 것으로 보인다. 바그다드 총독의 『세계 정복자의 역사』는 페르시아 및 다른 지역에 대한 몽골의 정복을 둘러싼 정치적 추이에 관한 중요한 정보를 제공한다.[16] 알카즈비니는 동부 아시아에 대한 최신 정보에 접근할 수 있었던 그의 후원자 주베이니로부터 중국에 대한 일부 정보 혹은 개념을 받아들였을 것이다. 주베이니는 몽골인을 위해 일을 하는 과정에서 그들에 대해 알게 되었고, 이에 더하여 중앙아시아의 카라 키타이와 더 동쪽에 있는 위구르인들에 대한 지식도 얻었다. 이 학구적인 총독은 아마 더 넓은 세계에 대한 더욱 많은 정보를 계속 수집했을 것이고, 이는 알

---

15 Tibbetts, "Later Cartographic Developments," 144-145를 참고.
16 Morgan, *The Mongols*, 16-17.

카즈비니와 같은 일 칸국의 다른 학자들에게 영향을 끼쳤다.

　　무슬림 학자들 사이의 지식 축적은 몽골의 유라시아 지배가 정점에 이르렀을 때의 저작 속에서 집대성되었고, 세계에 대한 무슬림의 사고에 깊은 영향을 주었다. 처음에는 페르시아어로 집필되었고 곧 아랍어로 번역된 『집사』는 라시드 알딘(1247-1318)에 의해 1308년 편찬되었다. 라시드 알딘은 자신이 어렸을 때 이슬람교로 개종했던 유대인 약제사 가문의 아들이었다. 그는 일 칸국의 일곱 번째 통치자 가잔 칸의 조정에서 지위가 높아지기 시작했고, 결국 최고 재상으로서 복무하였으며, 이때 시행한 많은 경제적 개혁으로 잘 알려지게 되었다.[17] 아마도 이에 대한 보답의 마음으로, 가잔 칸은 라시드 알딘에게 이 기념비적인 저작을 집필하라는 특별한 임무를 주었다. 이 저술은 무슬림 학문의 저술에서 새로운 장르를 창시했는데, 즉 한 책에서 통일된 형식 및 연내기 순서로 세계의 다양한 사회의 역사적 발전을 다루는 것이다.[18] 원래 라시드 알딘은 몽골인의 기원과 역사, 업적을 기념하기 위해 일 칸국의 역사를 저술하고자 했다. 그러나 가잔은 책이 완성되기 직전에 사망했고, 그의 계승자 울제이투(재위 1304-1316)가 기획을 후원하면서 전체 세계의 역사를 포괄하는 것으로 범주를 확대했다. 라시드 알딘은 그의 서문에서 울제이투의 말을 직접 인용하며 이 점을 분명하게 드러내고 있다.

17　라시드 알딘에 대한 간략한 전기로는 Dorothea Krawulsky, *The Mongol Īlkhāns and their Vizier Rashīd al-Dīn*(Frankfurt am Main: Peter Lang, 2011), 119-134를 참고.

18　알려진 세계에 대한 최초의 체계적이면서도 포괄적인 역사로서 가지는 가치에 대해서는 Allsen, *Culture and Conquest*, 83-102를 참고.

지금까지 어느 시대에도 세계 전역의 사람들과 여러 계층 및 집단의 인류에 대한 성황과 역사를 기록한 사서는 만들어지지 않았다. 이곳에는 다른 국가와 지역에 대해 알려주는 책은 없고, 고대 왕들의 역사에 대해 탐구한 사람도 없었다. 이 시대에는 – 신께 찬미를! – 지상의 모든 지역이 칭기즈 칸의 빛나는 가문의 통제 아래에 있고, 모든 종교와 민족 – 캐세이[카타이(키타이), 북중국을 의미], 마친[남중국을 의미], 인도, 카슈미르, 티베트, 위구르[동투르키스탄 혹은 오늘날의 신장], 그리고 투르크와 아랍 및 프랑크의 다른 민족들 – 의 철학자, 점성술사, 학자, 역사가들이 우리의 영광스러운 조정에 무리지어 모여 있다. 그들 각각은 자기 족속의 역사와 설화와 신앙에 관한 사본을 소유하고 있고, 그러한 것 중 일부를 잘 알고 있다.[19]

울제이투의 발언은 원 조정의 무슬림 관료 자말 알딘이 세계 규모의 지리학 연구를 만들겠다고 몽골 지도자 쿠빌라이에게 했던 주장과 비슷한 내용을 담고 있다. 몽골제국은 네 번째 대칸인 뭉케(재위 1251-1259)가 사망한 이후 네 개의 지역 정권으로 분열되었고, 일 칸국은 이란을 중심으로 이슬람 세계만을 통치하게 되었다. 그러나 위의 발언은 울제이투가 여전히 다른 몽골 정권에 대해 강력한 연계를 느끼고 있었고 몽골인이 중국, 인도, 이슬람 세계, 유럽을 지배하는 단일한 제국을 생각하고 있었음을 보여준다. 또한 실제로는 칭기즈 칸의 손자들 사이에 분명한 정치적 갈등이

---

19 *JT*, 6. 『집사』의 아랍어 판본은 남아 있지 않고, 필자는 페르시아어 원문으로 된 책을 읽지 못한다. 그래서 필자는 직접 인용을 위해 색스턴(W. M. Thackston)의 영어 번역본을 활용했다. 필자는 또한 많은 학자가 활용 가능한 가장 훌륭한 판본으로 간주하고 있는 이스탄불 토프카프 궁전에 소장된 사본을 저본으로 삼아 김호동이 한국어로 번역한 것도 참고했다. 필자가 이 책에서 인용했던 색스턴의 번역을 통해 확보한 기록과 토프카프 사본에 기초하여 김호동이 한국어로 번역한 것 사이의 의미에 중대한 불일치가 있지는 않다. 김호동 역주, 『라시드 앗 딘의 집사』(파주, 2002-2005)와 비교하시오.

일부 존재했지만, 몽골제국은 네 칸국의 창설 이후에도 일정 정도의 단합을 유지했다.[20]

제목이 암시하는 것처럼, 라시드 알딘의 『집사』(즉, 연대기의 집성)는 주로 몽골 및 다른 지도자들의 연대기를 결합한 역사 저술이다. 그런데 저자의 서문에 따르면, 원본에는 『기후대들의 지도』라는 제목의 세계 지리를 표현한 지도와 함께 『지역들의 도로』라는 이름으로 세계 지리를 서술한, 『집사』의 3권이 포함되어 있었다(혹은 포함될 예정이었다).[21] 그러나 그러한 부분 혹은 어떠한 관련 사본도 남아 있지 않아서 저자가 실제로 문제의 세계 지리 부분을 집필했는지의 여부에 대해서는 의문이 제기되고 있다.[22] 그러나 목차에 세계 지리 부분이 포함되어 있다는 점은 저자와 그의 후원자들이 이 주제에 관심을 가졌다는 것을 명백하게 보여준다.

현존하는 『집사』 역사 부분에는 일부 기본적인 지리 정보들이 보존되어 있다. 비록 다소 드물기는 하지만, 이 저술의 지리 정보는 세계를 이슬람 중심으로 보았던 예전 관점에서부터 몽골을 중심에 놓는 새로운 시각으로 바뀌어 있다. 게다가 저자는 해당 지역으로부터 직접 다수의 다양한 언어로 된 믿을만한 자료들을 확보함으로써 세계의 국가에 대한 책을 쓰려고 더욱 광범한 자료를 활용했다. 이는 중국에 대한 무슬림의 지식

---

20 몽골의 네 칸국 사이에 유지되었던 통일성 및 그들 사이에 때때로 이루어졌던 외교적 접촉에 대한 상세한 논의로는 Kim Hodong, "The Unity of the Mongol Empire and Continental Exchanges over Eurasia," *Journal of Central Eurasian Studies* 1(December 2009): 15-42를 참고.
21 *JT*, 11. 『집사』의 첫 번째 권은 『가잔의 역사』라고 불리고, 두 번째 권은 "울제이투의 역사" 및 아담 이래 지구에 있는 모든 민족의 역사로 구성되어 있다.
22 이 지리적 부문에 들어갈 가능성이 있는 내용 및 그 부문이 완성되었는지의 여부를 둘러싸고 벌어진 학문적 논쟁에 관한 더욱 상세한 논의로는 Allsen, *Culture and Conquest*, 103-104를 참고.

이 특별히 뚜렷하게 발전하게 되는 현상을 야기했고, 라시드 알딘은 상당한 정확성을 가지고 중국을 세계의 역사와 지리에 통합시켰다. 그의 원고에서는 중국의 원 왕조가 몽골제국의 종주국으로서 거대하게 묘사되었다. 중국에 대한 이러한 관심은 중국의 원 왕조와 외교 관계를 적극적으로 발전시켰던, 라시드 알딘의 후원자 가잔 칸의 흥미를 부분적으로 반영한 것이었다.

중국에 관한 라시드 알딘의 서술은 주로 『집사』 1권(『가잔의 역사』라고 칭한다)의 완정한 사본에서 다루어지고 있고, 중국 황제들의 계보에 대한 일부 파편적인 내용들은 2권에서 찾아볼 수 있다. 학자들은 1권을 두 부분으로 나누었다. 1부는 몽골 부족들의 계보를 서술하고, 2부에서는 칭기즈 칸의 조상부터 그의 후계자들까지 연대기 순서대로 서술한 몽골의 주요 역사를 보여주고 있다. 몽골인에 대한 주요 연대기들에 덧붙여 2부에서는 대략 10년 단위의 짧은 시기로 분할하여 몽골 이외의 지역에서 일어났던 사건들을 서술하였다. 이러한 방식으로 『집사』는 알려진 전체 세계에 대한 체계적인 역사를 보여주며, 라시드 알딘과 그의 몽골 후원자들은 전체 유라시아와 북아프리카를 모두 다루었다. 이 책에서 중국은 처음에는 몽골인과 밀접한 정치적 관계를 가지고 있었던 중요한 지역으로 나타나다가 몽골에 의해 정복된 이후에는 몽골인이 건설한 세계 제국의 주요 부분으로서 다시 등장하게 된다.[23]

이슬람의 지리학자들에 의해 지속해서 다루어진 중국의 첫 번째 지리적 특징은 바로 만리장성(萬里長城)이다. 진 왕조(기원전 221-기원전 207) 시기에 처음으로 연결되었다고 알려져 있는 만리장성은 북방 유목민

---

23 *JT*, 113.

의 침입을 막으려고 지었다.[24] 오늘날 존재하는 만리장성의 대부분은 고대의 만리장성이 기능을 발휘하지 못하게 되고 한참이 지난 15세기에 건설된 것이다. 15세기 이전, 기록들은 대개 북방 왕조의 치하에서 예전에 세워졌던 만리장성의 일부분이 보수되었음을 언급하는데 이는 원대 이전에 일어났던 일이다. 명 왕조의 황제가 북쪽 변경을 따라 더욱 강력하고 정교해진 만리장성을 건설하기 이전부터 지도들은 이어진 성벽의 다양한 부분들을 묘사했다. 그러한 지도에는 송 왕조 시기의 『화이도』가 포함되는데, 이 지도에는 시대에 따른 만리장성의 역사와 변화하는 지리적 범위를 상세하게 설명한 내용이 들어가 있다(그림 1-3 참고). 이는 중요한 상징적 기념물에 대한 사람들의 인식에 예전의 주요한 역사적 사건들이 계속 영향을 끼치는 경향이 있음을 보여준다. 만리장성에 관한 이야기는 아마도 서구의 작가들이 자신의 문화적 맥락에서 만리장성을 자리매김하고자 하는 생각도 고무시켰을 것이다. 예를 들면, 이븐 후라다드비와 알이드리시와 같은 초기의 무슬림 지리학자들은 곡과 마곡에 알렉산더 대제가 건설했다고 믿었던 가공의 성벽을 언급하는데 이는 무슬림 지리학자와 지도 제작자들이 중국의 북쪽 어딘가에 위치해 있다고 본 전설적 장소였다. 흥미롭게도 라시드 알딘도 여전히 중국의 만리장성을 알렉산더의 성벽과 연결하고, 심지어 곡과 마곡에 관한 쿠란의 서술 중 일부를 덧붙이고 있다. 그럼에도 불구하고, 『집사』는 만리장성이 실제로 존재하는 지리적 장소임을 보여주며, 만리장성이 지난 맥락의 일부로서 북방 유목민들과 갈등을 겪은 중국의 역사를 고찰하고 있다.

---

24 Di Cosmo, *Ancient China and its Enemies*, 138-158.

캐세이[키타이, 북중국을 의미] 사람들은 이 사람들 및 그 지역과 목지(牧地)에 이웃해 있었으므로 모든 시대에 캐세이 사람들은 캐세이 지역에서 유목 생활을 하던 부족의 다수를 살해했고, 마찬가지로 부족들은 캐세이 영역을 침입하고 약탈했다. 캐세이의 통치자들은 지속해서 몽골 유목민을 걱정했기에 항상 그들을 경계했다. 그래서 캐세이와 이 부족 사이에 알렉산더의 댐(Alexander's Dam)과 같은 성벽을 세웠다.[25]

여기에서 라시드 알딘은 이전의 전설적인 이슬람 지리 전통을 반영하면서도 믿을만한 출처로부터 얻은 새로운 정보를 집어넣고 있다.

라시드 알딘은 1155년부터 1166년까지 통치했던 "캐세이[키타이], 중국, 케레이트, 나이만, 몽골, 위구르, 투르키스탄, 키랄-바쉬구르드, 킵차크, 우루스[루스], 코카시아, 아스[알란족], 트란스옥시아나의 군주들과 카간들 그리고 이란, 아나톨리아, 시리아, 이집트와 기타 지역의 칼리프와 술탄들로, 칭기즈 칸과 동시대 사람들로 알려진 이들의 역사"를 광범하게 서술하면서 이 풍부한 목록에 중국을 처음에 위치시켰다.[26] 저자는 이 기간에 중국은 세 개의 다른 정치체로 구성되어 있었다고 설명한다. 바로 캐세이(키타이, 즉 멸망한 요 왕조), 친(금 왕조), 그리고 마친(남송 왕조)이다. 이전 시기의 투르크어, 페르시아어 기록들은 이미 이러한 구분을 활용했지만, 라시드 알딘은 이 주제를 더욱 잘 알고 있었음을 보여준다. 송대에 왕조들이 변한 것에 대한 기본적인 정치적 역사에 관한 서술은 그가 보유한 지식을 잘 드러내고 있다. 북방 유목민(처음에는 거란족, 다음에는 여

---

25 *JT*, 113.
26 *JT*, 153.

진족)의 발전으로 인해 송 정권은 남중국(라시드 알딘의 마친)으로 물러나야만 했고 여기에서 남순(Namsūn, 즉 남송을 가리킨다)으로 불리는 새로운 국가를 창설했다는 사실을 정확하게 설명하고 있다. 『집사』는 이슬람 세계에서 집필된 기록 중에서 중국 황제의 정확한 이름과 재위 기간을 알려주는 최초의 역사서이다. 예를 들면, 라시드 알딘은 남송의 첫 번째 황제 카우준(Kāuzūn, 즉 고종)이 40년 동안 재위했다고 기록했는데, 실제 재위 기간인 36년(1127-1162)과 비교적 근접하다.

중국에 대한 라시드 알딘의 서술은 1234년에 몽골이 북중국을 정복한 이후 시기의 역사에 도달하게 되면 더욱 상세해지고, 다섯 번째 대칸 쿠빌라이 시기는 더욱 더 자세해진다. 이 시기부터 중국 전체는 세계의 민족에 대한 라시드 알딘의 연대기에서 중심적인 역할을 담당하게 된다.[27] 그는 중국의 지리를 아래와 같이 서술한다.

> 캐세이[키타이] 지방은 대단히 크고 넓은 곳이며 수많은 사람이 거주하고 있다. 믿을 만한 자료들은 지구상에 사람들이 거주하는 전체 지역 중에서 그곳처럼 사람이 많이 사는 곳은 어디에서도 찾아볼 수 없다고 한다. 바다로부터 내륙 쪽을 향해 그리 크지 않은 만(灣)이 만지와 고려[한반도]를 나누는 경계와 해안을 따라 동남쪽에서부터 뻗어 있다. 키타이 안쪽으로는 칸발릭[대도, 현재의 북경]에서 [2]4리그 떨어진 곳까지 나와 있어서 배를 타고 그곳까지 들어갈 수 있다. 바다와 가깝기 때문에 비가 많이 내린다. 그 나라의 일부는 덥고, 일부는 추운 기후를 보유하고 있다.[28]

---

27 *JT*, 421-470에 있는 쿠빌라이 칸과 그의 아들들에 대한 부분을 참고.
28 *JT*, 440.

이 기록에 보이는 것처럼, 라시드 알딘은 또한 중국인들이 남중국을 지칭할 때 사용하는 또 다른 용어인 만지를 중국의 일부로 칭하고 있다. 중국의 다른 구역을 가리키는 이러한 용어들은 마르코 폴로의 기록에도 나오는데, 이는 이슬람 세계의 새로운 지리적 용어들이 13세기와 14세기에 유라시아 전체로 유포되었음을 암시한다.[29] 이전의 기록 그리고 동시대의 일부 아랍어와 페르시아어 기록에서 중국의 동쪽에 인접한 한반도는 신라(기원전 57-935)라고 불렸지만, 여기에서는 새로운 왕조의 이름인 고려(918-1392)가 등장하고 있다. 마르코 폴로의 기록도 그러한 사례에 해당되는데, 그는 쿠빌라이가 자신의 친척 나얀(Nayan)을 패배시킨 이후 쿠빌라이에게 복속한 네 지역 중 하나로 카울리(Kawlī, 고려)를 언급하고 있다.[30] 고려는 마지막으로 저항했던 해군을 칸이 격파한 이후 1270년에 몽골의 지배 아래에 들어간 가신국(家臣國)이 되었다.

아래에 이어지는 기록은 쿠빌라이 칸이 이전의 수도인 중도(中都, '가운데 수도'를 의미)에 곧바로 인접한 지역에 새로운 수도인 대도(大都, '위대한 수도'를 의미하며 '칸의 위대한 거주지'를 뜻하는 칸발릭이라고도 불렸다)를 건설하게 만들었던 지리적 흡인력을 간략하게 언급하고 있다.[31]

---

29 몽골 시기에 몽골인 또한 마친을 난키야스(Nankiyas)라고 불렀고, 북중국인은 만지라고 불렀다. 중세 이슬람과 유럽 자료에서 중국에 대해 다양한 명칭을 사용한 것에 관한 논의로는 *JT*, 154와 Paul Pelliot, *Notes on Marco Polo*, vol. 1(Paris, 1959), 264-278을 참고.
30 Marco Polo, *The Travels of Marco Polo*, trans. Ronald Latham, 118.
31 대도의 도시 설계에 대한 논의로는 Nancy Shatzman Steinhardt, *Chinese Imperial City Planning*(Honolulu, 1990), 154-160을 참고.

칭기즈 칸은 그의 치세에 그 지방의 대부분을 정복했고, 우구데이 칸의 통치 시기에는 나머지가 정복되었다. 칭기즈 칸과 그의 아들들은 캐세이에 도읍을 두지 않았는데, 이는 앞선 본기(本紀)에서 언급된 바이다. 그러나 뭉케 칸이 그 지역을 쿠빌라이 칸에게 주었고 선견지명이 있었던 쿠빌라이는 그 지방이 매우 풍요롭고 그 주변에 중요한 왕국과 지역이 있는 것을 볼 수 있었기에 자신의 수도로 선택했다. 그는 캐세이 말[중국어]로 중두(Jūngdū, 중도)라고 불리며 제국의 수도였던 칸발릭 시를 겨울 숙영지로 정했다. 그곳은 옛날에 점성가와 철학자들이 아주 상서로운 별점에 부응하여 선택한 장소였고, 모든 축복과 행운을 지닌 곳으로 항상 여겨졌다. 칭기즈 칸이 그곳을 파괴했기 때문에 쿠빌라이 칸은 다시 건설하고자 했고 자신의 명성과 신망을 위해서 그 근처에 다른 도시를 건설했다. 이 도시의 이름을 다이두(Daidū, 대도)라고 했다.32

이 기록은 쿠빌라이가 자나두(Xanadu, 즉 상도를 가리키고 원 왕조의 여름 수도로 계속 유지되었다)에서부터 현재 북경의 시초인 대도로 옮겨왔음을 보여준다. 동시대의 중국어 자료들도 이러한 역사적 사실을 확인시켜준다. 이러한 이동으로 인해 중국에 대한 몽골 지배의 중심은 몽골리아가 아닌 중국으로 정착되었고, 이는 몽골인이 예전 중국의 왕조를 계승했다는 정통성을 확보하는 상징적인 순간이 되었다.

라시드 알딘은 또한 두 수도인 칸발릭(중도라고도 알려졌다)과 대도를 남중국의 해안 도시와 연결하려고 쿠빌라이가 다시 건설한 운하에 관해서 서술하고 있다.

---

32 *JT*, 440.

칸발릭과 다이두에는 북쪽의 참찰(Chamchāl)에서부터 흘러내려오는 커다란 강이 있는데, 이는 하영지(夏營地)가 위치한 곳이기도 하다. 그 밖에 다른 강들도 있고, 도시 외곽에는 조그만 바다와 같은 매우 큰 호수를 만들었다. 배를 띄우고 유람할 수 있도록 둑을 하나 만들었다. 이 강의 물은 다른 곳을 통해 흘러서 칸발릭 근처의 바다로부터 내륙으로 튀어나온 만으로 유입되었다. 그 부근의 만은 좁아서 배들이 지나갈 수 없었기 때문에 짐을 동물들에 싣고 칸발릭으로 운반해 왔다.

캐세이의 건축가들과 현명한 사람들은 자세히 조사를 하고 나서 캐세이 대부분의 지방과 마친의 수도인 킹사이(Khingsai, 항주)와 자이툰(Zaitūn, 천주) 및 다른 곳에서부터 선박이 칸발릭으로 오는 것이 가능하다고 결론을 내렸다. 칸은 거대한 운하를 굴착해서 앞서 말한 강의 물과 카라 무란(Qara Muran, 즉 황하) 및 다른 강에서 나와 여러 도시와 지방들을 굽이굽이 흐르는 다른 몇몇 강의 물을 운하로 유입시키라고 명령을 내렸다. 인도[에서 오는 선박이 도달하는] 항구이자 마친의 수도인 킹사이와 자이툰에서부터 칸발릭까지는 배로 40일이 걸린다. 여러 지방에 물을 공급하기 위해 이 강에 수많은 둑이 만들어졌다. 배가 그 둑에 도달하면 그것이 아무리 크더라도 권양기(捲揚機)를 이용하여 배를 화물과 함께 들어올려서 둑 건너편의 물 위로 옮겨놓았다. 이 운하의 폭은 30야드가 넘는다.[33]

북중국의 수도들 및 현재 북경 부근의 주요 도시와 양자강 유역을 연결하는 최초의 대운하는 수 왕조(581-618) 시기에 건설되었고, 곧바로 중요한 운송로로서 기능했다. 쿠빌라이는 북경에 있던 새로운 제국의 수도와 항주 사이에 대운하를 다시 건설했고, 천주와 항주 같은 남중국의 항구 도시에서부터 북경에서 쿠빌라이가 건설한 인공 호수인 '적수담'으로 직

---

33 *JT*, 441.

접 식량 및 다른 물건들을 운송하는 전략적 수단으로 이 수로를 발전시켰다. 최종적으로, 이 인공 수상 운송은 바다로도 연결되었다. 마르코 폴로는 항주와 북경 사이에 이와 같은 길로서의 대운하를 언급하고 있고, 그와 동시대 인물로 서쪽에서 온 무슬림 여행자인 이븐 바투타 역시 이를 언급하였으며 이븐 바투타에 대해서는 4장의 후반부에서 다시 살펴볼 것이다. 더욱 흥미로운 것은 비슷한 시기에 저술된 이 자료들이 칸발릭(북경), 킹사이(항주), 자이툰(천주)과 같은 주요 도시를 지칭할 때 모두 똑같은 지명을 사용한다는 점이다.

라시드 알딘의 『집사』는 흥미로운 행위를 읽어보기를 원하는 일반적인 독자에게는 지루할 수 있는 주제들에 대해 지나칠 정도로 자세하게 서술하고 있는데, 이는 이슬람의 중국에 대한 이해에 관한 중요한 역사적 정보를 제공하는 것이다. 예를 들면, 『집사』는 원대 중국의 행정구역과 관료체계에 관한 상세한 정보를 알려준다. 대체로 상당한 정확성과 상세함을 보유한 이 기록들은 마치 이 시기 중국 관료의 기록과도 같은 인상을 준다. 라시드 알딘은 중국의 가장 큰 도시 12개(즉, 성(省)을 지칭)를 열거하면서 남깅(Namgīng, 남경), 양주(Yangjū, 양주(揚州)), 킹사이(항주), 푸주(Fūjū, 복주), 루킨푸(Lūkīnfū, 루킨은 현재 베트남의 하노이)와 같은 중요한 도시에 대해 무슬림에게 새로운 지식을 제공하고 있다. 성(省)은 원래 한 왕조 시기에 정부기구를 의미했는데, 원대에 지역 행정단위로 행중서성(行中書省)을 정부가 설립한 이후부터 지방을 일컫기 시작했다.[34] 그래서 라시드 알딘이 비록 도시들에 대한 특정 세부사항 중 일부를 새로우면

---

34 Charles O. Hucker, "shěng," in *A Dictionary of Official Titles in Imperial China*, 1st ed.

서도 정확하게 언급하였지만, 성을 지방의 중심 도시로 이해한 것은 사실에 적확하게 들어맞는 것은 아니다. 가장 큰 도시인 깅(gīng, 중국어의 경(京))부터 가장 작은 마을인 슌(shūn, 중국어의 촌(村))에 이르는 도시들의 계서(階序)와 최고위 재상인 칭상(chingsang, 중국어의 승상(丞相))부터 부서 혹은 행성의 일부를 맡아보는 란준(lanjūn, 중국어의 낭중(郎中))에 이르는 정부 관료들과 재상들의 위계를 언급한 『집사』의 기록은 중국 사료와 정확하게 일치한다. 라시드 알딘이 열거한 정부 관청 중에는 천주에 있는 센비샤(Senvīsha, 즉 천부사泉府司)도 있는데, "이곳에서 모든 사절, 상인, 여행자들이 보고한다. 이곳은 또한 야를릭(yarligh)[칙령, 명령, 법률]과 파이자[역참의 말을 이용하기 위한 징표]를 취급한다."[35] 이 기록은 해상 접촉과 관련된 기본적인 행정적 사무를 천주에서 처리하고, 그래서 정부의 교역 및 외교 체계에서 중요한 역할을 했음을 보여준다. 동시대의 중국어 자료들은 원 정부가 천주에 사는 외국인 상인들의 상업 활동을 면밀하게 점검했음을 입증한다.[36]

정치 제도와 지리 특징이 『집사』에서 다루는 유일한 주제는 아니다. 라시드 알딘은 원대 중국에서 중요한 역할을 담당했던 사람들을 생생하게 묘사하고 있고, 그들에 대한 일부 주목할 만한 일화들도 『집사』에 포함되어 있다. 그중에는 쿠빌라이가 자신의 조정에서 중요한 임무를 부여했던 몇몇 관료가 있는데, 그 예로는 무슬림 재상이었던 아흐마드가 있다. 아흐마드는 1282년에 암살되었는데, 라시드 알딘의 서술은 중국 자료와 일치한다. 여기에서 『집사』는 이슬람 자료와 중국 자료 사이에 보이는 현저한

---

35 *JT*, 444.
36 『大元聖政國朝典章』(北京, 1998) 卷22: 943-954.

일부 차이점들을 보여주고 있다. 라시드 알딘은 아흐마드를 능숙한 재정 전문가로 묘사하지만, 중국어 자료들은 그를 악질이자 탐욕스러운 사람으로 비방하고 있다.[37]

이렇게 상세한 기록과 일화들은 의문점을 불러일으킨다. 라시드 알딘은 그의 풍부하고 정확한 정보를 무슨 자료들로부터 획득했던 것일까? 우구데이와 뭉케 시기에 대한 저자의 정보는 13세기 중반에 집필된 주베이니의 『세계정복자의 역사』에서 나왔던 것이고, 그 이야기들이 『집사』의 내용과 상당 정도로 겹친다.[38] 그러나 주베이니는 자신의 책을 1260년에 완성했고, 라시드 알딘은 그 이후 시간들을 다루기 위해 자료를 수집해야 했다. 그는 일부 간접적인 학문적 교류를 통해 새로 획득한 중국 문헌에서 자료를 획득했을 것이 분명하다. 왜냐하면, 그는 주베이니와는 달리 몽골리아 혹은 중국으로 직접 여행한 적이 없었기 때문이다. 그 매개의 역할을 한 것임이 분명해 보이는 인물은 볼라드 칭상(한자로는 패라(孛羅) 승상(丞相))으로, 그는 원 조정에서 관료로서 쿠빌라이를 위해 복무했던 몽골 귀족이었는데 훗날에 쿠빌라이는 그를 정치적 조언자로서 일 칸국에 파견했다. 라시드 알딘은 믿을만한 출처인 볼라드 칭상에게 의지하면서 중국에 대해 정확하게 집필할 수 있었다. 비록 그의 이름이 마르코 폴로와 비슷한 것 같지만, 볼라드는 마르코 폴로와 확실하게 일치된다고 할 수 없다. 왜냐하면 볼라드는 1285년에 일 칸국에 도착했던, 쿠빌라이의 사절로서 중국어와 페르시아어 자료 양측에 등장하고 있기 때문이다. 그는 중국과 이란에 있는 두 몽골 지도자들의 조언자로서 복무했고, 중국에서 이란으

---

37 H. Franke, "Aḥmad(?-1282)," 539-557. 아흐마드에 대한 중국 기록에 대해서는 3장을 참고.
38 'Alā' al-Dīn' 'Aṭā Malik Juwaynī, *The History of the World-Conqueror*.

로 많은 양의 학문 자료를 가져왔으며 이는 라시드 알딘이 정보의 주요 출처라고 인정했던 문헌들이다.[39]

이후 라시드 알딘은 또한 올제이투의 명령을 받아 『집사』를 보완하는 것으로 중국의 역사를 편찬했다. 그리고 이 프로젝트에서 라시드 알딘은 중국에서 온 다른 학자들로부터 도움을 받았다. 이 책에는 전설적인 첫 번째 황제인 반고(盤古)에서 시작하여 연대 순서대로 중국의 공식 기록에 등장하는 거의 모든 중국 황제의 초상화가 들어가 있다. 이는 이슬람 세계에서 중국의 스타일과 동일하게 중국 사람을 묘사하는 부분이 나타나는 최초의 삽화이고, 화가들이 중국인의 필사 그림을 보았음이 분명하다는 결론을 내리게 만든다.[40]

이러한 학문적 교류의 출처로서 시리아어를 포함해 다양한 언어로 된 기록들은 일 칸국과 중국 원 왕조 사이에 사절과 물품이 교류했다는 것을 입증하는 내용을 담고 있다. 여기에서 볼라드 칭상은 많은 행위자들 중 한 사람일 뿐이었다. 중국과 이란(심지어 유럽까지) 사이의 유명한 중개자 중 한 사람은 랍반 바르 사우마(Rabban Bar Sauma, 1220년경-1294)이다. 웅구트 부족 출신인 네스토리우스교 수도사였던 그는 랍반 마르코스

---

39 올슨은 그가 '문화적 중개자'였다고 주장하면서 그가 일 칸국으로 온 과정 및 일 칸국에서의 활동에 대한 상세한 내용을 알려주고 있다. Allsen, *Culture and Conquest*, 59-80, 90-91.

40 Rashīd al-Dīn(1247-1318), *Die Chinageschichte des Rasīd al-Dīn*, trans. ed. by Karl Jahn(Vienna, 1971), Table 36. 우리는 이후 시기에 이란에서 중국 스타일의 그림을 더 많이 찾을 수 있다. 예를 들면, 투르코만 학파(1470년경-1480)의 페르시아 세밀화는 중국 스타일의 옷을 입은 중국인은 물론이고 몽골 시대에 가장 중요한 중국산 수입품 중 하나인 중국의 청화백자를 색깔을 넣어 그리고 있다. Robert Irwin, "The Emergence of the Islamic World System: 1000-1500," *in The Cambridge Illustrated History of the Islamic World*(New York, 1996), 51에 있는 그림을 참고.

(Rabban Markos)라는 이름의 제자와 상도에서부터 아시아의 육로를 통해 일 칸국까지 여행했다. 처음에 그들은 종교적 순례를 목적으로 예루살렘으로 가려 했지만, 군사적 불안은 그들이 원래의 목적지로 가지 못하게 만들었다. 그 대신에 그들은 바그다드로 갔고, 그곳에서 여러 해 동안 살았다. 얼마 후, 랍반 마르코스는 바그다드의 네스토리우스교 대주교인 마르 야발라하 3세(Mar Yaballaha III, 1245-1317)로 선출되기까지 했다. 대주교가 된 그는 몽골의 사절로서 유럽으로 가는 사절단을 이끌 사람으로 자기 스승을 추천했다. 나이가 지긋해진 수도사는 교황은 물론이고, 유럽의 많은 군주를 만났지만 유럽과 몽골의 연합을 이끌어내는 데에는 실패한 시도가 되고 말았다. 랍반 바르 사우마는 그의 말년에 여행의 과정을 기록으로 남겼고, 비교적 문화 간 접촉이 빈번했던 시대에 동쪽에서 서쪽으로 이동했던 종류의 여행에 관한 귀중한 관점을 제공하고 있다.[41]

랍반 마르코스가 대주교가 되기 이전, 바그다드의 전 대주교는 랍반 바르 사우마와 랍반 마르코스를 사절로 임명해 중국으로 다시 되돌려 보내려고 했지만 또 다시 군사적 갈등으로 인해 갈 수가 없게 되면서 사절로 파견되지 못했다.[42] 이는 몽골의 네 칸국 사이의 외교적 관계를 촉진하는 통로로서 육로가 계속 역할을 하고 있었지만, 13세기 이전처럼 기능이 중단되기도 했음을 보여주고 있고, 이제는 바다가 중국과 서아시아 사이의 장거리 여행을 위한 주요한 수단이 되고 있음도 드러난다. 마르코 폴로는 1292년경에 가잔 칸의 배우자가 될 쿠케진(Kökejin)이라는 이름의 몽골 공

---

41 랍반 사우마가 살았던 시기 동-서 접촉의 동적인 역사적 맥락에서 그의 여행을 다룬 랍반 사우마의 전기로는 Morris Rossabi, *Voyager from Xanadu*(Tokyo, 1992)를 참고.
42 E. A. Wallis Budge, *The Monks of Kublai Khan, Emperor of China*(London, 1928), 56-57. 두 수도사는 결국 바그다드에 영원히 머무르게 되었다.

주를 중국에서부터 이란까지 수행하면서 중국에서 서양으로 되돌아 간 여행에 관해 서술하고 있다. 동시대의 중국 자료와 페르시아어 기록은 모두 공주의 혼인에 관한 이야기가 사실이라는 것을 입증한다. 중국 내부의 행정 문서도 이란으로 가는 사절단을 이끌었다고 폴로가 주장하는 세 명의 몽골 사신의 이름을 기록하고 있다. 다른 자료들은 이 세 사람의 이름을 언급하지 않아서 사건들에 대한 폴로의 서술을 신뢰하는 역사학자들은 마르코 폴로의 정확성을 보여주는 강력한 증거로 이 사실을 활용한다.[43]

일 칸국은 바닷길을 활용해서도 원의 수도로 사신을 파견했다. 왓사프(Waṣṣāf)의 역사에는 일 칸국의 사절이 1297년경에 중국으로 항해했고, 이 때 티무르 칸(아마 원의 두 번째 황제인 테무르 울제이투를 가리키는 것으로 보인다. 재위 1294-1307)을 위해 비싼 의복과 보석을 선물로 가져갔고, 중국에서의 교역을 위해 다른 상품들도 운송했다고 한다. 그리고 일 칸국으로 돌아오기 이전에 중국의 몽골 황제로부터 받은 선물을 많이 가져왔다.[44]

> 파흐루 알딘(Fakhru al-Dīn)은 선박들과 다우선을 이용한 항해를 위해 필수품들을 조달하여 두었고, 티무르 칸의 국가에서 환심을 살 수 있는 자기의 상품들, 엄청난 양의 보석들과 진주들, 다른 물품들을 함께 실었으며, 이는 그의 친구들과 친족들 그리고 셰이흐 알이슬람 자말 알딘의 소유물이다. 그는 항해에 투르크인과 페르시아인 전문 궁수 군대들과 동행했다. …… 사절들은 중국에 4년 동안 머물렀고, 환대를 받으며 떠났다. 그리고 귀족 중 한 사람의 딸이 파흐루 알딘에게 수여되었다. 가잔 칸

---

43 일 칸국에 있는 가잔 칸의 배우자가 되기 위해 1292년경에 중국에서부터 이란으로 갔던 몽골 공주 코카친(Kokaqin)에 대한 마르코 폴로의 기록에 관해서는 Igor de Rachewiltz, "Marco Polo Went to China," *Zentralasiatische Studien* 27(1997): 34-92를 참고.
44 Elliot, *The History of India, as Told by Its Own Historians*, 45-47.

에 보내는 우호적인 답서가 쓰였고, 보답으로는 훌레구 칸의 몫으로 분배되었지만 뭉케 칸 시기부터 중국에 계속 남아 있던 것과 일부 귀중한 비단 원료가 선물로 보내졌다. 사절은 선물들을 각각의 다우선을 이용해 실었고, 우호 관계와 존중에 대한 표시를 전달할 것을 위임받았다. ……

3장에서 살펴보았던 것처럼, 1301년에서 1304년 사이에 중국의 사절 양추도 일 칸국의 가잔 칸이 원 왕조의 테무르 카안에게 파견하는 일 칸국의 사절들을 만났고, 그들과 함께 중국으로 돌아왔다. 몽골 세력 휘하 두 국가 사이에 지속되었던 이러한 해상 외교 교류는 라시드 알딘 및 일 칸국의 다른 학자들 생전에 물품과 정보가 더 많이 이동하는 광범한 기회를 분명히 제공하고 있었다.

명백하게 『집사』는 일 칸국의 지도자 울제이투와 그의 부하들의 열망을 만족시켰던 개척적인 기록이었다. 『집사』는 몽골 세계 제국의 정당성을 확인시켰고, 제국의 중심적 자산인 중국에 대한 새로운 지식을 제공해주었다. 라시드 알딘이 자신의 손으로 집필한 문서는 원래 이 역사학자가 『집사』의 많은 사본을 페르시아어와 아랍어로 재생산해서 유포할 계획이 있었음을 보여주지만, 그가 그렇게 하기 이전에 정치적 경쟁자들은 그가 울제이투 칸을 독살했다고 성공적으로 고발했고, 조정은 라시드 알딘을 처형했다. 페르시아어로 집필된 네 개의 완전한 사본이 현재 남아 있다. 아랍어로 된 소수의 단편적 기록들은 누군가가 『집사』를 실제로 아랍어로 번역했음을 보여준다.

라시드 알딘의 갑작스러운 몰락에도 불구하고, 라시드 알딘의 저작 및 원대 중국으로부터 중개자들을 거쳐 들어온 다른 형태의 새로운 지리 정보는 이란에 있는 새로운 세대의 지리학자들에게 영향을 끼치기 시작했다. 가장 영향을 많이 받았다고 보이는 사례로는 일 칸국 시대에 그려져서 『타브리즈의 보고(寶庫)(Safineh-yi Tabrīz)』에 삽입된 세계지도가 포함되어 있다. 『타브리즈의 보고』는 1321-1323년에 익명의 저자에 의해 완성된 백과사전으로, 최근이 되어서야 이란에서 발견되었다. 알려진 세계의 북반구만을 그린 이 지도는 중국, 아라비아반도, 아프리카 같이 주요 지역의 해안선 윤곽을 독특하게 표시하고 있다. 저자는 13세기에 알카즈비니가 했던 방식을 따라 아프리카를 두 구역으로 분할한다. 그런데 그 분할 방식이 독특한데, 달의 산(나일강의 수원)을 대륙의 동반부에 위치시키고 있는 것이다. 사실, 이 지도를 만들려고 지도 제작자는 다른 형태의 이전 시기 무슬림 지도들에서 발견할 수 있는 상이한 몇몇 특질을 결합하였다. 예를 들면, 이 지도는 북반구를 남쪽에서 북쪽으로 평행하게 이어지는 서로 다른 기후대 선들로 구분하고 있는데, 이는 알이드리시와 야쿠트에 의해 저술된 것들과 비슷한 방식이다. 또한 이 지도는 지중해와 인도양의 상부(上部)를 포함하는데, 이는 발키 학파 지도의 양식을 따른 것이다. 이렇게 예전 지도들을 차용했지만, 이 지도에는 또한 몽골 시기에만 두드러지게 나타나는 새로운 점들이 포함되어 있다. 예를 들면, 카라코룸과 타브리즈처럼 몽골 시대에 더욱 유명해진 유라시아의 지명들이 나타난다. 그리고 이 지도는 중국을 친, 마친 두 구역으로 나눈다. 이는 라시드 알딘처럼 초기의 페르시아인, 투르크인 저자들 또한 적용했던 특징이었지만, 초기 아랍어 지도에서는 명백하게 드러나지는 않았었다. 이 지도를 그린 익명의 일 칸국 지도 제작자는 아마 그의 독특한 디자인을 만들어내려고 이전 시기 그리고 동시대의 지리적 정보를 결합했을 것이다.[45]

---

45 邱軼皓, 「輿圖原自海西來 - 〈桃里寺文獻集珍〉所載世界地圖考」, 『西域研究』 82, no.

일 칸국과 원 왕조 사이의 접촉을 통해 받은 새로운 지리 지식을 반영했음을 보여주는 또 다른 페르시아어 지리 저술로는 함드 알라 무스타우피 알카즈비니(Ḥamd Allāh Mustawfī al-Qazwīnī, 1281년경-1349)가 집필한 『영혼의 희열』(Nuzhat al-Qulūb)이 있다. 이란의 카즈빈에서 태어난 그는 지리학자 자카리야 이븐 무함마드 알카즈비니와 고향이 같았고, 라시드 알딘이 『집사』를 완성하고 20여 년이 지난 1340년에 그의 『영혼의 희열』을 집필했다. 연장자 정치인인 라시드 알딘은 함드 알라 무스타우피를 고향의 재정 감독자로 임명했고, 아마도 그가 역사 연구를 수행하도록 고무하였을 것이다.[46] 『영혼의 희열』은 각각의 지리 구역을 『집사』처럼 역사적 맥락에 집어넣기보다는 예전 이슬람 세계의 지리 서술들처럼 각각에 대한 설명을 강조하는 방향으로 돌아왔다는 점에서 라시드 알딘의 『집사』와는 다르고, 예전 저술들을 닮아 있다. 『영혼의 희열』은 '세계의 시러'라는 이름이 붙은, 『집사』의 3권과 비슷했을 것이다. 『집사』의 3권은 이전 이슬람 세계의 지리 보고서에서 찾아볼 수 있는 관례를 따랐을 것으로 보인다. 비록 라시드 알딘의 저술 중 소실된 이 부분이 발견되지 않는 한, 증거는 존재하지 않지만 말이다. 『영혼의 희열』은 『집사』의 현존 부분에서 발견되는 풍부함과 활력을 결여하고 있다. 그러나 중국에 대한 무슬림의 지식 변화를 이해하는 데에 있어서 유용한 특징적인 갱신 사항들을 포함하고 있다.

예를 들면, 『영혼의 희열』은 이슬람 세계에 현존하는 최초의 격자지도를 제공한다. 세계시도와 본문을 보완하려고 이란-투르키스탄 지역

2(2011): 23-37, 142-143.
46 함드 알라 무스타우피가 라시드 알딘의 『집사』를 온전하게 접했는지의 여부는 알 수 없다.

을 그린 지도가 바로 그것이다. 아랍어로 된 예전 지리 저술들은 프톨레마이오스가 발명하고 알화리즈미에 의해 이슬람 지리학으로 유입된 체계에서 정확한 위도와 경도 위치를 수단으로 삼아 지역을 배치했다. 그런데 함드 알라 무스타우피의 지도는 새로운 격자 체계를 보여주는데, 여기에서 위도와 경도 선들은 1도에 해당하는 사각형 격자를 형성하고 있고 그 사각형 안에는 하나의 지명만이 배치되어 있다. 그래서 일정한 위도-경도 체계를 갖춘 지도에서 각각의 장소를 식별하게 되는 것이다(그림 4-2 참고). 일부 학자는 아마도 건축 설계에 사용하려고 격자 개념이 중국에서부터 이슬람 세계로 전파되었을 것이라고 주장한다.[47] 조셉 니담(Joseph Needham)은 자신의 저서인 『중국의 과학과 문명』에서 중국과 접촉했던 함드 알라 무스타우피가 아마 『원경세대전』에 있는 중국 지도로부터 격자 지도를 위한 아이디어를 가져왔을 것이라고 보고 있다. 실제로, 니담은 이러한 격자 지도 양식을 '몽골 스타일'이라고 부른다.[48] 비록 이란의 무슬림은 지도를 그리는 방식에서 새로운 시각적 형태로 격자를 채용했던 것으로 보이지만, 새로운 격자 체계의 개념과 기능은 이미 이슬람의 지리적 전통에 존재했던 위도, 경도 좌표의 기존 개념을 활용하고 있었다. 3장에서 입증했던 것처럼, 중국 자료에 나오는 증거는 중국에서 지도를 만들고 지리 저술을 남길 때 이슬람의 지리 도구를 사용했던 자말 알딘과 같은 학자들이 원 조정에서 활동하였음을 보여주고 있다. 그리고 자말

---

47 Jonathan M. Bloom, "Lost in Translation: Gridded Plans and Maps along the Silk Road," in *The Journey of Maps and Images on the Silk Road*, 83-96; 전근대 중국의 건축, 지도, 출판된 책, 서예에서 격자가 활용된 것에 대한 더욱 자세한 논의로는 Ahmad, "Kharīta or Khārita," *EI2*, 4: 1081; Steinhardt, "Chinese Cartography and Calligraphy," 10-20을 참고.

48 Needham, "Geography and Cartography," 564.

알딘은 이슬람 세계에서 새로우면서도 널리 보급되어 있던 위도, 경도 좌표의 표시 체계로서 격자를 받아들였다고 보는 것이 더욱 그럴 듯하다. 2장의 끝에서 간략하게 언급했던 것처럼, 장소들의 위치를 정확하게 정하기 위해 위도와 경도 좌표를 활용했던 무슬림의 지도 제작이 이전 시기부터 존재했음을 입증하는 문헌 증거가 남아 있다. 무함마드 이븐 나집 바크란(Muḥammad ibn Najīb Bākran)의 『세계의 책(Jahān-nāmah)』은 함드 알라 무스타우피보다 130년 전에 그려진 그의 지도(지금은 소실)를 서술하면서 "각 도시의 위치는 위도와 경도를 활용해서 정해질 수 있다"라고 했다.[49] 이 모든 증거의 단편들을 고려하면, 함드 알라 무스타우피의 격자 체계는 중국의 격자 체계로부터 영향을 받은 것이 아니라고 확신할 수 있다. 사실, 그 영향의 방향은 거꾸로였던 것으로 보인다.

이란과 중국에서 만들어졌던 동시대의 두 지도를 직접 비교해보면, 이들 사이에서 확인할 수 있는 가능한 연결성에 대한 단서를 얻을 수 있다 (그림 4-2).

지리적 내용, 지도 제작의 기술에서 보이는 유사점 때문에 운노 카즈타카(海野一隆)는 『원경세대전』에 있는 중국의 지리적 지도 제작이 함드 알라 무스타우피의 저술을 직접 활용한 것이라고 주장하는데, 이는 니담의 주장에 대한 직접적인 반박이다.[50] 그러나 두 지도에 나타나는 바그다드와 카슈가르를 포함한 11곳의 지명 이외 대부분의 지명은 두 지도가 일치하지 않는데, 이는 운노 카즈타카의 주장을 뒷받침하지 않는 사실이다.

---

49 Allsen, *Culture and Conquest*, 113.
50 운노 카즈타카는 『원경세대전』의 지도에 함드 알라 무스타우피의 지도가 직접적 영향력을 끼쳤을 가능성을 주장하고 있다. 海野一隆, 『地圖の文化史 – 世界と日本』(東京, 1996), 51-52.

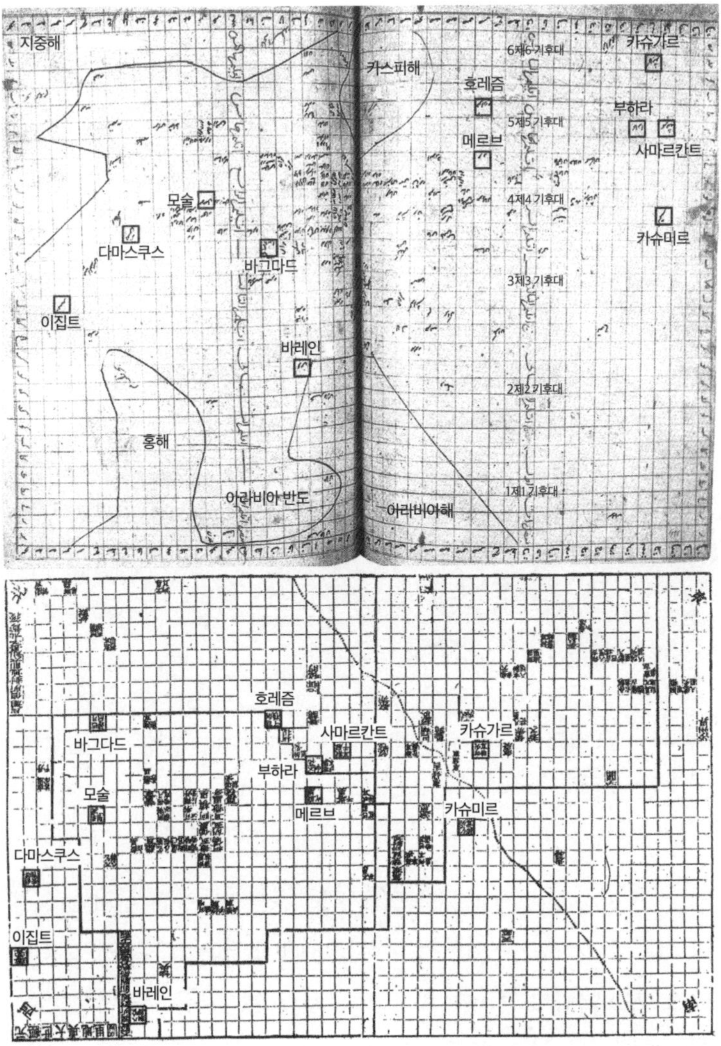

마르코 폴로를 넘어서 297

그림 4-2 함드 알라 무스타우피 알카즈비니의 『영혼의 희열』(1330년 무렵, 영국도서관 소장 사본)에 수록된 이란-투르키스탄 지역 지도(위) 그리고 『원경세대전』(1330년 무렵)의 지리 지도(아래)를 비교한 것이다. 원래의 지도들은 남쪽을 위에 배치했다. 런던의 영국도서관의 허가를 받아 인용(MS. Add. 16736, fols. 143b-144a).

* 주석: 필자가 독자의 편의를 위해 일부 지명을 추가했다. 지도에 등장하는 모든 지명에 대해서는 Miller, vol. 5, Taf. 85를 참고.

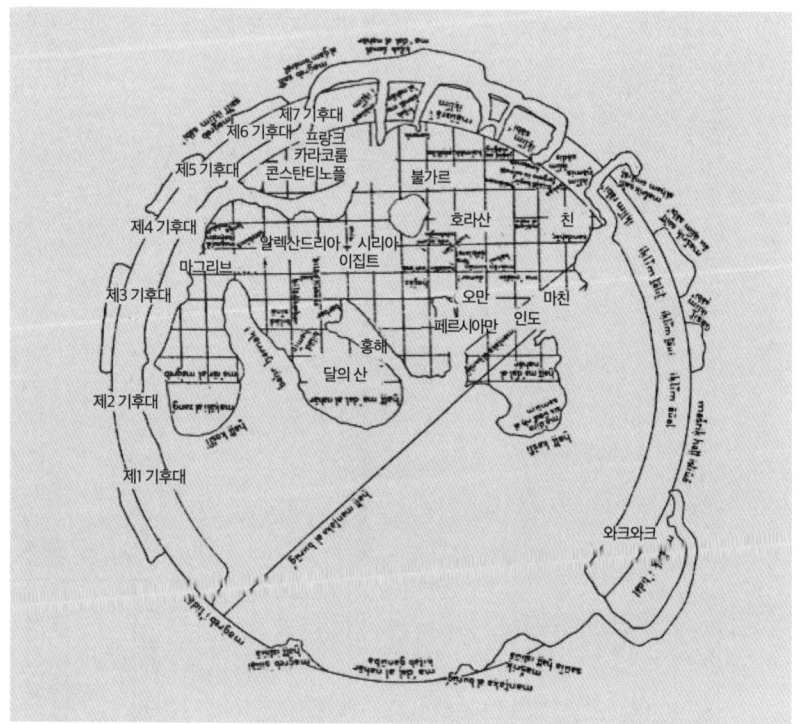

그림 4-3   함드 알라 무스타우피의 세계지도(1330년 무렵). 원래의 지도는 남쪽을 위에 배치했다.
*주석: *HC2:1*, 150.

게다가 함드 알라 무스타우피의 지도들이 만들어진 시기는 14세기까지만 거슬러 올라갈 수 있어서 이러한 시간 간격은 직접적인 차용이 일어났다고 보기 어렵게 만든다. 비록 지식 전달의 경로를 추적하는 것은 어려운 일이지만, 원대 중국과 일 칸국 통치 하의 이란에서 비슷한 지도가 동시대에 존재한다는 점은 여전히 두 사회의 지리학자들 사이에 어느 정도의 정보 교류가 있었고, 몽골 시대에 이란에서 중국으로 새로운 위도, 경도 좌표 체계가 이동되었음을 보여주는 강력한 단서가 된다.

함드 알라 무스타우피의 세계지도 역시 격자를 활용하는데, 여기에는 위도와 경도가 표시되지는 않으며 『원경세대전』의 중국 지리 지도에도 위도와 경도는 나타나지 않는다(그림 4-3 참고).

지도는 아프리카를 두 개의 반도로 분리시킨 것을 포함하여 13세기에 알카즈비니가 예전에 그렸던 육지와 바다의 개략적 그림을 닮아 있다. 대륙의 동반부에는 달의 산(나일강의 수원)이 위치해 있고, 서반부에는 마그레브(즉, 북동부 아프리카)가 있는 것은 이전의 『타브리즈의 보고』에 있는 익명의 지도와 비슷하다. 이와 동시에 함드 알라 무스타우피는 유라시아와 아프리카 땅덩어리를 더욱 현실적으로 그리고 있고, 이것은 단순히 고정된 지리적 형태를 갖춘 도표라고는 볼 수 없다. 분명히 함드 알라 무스타우피는 예전의 개념들을 단순히 차용하기보다는 새로운 방식으로 세계를 표현하려고 시도했던 것이다.

함드 알라 무스타우피의 지도는 또한 중국의 묘사라는 측면에서 알카즈비니 그리고 『타브리즈의 보고』에 있는 개략적인 지도들과는 판이하게 다르다. 사실, 그가 중국을 모두 명백하게 그린 것은 아니다. 그는 중국(아랍어 명칭으로는 알신)을 중앙아시아의 몇몇 장소와 혼동하고 있다. 이 지도에서 중국이 표시된 것이 분명하지는 않지만, 외국에 대해 그가 저술한 조사 기록은 중국의 지리적 특징에 관해 더욱 완벽하고 복합적인 서술을 제공한다. 함드 알라 무스타우피는 그의 보고서를 저술하는 데에 이븐 후라다드비와 같은 예전 아랍인 지리학자들을 참고했다. 그러나 그는 페르시아어 자료에 근거하여 국가에 대한 새로운 정보를 추가하기도 한다. 예를 들면, 그는 중국을 정치적으로 친, 키타이, 마친으로 구분하는데 이는 라시드 알딘이 자신의 『집사』에서 활용했던 것과 똑같은 구분 방식이었다.

함드 알라 무스타우피는 외국을 두 개의 범주로 구별함으로써 자신의 선조와 스스로 분리하고 있다. 하나는 일 칸국과 가까운 관계에 있는 국가들, 또 하나는 이슬람 세계로부터 너무 멀리 떨어져 있고 몽골 지배자들에 의해 건설된 국가가 아닌 것으로 구별한 것이다. 흥미롭게도 그는 중국의 모든 세 지역을 두 번째 범주에 위치시키고 있다. 함드 알라 무스타우피의 중국에 관한 서술은 오래된 것과 새로운 정보가 혼합되어 있다. 예를 들면, 친[이전에 여진족 지배 아래에 있었던 북중국]에 대한 서술에서 그는 당시 몽골인이 이 지역을 만지라고 불렀다고 정확하게 언급한다. 이 기록에 나오는 주장(대부분의 사람은 우상을 신봉하고, 모든 예술과 솜씨는 완벽에 이르렀으며 지역 전체를 통해 수많은 대도시가 번성했다는 점)은 대부분 중국에 관한 예전 서술들을 재활용한 것으로 이루어져 있고, 이전의 무슬림 자료들에 나타나는 중국과 중국인에 대한 같은 고정관념을 보여주고 있다. 흥미롭게도 마르코 폴로도 중국에 관한 그의 서술에서 비슷한 점들을 기록하고 있다.[51]

그렇기는 하지만 함드 알라 무스타우피의 그럴 듯한 위도, 경도 수치들은 이전 세대의 이슬람 지리학자들과 비교해서 그의 지리 서술을 독보적으로 만든다. 이는 친의 수도에 대해 위도 22도, 경도 125도라고 한 기록에서 명백해진다.[52] 흥미롭게도 이 보고서는 또한 세계를 일곱 개의 서로 다른 기후 지역으로 묶는 전통적인 체계를 따르고 있고, 광범하게 넓은 친 왕국은 2, 3, 4번째 기후대에 걸쳐 있는 것으로 배치한다. 함드 알라 무스타우피는 키타이와 마친에 대한 부분을 서술할 때에도 같은 방법을 적용했다.

---

51 *NQ2*, 250.
52 Ibid.

키타이[(케세이), 예전 거란의 지배하에 있었던 북중국]. 네 번째와 다섯 번째 기후대에 있는 큰 왕국이다. 그 수도는 다섯 번째 기후대에 있는 칸발릭으로, 경도는 124도이고 위도는 37도이다. 거대한 도시이고, 원래는 창두(Changdū)라고 불렸다. 같은 성 밖에 쿠빌라이 칸이 다른 도시를 건설했다. 다른 거대한 도시 및 잘 알려진 지역들은 다음과 같다. 난킹[남경]에는 큰 강이 도시를 통과해 흐른다. 타박식(Tabaksīk, ?), 칼라 시카트(Qal'ah Shīkāt, ?), 알마스쿠(Almaskū, ?)가 있다. 그리고 더 많은 도시가 존재한다.[53]

쿠빌라이 칸이 건설한 키타이의 수도 칸발릭에 관한 그의 서술은 분명히 새로운 정보를 활용한 것이고, 그 출처는 아마 라시드 알딘의 저작이었을 것이다. 마친에 대한 서술에서도 똑같은 방식이 적용된다.

마친[남송의 지배하에 있었던 남중국의 일부분]. 몽골인들은 난키야스(Nankiyās)라고 알고 있던 거대하고 넓은 왕국이다. 첫 번째와 두 번째 기후대에 있고, 그 수도는 칸사이[항주]라는 도시인데 일부는 시야한(Siyāhān)이라고 부른다. 그들은 세계에서 사람들이 거주하는 곳 중에서 이보다 더 큰 도시는 없다고 말하고, 혹은 어쨌든 동쪽 지역에는 이보다 더 큰 도시는 없다고 한다. 도시 중간에 호수가 있는데, 둘레가 6리그이고 도시의 집들이 그 경계를 둘러 위치해 있다.……[54]

마친이 거대하고 넓은 왕국이었다는 함드 알라 무스타우피의 이미지와 그 몽골식 명칭인 난키야스는 라시드 알딘의 서술과도 부합한다. 그

---

53 Ibid., 250-251.
54 Ibid., 254.

수도 칸사이가 가운데에 큰 호수가 있는, 세계에서 가장 큰 도시이며 엄청 난 인구를 보유했다는 그의 서술은 마르코 폴로의 기록과 호응하는데, 마르코 폴로는 "세계에서 가장 훌륭하고 화려한 도시임은 의심의 여지가 없다"라고 서술했던 것이다.[55] 그는 이어서 칸사이의 따뜻한 기후, 풍부한 사탕수수와 벼의 생산, 1만 명 이상으로 확장되는 도시의 엄청난 인구 그리고 소수의 무슬림이 다수의 비무슬림 중국인 위에서 권력을 장악하고 있는 정치적 상황에 관해서 서술한다.

이러한 자료들은 몽골 시대에 이란의 일 칸국에 살았던 무슬림이 세계의 지리와 지도 제작 인식의 발전에서 상당히 중요한 진전을 이룩했음을 보여주고 있고, 중국에 대한 그들의 이해가 크게 향상되었음을 드러낸다. 그렇다면, 몽골의 영역 밖에서 살고 있던 그들의 상대편은 무엇을 알고 있었을까?

---

55 Marco Polo, *The Description of the World*, trans. A. C. Moule and Paul Pelliot(London, 1938), 213.

맘루크조 치하 시리아와 이집트의
중국에 대한 지식

몽골 시대에 이슬람 세계의 가장 서쪽 끝(몽골 지배 영역 바깥)에서 몇몇 지리 기록과 지도들의 편찬물이 등장했다. 이들 대부분은 이전의 지리 보고서들을 인용한 백과사전적 저술이었다. 그러나 이로부터 중국에 대한 새로운 정보를 분별할 수 있는데, 대부분은 동쪽의 일 칸국이 지배하는 곳에서 도출된 것이었다.

시리아의 왕자인 아부 알피다(Abū al-Fidā', 1331년 사망)가 저술한 『경역들의 조사(Taqwīm al-buldān, 1321년경)』라는 제목의 지리 개론은 몽골 지배 영역 바깥에 있는 이슬람 세계에서 만들어진 가장 중요한 갱신 사항들로 구성되어 있다. 이 설명적 지리 저작은 표의 형태로 된 물리적, 수학적 데이터를 포함하고 있고, 예전의 아랍어 지리 저술들을 넘어섰다. 중국에 대한 간략한 지리적 서술은 발키 학파 전통의 일부분인 아랍어 세계 지도에 표현되어 있는 중국과 일치한다. 아부 알피다는 중국과 그 너머의 주요 장소들을 서술하면서 알비루니와 같은 구시대의 출처들을 분명히 인용하고 있다. 그 지명으로는 칸쿠(Khānqū, 아랍어의 점 하나를 생략하면 칸푸로 읽을 수 있고, 이는 현재 광주이다), 칸주(Khānjū), 얀주(Yanjū, 양주), 자이툰(Zaitūn, 천주), 칸사(Khansā, 이는 항주인데 여기에서는 광주와 혼동되고 있다), 신라(몽골 지배 아래에 있던 한반도 고려 왕조의 옛 이름), 잠쿠트(Jamkūt), 카주(Khājū), 숙주(Sūkjū)가 있다.[56] 칸사, 얀주, 자이툰은 라시드 알딘의 『집사』와 같은 동시대 페르시아어 저술에 나타나는 지명과도 일치한다. 이와 동시에 아부 알피다는 중국에서 온 어느 항해자가 몽골 시대에 중요한 두 항구도시였던 항주와 천주에 대해 말해주었다고 기록한다. 『경역들의 조사』가 아부 알피다가 분명 동시대인들로부터 얻은 새로운 지식을 보여주는 증거이기는 하지만, 페르시아의 지리 저술에서 보이는 정확성과 체계적인 철저함은 갖추지 못하였다.

동시대의 또 다른 아랍인 지리학자이자 지도 제작자로 샴스 알딘 디마슈키(Shams al-Dīn Dimashqī, 1327년 사망)라는 사람은 맘루크 지배하의 이집트에서 복무했는데, 그의 저술들은 아마도 페르시아의 지리 저작들에서 차용한 중국에 대한 일부 지식을 드러내고 있다. 디마슈키는 중국을 외부 중국과 내부 중국으로 구분하는데, 내부 중국을 신 알신(Ṣīn al-Ṣīn)이라 부르고, 이는 문자 그대로 '중국의 중국'이라는 의미이다.[57] 신 알신은 남송 왕조 치하에 있던 남중국을 가리키는 페르시아어 명칭으로, 아주 빠르게 널리 활용되었던 마친을 언급한 것으로 보인다.[58] 그의 지리 저작인 『시대의 선택, 육지와 바다의 경이로움에 대하여(Nukhbat al-dahr fī 'ajā'ib al-barr wa-'l-baḥr)』에서는 아랍어 문헌에 있는 중국에 대한 고정관

---

56 Abū al-Fidā' al-Ḥamawī, *Kitāb Taqwīm al-buldān*(Frankfurt, 1985), 363-367. Abū al-Fidā', *Géographie d'Aboulféda*, trans. Joseph-Toussaint Reinaud and annotated by Fuat Sezgin(Frankfurt am Main, 1998), 122-125와 비교하시오.

57 Shams al-Dīn Muḥammad ibn Abī Ṭālib Dimashqī, *Nukhbat al-dahr fī 'ajā'ib al-barr wa-'l-baḥr*(Frankfurt am Main, 1994), 167-169, 265-266. 프랑스어 번역 *Manuel de la cosmographie du Moyen age*, trans. Mehren, M. A. F.(Frankfurt am Main, 1994), 226-230, 383-384와 비교하시오.

58 이보다 2세기 앞서 알이드리시는 비슷한 지명(시니야트 알신(Ṣīniyyat al-Ṣīn))을 언급했지만, 그것은 중국에 있는 도시의 지명을 의미한 것이었다.

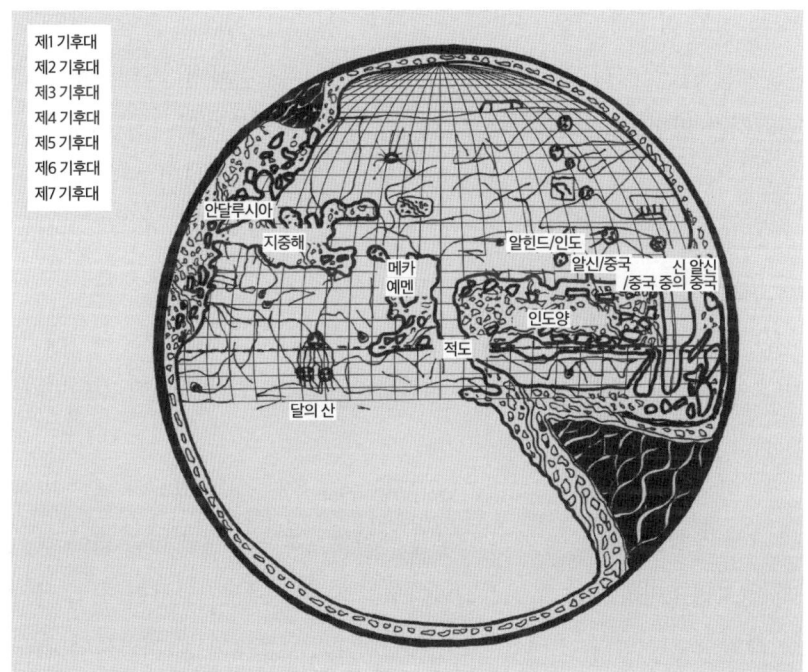

그림 4-4 이븐 파들알라 알우마리(1301-1349)의 『가장 사람이 많은 [문명화된] 지역들에 관해 인식하는 방법』에 수록된 칼리프 알마문의 세계지도로, 원본을 본떠서 다시 그린 것이다. 원래의 지도는 남쪽을 위에 배치했다.

* 주석: Fuat Sezgin, *Science and Technology in Islam* (Frankfurt am Main, 2004), 12.

넘이 되풀이되는데, 즉 중국인들은 노아의 후손이고 수공업과 그림 그리는 것에 뛰어나다는 것이다. 또한 디마슈키는 믿음직하지 않은 정보들도 집어넣고 있는데, 예를 들면 중국 너머에는 동그란 눈에 털이 많으며 날카롭고 튀어나온 치아 및 꼬리, 발톱, 짧은 손가락을 가진 사람들이 거주하고 있다고 서술한 것이 있다.[59]

---

59 Dimashqī, *Nukhbat al-dahr fī ʿajāʾib al-barr wa-'l-baḥr*, 265-266. Dimashqī, *Manuel*

몽골 시대에 많은 아랍어 저작들은 '신 알신'이라는 용어를 사용했다. 예를 들면, 지리 저술인 『가장 사람이 많은 [문명화된] 지역들에 관해 인식하는 방법(Masālik al-abṣār fī mamālik al-amṣār)』에 덧붙여진 14세기 지도에도 등장한다. 이 지리 저작은 이븐 파들알라 알우마리(Ibn Faḍlallāh al-'Umarī, 1349년 사망)가 저술한 것인데, 그는 맘루크조 치하의 카이로와 다마스쿠스에서 활동했던 출중한 행정가이자 작가였다.[60] 그는 이 지도가 칼리프 알마문(재위 813-833)을 위해 만들어진 세계지도의 사본이라고 주장한다. 또한 알마수디도 예전에 이 지도를 언급했던 바 있다(그림 4-4 참고).

비록 정확하지는 않지만 그럴 듯한 위도, 경도선과 더불어 지도의 대륙 윤곽은 알화리즈미의 지리 목록을 개략적으로 재구성한 것과 닮아 있는데, 알화리즈미의 저술은 프톨레마이오스의 지리 보고서로부터 직접 영향을 받았던 것이었다. 그래서 『가장 사람이 많은 [문명화된] 지역들에 관해 인식하는 방법』속의 지도는 칼리프 알마문의 후원 아래에 있던 학문 공동체(여기에 알화리즈미도 속해 있었다)에 의해 만들어진 지도의 계통을 잇는 것이었다고 볼 수 있다.[61] 그러나 지도의 내용에 관해 살펴보면, 이븐 파

---

de la cosmographie du Moyen age, 384-385와 비교하시오.
60 몽골인에 관한 이븐 파들알라 알우마리의 또 다른 책은 '대칸의 땅'에 대한 서술이 포함되어 있다. Ibn Faḍlallāh Al-'Umarī(1301-1349), Das mongolische Weltreich: al-'Umarī's Darstellung der mongolischen Reiche in seinem Werk Masālik al-abṣār fī mamālik al-amṣār, edited and translated by Klaus Lech(Wiesbaden, Otto Harrassowitz Verlag, 1968). 레흐(Lech)는 주석에서 알우마리에게 정보를 알려준 사람 중 다수는 일 칸국을 잇는 육로에서 활동했다는 것을 확인하고 있다.
61 칼리프 알마문을 위한 지도는 알화리즈미의 지리 보고서를 기반으로 그려졌을 가능성이 높다. 왜냐하면 알화리즈미는 칼리프 알마문의 학문 기관인 '지혜의 집'에서 활동했던 주요 학자 중 한 사람이었기 때문이다. 푸아트 세즈긴(Fuat Sezgin)은 지도가 9세기의 칼리프 알마문의 세계지도를 정확하게 베낀 것이라고 주장한다. MGC1, 86-90.

들알라 알우마리의 지도의 북반구 동쪽 구석에 있는 명칭인 신 알신은 알화리즈미가 단순히 알신만 기록한 지리 목록에는 등장하지 않는 것이다. 알신과 신 알신(페르시아어의 친과 마친)이 모두 존재한다는 점은 이븐 파들알라 알우마리가 이용 가능했던 동시대의 정보를 활용하여 알화리즈미의 지리학을 갱신했음을 암시하는데, 이는 알화리즈미가 자신의 책을 집필하려고 프톨레마이오스의 보고서를 갱신했던 것과 같은 방법이었다.62

아프리카의 모양은 이븐 파들알라 알우마리의 지도의 또 다른 독특한 특징을 보여준다. 비록 지도에서는 아프리카의 밑부분을 평평하게 묘사하고, 지구의 구석진 곳과 만나는 곳이 퍼져 있게 그렸지만 발키 학파와 알이드리시에 의해 만들어진 지도에서 보이는 것처럼 아프리카가 동쪽으로 계속 뻗어나가 있지는 않다. 이러한 변화를 가능하게 만든 출처가 흥미를 자아내는데, 왜냐하면 이븐 파들알라 알우마리는 무슬림이 탐험을 통해 아프리카의 실제 윤곽을 발견하고자 했다고 이야기하면서 단서를 제공하고 있기 때문이다. 비록 그가 정확한 시기를 언급한 것은 아니지만, 말리의 술탄이 대륙 주변을 항해하려고 함대를 파견했다고 보고하고 있다.

> 이븐 아미르 하집(Ibn Amīr Ḥājib)이 말했다: 나는 술탄 무사흐(Mūsah)에게 왕국이 어떻게 그에게 함락되었는지를 물었다. 그는 이렇게 말했다. "우리는 하나의 왕조이고, 우리들 사이에서 그 지배를 물려주고 있고, 내 이전에 있었던 그[이전의 왕]는 둘러싸고 있는 바다의 끝을 아는 것이 불가능하다는 점을 믿지 않았다. 그는 이를 알고 싶어했고, 여기에 매료되어서 사람들을 채운 200척의 배를 준비했고 여기에 사람들의 수와 같은 금을 실었으며 몇 년을 버틸 수 있는 물과 물자로 채워 넣었다. 그는 [선

---

62 알화리즈미의 『지구의 형태(*Sūrat al-arḍ*)』에 대한 2장의 논의를 참고.

박 안의] 여행자들에게 말했다: [바다의] 끝에 너희가 도착할 때까지 돌아오지 마라. 혹은 너희의 음식과 물을 다 소모할 때까지는 돌아오지 마라. 그들은 항해를 떠났고 그중 아무도 돌아오지 않으면서 그들이 없는 상황이 지속되었는데, 1척의 배가 귀환했다. 우리는 그들이 겪었던 사건과 소식에 대해 선장에게 물어보았고, 그가 대답했다: '오, 술탄이시여. 개방된 바다에 [우리가 도착했을 때]까지 우리는 오랫동안 항해를 했음을 아십시오. 강력한 해류와 함께 계곡이 나타났고, 그때 제가 마지막 남은 배를 이끌게 되었습니다. 배들이 우리 앞으로 항해를 해서 그 장소에 도착했을 때 그들은 돌아오지 않고 다시 나타나지 않았는데, 우리는 그들에게 무슨 일이 일어났는지 알지 못했습니다. 저는 스스로 그곳에서부터 물러나서 계곡으로 들어가지 않았습니다.'" 그(이븐 아미르 하집)는 계속 이야기했다: 그는 호된 질책을 받았다. 그는 말했다. "그 이후에 이 술탄은 2,000척의 배를 준비해서 1,000척은 그 자신 및 함께 가는 사람들을 태웠고 나머지 1,000척에는 식량과 물을 실었다. 그리고 그는 나를 자신의 대리인으로 삼고 동료들과 함께 둘러싸고 있는 바다를 향해 항해했다. 그가 목격되었고 그와 함께 했던 모든 사람이 존재했던 마지막 순간이었다. 그렇게 지배권이 홀로 있는 나에게 부여된 것이었다."[63]

말리의 지배자에 대한 이븐 파들알라 알우마리의 보고는 헤로도토스의 페니키아인에 대한 이야기와도 닮아 있다.[64] 아마도 이븐 파들알라 알우마리는 아프리카 서해안을 따라 남쪽으로 항해하는 것에 실패한 것에 관한 비슷한 전설을 언급했다. 우리는 3장에서 아프리카의 삼각형 모양을 정확하게 묘사한 최초의 지리학자는 원대 후반부의 어느 시점에 복무했던

---

63 Ibn Faḍlallāh Al-ʿUmarī, *Masālik al-abṣār fī mamālik al-amṣār* (Casablanca, 1988), 69-70.
64 Herodotus, *The Histories* (London, 2003), 253.

중국인이었다는 것을 살펴보았다.[65] 이 시기 이전의 이슬람 지도 중에서 아프리카를 삼각형으로 그린 경우는 없다. 그런데 이 지역에서 가장 왕성하게 활동을 수행했던 무슬림이 아프리카의 모양을 알지 못했다면, 중국인 지도 제작자들은 아프리카 대륙을 어떻게 그렇게 정확하게 그릴 수 있었던 것일까? 증거의 일부 작은 파편들은 아프리카의 남쪽 끝까지 멀리 항해했던 북아프리카 상인들이 그 단서를 제공했음을 보여준다.[66] 그러나 가장 반박하기 어려운 확실한 증거는 여전히 일련의 포르투갈 함대들로부터 나오고 있다. 이들은 15세기에 최초로 서부 아프리카 해안을 성공적으로 항해했고, 1488년에 아프리카의 남쪽 끝에 도달하면서 세계사의 전환점을 만들어냈던 것이다. 이러한 공적을 달성하고자 포르투갈인들은 무슬림 선원들이 수 세기에 걸쳐 축적했던 지리 지식과 항해 경험을 상당히 활용했다.

포르투갈인 이전에 북부, 서부, 동부 아프리카의 무슬림은 지중해와 홍해, 페르시아만에서 그들이 주로 활용했던 경로를 통해 인도양 전역을 광범위하게 항해했다. 몽골 시기의 해상 연결은 이슬람 세계 전역에서 상인들의 상업적 활동을 크게 팽창시켰다. 이러한 운송 네트워크의 도움을 받아 무슬림 상인과 선원들은 13세기와 14세기에 중국과 이슬람 세계 사이에서 상품은 물론이고 정보의 이동을 촉진하는 데에 있어서 중요한 역할을 담당했다. 몽골의 영역 내외의 모든 이슬람 세계는 그들을 최종적으로

---

65 푸아트 세즈긴은 바르톨로뮤 디아스가 남아프리카로 가서 희망봉을 발견하기 이전에 무슬림 선원들이 서아프리카로 여행했다고 생각한다. 심지어 그는 "포르투갈이 여전히 무슬림의 보호 아래에 있었을 때에 많은 무슬림 탐험가가 리스본에서 서쪽으로 가서 대서양을 건너 중국에 도달하려고 했다"라고 주장한다. Sezgin, *Science and Technology in Islam*, 20-21. 그러나 무슬림이 아프리카의 서해안을 따라 자주 항해했다면 이슬람 지도들이 아프리카를 더욱 정확하게 그려냈어야 한다.

66 *MGC1*, 565.

중국과 연결시키는 인도양 교역의 범위 안으로 들어오게 되었다. 이에 대응하여 강력한 정부와 민간 상인 세력들은 그들의 무역 범위를 더 동쪽으로 진전하려고 남아시아에 중간 해운 기지들을 건설하였다.

이븐 바투타의 여행기에 보이는 무슬림의 교역 네트워크와 중국

흩어져 있는 문헌 및 고고학 증거에 대해 공을 들여 분석한 것들은 서아시아에서부터 중국까지 인도양에 걸쳐 분포하는 무슬림, 중국인 및 다른 사람들이 연관된 체계적인 상업 네트워크의 구체적이면서도 복잡한 모습들을 우리에게 보여주기 시작했다. 이렇게 광범한 네트워크를 유지하려고 무슬림 상인들은 이전 세기부터 남아시아와 동남아시아 전역에 건설하여 지속시켰던 환승 기지들에 의존했다.[67] 그중 일부는 상업 네트워크를 가로질러 상인들을 연결시키는 조직을 형성했는데, 이 네트워크는 독립적으로 존재하거나 혹은 지역 정권의 후원을 받기도 했다. 왓사프의 역사서는 카이스(Qais, 키쉬)의 자말 알딘 이브라힘 이븐 무함마드 알티비(Jamāl al-Dīn Ibrāhīm b. Muḥammad al-Ṭībī)와 같은 일부 영향력 있는 지역 지도자들이 인도와 중국의 무역 파트너와 그들 자신의 독립적인 교역을 수행하

67　Kenneth R. Hall, ed., *Secondary Cities and Urban Networking in the Indian Ocean Realm, c. 1400-1800*(Lanham, MD, 2008)과 *The Growth of Non-Western Cities: Primary and Secondary Urban Networking, c. 900-1900*(Lanham, MD, 2011)에 수록된 논문들을 참고. 이 연구들은 상업적 교역뿐만 아니라 정치적, 종교적 연계와 같은 다른 요소에도 근거를 두어 인도양 영역에 있는 조그만 도시들의 네트워크가 지역적 연결을 통합하고 유지하면서 결국에는 세계의 교역 체계 형성에 기여하는 중요한 역할을 했음을 입증하였다.

면서 큰 이득을 남겼음을 증언하고 있다. 카이스, 호르무즈와 같은 페르시아만의 정권들을 통치했던 지도자들은 인도 남부로 가는 운송 교역을 장악하려는 시도 속에서 서로 경쟁을 펼쳤다. 예를 들면, 카이스의 왕인 알티비는 잠시 동안 호르무즈를 정복하기도 했다.[68] 왓사프는 이슬람 세계의 번영이 인도와 극동에서부터 수입된 상품에서 비롯된 것이었고 카이스의 상인들이 극동에서의 운영을 장악하고 있었다고 서술한다. 새롭게 활용 가능한 예멘 궁정의 문서들에 근거하여 예멘과 남인도 사이의 무슬림 도시 네트워크를 분석한 엘리자베스 램본(Elizabeth Lambourn)의 연구는 남아시아의 무슬림 거주자 사이에 존재한 정치·상업적 네트워크 및 예멘과 같은 중동의 '고향' 항구들과 연계를 지속하였다는 점에 대한 실질적인 증거를 제공하고 있다.[69] 예멘 궁정의 문서는 예멘의 라술리드 술탄(Rasulid Sultan)이 금요일 기도에서 이루어진 설교(이를 아랍어로 후트바라고 한다)와 같은 종교적 예식에서 자신의 정치적 권위를 인정했던 인도의 무슬림 공동체에 있는 이슬람 재판관과 성직자들에게 하사한 물품의 목록을 나열하고 있다. 이러한 증거는 인도의 무슬림 공동체가 오랜 기간에 걸쳐 장거리 교역 관계를 육성하는 데에 도움이 되는 정치·경제적 복종을 유지했음을 암시한다.

---

68 Aubin, "Les princes d'Ormuz du XIIIe au XVe siècle," 89-91; Kauz and Ptak, "Hormuz in Yuan and Ming Sources," 36; V. F. Piacentini, *Merchants - Merchandise and Military Power in the Persian Gulf(Sūriyānj/Shahriyāj - Sīrāf)* (Rome, 1992), 110-189.

69 Engseng Ho, *The Graves of Tarim. Geneology and Mobility across the Indian Ocean*(Berkeley, 2006); Elizabeth Lambourn, "India from Aden: Khuṭba and Muslim Urban Networks in Late Thirteenth-Century India," in *Secondary Cities and Urban Networking in the Indian Ocean Realm, c. 1400-1800* (Lanham, MD, 2008), 55-97.

이러한 사례들을 고려하면, 우리는 이슬람 세계로부터 온 장거리 교역에 종사하는 상인들이 건널 수 없는 경계들을 만난 것이 아니었음을 알수 있다. 비록 그들의 지역이 중국과 똑같은 방식을 통해 정치적으로 통일된 것은 아니었지만 말이다. 다수의 아랍인, 페르시아인 무슬림 상인은 항로를 따라 자리한 교역 중심지들을 발전시키고 인도와 동남아시아 해안에 위치한 무슬림 공동체를 육성하면서 국제적인 교역 네트워크를 만들어냈다. 이러한 상황은 예전 사료들에도 반영되어 있지만, 더욱 구체적인 사례들은 이 시기부터의 자료에서 발견할 수 있다. 다른 사례 중에는 이집트와 시리아의 특정한 상인 집단도 포함되는데, 이들은 맘루크 조의 제한된 후원 아래 홍해와 지중해에서 교역을 수행했고 카리미(Kārimī)라고 불렸다. 이븐 하자르(Ibn Khazar)의 저술을 포함한 일부 아랍어 자료는 카리미 상인이 인도와 중국 사이에서 해상 교역에도 종사했다는 단서를 제공하는데, 이 상인들은 일련의 대리인을 통해서 거래의 한쪽에는 맘루크 이집트, 남부 아라비아, 동아프리카의 이익을, 다른 한쪽에서는 인도와 중국의 이익을 대변하는 중개자로서 활동했던 것이다.[70] 몇몇 상인은 인도에서 기지를 확보했고, 항로를 따라 지점 기지들을 만들면서 체계적으로 업무에 종사했다. 적절히 조직화된 네트워크, 편리한 운송 형식은 카리미 상인이 종종 중국으로 항해할 수 있게 만들었다. 물론, 카리미 상인이 인도양 교역에 종사하는 유일한 상인은 아니었다. 그들은 호르무즈 출신의 아랍-페르시아 상인, 유대인과 아르메니아인 상인, 남아시아와 동남아시아의 상인 등 다수의 상인과 경쟁하고 협력했으며 그중 일부는 중국에서 오르탁

---

[70] 카리미 상인은 이전 시기에도 활동하였다. Subhi Y. Labib, "Kārimī," *EI2* 4: 640-643. 카리미의 중국과의 교역을 언급한 몇몇 아랍어 자료에 대해서는 E. Ashtor, "The Kārimī Merchants," *Journal of the Royal Asiatic Society* (1956): 45-56을 참고.

(ortagh)이라 불렸던 무슬림 상인들과 긴밀하게 연계되어 있었다. 다른 사례 중에는 수피파인 카자루니야(Kāzarūnīya)가 보유한 거대한 인도양 네트워크도 포함되는데, 이들은 상당 정도로 장거리 교역에 연관되어 있었다. 그들의 종교적 미덕에 근거하여 위험한 여행에서 해양 교역자들을 보호하려고 해안가 마을들에서 이루어진 조직화된 활동(숙박, 환전 서비스 제공)은 14세기의 유명한 여행자인 이븐 바투타가 그의 여행 기록에서 생생하게 언급했다.[71] 비록 이븐 바투타가 상인은 아니었지만 중국까지 가는 여정에서 상인들과 함께 여행을 했고, 인도양을 가로질러 중국과 이슬람 세계를 연결했던 이슬람의 교역 네트워크에 대한 가장 상세한 서술을 제공하고 있는 것이다.

이븐 바투타가 저술한 것의 원래 제목은 『도시들의 불가사의와 여행의 경이로움을 열심히 목격한 자의 선물(*Tuḥfat al-nuẓẓār fi gharā'ib al-amṣār wa-'ajā'ib al-asfār*)』이지만, 사람들은 대부분 이 저술을 『이븐 바투타 여행기』(*The Travels of Ibn Batuta* 혹은 *Riḥlatu Ibn Battūtah*, 리흘라는 아랍어 글자 그대로 '여행'이라는 의미이다)로 알고 있다. 1304년 모로코 탕헤르(Tangiers)의 무슬림 법학자 가문에서 태어난 이븐 바투타는 무슬림 사회의 상위 계층 사이에서 전형적으로 이루어지는 종류의 문학과 학문 교육을 받았다. 1325년에 그는 이슬람교의 다섯 가지 의무 중의 하나인 하즈(메카 순례)를 위해 길을 나섰다. 순례 여행기(리흘라)라는 중세 아랍의 장르가 이미 이븐 바투타 시기에 형성되어 있었다. 1183년 하즈에 대한 이븐 주바이르(Ibn Jubayr)의 리흘라가 이 장르를 규정하였다. 그러나 이븐

---

[71] 카자루니 수피파와 인도양 교역에서 그들이 수행한 역할에 대한 더욱 상세한 논의로는 Ralph Kauz, "Kāzarūnī Network?," *Aspects of the Maritime Silk Road*(Wiesbaden, 2010), 61-69를 참고.

바투타의 여행 범위와 내용은 전형적인 하즈를 뛰어넘는 것이었다. 그는 1325년부터 1347년까지 22년 동안 현재의 남유럽, 아프리카, 중동, 아시아(중국 포함)를 가로질러 7만 5,000마일을 여행했기 때문이다.

몽골 시기에 인도양을 가로지르는 사람, 상품, 개념의 이동을 촉진했던 교역의 활성화는 이븐 바투타의 모험이 용이하도록 만들었다. 이 모험은 이전 시기의 모든 지리적 서술을 압도할 정도의 직접 목격한 정보들이 전례 없이 축적될 수 있게 했다. 이븐 바투타의 이야기를 기록하고 편집했던 이븐 주자이(Ibn Juzayy)가 다른 리흘라 문헌과 전근대 여행기에서 차용한 많은 문학적 윤색과 기적 이야기들을 여기에 편입시킨 것은 사실이다. 그는 이전 시기의 저술들 또한 차용했는데, 전체 텍스트의 1/7(특히 시리아와 아라비아에 관한 상세 내용)은 이븐 주바이르의 저술에서 가져온 것이었다.[72] 그럼에도 불구하고, 이븐 바투타는 14세기 이슬람 지리학자들에게 세계에 대한 엄청난 양의 새로운 자료를 제공했다.

이븐 바투타가 중국을 여행한 것을 서술한 기록은 무슬림의 지리 저술과 여행기 사이에서 이븐 바투타의 저서를 두드러지게 만들었지만, 많은 학자가 마르코 폴로와 왕대연에게 적용했던 것과 같은 회의론으로 이 부분을 바라보고 있다. 로스 던(Ross Dunn)은 우리가 계절풍의 시간 주기를 고려하면 이븐 바투타가 중국을 여행한 전체 기간을 1346년 여름에서 초가을로 분명하게 맞출 수 있다는 점을 설득력 있게 주장한다. 이븐 바투타에게 있어서 천주에 머물고 심지어 광주로 여행하는 데에는 몇 개월 정도도 충분한 시간이었지만, 북경까지의 여행은 불가능했을 것이고 따라서

---

[72] J. N. Mattock, "Ibn Baṭṭūṭa's Use of Ibn Jubayr's Riḥla," in *Proceedings of the Ninth Congress of the Union Europeenne des arabisants et Islamisants* (Leiden, 1981), 211.

소문을 근거로 저술한 것임이 틀림없다.73 중국에 대한 이븐 바투타의 기록에는 동시대 중국 자료에서 확인할 수 있는 많은 간접 정보가 포함되어 있다. 이븐 바투타가 실제로 중국을 여행했는지의 여부는 그의 기록이 어떻게 이슬람의 중국에 대한 지식을 증가시키게 되었는지보다 이 책에서 그리 중요한 문제가 아니다.

이러한 관점에서 볼 때, 이븐 바투타의 서술에 근거하여 중국에서 그가 갔을 법한 여정을 재구성하는 것은 서쪽의 무슬림이 중국을 여행하는 것에 대해 무엇을 익혔는지를 조명하는 데에 도움을 주게 될 것이다. 중국을 향한 이븐 바투타의 여행은 북인도의 델리 술탄국에서 시작되었는데, 이때 술탄 무함마드 이븐 투글룩(Muḥammad Ibn Tughluq)은 중국으로 가는 외교 사절과 함께 여행하라고 명령했다.74 이븐 바투타와 사절단은 먼저 인도 남서부의 중심 국제 항구인 캘리컷(Calicut)과 퀼론(Quilon)으로 갔다. 그리고 그들은 동쪽으로 항해하여 말라카해협을 통과해 동남아시아로 향했고, 여기에서 천주(이븐 바투타가 중국에 있는 동안 그의 근거지로 삼았다)로 항해하기 전에 베트남에 있는 항구에서 머물렀던 것으로 보인다. 중국에 머무르는 동안에 이븐 바투타는 강을 이용하여 광주로 왕복 여행을 했다. 또한 이븐 바투타는 복주와 항주(육지로 갔는지 바다로 갔는지는 알 수 없다)로 여행했고, 대운하를 따라 항주에서 북경까지 여행했다고 주장한다. 여행의 마지막 구획은 로스 던이 가장 수상한 점을 발견한 부분이다(이븐 바투타의 여정을 확인하려면 지도 2를 참고).

---

73 Ross E. Dunn, *The Adventures of Ibn Battuta: A Muslim Traveler of the 14th Century*(Berkeley, 1986), 260을 참고.

74 학자들은 일반적으로 그가 인도로 여행한 것이 진실이었다고 받아들이고 있다. 家島彦一, 『イブン・バットゥータの世界大旅行 - 14世紀イスラームの時空を生きる』(東京, 2003).

이븐 바투타는 동남아시아를 거쳐 인도에서 중국으로 가는 여행에 관해 장황한 이야기를 늘어놓고 있고, 이는 인도의 남서부 해안에서 배가 난파된 것에 대한 다수의 생생한 일화 및 남아시아의 섬들에서 보냈던 시간에 대한 세부적 이야기로 윤색되어 있다. 또한 그는 배를 만드는 기술을 포함해서 배를 이용하여 중국으로 여행한 것에 관한 면밀한 서술을 독자에게 제공한다.

> 배를 건축하는 중국식 방법은 다음과 같다. 두 개의 나무 벽을 만든 다음 아주 굵은 판자로 이 두 벽을 종횡으로 잇는데, 길이가 3완척[디라(dhirāʻ)라는 단위로 표기되어 있는데, 1디라는 대략 0.65m이다]인 큰 못을 이용한다. 이 판자들로 두 벽이 견고하게 이어지면, 벽을 위쪽에 대고 배의 바닥을 만든다. 그리고 [배의] 건축을 완성하기 위해서 바다에 띄워놓는다.[75]

물이 새지 않는 방수벽과 분리되어 있는 칸막이에 대한 이븐 바투타의 서술은 천주에서 발견된 13세기 중국의 선박, 한국의 남서쪽에 있는 신안에서 발견된 14세기 중국 선박의 구조와도 부합한다.[76] 천주의 선박처럼, 신안선에는 배를 8개의 구획으로 분리하는 7개의 방수벽이 존재했다.[77]

---

75 Ibn Baṭṭūṭa, 92. Ibn Baṭṭūṭa/Gibb, 813-814와 비교하시오.
76 난파선의 연대는 배가 운반했던 도자기의 형태, 동전의 날짜, 화물에 나무로 만들어 붙인 표시에 기록된 날짜를 근거로 하여 결정된다. 선박에서 발견된 일부 물품들을 분석한 후, 한국의 고고학자들은 신안선이 중국의 강소성 영파에서 출발한 몽골-원 왕조의 배였다고 가정하고 있다. 이 배는 최종 목적지(일본의 하카타 항구)로 가던 도중 한국의 서남쪽 해안에서 침몰하였다. *The Conservation and Restoration of Shinan Ship, the 20 Years History*(목포, 2004).
77 Yuan Xiaocun, "A Study of the differences between the Sinan ship and ancient Chinese ships," in *The Conservation and Restoration of Shinan Ship, the 20 Years History*. 이 논문에는 고대의 중국 난파선 목록이 포함되어 있다. 또한 Donald H.

조셉 니담은 방수벽이 선체로 들어오는 물을 단지 배의 한 구획에만 들어차게 만들기 때문에 배가 침몰되는 것을 막아주었다고 주장하였다.[78] 마르코 폴로는 배의 장점들에 관한 가장 훌륭한 설명을 제공한다.[79]

> 일부 대형 선박에는 안쪽으로 단단한 판자들을 서로 끼워 맞춰서 만든 13개의 방수벽 혹은 칸막이가 있다. 이것은 암초에 부딪치거나 고래가 먹이를 찾다가 들이받아서(이런 일이 종종 일어난다) 선체의 어느 부분이 파손될 경우를 대비하는 데 유용하다. 밤에 배가 항해하다 보면 거품이 발생하는데, 그때 고래가 우연히 배 근처에 오게 되면 물에서 비치는 흰색 섬광을 먹이로 생각하여 강력하게 배로 돌진하여 들이받아 선체의 일부 지점을 종종 파괴한다. 그러면 파괴된 곳을 통해 물이 들어와 아무런 물건을 놓아두지 않아 항상 비워놓는 배의 바닥으로 차오른다. 선원들은 어느 곳이 파손되었는가를 즉시 찾아낸다.

배의 외관에 대한 폴로의 정확한 기술에도 불구하고, 학자들은 폴로의 기록에서 방수벽의 목적이 과장되었다고 주장하는데 방수벽에 대한 기술적 분석들은 구조적인 이유로만 방수벽이 실제로 활용되었음을 암시한다는 것이다.[80] 이븐 바투타는 그의 개인적 경험에 근거하여 방수벽이 가

Keith and Christian J Buys, "New Light on Medieval Chinese Seagoing Ship Construction," *The International Journal of Nautical Archaeology and Underwater Exploration* 10, no. 2(May 1981): 119-132도 참고.

78 Needham, "Nautical Technology," 420-422.
79 Marco Polo, *The description of the world*, 354-355. Marco Polo, *The Travels of Marco Polo*(London, 1958), 241과 비교하시오.
80 관측에서 보이는 몇몇 기술적 문제에 대해서는 山形欣哉, 『歴史の海を走る: 中國造船技術の航跡』, 54-66을 참고.

진 장점 중 또 다른 것을 서술하였다.

> 그들은 배에 4개의 갑판을 만드는데, 여기에는 선실, 객실, 상인용 방 등이 있다. 객실에는 방과 화장실이 갖추어져 있고 열쇠가 있어 주인이 잠글 수 있다. 그리고 승객은 시녀나 부인들과 동행할 수 있다. 객실에 있는 사람들끼리는 어떤 도시에 당도하여 서로 마주칠 때까지 같은 배를 탔던 사람인지를 모를 정도로 승객은 자신의 객실 안에서만 머무르게 된다. …… 정크선의 선장은 술라이만 알사파디 알샤미(Sulaymān al-Ṣafadī al-Shāmī)인데, 내가 알던 사람이다. 나는 그에게 "시녀들이 있기 때문에 나는 누구도 올 수 없는 단독 객실을 원합니다. 나는 습관상 그녀들 없이는 여행하지 않습니다"라고 말했다. 그는 나에게 "중국 상인들이 외국으로 나갔다가 돌아오는 여행을 위해 객실을 빌렸습니다. 그런데 내 사위가 객실을 하나 가지고 있어 당신에게 드릴 수가 있습니다. 그런데 그 객실에는 화장실이 없습니다. ……'라고 대답했다.[81]

방수벽을 가진 배들에는 개인 선실들이 있었고, 이븐 바투타는 그러한 구획을 원했던 것이다.

이러한 형태를 가진 중국의 선박들은 천주 혹은 광주와 같은 항구도시에서 만들어졌다. 흥미롭게도, 이븐 바투타는 광주를 신 칼란(Ṣin Kalān)이라고 부르는데 이는 문자 그대로 '큰 중국'을 의미한다. 또한 그는 광주를 신 알신이라고도 부른다. 디마슈키와 같은 지리학자들은 신 알신이라는 용어를 더욱 광범하게 남중국 전체를 언급할 때 사용했다. 이븐 바투타는 광주의 무슬림 공동체를 서술하고 있다. 모든 행정과 소송은 무슬림 재판관과 연장자 집단에 의해 취급되었는데, 이러한 관습은 또한 『중국과 인

---

81 Ibn Baṭṭūṭa, 93-94. Ibn Baṭṭūṭa/Gibb, 814와 비교하시오.

도의 소식』과 같은 9세기 기록에서도 관찰자들에 의해 보고되었던 것이었다. 그러나 이븐 바투타의 시대에는 무슬림 공동체가 중국을 가로질러 더욱 널리 퍼져 있었고, 천주는 중국에서 가장 많은 무슬림 인구를 보유하고 있었다. 중국에서 가장 큰 국제 항구인 광주와 천주는 이븐 바투타가 중국에서 방문했던 첫 번째 중국 항구들이었다. 그는 이곳에서부터 당시에 알려진 전 세계(인도, 마그레브, 그리고 모로코에 있는 그의 고향에까지)로 수출되는 중국 도자기를 사람들이 생산하는 유일한 곳을 찾을 수 있다고 언급했다. 그러나 사실 중국 도자기는 다른 장소들에서 전형적으로 생산되었고, 수출을 위해서 이 도시로 보내진 것이었다.[82] 또한 이븐 바투타는 복주에서 부슈리(Bushuri)라는 이름의 또 다른 모로코 사람을 마주쳤다고 주장한다. 부슈리는 이븐 바투타가 이미 인도에서 만났던 인물이었고, 중국에서 부유한 상인이 되기를 희망하면서 중국으로 왔던 것이었다. 이는 서로 다른 국가에서 온 무슬림들이 이슬람 세계 전역에서 형성했던 부류의 연결망들을 보여준다. 그러나 이븐 바투타 혹은 기록의 편집자인 이븐 주자이가 독자에게 더욱 흥미를 일으키는 이야기를 만들어내려고 우연히 만났다는 일화로 조작하거나 과장했을 가능성도 존재한다. 어떠한 경우가 되었든 이 기록은 인도양 권역을 가로질러 여행했던 무슬림 사이에서는 이러한 우연한 만남의 기회가 가능했음을 보여주는 단서이다.

일부 기록에서 이븐 바투타는 이전 아랍어 기록에 이미 보이는 정보를 단순히 되풀이하였다. 예를 들면, 중국인이 공예와 회화에 뛰어나다는

---

[82] 침몰된 신안선에서는 총 2만 661점의 중국 도자기가 발견되었고, 도자기의 대부분은 중국 전역의 유명한 가마에서 구워진 것이었다. 강서성의 길주요(吉州窯), 강서성의 경덕진요(景德鎭窯), 절강성의 용천요(龍泉窯)에서 만들어진 것들이다. *Conservation and Restoration Report of Shinan Ship*, 161-169.

고정관념이 있다. 이븐 바투타는 이러한 고정관념을 흥미로우면서도 받아들이기 어려운 일화로 윤색한다. 예를 든다면, 그와 그의 동료들이 북경의 황궁에 도착했을 때 원의 황제는 궁정 화가들에게 종이에 그들의 모습을 그려서 벽에 걸어두라고 명령을 내렸다고 한다. 이븐 바투타는 나중에 말썽을 일으킬 수도 있는 외국인들에 관한 기록을 남겨 놓기 위한 중국식 관습이었다고 설명하지만, 이러한 주장을 입증할 중국 문헌은 남아 있지 않다.[83]

그러나 중국에서 지폐의 이점에 관해 이븐 바투타가 서술했던 것과 같은 다수의 기록은 이전 무슬림 자료에서는 찾아볼 수 없는 새로운 정보를 제공하고 있다. 중국인은 9세기부터 세계사에서 처음으로 지폐를 사용하기 시작했고, 몽골인은 이러한 관습을 지속하여 동전과 함께 지폐를 활용했다. 마르코 폴로는 지폐의 사용이 중국 사회의 문화적 양상이었다는 점을 반복해서 언급한다. 이븐 바투타의 기록 중 일부는 새로운 것이면서 신뢰도가 있는 것임은 의심할 여지가 없다. 그런데 14세기 중반에 원의 지도자들은 그들의 재정적 어려움을 해결하고자 너무 많은 지폐를 발행했고, 이는 정권의 몰락에 기여한 문제들을 만들어냈다.[84] 흥미롭게도 일 칸국 역시 지폐를 도입했지만, 일 칸국의 몽골인과 페르시아인들도 비슷하게 이를 효율적으로 활용하는 데에 실패하고 말았다.[85]

천주(자이툰)에 대한 이븐 바투타의 서술은 가장 큰 정보를 제공한

---

83 Ibn Baṭṭūṭa, 254-268. Ibn Baṭṭūṭa/Gibb, 888-894와 비교하시오.
84 Hsiao Ch'i-ch'ing, "Mid-Yuan Politics," in *The Cambridge History of China*, vol. 6: *Alien Regimes and Border States, 907-1368*(Cambridge, 1994), 500-501.
85 J. A. Boyle, "Dynastic and Political History of the Īl-Khāns," in *The Cambridge History of Iran*, vol. 5(London, 1968), 374-377.

다. 거대한 국제 항구도시였던 천주에서 그는 처음으로 중국 땅을 밟았던 것 같다.

> 우리가 바다를 건너 도착한 중국의 첫 도시는 자이툰이다. 이 도시에는 올리브가 없고, 중국과 인도의 어느 곳에도 올리브는 없는데 [꼭] 그러한 이름을 취하였다. 자이툰은 거대하고 장엄한 도시로서 단자(緞子)와 공단(貢緞) 옷감을 생산한다. 이 옷감은 자이툰 덕분에 잘 알려져 있고, 칸사(항주)나 칸발리크(북경)의 것보다 좋다. [자이툰의] 항구는 세계에서 가장 큰 항구 중의 하나이거나 아니면 가장 큰 항구이다. 나는 거기에서 약 100척의 대형 정크선을 보았고, 소형 정크선의 수는 이루 다 헤아릴 수 없었다. 그곳 지형은 바다에서 육지로 쑥 파인 큰 만이며, 게다가 큰 강이 합쳐진다.[86]

천주의 무슬림 구역에 있는 동안 이븐 바투타는 카자룬(Kazarun) 출신의 셰이흐(Shaikh) 부르한 알딘(Burhan al-Din)과 같은 종교 지도자들과 타브리즈 출신의 샤라프 알딘(Sharaf al-Din)과 같은 무슬림 상인을 포함한 무슬림 지도자들을 만났다. 로스 던은 다른 무슬림을 만났다고 한 이븐 바투타의 주장에 믿을만한 점이 있다는 것을 인정한다. 이븐 바투타는 분명 중국어를 알지 못했기 때문이다. 게다가 부르한 알딘, 샤라프 알딘이라는 이름은 1350년에 만들어진 중국어 비석에 새겨진 무슬림 공동체 지도자들의 목록에 나온 이름과도 맞아떨어지고 있어서 이는 이븐 바투타가 만들어낸 이름이 아님을 암시한다.[87]

---

86 Ibn Baṭṭūṭa, 268-269. Ibn Baṭṭūṭa/Gibb, 894와 비교하시오.
87 이는 張星烺, 「泉州訪古記」, 『地理雜志』 17, no. 1(1928): 3-22에서 처음으로 서술되었다. Donald Daniel Leslie, *Islam in Traditional China*, 82를 참고. 도날드 다니엘 레슬리,

천주에서부터 이븐 바투타는 강을 통해 북쪽으로의 여행을 이어 나갔다. 다음 도시인 칸잔푸(Qanjanfū, 복주)에서 그는 지역의 무슬림 셰이흐들과 상인들을 만난다. 이 상인 중 한 사람은 모로코 출신의 무슬림 카디(qadi)였는데, 이븐 바투타는 이전에 인도에서 그를 만났던 적이 있었다. 그 다음으로 이븐 바투타는 알칸사(항주) 도시로 여행했고, 그가 여태까지 목격한 것 중 가장 큰 도시였다고 주장한다. 이러한 주장은 마르코 폴로의 기록은 물론이고 몽골 시대 중국에 대한 동시대의 페르시아어, 아랍어 기록과도 일치한다. 여기에서 그는 거대한 무슬림 공동체들을 목격했고, "큰 강에서부터 흐르고, 그 위에는 도시에 음식 물자와 연료를 위한 돌[즉, 석탄]을 가져다주는 조그만 배들이 있는" 운하를 목격했는데 이것이 이른 바 대운하였다.[88] 이븐 바투타는 그의 최종 목적지인 북중국의 키타이 지역에 가려고 대운하를 따라 여행했다고 주장한다. 이러한 주장은 북중국에 있는 원의 수도와 남중국의 항구들을 연결하는 수로를 서술했던 라시드 알딘의 기록을 뒷받침한다. 이렇게 동시대의 페르시아어, 아랍어, 중국어 자료에서 확인할 수 있는 중국에 대한 많은 지리적 사실들이 존재하고 있다. 이븐 바투타의 서술은 또한 몽골 지도자들에게 있어서 국제 해상 교역이 중요했음을 지적한다. 실제로, 이 부분에서 북중국에 대해 가장 신뢰도가 있는 정보는 수도 칸발리크에 관한 기록과 칸이라는 칭호에 대한 논의에서부터 나오는데, 이는 동시대의 아랍어, 페르시아어 자료에서도 기록하고 있는 것이다. 수도에서의 군사적 갈등들과 칸의 죽음에 관한 일화에

깁(H. A. R. Gibb)과 같은 일부 학자는 이 정확한 보고서는 이븐 바투타가 중국에 갔다는 것을 입증하는 것이라 주장하지만, 필자는 간접적인 사료로부터 유명한 이름들을 쉽게 알았을 수 있다고 생각한다.

88 Ibn Baṭṭūṭa, 287. Ibn Baṭṭūṭa/Gibb, 902와 비교하시오.

는 의문점이 있는데, 이븐 바투타는 자신이 1347년경에 중국에 갔다고 했지만 몽골의 마지막 황제인 토곤 테무르가 사망한 것은 1370년이었기 때문이다. 이는 분명히 편집자 이븐 주자이가 새로운 정보를 받고 난 이후에 추가한 내용이다. 그러나 이븐 주자이가 이러한 추가 정보를 당시의 또 다른 믿을만한 자료들로부터 취하였다는 점은 여전히 주목할 가치가 있다. 이야기의 진행을 따라가면, 이븐 바투타는 모로코의 마그레브에 있는 그의 집으로 돌아오는 경로로 자바와 인도를 통과해 여행하고 있다.

851년에 편찬된 『중국과 인도의 소식』에서 최초의 무슬림 작가들은 동쪽으로 모험을 떠나는 아랍인 상인들에게 안내를 제공하고자 노력했다. 이때부터 무슬림 작가들은 때때로 무슬림의 지식 내용에 새로운 정보를 덧붙였는데, 그러한 정보의 대부분은 간접적으로 획득했던 것이었다. 몽골 시기 이븐 바투다의 중국을 향한 리흘라는 13, 14세기에 서로 다른 사회 전체에 걸쳐 있는 광범한 연결망을 활용하여 중국으로 직접 여행할 수 있는 새로운 기회들이 만들어낸 것이었다는 점에서 중요성을 지닌다. 그 결과 무슬림 독자들은 중국에 대해 더욱 믿을만하고 새로워진 모습을 확인했다. 현존하는 사본들을 통해 판단해보면, 이븐 바투타는 적어도 이슬람 세계의 서부에서 수 세기에 걸쳐 꾸준히 독자를 매혹하였다.[89] 이븐 할둔(Ibn Khaldūn, 1406년에 사망)이라는 이름의 위대한 이슬람 역사가는 이븐 바투타가 20여 년 동안 해외에 있다가 마그레브로 돌아왔다는 것을 언급하고 있고, 술탄 아부 이안(Abū 'Iān)의 궁정에서 이븐 바투타가 말했던 놀리운 이야기들이 직면했던 회의론을 반복하고 있다. 이븐 할둔 자신

---

89 Ibn Baṭṭūṭa, *The Travels of Ibn Battutah*, ed. Tim Mackintosh-Smith(London, 2003), xii-xiii.

은 과장될 수도 있는 모든 정보에 대한 비판적인 자세를 취하는 것을 선호했다. 예를 들면, 그는 인도에서 일어난 기적들에 관한 믿을 수 없는 이야기에 대해 비판적이었던 것 같다.[90] 그럼에도 불구하고, 이러한 일화는 무슬림 지식인 사이에서 이븐 바투타의 이야기가 유포되고 있었음을 입증한다. 그래서 중국에 대한 신선한 정보는 오래된 것과 새로운 것이 모두 몽골 시기 이슬람 세계와 중국 사이를 이동했던 상인들과 다른 여행자들 사이로 유포되었다. 그러나 분명한 것은 이븐 바투타의 이야기가 그의 동시대 무슬림을 놀라게 만들었던 것은 마르코 폴로의 이야기가 그의 동시대 유럽인을 놀라게 만들었던 것보다 정도가 덜했다는 점이다. 왜냐하면 이슬람 세계의 거주자들은 아시아와 전체 세계에 대해서 더욱 많은 것을 알고 있었기 때문이다.

---

90 *Muqaddimah*/Rosenthal, vol. 1, 369-372. *Muqaddimah*, vol. 1, 310-311과 비교하시오.

맺음말

몽골 시대는 이슬람 세계에 대한 중국인의 지식에 전환점이 되었던 것처럼, 중국에 대한 이슬람 세계의 지식에도 전환점이 되었다. 거대한 몽골 제국의 일부분으로서 일 칸국 정부는 원 왕조와 긴밀한 관계에 있으면서 직접 교류를 행했고, 이러한 상황은 중국에 대한 이슬람 세계의 지식이 확장되는 데에 기여했다. 최초로, 무슬림들은 비교적 빠른 속도로 중국에 대한 정보를 갱신할 수 있었다. 볼라드처럼 원과 일 칸국 조정 사이를 오갔던 사절들은 중국의 역사와 지리에 대해 저술하기를 원했던 무슬림 학자들에게 상세하고 새로운 정보를 제공하면서 지식 확장을 가능하게 하는 데 도움을 주었다. 이러한 교류는 일 칸국 몽골의 지도자들로부터 후원을 받아 라시드 알딘이 『집사』를 편찬하게 만들었고, 『집사』는 이슬람 세계에서 기록된 예전의 어떤 자료보다도 중국에 대한 더욱 많은 서술을 기록으로 남겼다. 이슬람 세계의 역사, 지리 문헌의 이전 전통이 새로운 연구들에 영향을 끼쳤지만, 새로운 세대의 사람들은 의미심장한 방식으로 학문적 지식을 확대하였다. 『집사』는 역사와 지리를 통합하는 방식으로 독특하게 결합하고 있고, 그 범위는 이전 무슬림 저작들보다 훨씬 더 광범한 곳에 이른다. 『집사』는 서로 다른 지역의 역사를 연대순으로 그리고 공시적으로 기록하면서 세계, 서로 다른 지역, 그리고 그 지역들의 동적인 발전에 대한 통합적인 관념을 독자에게 제공하고 있다. 이 세계에서 중국은 미지의 땅이 아니다. 중국은 더 이상 교역을 위해 흥미를 가진 소수의 상인들만이 여행을 했던 단순히 낯선 장소가 아니라 몽골이 중심이 된 세계(이란도 역시 속해 있었던 세계였다) 속에서 더욱 완벽하게 형성되고 통합된 존재가 된다. 비록 동시대의 중국인들은 중국의 지도 제작 전통 속에서 최초의 세계지도를 만들었지만, 일 칸국 사람들은 이러한 '진정한' 세계사를 만들어 냈던 것이다.

라시드 알딘의 『집사』는 물론이고 일 칸국에서 제작된 다른 지리 저술들도 몽골 제국의 연결망에 의해 넓어진 광범한 세계에 대해서 확장적이면서도 새로운 정보가 유포되었음을 입증하고 있다. 카라코룸, 북경, 양주, 항주, 천주와 같은 중요한 도시에 관한 세부 내용과 같이 중국에 대해서 크게 새로워진 지리적 정보는 일 칸국 통치 시기 동시대의 페르시아 연구에 반영되었고, 그 뿐만 아니라 더욱 서쪽에 위치하며 몽골의 지배를 받지 않았던 이슬람 세계 지역의 아랍어 지리 저작에서도 나타났다. 이슬람 세계에서는 중국에 대한 지도 제작 지식의 전환과 같은 것은 목격되지 않았다. 동시대 중국의 지도 제작자들에게는 이슬람 세계에 대한 지도 제작의 전환점이 보였지만 말이다. 하지만 이슬람 세계의 지도 제작자들은 지리적 내용과 지도 제작 기술을 지속적으로 향상시켰다. 동시대의 중국인, 무슬림 지도 제작자들 모두 몽골 지배 아래의 세계에서 중요한 일부 장소의 정확한 위치를 배치해냈다.

모든 자료가 라시드 알딘의 『집사』처럼 출처를 확인할 수 있는 것은 아니지만, 증대된 접촉이 지리 지식의 갱신을 촉진했다고 볼 수 있을 것 같다. 중국과 이슬람 세계 사이를 여행했던 무슬림 상인과 여행자들은 중국에 대한 새로운 정보를 이슬람 작가들에게 제공했다. 중국에서는 널리 이루어졌던 정치적 통일이 결핍되었음에도 불구하고, 이슬람 세계의 무슬림 상인들은 인도양에 걸쳐 있는 국제 교역 네트워크를 발전시키기 위해 개방된 바다를 이용했고, 인도와 동남아시아를 통하는 해양 항로를 따라 상인 공동체들을 건설했다. 남아시아와 동남아시아의 광범한 지역의 점진적인 이슬람화, 몽골 지배 아래 중국에 있던 무슬림 공동체의 번영과 성장은 많은 수의 무슬림이 중국으로 여행을 가도록 고무하였다. 이븐 바투타는 무슬림들이 남아시아와 동남아시아에서부터 중국의 항구 도시들로 여행할 수 있고, 바다에서부터 강과 대운하로 이어진 수로를 활용하여 원의 수도인 북경까지 직접 갈 수 있는 여정을 서술하였다. 가는 길의 도처에서 무슬림 여행자들은 무슬림 공동체에서 머무를 수 있었고, 여기에서 그들은 여행을 계속하는 데 필요한 물자와 정보를 받을 수 있었다. 그래서 이븐 바투타의 기록은 중국에 거주하는 무슬림과 중국, 이슬람 세계 사이의 해안선을 따라 이동하며 길을 개척했던 사람들 사이의 활발한 상호 교류를 보여주는 단서를 제공하고 있다. 게다가 천주와 같은 곳에 위치한 무슬림 모스크와 묘지의 비문들은 그 이상의 증거를 더해주고 있다.

　　몽골인의 몰락은 중국과 이슬람 세계의 지리 지식에 어떻게 영향을 끼쳤을까? 마지막 장인 5장에서는 몽골 이후 시기의 변화된 맥락에서 중국과 이슬람 세계 상호 지리 지식의 발전으로 시선을 돌리게 될 것이다.

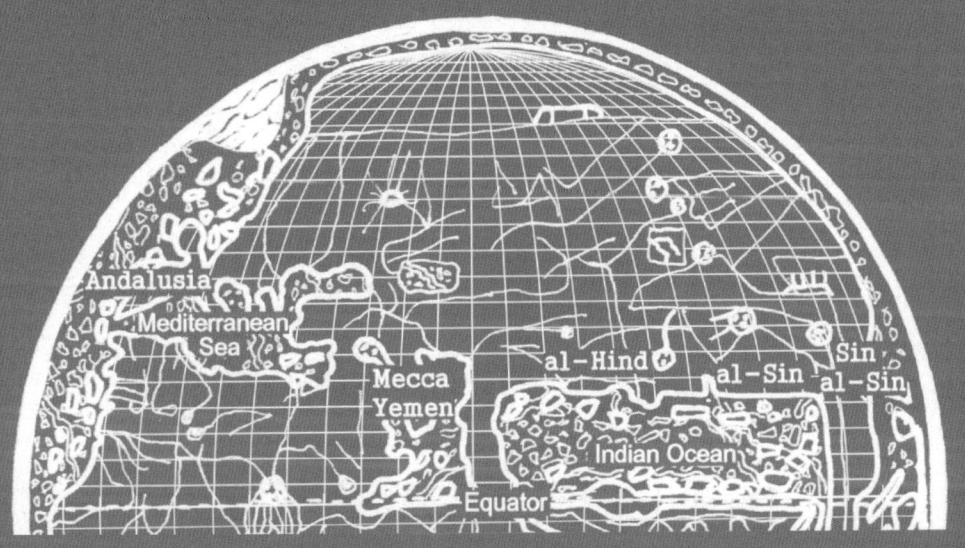

5장

1492년 이전 지구 절반의 교류 활동으로부터 물려받은 유산

이슬람 세계에 대한 중국의 인식과
중국에 대한 이슬람 세계의 지식, 1368-1500

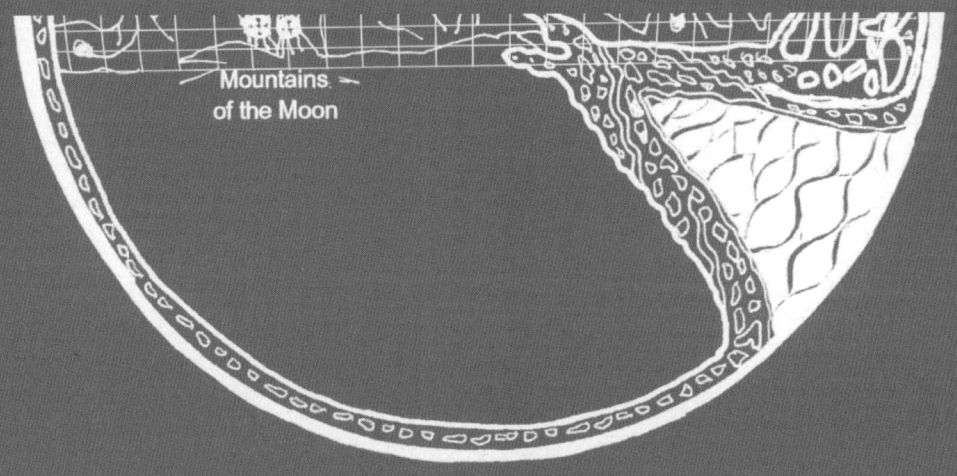

중국과 이란에서 몽골의 지배가 종결되면서 다극(多極)적 모습의 유라시아가 출현했다. 몽골인 원 왕조가 물러난 이후, 한인들은 명 왕조를 창설했고 이 왕조는 중국 내지, 감숙, 운남, 만주를 포괄했다. 이슬람 세계는 서로 다른 왕국으로 나뉘었다. 중앙아시아의 차가다이 모굴인과 킵차크 칸국은 몽골제국의 잔여 세력에서부터 형성되었고, 맘루크 조와 오스만 제국 및 가장 잘 알려진 티무르는 스스로 권력을 장악했다. 티무르(재위 1370년 경-1405)는 유럽인에게는 태멀레인(Tamerlane)으로 잘 알려져 있었는데, 그는 몽골인이 자신의 조상이라는 주장, 이슬람교에 대한 호소, 개인적 카리스마를 통해 유라시아를 정복하고자 했던 투르크-몽골계 출신 인물이었다. 옛 이슬람 제국의 중요 지역이 그의 통제 아래에 들어갔다.[01] 이렇게 변화된 정치적 분위기는 외교와 교역을 통해 중국과 이슬람 세계가 한때 누렸던 접촉을 제한하였다. 그러나 이전 시기의 유산이 너무 강력했고, 두 사회에서 축적되었던 지리적, 지도 제작 지식은 계속 퍼져 나갔다. 이러한 지식의 유포는 중국에서 유라시아와 아프리카 지도를 만들었던 학문적 기획, 이븐 할둔의 위대한 세계 역사서에서 알이드리시의 지리 저술들을 요약했던 것을 통해 정점에 이르렀다.

---

01 Beatrice F. Manz, *The Rise and Rule of Tamerlane*(Cambridge, 1989)를 참고.

게다가 정화(鄭和, 1371-1435)가 서아시아와 동아프리카 해안으로 항해한 것은 전례가 없는 공식 탐험이었고 이 또한 이전 시기의 해상 교류가 남긴 유산에 근거하였다. 정화의 항해는 외국, 특히 이슬람 중동에 대한 중국인의 지식이 크게 확대되는 데에 기여했다. 정화의 4차, 7차 항해에 동행했던 무슬림 통역자인 마환(馬歡)은 사절단의 유명한 연대기의 서문에서 자신이 외국에 관한 이전의 기록들을 읽었다고 회상했는데, 이는 우리가 3장에서 살펴보았던 왕대연의 『도이지략』을 가리키는 것이다.

> 내가 예전에 『도이지략』[이라 불리는 책]에 절기와 기후의 다름, 지리와 인물의 차이가 기록되어 있는 것을 보았다. 나는 놀라서 "온 세상이 어찌 이렇게 다를 수 있는가?"하고 말했던 적이 있다. 영락(永樂) 11년에 태종 문황제(文皇帝)께서 칙명을 내리셔서 주요 사절인 태감(太監) 정화로 하여금 보선(寶船)을 이끌고 서양의 여러 이국(異國)로 가서 조서를 낭독하고 재물을 하사하도록 하셨다. 나 또한 이국의 책을 번역하는 사람으로서 말단 사신의 자격으로 파견되었다. …… 나는 [다양한] 절기, 기후, 지리, 인물이 있는 여러 나라를 두루 다녔고 [이 국가들을] 내 눈으로 직접 보았고 [이 국가들을] 몸소 걸어 다녔다. 그런 뒤에 『도이지략』에서 기록한 것이 거짓이 아닐 뿐 아니라 더욱 엄청난 불가사의함이 기록되어 있다는 것을 알게 되었다.02

마르코 폴로의 여행 기록이 항해왕 엔리케, 크리스토퍼 콜럼버스가 아시아를 찾고자 했던 탐험을 고무한 것처럼, 왕대연과 같은 이른 시기의

---

02 Ma Huan/Mills, 69-70. 한문 원문은 馬歡, 『明鈔本《瀛涯勝覽》校注』, 1을 참고. 만명(萬明)은 여기에서 마환이 언급한 『도이지략』은 송대의 작가에 의해 서술되었으나 소실된 책으로, 왕대연의 『도이지략』과는 다른 것이라고 주장한다. 그러나 만명은 또한 원 왕조의 왕대연이 자신의 항해 경험을 근거로 송대의 저술을 더 확장시켰다는 것에는 동의한다. 마환이 왕대연의 저술을 보았을 가능성이 있는 것이다.

저자들이 쓴 기록은 정화의 대원정을 고무했다. 결국 정화의 항해는 무슬림 중개자들을 통해 그들에 대한 소식을 들었던 유럽인에게 깊은 인상을 남겼다.03

중국이 서부 인도양을 향한 대원정을 수행하고 있을 때에 이슬람 세계는 여전히 정치적 분열 속에서 허우적거리고 있었다. 패권을 차지하려고 티무르 왕조와 경쟁했던 몇몇 제국 사이에서 대립이 형성되었고, 도시 국가들은 더욱 큰 국가와의 연합에 참여하면서 이 갈등에서 어느 한쪽 편을 들었다. 이 시기에는 또한 유라시아에서 새로운 이슬람 세력인 오스만제국(1299-1922)의 성장이 이루어졌다. 오스만제국은 초기에는 동쪽에 있는 무슬림 이웃 국가들과는 달리 지리적 유산을 포함한 이전 시기 무슬림의 학문 전통에 그리 익숙하지 않았다. 오스만제국은 초기에 유럽으로의 영토 확장에 몰두했지만, 1500년 이후가 되면 인도양에서 확장된 교역 시장의 지배권을 둘러싸고 주요 정치적 경쟁자였던 포르투갈과 대립하기 시작했다.04 이러한 변화 속에서 인도양 상업 지구와 연결되어 있었던 무슬림은 이전 시기의 중국인 및 무슬림 지리학자들을 통해 알게 되었던 세계에 대한 지리적 지식의 새로운 진전을 계속 추구했다. 이러한 진전 중에 이븐 마지드(Ibn Mājid, 1421년경-1500?)가 집필한 항해 보고서가 있었다. 그의 명성 및 보고서의 중요성을 염두에 둔 몇몇은 이븐 마지드가 바스코 다 가마를 말린디(Malindi, 현재의 케냐)에서 인도로 안내했다고 잘못 믿

---

03 Robert Finlay, "The Treasure Ships of Zheng He: Chinese Maritime Imperialism in the Age of Discovery," *Terrae Incognitae* 23(1991): 1-12.
04 탐험의 시대에 오스만 투르크가 세계를 장악하고자 적극적으로 투쟁했던 것과 해양 아시아의 이득이 창출되는 교역로의 통제를 둘러싼 경쟁에서 포르투갈에 체계적인 이념적, 군사적, 상업적 도전을 했던 노력에 대해서는 Giancarlo Casale, *The Ottoman Age of Exploration*(New York, 2010)을 참고.

게 되었다. 그러나 세계사에서 이븐 마지드가 실제로 올린 업적은 이런 잘못된 주장보다 더 중요한 의미를 지닌다. 실제로, 그는 인도양에서 무슬림 선원들이 겪었던 풍부한 경험을 언급하면서 과거로부터 축적되었던 지리 지식을 요약한 대중적 장르를 통해 자신의 지식 대부분을 얻었고, 그를 기반으로 항해 보고서를 만들어냈던 것이다. 이븐 마지드 덕분에 몽골의 몰락 이후 아시아에 유포되었던 인도양에 대한 무슬림의 지리적 지식의 상태를 이해할 수 있게 되었고, 그 지식이 결국 유럽으로 흘러들어가 유럽인이 아시아로 직접 가려는 욕구를 진작하였다는 점도 알 수 있게 되었다.

이 마지막 장에서는 원 왕조가 몰락한 1368년부터 15세기 말에 유럽이 팽창하기 직전까지 중국과 이슬람 세계 사이의 접촉을 분석하고자 한문 및 무슬림의 언어로 된 자료들을 검토한다. 이 시기의 지리학자들은 이전 시기에 이루어진 업적의 유산으로부터 강력한 영향을 받으면서도 다음 세대를 위한 중요한 토대를 놓았다. 이 중요한 시기에 아시아는 서로 더 연결되었고, 더 넓은 세계를 찾던 유럽인을 향해 점점 개방되었다. 15세기 초부터 포르투갈인은 아프리카 해안을 따라서 아시아로 직접 가는 교통로를 찾으려는 진지한 탐험을 수행하기 시작했고, 이때 이슬람 세계와 비잔틴제국의 저술들로부터 얻은 상대적으로 발전한 지리 지식을 활용했다. 이 모험은 세계사에서 중요한 전환점이 되었고, 이러한 발전이 일어날 수 있었던 요인은 아시아에서 더욱 지식을 갖춘 사회에서 획득한 정보에 의존했다는 점에 있다. 우리는 다음과 같은 질문들에 초점을 맞출 것이다. 몽골인의 몰락 이후에 출현한 새로운 정치적 맥락이 다른 사회에 대한 중국인과 무슬림의 지식 교환과 성장에 어떠한 영향을 미쳤는가? 몽골의 유산은 무엇이고, 그것이 중국과 이슬람 세계에 즉각적으로 초래한 변화는 무엇이었는가? 중국인과 무슬림 사회는 이전에 알고 있었던 것에 얼마나 많은 새롭고 믿을만한 정보를 추가했는가? 이 시기 다른 사회와 광범한 세계에 대한 중국인과 무슬림의 지식을 비교할 때, 두 사회의 경향 속에서 어떠한 종류의 유사성과 차이성을 발견할 수 있는가? 마지막으로, 이렇게 갱신된 지식이 두 사회, 그리고 세계사에 어떠한 변화를 가져왔는가?

명대 초기의 정치적 변화, 대외 관계, 그리고 지리 지식

한인(漢人)들이 이방인 몽골 통치자들을 향해 반란을 일으켰고, 결국 중국의 원 왕조는 1368년에 몰락했다. 반란군의 지도자 중 한 사람인 주원장(朱元璋, 1328-1398)은 명 왕조를 창립했고, 중국의 수도를 강소성(江蘇省)의 남경(南京)으로 옮겼다. 몽골의 지배를 받는 동안에 중국인이 받아들였던 외국인의 영향을 수용하지 않겠다고 했지만, 자의식이 강했던 명 왕조의 한인 지배자들은 실제로는 원 왕조 선조로부터 많은 것을 흡수했다.05 원 왕조는 그 유산으로 지적, 과학적 업적을 남겼고, 명 왕조 계승자들에게 갱신된 정치·행정·사회·경제 제도를 선사하였다. 그래서 명 왕조는 이전 왕조의 통치 시기에 중국으로 흘러들어왔던 확장된 지리 지식을 무시할 수 없었다. 중국에서 몽골인이 남긴 유산의 일부였던 광범한 대외 연결망은 당분간 계속 역할을 하게 될 것이었다.『대명혼일도(大明混一圖)』와 같은 저작들은 명대의 중국 전체에 퍼져 나갔던 서아시아, 아프리

---

05 Hidehiro Okada, "China as a Successor State to the Mongol Empire," in *The Mongol Empire and its Legacy*(Leiden, 1999), 260-272; Frederick Mote and Denis Twitchett, eds., *The Cambridge History of China*, vol. 7: *The Ming Dynasty, 1368-1644*, Part 1(Cambridge, 1988); David M. Robinson, "The Ming Court and the Legacy of the Yuan Mongols," in *Culture, Courtiers and Competition: the Ming Court(1368-1644)*(Cambridge, MA, 2008), 365-421; Denis Twitchett and Frederick Mote, eds., *The Cambridge History of China*, vol. 8: *The Ming Dynasty, 1368-1644*, Part 2(Cambridge, 1998).

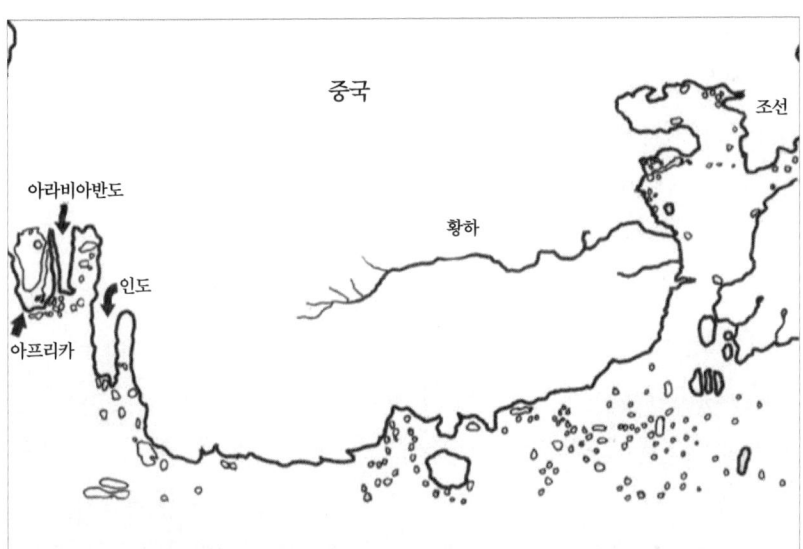

그림 5-1　"대명혼일도"(14-15세기). 원본을 본떠서 다시 그린 것이다. 386×456cm.
* 주석: 지도는 자금성의 황실 문서고에 보관되었고, 현재는 북경제일당안관에 소장되어 있는데 종종 공개적으로 지도를 전시한다. 이 지도에 대한 전면적인 분석 연구는 아직 아무도 출간하지 않았다.

카, 유럽을 포함한 세계에 대한 지리 정보의 범주를 입증하고 있다(그림 5-1 참고).

『대명혼일도』는 전체 아프로-유라시아를 보여준다. 지도에는 이를 만든 제작자가 누구인지 혹은 언제 만들어졌는지를 식별할 수 있는 표시가 없다. 단지 일정한 지명을 사용했다는 점에서 이 지도가 1389년에서 1391년 사이에 만들어진 것임을 알 수 있게 하는데, 그 이유는 해당 지명이 그 이후에는 사용되지 않았기 때문이다.[06] 비록 지도 제작자가 누구인지는 여전히 알 수 없지만, 명 정부에서 제작을 위임했을 가능성이 굉장히

06　汪前進, 胡敵松, 劉若芳, 「絹本彩繪大明混一圖研究」, 『中國古代地圖集: 明』, 51-55.

높다. 왜냐하면 지도는 행정구역을 표시하려는 명백한 의도로 제작되었고, 자금성의 당안관에 보존되어 있었기 때문이다. 붉은 인장 속에는 만주어 글자가 표기되어 있고, 이것이 원래 있던 한자를 대체했는데 아마 훗날의 청 왕조(1644-1911) 관료들에 의해 수정된 것으로 보인다. 만주족 지도자들은 명 왕조를 몰아내고 당안관을 장악한 이후 궁정 문서에 만주어를 사용하도록 제정했던 것이다. 만주어 학자들은 지도에 있는 만주어 지명을 음역했고, 몽골 시기 중국 지도에 근거하여 1402년에 제작된 조선의 지도인 『강리도』에 한자로 적힌 지명과 거의 일치한다는 것을 발견했다.[07] 몽골 시대 지도들로부터 직접 지리 정보를 가져온 명대 지도의 한 사례가 등장한 것이다.

비록 이전의 지도들로부터 차용한 내용이 많지만, 『대명혼일도』가 이전 자료들을 전부 모방한 것은 아니다. 예를 들면, 『대명혼일도』에서 세계의 변두리와 연계된 유럽-아프리카 부분은 조선의 『강리도』에서 발견되는 것보다 크기가 작다. 그래도 『대명혼일도』는 『강리도』에 보이는 서아시아와 아프리카의 해안선을 유지하고 있다. 그러나 『대명혼일도』는 『강리도』에는 없는 튀어나온 인도 대륙을 보여주면서 해안선을 더욱 완벽하게 그려내고 있다.

1541년에 나홍선(羅洪先)은 지도와 지리 기록이 함께 들어간 지리 편찬물을 『광여도(廣輿圖)』라는 이름으로 간행했는데, 이는 명이 몽골 선조로부터 세계를 보는 지리적 관점을 물려받았음을 보여주는 또 다른 증

---

07 만주족은 한문으로 원래 적힌 지도 위에 만주어 지명으로 된 새로운 쪽지를 붙여서 한자 명칭을 만주어 명칭으로 바꾸었다. 汪前進, 胡敵松, 劉若芳,「絹本彩繪大明混一圖硏究」, 51-52를 참고. 교토대학의 학자들은 현재 지도에 붙은 만주어 지명과 주석을 해석하고 있다. 宮紀子,『モンゴル帝國が生んだ世界圖』(東京, 2007), 285-293.

그림 5-2 나홍선의 『광여도』(1541)에 있는 "동남해이도"(오른쪽)와 "서남해이도"(왼쪽).
* 주석: 羅洪先, 『廣輿圖』(臺北: 1969), 386-389.

거의 단편을 제공한다. 『광여도』에서 외국을 표시하는 두 개의 연결된 지도는 "동남해이도(東南海夷圖)"와 "서남해이도(西南海夷圖)"인데, 대부분은 알차게 그려져 있지만 인도양 해안선이 전부 다 그려진 것은 아니다(그림 5-2 참고).

이 지도는 『강리도』, 『대명혼일도』와는 달리 아라비아반도가 표시되어 있지 않다. 왜냐하면 지도의 윗부분이 잘려나갔기 때문이다. 그러나 아프리카의 해안선은 몽골 시대 지도처럼 똑같은 삼각형으로 등장한다. 동남쪽과 서남쪽의 바다 지도들을 그리면서 나홍선은 주사본(朱思本)에 의해 만들어진 몽골 시대 지도(지금은 소실되었다)를 사용했다는 점을 분명히 언급했다. 주사본의 지도는 원대의 세계지도에서는 매우 일반적이었던 유럽과 아프리카의 지명들을 표시하는 것에 있어서 나홍선을 위한 자료가 되었을 것이다. 명대의 지도가 원대의 이전 지도를 차용했다는 증거를 염두에 두면, 현존하는 명대의 지도를 통해 원대 지리학과 지도 제작의 범주를 추측할 수 있다. 명대의 지도 제작자들이 한 번은 참고했던, 원대 이택민과 주사본의 지도(지금은 두 지도 모두 소실되었다)는 몽골 지배 시기에 대부분 지식인 사이로 중국 사회에 유포되었다.[08] 이택민과 주사본은 아프로-유라시아 서쪽 세계에 대해서 무슬림 학자들이 원 조정에 알려주었던 증대된 지식의 유포로부터 혜택을 입었음이 분명하고, 그 증거는 원 정부의 후원을 받은 지리 저작들로부터 찾을 수 있지만, 어쨌든 두 사람은 개인적으로 지도를 제작했다. 명 왕조 시기 사람들은 정부 및 일반적 사회 모두로부터 이러한 지식을 이어받았다. 『대명혼일도』, 『광여도』에 실린 두 폭의 해도(海圖)는 중국의 지도 제작자들이 알려진 세계를 지도로 그리는 몽골의 관습을 계속 유지했다는 것을 보여준다. 그리고 지도 제작자들이 단지 중국만을 지도에 표시하고 그 이웃들은 지도의 네 변두리를 따라 지명 목록만을 열거했던, 몽골 이전의 전통으로 바로 되돌아가지는 않았음도 확인된다. 이러한 방식을 통해 명대 초기의 지도들은 원대로부터 물려받은 전통적 중국 지도 제작 지식의 진정한 발전을 이룩했던 것이다.

　　명대 초기의 이 두 지도들은 또한 많은 섬과 항구들을 그리고 있다. 확실히 지도 제작자들은 중국의 해양 연결망이 가진 중요성을 강조하기를 원했다. 그러나 이 지도들의 신뢰성에 대한 의문이 제기된다. 지도들은 원대부터 명대로 진입할 때까지 지속했던 번성하는 해양 교통을 실질적으로 담아내고 있는가? 아니면 몽골의 지배와 함께 사라져버린 현실을 단순히 반영하고 있는 것인가? 비록 『광여도』의 지도들은 아프리카의 남부 해안을 묘사하고 있지만, 남부 지역과 남아시아에 대한 표현에는 부정확한 부분이 있다. 예를 들면, 인도의 마아바르 해안을 섬으로 그렸다. 또한 지도들은 진실적인 장소에 대한 정보도 포함하고 있다. 털이 많은 사람들의 국

08　Fuchs, *The "Mongol atlas" of China by Chu Ssu-pen, and the Kuang-yü-t'u*; 宮紀子, 「「混一疆理歷代國都之圖」への道」, 487-568. 또한 羅洪先, 『廣輿圖』에 수록된 원본 지도와 텍스트의 재판(再版)을 참고.

가, 소인국, 식별하기 어려운 다른 지명이 들어가 있는 것이다. 이는 나홍선 및 명대의 다른 지도 제작자들이 자기가 살았던 시대의 해양 항로에 대한 새로운 경험적 정보를 획득하지 못했을 것이라는 단서를 제공한다.

사실, 원대의 선조들과는 달리 명 조정은 중국 백성 사이에서 대외 접촉을 제한하는 정책을 반포했다. 유라시아 전체에 대한 몽골 지배의 몰락은 중국과 이슬람 세계 사이의 육상 교통로에 장애물이 다시 생기게 만들었고, 중국과 이슬람 세계의 신출 세력인 명과 티무르 제국의 새로운 경쟁을 자극하였다. 중국과 이슬람 세계의 해양 연결망에서도 비슷한 퇴보가 발생했다. 명 황제는 권력을 장악한 직후, 원대에는 상대적으로 개방되어 있었던 개인적인 상업 활동을 금지하면서 외국과의 교역을 통제하고자 했다. 정부는 1371년에 모든 사적인 해양 여행을 금지했고, 1381년에는 외국과의 교역 관계를 중지하는 해금(海禁) 조치를 반포했다.[09] 추정에 따르면, 황제는 중국인과 일본인 해적으로 인해 늘어난 문제에 대응하고자 이러한 정책들을 입안했다.[10] 그러나 불법적인 활동 및 국가의 독점적 보호 아래의 무역을 통해 동남아시아와의 교역은 지속되었고, 그래서 원대에 번성했던 해양 상업 교역망은 여전히 살아남았다.[11] 그럼에도 불구하고,

---

09 鄭鶴聲, 鄭一鈞 編, 『鄭和下西洋資料彙編』(增編本), 3卷(濟南, 2005), 1244, 1259.

10 1336년부터 1392년까지 일본의 정치적 분열 시기에 많은 일본인 해적이 중국 해안을 약탈하러 왔다. 명의 황제 홍무제에게 패배를 당한 경쟁자 중 일부가 해적에 합류하기도 해서 명 황제는 방어 조치로서 엄격한 해금(海禁)을 제정해야만 했다. 이 주제 및 해금을 시행한 다른 외교적, 경제적 이유에 대한 더욱 상세한 논의로는 晁中辰, 『明代海禁與海外貿易』(北京, 2005), 30-45; Roderick Ptak, "Ming Maritime Trade to Southeast Asia, 1368-1567: Visions of a 'System'," in *From the Mediterranean to the China Sea: Miscellaneous Notes*(Wiesbaden, 1998), 159-160을 참고.

11 Ptak, "Ming Maritime Trade to Southeast Asia, 1368-1567,", 157-191; Wang Gungwu, "Merchants without Empire: The Hokkien Sojourning Communities," in *The Rise of Merchant Empires. Long Distance-Trade in the Early Modern World*,

새로운 정부 정책은 이전 왕조 치하에서 중국이 서아시아 및 북동부 아프리카와 접촉했던 직접적인 해양 연결망에 괴멸적인 타격을 입혔다. 명대의 기록인 『민서(閩書)』는 인도양 서부 지역의 국가와 중국의 해양 교역 규모가 감소했음을 입증하고 있다. 저자는 서역 국가로부터 오는 상품의 대부분이 중국에 도착하지 못했고, 그 대신에 필리핀으로 향했다고 기록한다.[12]

명의 첫 번째 황제가 사적인 해양 교역을 금지시킨 이후, 그를 계승한 명 초기의 황제들은 중국의 북쪽 경계에 신경을 쏟고 있었다. 명의 군대가 몽골인을 몽골 초원으로 몰아내 되돌아가게 한 이후, 중국을 재정복하려는 몽골인의 무익한 시도 속에서 지속하며 이루어지는 침입에 효율적으로 대응하고자 한 것이었다. 이러한 정치적, 군사적 곤경은 중국의 이슬람 세계(특히 새로운 정권인 티무르 제국)에 대한 대외 관계가 후퇴하는 것을 더욱 촉진했다. 일 칸국이 무너진 이후, 티무르는 칭기즈 칸의 후예와 자신이 혼인했다는 것을 통해 몽골 칸들의 계보를 승계했다고 주장했다. 몽골 칸국을 되살리겠다는 명분 아래에 그는 지배 아래에 있는 중앙아시아, 이란, 이라크, 시리아를 다시 통일했다. 티무르의 재위 기간에 그는 결코 중국과 우호적인 관계를 형성하지 않았다. 새로운 명 정권의 대외 관계에 대한 접근도 분명히 티무르 제국과의 관계가 우호적이지 않은 일부 요인이었다. 명 제국 초기에 첫 번째 황제는 경계 지역에서 침입하는 군대를 쫓아냈고, 계속 이어질 공격을 막고자 외교 사절을 파견했다. 그리고 몽골 지배 이전에 존재했던 중국 중심의 세계 질서를 재창조하고자 했다. 이

1350-1750(Cambridge, 1990), 400-421.
12 何喬遠, 『閩書』, 4362.

러한 목적을 위해 그는 3명의 사절이 이끄는 1,500명 규모의 중국인 사절단을 사마르칸트로 파견해 티무르를 방문하게 했다. 그들이 도착했을 때, 사절들은 티무르를 명백히 중국 조정의 신하로 취급하는 서신을 티무르에게 건네주었다. 티무르는 점점 분노했고, 사절들을 억류했다. 이슬람 세계의 대부분을 정복한 이후, 티무르는 1404년 중국을 정복하려고 출발했다. 그는 중국인을 이슬람교로 개종시키겠다는 종교적 동기를 품고 있었을 것 같지만, 궁극적인 목표는 여전히 중국을 포함한 유라시아에 몽골제국을 부활시키는 것이었다. 당연히 그의 군대는 외부 세계로부터 중국을 향하는 가장 큰 잠재적 위협이 되었고, 명 정부는 계속 북쪽 변경에 신경을 쓸 수밖에 없었다.

그런데 명의 세 번째 황제 영락제(재위 1402-1424)가 등장하면서 상황에 변화가 생겼다. 그는 직접 몽골 군대와 여러 차례 전투를 치렀고, 심지어 중국의 서쪽 변경을 위협했던 티무르의 군대를 쫓아내기도 했다. 그래서 그는 북쪽 초원에서 몽골인이 진군하는 것과 중앙아시아 및 서아시아에서 무슬림 지배자들이 다가오는 것의 잠재적인 위험성을 이해하고 있었다.[13] 티무르가 중국으로 오던 도중인 1405년에 사망하고 나서야 결국 전쟁이 멈추었다. 영락제는 중앙아시아와 북아시아에서 명 제국이 처한 곤경을 잘 알고 있었으므로 명대 중국의 정치적 취약함을 극복하려고 가장 극적이면서도 실용적인 방법으로 불안정한 정치적 상황을 다루었다. 그는 자신의 선조와 구별되는 새로운 방식을 채택했고, 육로는 물론이고 해로를 통해 이웃들과 관계를 맺는 과정을 변화시켰다. 이는 외부 세계에 대한 중국인들의 지식 확충의 역사에도 중요한 방식으로 영향을 끼쳤다.

---

13 Manz, *The Rise and Rule of Tamerlane*, 73.

영락제는 외교 관계를 확립하면서도 이웃 국가에 대한 정치적 정보를 획득하고자 동쪽과 서쪽의 외국에 많은 수의 사절을 파견했다. 그는 티무르 및 중앙아시아에 있던 티무르의 경쟁자들에게 모두 사절을 보냈는데, 이는 그 지역의 정치적 균형을 유지하기를 희망한 것이었다. 유명한 사례 중 하나로, 영락제는 명대의 중국을 적대해야 할 대상이 아니라 이득의 원천으로 보고자 했던 티무르의 계승자로부터 온 요청에 응답하기 위해 진성(陳誠, 1365-1457)을 사마르칸트로 파견했다.[14] 1413년부터 1415년까지 사절의 임무를 수행한 진성 사절단은 성공적으로 경계 방어선을 만들었고, 중앙아시아의 국가들과 우호적이면서도 실용적인 관계를 발전시켰다. 진성은 귀환한 이후, 『서역행정기(西域行程記)』라는 제목으로 여행기를 저술했고 『서역번국지(西域蕃國志)』라는 제목으로 서역에 대한 지리적 서술 기록도 집필했다. 그의 지리서는 15세기 중앙아시아 사회의 상태에 대한 매혹적인 세부 사항들을 보여준다. 예를 들면 사마르칸트에 관한 그의 기록이 있는데, 그는 사마르칸트의 규모를 추정하고 외국 상인들로 붐비는 번영하는 시장의 삶을 묘사하고 있다.[15] 진성이 거둔 성공은 북서쪽 변경에 대한 명의 정책이 공격적으로 전환되는 15세기 말 이전까지 우호적인 관계를 유지하는 데에 도움이 되었던 것으로 보인다.[16]

---

14 Morris Rossabi, "Two Ming Envoys to Inner Asia," *T'oung Pao* 62. 1-3(1976): 16-17.

15 진성 사절단에 대해서는 ibid., 1-34; Chan Hok-lam, "The Chien-wen, Yung-lo, Hung-hsi, and Hsüan-te reigns, 1399-1435," in *The Cambridge History of China*, vol. 7, 203-282, 223, 256-272를 참고. 명과 내륙아시아 사이의 관계에 대해서는 Morris Rossabi, "The Ming and Inner Asia," in *The Cambridge History of China*, vol. 8, 221-271을 참고.

16 Morris Rossabi, "From Chen Cheng to Ma Wensheng: Changing Chinese Visions of Central Asia," *Crossroads - Studies on the History of Exchange Relations in the*

영락제의 가장 눈에 띄는 외교적 노력(규모, 목적, 계획의 중요성이라는 관점 및 이슬람 세계에 정치적 세력을 투영하는 데에 성공을 거두었던 것 그리고 이슬람 세계에 대한 중국 지식의 역사에 끼친 결과)은 육지가 아니라 바다에서 이루어졌다. 그것은 제독 정화의 지휘 아래에 명의 보선(寶船)이 서양을 향해 해외로 진출한 일련의 항해였고, 이 사건은 정화의 '서양 진출(이른바 하서양(下西洋))'이라고 일컬어졌다.[17] 황제는 서아시아와 동아프리카 해안에 이르는 먼 곳에 있는 외국에까지 중국의 힘을 보여주고자 했는데, 이는 인도양의 테두리를 따라 자리한 모든 국가와 중국의 외교적 관계 형식이었던 전통적 조공 체계를 재확립하려는 의도에서 이루어진 것이었다.

East Asian World 1(Sept. 2010): 23-31.
17 정화에 대한 엄청난 양의 원사료 및 관련된 2차 자료는 이미 다양한 언어로 활용이 가능하고, 정화와 그의 항해는 최근에 몹시 논쟁적인 주제가 되었다. 이 주제를 다룬 책들 중에서 정화의 항해 600주년인 2005년에 중국에서 출판된 것은 정화의 서양 항해를 보여주는 자료의 모음을 확장한 판본이었다. 鄭鶴聲, 鄭一鈞 編. 『鄭和下西洋資料彙編』(增編本). 정화에 대한 가장 최근의 영어 연구로는 Edward L. Dreyer, *Zheng He: China and the Oceans in the Early Ming Dynasty, 1405-1433*(New York, 2007)을 참고.

일곱 번에 걸친 정화의 항해(1405-1433)로 얻은 중국의 이슬람 세계에 대한 지식

영락제에 의해 착수된 중국의 해상 원정은 1405년부터 1433년까지 지속되었고, 이는 중국(그리고 세계) 역사에서 중요한 페이지를 장식했다. 수백 척의 큰 함대가 중국에서부터 인도양으로 항해했고, 총 7번에 걸친 항해를 완수했다. 고고학 증거, 문헌, 비문 자료들은 정화의 항해 중 4번은 아라비아반도와 동아프리카까지 갔다는 것을 보여준다.[18] 첫 번째 황제의 해금 조치가 여전히 효력을 발휘하고 있을 때에 영락제가 이렇게 대규모의 함대를 파견했다는 것은 놀라운 일이라고 할 수 있을지도 모른다.[19] 조정은 이에 대해서는 모순점을 인지하지 못했다. 해금 조치는 사적인 여행과

---

18 정화의 마지막 네 차례 항해의 주요 목적지 중 하나였던 호르무즈에 대한 논의로는 Kauz and Ptak, "Hormuz in Yuan and Ming Sources"를 참고. 구체적인 증거에 대해서는 이 논문 28쪽의 각주 2를 참고. 2002년에는 영국의 은퇴한 잠수함 사령관인 개빈 멘지스(Gavin Menzies)가 그의 베스트셀러 *1421: The Year China Discovered America*에서 정화 함대의 분견대가 1421년에서 1423년 사이에 콜럼버스보다 먼저 아메리카로 왔고 또한 그린란드, 남극, 호주와 뉴질랜드까지 왔다고 주장했다. Gavin Menzies, *1421: The Year China Discovered America*(London, 2002). 그의 주장은 정화의 항해에 대한 이 주제에 화제를 불러일으켰지만, 많은 학자가 아메리카 대륙으로 항해했음을 보여주는 현존 사료가 없기 때문에 개빈 멘지스의 주장에 이의를 제기했다. 그러한 논의로는 Robert Finlay, "How Not to (Re)Write World History: Gavin Menzies and the Chinese Discovery of America," *Journal of World History* 15:2(2004), 229-242를 참고.
19 山形欣哉, 『歷史の海を走る: 中國造船技術の航跡』, 68-70.

교역에 관계된 것이었고, 정화의 함대는 정부의 사업에서 후원을 받아 항해했던 것이다. 황제는 제한 조치를 어느 정도 완화시키기를 바랐던 것으로 보인다. 영락제는 재위 기간에 시박사와 같이 한때 해양 교역을 감독하고 지원했던 정부 관청을 부활하기 위한 초기 조치를 취했다. 그러나 상업적 교역은 정화 사절단의 한 측면만을 구성하는 것이었다. 근본적으로, 명 조정은 조공에 기반한 국가의 외교 질서의 필수적인 부분으로 중국의 상업 네트워크를 재건하고자 했고 아울러 새로운 제국의 힘을 과시하고자 했던 것이다.[20]

이렇게 거대한 해양 사업을 실행하려고 명 정부는 경험이 많은 선원, 발전한 항해 기술, 선박 건조 기술, 해양 항로 및 외국(이슬람 세계에 위치한 항로와 국가를 포함)에 대한 정보가 필요했다. 이를 위해 정부는 이전 왕조들로부터 물려받았던 자원과 지식을 실질적으로 활용했다. 이전 세기에 인도양 해양 교역에서 가장 적극적으로 활약했던 무슬림 상인들의 후손도 이 사업에 참여했다.[21] 그러한 인물 중 가장 대표적인 사람이 최고 사령관인 정화 그 자신이었다. 그는 몽골 시기 중국의 서남부에 있는 운남성에 거주했던 부하라(오늘날 우즈베키스탄에 있다) 출신 이주민의 후손이었던 것이다.[22]

사실 복건, 광동, 운남에서 대외 교역에 종사했던 무슬림은 원-명 교체 시기 중국의 정치적 불안으로 고통을 겪었고, 이로 인해 많은 사람이 동남아시아로 도피했다. 이러한 정치적 변화는 동남아시아에서 무슬림 공동체의 발전을 가속화했지만, 중국 동남부의 항구도시에서 이루어지던 중

---

20 晁中辰, 『明代海禁與海外貿易』, 78-91.
21 무슬림 선원들이 제출한 무슬림의 해도를 원 정부가 획득했음은 3장에서 살펴보았다.
22 정화는 쿠빌라이 시기에 유명한 통치자였던 사이드 아잘 샴스 알딘의 후손이었다.

국의 해양 교역 활동 규모를 축소시켰다. 이는 명 정부가 제한된 조공무역 체계의 범위 내로 억제하고자 시도했던 수입 시장에서 수요와 공급에 차이가 발생하게 만들었다.23 그 결과 선조의 직업을 물려받은 중국 상인 다수는 여전히 불법적으로 사적인 교역을 행했고, 그렇게 하면서 그들은 동남아시아의 무슬림 상인들과 교역 관계를 유지했다.

1405, 1407, 1408년 세 번의 탐험에서 정화는 동남아시아를 통해 항해하여 인도의 서부 해안에 있는 캘리컷(Calicut)까지 갔다. 가는 도중에 함대들은 중국에 조공을 바치는 것에 동의한 지역 지도자들과 협정을 맺으려고 각 항구에 정박했다. 영락제는 다음 항해에서는 더욱 서쪽으로 가라고 명령했고, 그래서 1412년의 네 번째 항해에서는 페르시아만의 가장 중요한 항구였던 호르무즈까지 갔는데 이 도시는 중국인 상인 양추를 포함하여 몽골 시대부터 많은 외국인 여행자가 방문했던 곳이기도 했다. 티무르는 중동 원정 기간에 호르무즈를 정복하고자 했지만, 성공을 거두지 못했다. 이에 대응하여 호르무즈의 지도자들은 자기를 보호했던 투르크멘족 왕조인 아크 코윤루(Aq Quyunlu, 티무르 제국의 강력한 라이벌이었다)에게 지불해야 할 토지세(이를 하라즈(kharāj)라고 불렀다)를 납부하기에 충분한 소득을 확보하려고 국제 상업을 진작하고 외국 교역자들을 환영하는 환경을 조성함으로써 그들의 독립을 유지하고자 했다.24 이슬람 세계의 심장부로 향하는 항해를 준비하면서 정화는 인도양의 교역 네트워크를 잘 알고 있는 무슬림을 적극적으로 선발해 통역관, 항해가로서 복무시켰다.25

---

23 Ptak, "Ming Maritime Trade to Southeast Asia, 1368-1567," 160-165.
24 Kauz and Ptak, "Hormuz in Yuan and Ming Sources," 37.
25 축윤명(祝允明, 1460-1526)의 『전문기(前聞記)』에 수록된 '하서양(下西洋)'에 대한 부분은 7차 항해의 선원들이 총 2만 7,550명이었고 그중에는 군인, 키잡이, 조타수, 통역, 번

이전 시기부터 중국이 발전시킨 선박 건조 기술은 수백 척의 선박으로 이루어진 함대를 만들 수 있게 했다. 문헌 및 고고학적 증거 모두 30m에 이르는 상당수의 중국 대형 함선이 명대 이전 송, 원 왕조 시대에 남아시아와 중국 사이의 해양 항로를 장악했다는 것을 보여준다. 명대 이래 비슷한 자료들도 해안 도시에 있는 조선소에서 바다를 항해하는 상당수의 선박이 만들어졌음을 입증하고 있다. 정화의 원정에서 사용되었던 수많은 배를 만들었던 가장 큰 조선소는 명의 수도인 남경의 교외에 위치하고 있었다.[26] 운하를 거쳐 바다로 선박이 출항했음을 보여주는 고고학적 증거를 제공하는 조선소 및 일부 선박 부품들이 이곳의 발굴을 통해 확인되었다.

보선(寶船)이라고 불렸던 가장 큰 선박의 규모에 대한 논쟁은 여전히 지속되고 있다. 많은 학자가 배의 길이가 120m에 달한다고 기록했던 문헌 자료의 보고에 나온 수치를 문자 그대로 활용했다. 그러나 선박 건조 기술을 잘 아는 사람들은 학자들이 전통적인 측정 단위를 잘못 이해했고 당대의 선박 건조 기술을 무시했다고 주장한다. 현대의 선박 건조 전문가들은 목조 선박을 120m 길이로 제조한다는 것이 현재도 불가능하다는 점을 덧붙인다. 배의 길이가 120m였다는 것을 여전히 믿는 사람들은 또한 자기 주장을 방어하려고 1957년에 남경의 조선소에서 발견된 거대한 방향키를 지적한다. 그들은 방향키가 그렇게 크다면, 선박 또한 컸을 것이라고 주장하는 것이다. 방향키와 배의 크기 사이의 알려진 비율을 활용하면서 그들은 보선의 크기가 원래 주장했던 수치만큼 컸음을 입증하려고 방향키의 크기를 계산한 것이다. 그러나 선박 건조 기술 역사의 전문가인 양유

역자, 의사, 선공(船工), 선원들이 포함되어 있었다고 기록하고 있다. 宮崎正勝, 『鄭和の南海大遠征: 永樂帝の世界秩序再編』(東京, 1997), 93.

26 南京市博物館, 『寶船廠遺址』(北京, 2006).

(楊熺)와 야마가타 킨야(山形欣哉)와 같은 이들은 학자들이 자신들의 주장을 뒷받침하기 위해 활용한 비율은 단지 강에서 움직이는 배에만 적용되는 것이고, 배의 균형을 안정화하는 데에 도움을 주기 위해 상대적으로 큰 방향키를 사용한 것이지 해양을 다니는 선박에는 적용될 수 없음을 지적한다. 이러한 회의론자들은 또한 그러한 선박을 만들려고 했던 최근의 실패한 시도들도 언급한다. 오늘날에 현대의 기술을 사용하면서도 120m 길이의 목조 선박을 만드는 것이 불가능하다면, 명대에도 불가능했을 것이라는 점을 암시하는 것이다.[27] 당시 선박 건조에서의 기술적 한계를 고려하면, 가장 큰 보선의 길이는 대략 60~70m로 추산하는 것이 좋을 것 같다. 이 크기가 실망스러울 수도 있겠지만, 사실 이러한 길이의 목조 선박은 당시의 선박 건조 기술의 측면에서 보았을 때 여전히 놀라운 위업이라고 할 수 있다. 60~70m 길이의 선박은 콜럼버스의 산타 마리아호(단지 24m에 불과했다)를 작아보이게 만든다. 이 정도 크기임에도 다른 국가에서는 견줄만한 규모의 선박을 만들지 못했다.[28]

그래서 인도양과 서아시아를 거쳐 동아프리카 해안까지 갔던 항해들은 15세기로 전환하던 시기 중국 선박 건조 기술과 항해 지식이 인상적으로 고도의 수준이었다는 것을 여전히 입증하고 있다. 명대의 선박 건조 기술자들과 항해가들이 갑작스런 영감을 통해 이러한 지혜를 받은 것이 아

---

27 唐志拔,「鄭和寶船尺度之我見」,『船史研究』17(2002): 21-27; 山形欣哉,『歷史の海を走る: 中國造船技術の航跡』, 67-75를 참고.
28 정화의 선박 규모에 대한 논쟁에 관해서는 Finlay, "How Not to (Re)Write World History," 229-242; Andre Wegener Sleeswyk, "The Liao and the Displacement of Ships in the Ming Navy," *The Mariner's Mirror* 82, no. 1(February 1996): 3-13을 참고. 양유(楊熺)와 야마가타 킨야(山形欣哉)를 포함한 중국, 일본 학자들의 주장이 일치한다.

니었다. 대신에 그들은 인도양에 있는 중요한 국가의 위치, 그들의 지리적 특징, 거주자들의 풍습, 계절풍을 활용하며 항해하는 방법, 바다를 항해하는 30미터 이상으로 긴 선박을 만드는 방법 등을 알았던 선조에게 이를 배운 것이었다. 그래서 명의 황제가 인도양의 가장 서쪽에 있는 해안으로 항해하려고 전례가 없을 정도로 규모가 크고 복잡한 함대를 만들고자 하는 정부의 특별한 임무가 생겨났을 때, 성공을 위한 기회가 보장되어 있었다. 사업 기획단은 인도양의 지형, 사회, 항로에 대해 축적되어 있던, 잘 발전된 지식을 확인할 수 있었고, 중국과 세계 사이의 해양 접촉이 이루어졌던 수 세기의 경험 덕분에 선박 건조와 항해 기술도 활용할 수 있었다.

송대의 『영외대답』과 같이 항해 안내가 기록되어 있는 이전 시기의 소수 문헌을 제외하면, 명 왕조가 지속되기 이전 시기에서 작성된 실제 해도는 없다. 그래서 정화의 함대가 중국에서부터 인도양과 서아시아를 거쳐 동아프리카 해안까지 갔던 가능한 항로를 이해하는 데에 도움을 주는 현존하는 해도가 있다는 것은 우리에게 있어서 행운이다. 정화의 선원들이 활용했던 실제 해도에서 기원했을 가능성이 높은 이 해도는 1621년에 모원의(茅元儀)에 의해 편찬된 명대의 군사 서적인 『무비지(武備志)』에 삽입되었다. 정화의 항로를 추적하는 해도는 40장의 개별 지도로 구성되어 있고, 서아시아와 동아프리카 해안을 나타내는 8장의 지도가 포함되어 있다. 이 지도는 중국과 이슬람 세계 국가를 연결하는 직선 항로를 보여준다. 그림 5-3에 전체 지도를 제시한다.[29]

마지막 부분은 인도양 지역을 상세하게 그린 최초의 현존 중국 지도를 보여준다. 지도를 슬쩍 확인해보면, 이슬람 세계의 지도를 기초로 그려

---

29 『鄭和航海圖』(北京, 1961), 23-66.

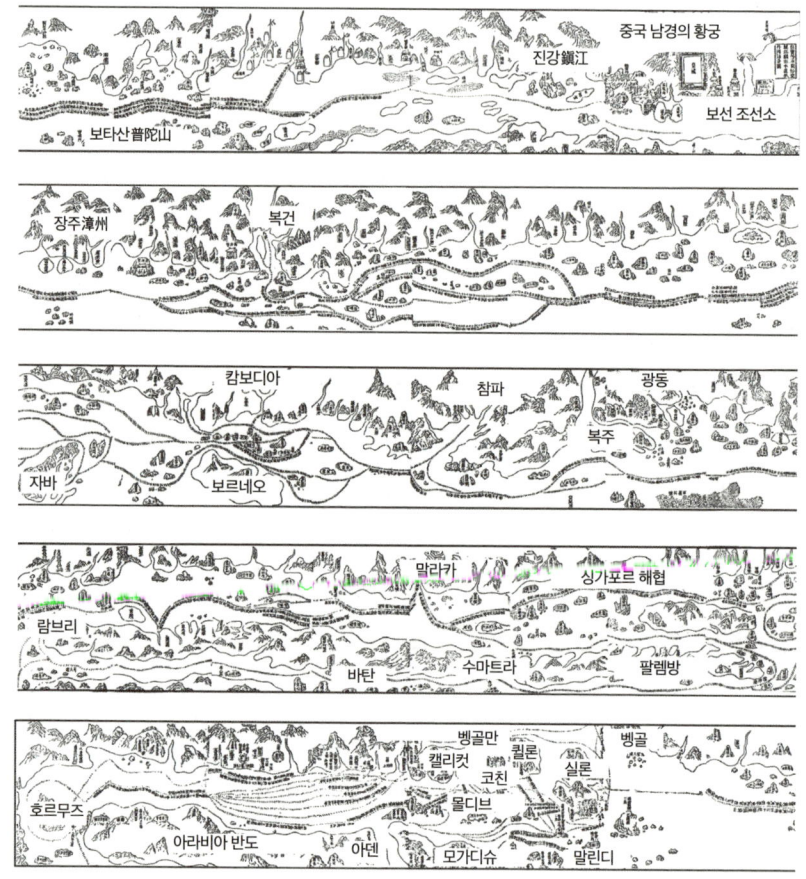

그림 5-3   모원의의 『무비지』(1621년 무렵)에 수록된, 정화의 해양 항로를 재구성한 해도.

진 『대명혼일도』와 같은 이전 시기의 일부 지도들과는 달리 정확한 해안선의 모양을 알려주지는 않는다. 항로의 순서도 정확하지 않다. 동아프리카의 말린디와 같은 장소들이 남아시아의 캘리컷 같은 곳보다 앞에 나오고 있기 때문이다. 항로를 그린 주요 방식은 해안선에 의지한 것이 아니고, 정확한 침로(針路, 나침반이 가리키는 길)를 기입한 것이다. 그러면서 주요 항구와 다른 주요 지점을 연결한 점선을 따라 설명을 붙였다. 지도는 인도양과 남아시아, 아라비아 반도를 연결하는 항로를 보여주고 있고, 지도의 상단과 하단을 수평으로 가로질러 뻗어 있는 것이다.

아라비아 반도는 길게 늘여져 있는데, 몽골 시기 지도에서 나타나는 전형적인 형태와 완전히 다른 것은 아니다. 남아시아의 아대륙은『대명혼일도』와 같은 방식으로 인도양을 향해 튀어나와 있다. 정화의 선원들은 자신들이 통과하는 해안선에 대해 상당히 정확한 인식을 가지고 있었다. 비록『대명혼일도』와 같은 세계지도에 표시된 대륙의 전체 모양과 균형보다는 육지들 사이를 항해하는 방향을 더 잘 알고 있었겠지만 말이다. 동아프리카 해안의 가장 남쪽 끝이 지도에 나타나는 곳은 말린디인데, 이곳은 현재 케냐의 해안에 자리하고 있다. 이 지도는 중국인이 아프리카의 남쪽 끝까지 항해하지는 않았음을 보여주는데, 그 이유는 해도의 동아프리카 해안선이 더 멀리까지 연장되어 있지는 않기 때문이다. 현존하는 정화 항해도는 나침반을 활용한 정확한 항해 방향은 물론이고 섬과 암초의 위치, 바다의 상이한 구역들의 깊이, 성공적인 항해를 위해 필요한 기타 다양한 정보까지 제공한다. 나침반은 송대 혹은 그 이전부터 중국인 선원이 활용했지만, 정화의 항해도처럼 나침반을 활용한 상세한 항해 안내를 제공하는 이전 시기의 기록이 존재하지는 않는다. 이러한 모든 점은 지도가 정화의 선원들이 사용했던 실제 지도에 근거를 둔 것이었음을 암시한다. 그 실제 지도는 이전 세대의 선원으로부터 물려받은 것이면서 더욱 최근의 항해 경험을 기반으로 갱신된 것이기도 했다.

정화 항해도는 아랍의 항해 기술이 중국인 선원들에게 전수되었을 가능성을 암시한다. 중국과 남아시아 사이를 항해하는 주된 방법은 해안의 끝부분과 같은 주요 지점 사이를 왕복하려고 나침반이 필요했지만, 지도는 그 대신에 선원들이 나침반을 이용하면서도 배의 위도 위치를 파악하기 위해서 별의 고도를 측정하는 기술(이 기술을 한자로는 색성술(索星術)이라고 했다)을 활용하여 인도양을 통과했음을 암시한다.[30] 이러한 항해 방법은 인도양을 항해할 때 선원들이 전통적으로 활용했던 방식과 닮아 있었고, 이는 이븐 마지드에 의해 저술된 동시대의 아랍어 보고서에서도 확인된다. 이 방법을 위해서는 카말(kamāl, 중국에서는 이를 색성판(索星板)이라고 불렀다)을 사용해야 했는데, 카말은 12개의 정사각형 나무판으로 구성된 기구로서 선원들이 고도를 측정할 때에 사용했고 원래는 무슬림 선원들이 개발한 것이었다.[31] 판의 기준선을 수평선과 평행하게 놓은 다음, 선원들은 판의 상단선이 별과 겹쳐질 때까지 판의 중심에 붙어있는 줄을 조정했다. 상단선이 별과 겹쳐지면, 선원들은 줄의 길이를 계산하여 별의 높이를 측정했고 이를 통해 배의 위도를 계산했던 것이다.[32]

서아시아와 동아프리카 해안의 항로를 따라 정화 항해도를 제작한 사람들은 침로와 함께 북극성, 작은곰자리(소북두성)와 같은 일정 별들의

---

30 宮崎正勝, 『鄭和の南海大遠征』, 172-174.
31 Ibid., 165-167. 별을 측정하여 위도를 결정하는 아랍의 방식에 대한 더욱 상세한 논의로는 Alfred Clark, "Medieval Arab Navigation on the Indian Ocean: Latitude Determinations," *The Journal of the American Oriental Society* 113(1993): 360-373; H. Congreve, "A Brief Notice of Some Contrivances Practiced by the Native Mariners of the Coromandel Coast, in Navigating, Sailing and Repairing their Vessels," in *Introduction: à L'astronomie Nautique Arabe*(Paris, 1928), 25-30; J. Prinsep, "Note on the Nautical Instrument of the Arabs," in *Introduction: à L'astronomie Nautique Arabe*(Paris, 1928), 1-24(이 논문은 원래 *Journal of the Asiatic Society of Bengal*, vol. 5, 1836에 수록된 것이다)를 참고.
32 Congreve, "A Brief Notice of Some Contrivances," 26; 孫光圻, 金陳鷹, 「試論鄭和索星術中的阿拉伯天文航海因素」, 『鄭和研究論文集』, 1卷(大連, 1993), 389-399. 또한 宮崎正勝, 『鄭和の南海大遠征』, 163-167, 231; 山形欣哉, 『歷史の海を走る: 中國造船技術の航跡』, 75-79도 참고.

1492년 이전 지구 절반의 교류 활동으로부터 물려받은 유산 355

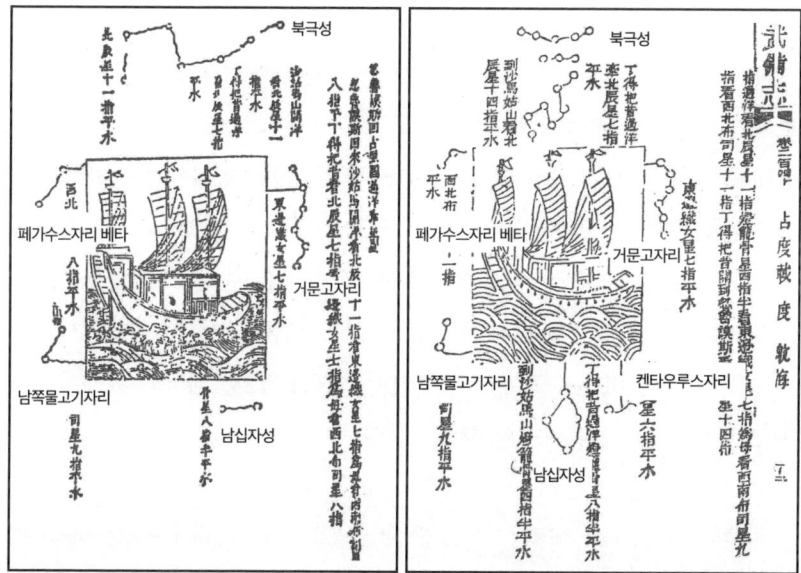

그림 5-4 『무비지』의 정화 해도에 있는 성도(星圖). 첫 번째 페이지(오른쪽)와 네 번째 페이지(왼쪽).

높이를 확인한 각 항구도시를 주석으로 첨부했다. 모원의의 항해도에 나온 페르시아만 지도 중의 마지막 페이지는 호르무즈가 중심이 되고 있고, 그 다음에는 일정 목적지로 항해하기 위한 특정 설명과 함께 네 장의 서로 다른 별자리 그림(한자로 과양견성도(過洋牽星圖))이 뒤따른다. 이 그림 중 두 장은 호르무즈에 관한 것이었다(그림 5-4 참고).

 그림의 첫 번째 페이지는 캘리컷에서 호르무즈로 가는 항해를 묘사하고 있고, 네 번째 페이지는 호르무즈에서 캘리컷으로 돌아오는 항해를 보여준다. 두 페이지에는 모두 명칭이 붙어 있지 않은 몇몇 별자리 그림이 포함되어 있다. 네 번째 페이지의 위쪽에 있는 별자리는 작은곰자리를 나타낸 것으로 보인다. 이 그림들은 시각적 이해를 돕고자 그려졌을 것이고, 항해에 있어서 중요한 별의 고도를 추가로 집어넣은 것이었다.

중국인들은 원 왕조 시기에 이러한 항해 방식을 배웠음이 분명한 것 같다. 그 시기에 중국인과 무슬림들은 중국과 이슬람 세계를 자주 항해했고, 무슬림들은 정기적으로 원 정부에 그들의 항해도를 제출했던 것이다. 명대 중국의 선원들은 원대의 조상에게 이러한 항해 방식을 전수받았다.

정화의 선원 중 한 사람인 비신(費信)은 3차(1409-1411), 4차(1413-1415), 7차(1430-1433) 항해에 참여한 베테랑이었는데, 그도 『성사승람(星槎勝覽)』이라는 제목으로 자신의 기록을 남겼다. 『성사승람』의 서문에는 남쪽과 서쪽 바다를 경계로 하고 있는 외국을 그린 제국의 세계지도가 존재했다는 것을 언급하고 있다.[33]

> [참으로] 훌륭하다. 제국의 지도는 광범한 영역을 망라하고, 대명 왕조는 하늘의 [길에] 연결되어 있다. 실제로 [훌륭함의 관점에서] 당우(唐虞)를 능가하고 삼대(三代) [시기를] 뛰어넘는다. [이는 또한 내가] 해양 지역과 남쪽 야만인 지역에 대해 [더 많이] 알 수 있게 했다. [그들의] 풍속이 아름다운지 아니면 나쁜지, 그리고 [그들의] 산과 개울이 [건너기] 힘든지 아니면 쉬운지 ……

비신의 『성사승람』은 그가 직접 방문했던 외국은 물론이고, 다른 사람들로부터 전해 들은 것에 관해서도 서술하고 있다. 비신의 기록은 두 부분(직접 본 것을 서술한 것, 그리고 간접적인 정보를 통해 서술한 것)으로 나뉜다. 이 베테랑 선원은 직접적인 경험을 통해서 단지 하나의 무슬림 국가만을 서술할 수 있었다. 정화의 4, 5, 6, 7차 항해의 최종 목적지였던 호

---

33 費信, *Xing cha sheng lan: the Overall Survey of the Star Raft*, trans. J. V. G. Mills(Wiesbaden, 1996), 30. 費信, 『星槎勝覽校注』(臺北, 1962), 10과 비교하시오.

르무즈였다. 아라비아 반도의 아덴(Aden), 도파르(Dhofar), 메카 및 소말리아의 모가디슈(Mogadishu), 기움보(Giumbo), 바라와(Barawa)와 같은 이슬람 세계의 국가들을 서술하려고 비신은 간접 정보의 힘을 빌리고 있다. 국가의 개요 중 다수는 이전 시기 중국의 기록에서 알려진 정보를 반복한 것으로 보이고, 청색과 백색으로 장식된 도자기와 같은 교역 물품에 관한 서술은 왕대연의 기록에서 나온 것과 같다. 왕대연은 그의 여행기에서 아주 간헐적으로 도자기를 중요한 교역 품목으로 언급하고 있지만, 비신은 이슬람 세계를 언급하는 그의 책의 각 부분에서 도자기를 언급한다. 문헌 증거 및 고고학적 증거는 모두 명 왕조 시기에 청화백자가 계속 대규모로 생산되었고 동남아시아의 중개인들을 통해 이슬람 세계로 수출되었다는 것을 입증하고 있다. 그러나 도자기 전문가들은 해금 정책의 유지와 그 결과 발생한 개방된 해양 교역의 쇠퇴는 명대 청화백자의 품질을 하락하게 만들었다고 주장한다. 제조업자들이 청화백자의 생산 장소를 하노이 근처 지역으로 옮기면서 품질은 점점 더 악화되었다.[34]

정화의 항해에 대한 또 다른 기록으로, 무슬림 선원이었던 마환이 저술한 『영애승람(瀛涯勝覽)』은 이슬람 세계의 국가에 대한 더욱 생생한 세부 내용을 제공하고 있다. 마환은 호르무즈까지 갔던 4차 항해에 통역관으로서 합류했던 무슬림 중국인이었다. 이 항해는 그에게 메카 순례의 기회를 안겨주었다.

메카에 대한 마환의 서술에는 이슬람의 가장 신성한 장소이자 무슬림 순례자들의 주요 목표였던 카바(Ka'bah)에 관한 묘사가 포함되어 있다.

---

34 費信, 『星槎勝覽校注』, 25-37; 三上次男, 『陶磁の道』, 68-78; 三杉隆敏, 『'元の染付'海を渡る: 世界に擴がる燒物文化』, 172-174.

이전의 다른 중국 기록보다 뛰어난 서술이다.

> 당신이 반나절 이상 여기에서부터 여행을 하면, 천당예배사(天堂禮拜寺), 신성한 모스크)에 도달하게 된다. 이 공간의 외국어 이름은 개아백(愷阿伯, al-Ka'bah)이다. 바깥의 주변 모든 곳에는 성벽이 둘러 있다. 성벽에는 466개의 문이 있고, 문의 양쪽에는 흰색 옥돌로 만든 기둥이 있다. 이 기둥의 개수는 모두 467개이다. 앞쪽에 99개, 뒤쪽에 101개가 있으며 좌측에는 132개, 우측에는 135개가 있다. ……
> 매년 12월 10일에 모든 외국인 무슬림들(심한 경우 1년 혹은 2년 동안 긴 여행을 한 무슬림)은 예배를 하려고 개아백으로 들어온다. 모든 사람이 그것을 덮고 있는 저사(紵絲) 한 조각을 잘라서 기념으로 삼고, 계속 생각하며 떠난다. 사람들이 잘라서 다 가져가면, 국왕은 덮을 다른 직물로 미리 [개아백을] 다시 덮어둔다. 이는 해마다 반복해서 일어나고 중단되는 일이 없다. ……
> [모스크의] 성벽 안의 네 귀퉁이에는 네 개의 탑이 만들어져 있다. 예배를 할 때마다 이 탑에 올라 예배 시간이 되었음을 소리친다.[이를 아랍어로 아잔(adhan)이라고 한다] 왼쪽과 오른쪽 양편에 모든 장로가 그들의 교리를 설교하는 회당이 있다. 이는 또한 돌을 쌓아 만들었고, 화려하게 장식되어 있다.35

이슬람교의 다섯 번째 기둥인 메카 순례는 이슬람력으로 열두 번째 달(아랍어로 둘-히자(Dhul-Hijjah))의 첫 열흘 동안에 이루어진다. 비록 마환은 메카 순례 기간에 수행되는 가장 중요한 예식들을 완벽하게 서술한 것은 아니지만, 메카의 통치자가 카바를 매년 덮어둔다는 서술은 아주 정확한 것이다.

35　馬歡,『明鈔本《瀛涯勝覽》校注』, 100-101. Ma Huan/Mills, 174-176과 비교하시오.

유로-아프리카 전역에서 무슬림이 순례를 위해 메카로 모여들었던 것은 물품과 사상의 교류를 위한 특별한 기회를 만들어냈다. 보선을 타고 항해를 하는 동안에 마환은 신앙과 교역 모두에 관심을 가졌던 것으로 보인다. 그가 저술한 『영애승람』에는 종교적 관습만큼이나 개개 국가의 수입-수출 교역에 관한 상당한 기록이 할애되어 있다. 예를 들면, 아라비아 반도의 남쪽 구석에 있는 주파르(Jufar)에 유향이 풍부하다는 것을 설명한 후 마환은 그 지역의 왕이 정화에게 바친 조공물의 품목을 열거하였다. 중화중심주의 관점에서는 이것이 교역이자 외교적 의례 행위였다.

> 중국의 보선이 그곳에 도착해서 황제의 칙령을 읽고 하사품을 내리는 절차가 끝난 이후, 왕은 각지의 두목(頭目)들을 보내 국가 사람들에게 두루 알리게 하였다. 모두 그 유향, 혈갈(血竭), 알로에, 몰약(沒藥), 안식향(安息香), 소합유(蘇合油), 목별자(木鱉子) 종류를 가져와서 저사(紵絲)와 자기 등의 물건으로 교환했다. ……
> 황제의 사절이 돌아오는 날에 국왕은 또한 두목들에게 명령하여 유향, 낙타[낙타의 가죽] 등의 물건을 챙겨오게 하여 우리 조정에 조공으로 바치려고 보선으로 가져왔다.[36]

아랍어 자료들은 중국인 최고 사령관이 이끄는 중국의 정크선들(아마 정화의 주요 함대로부터 갈라져 나와 따로 파견된 선박이었을 것이다)이 아덴에서 교역을 했음을 알려주고 있다.[37] 메카를 서술한 부분의 기록

---

36 馬歡,『明鈔本《瀛涯勝覽》校注』, 77-79. Ma Huan/Mills, 152-153과 비교하시오.
37 야지마 히코이치(家島彦一)가 파리 국립도서관(Bibliothèque Nationale)에서 발견한 아랍어 사본(Paris MS Arabe 4609, ff. 8b-74b)과 15세기에 아덴에 왔던 중국 선박을 포함한 외국의 선박에 대한 정보는 家島彦一, 「十五世紀におけるインド洋商史の一齣: 鄭和遠征分隊のイエメン訪問について」,『アジア・アフリカ言語文化研究』8(1974): 137-155를 참고. 특히 139-148을 참고.

은 또한 정화의 함대가 해외에서부터 중국으로 가져온 물품 중에 타조와 같이 기이한 동물들이 있었음을 보여준다. 예를 들어 아덴 국가에 대한 서술 부분에서는 얼룩말, 사자와 같은 동물에 관해서 언급한다. 가장 놀라운 동물은 기린이었다.

> 기린의 두 앞발은 높이가 9척(3m) 정도이고, 두 뒷발의 높이는 약 6척(2m)이다. 긴 목 위에 머리가 있고 높이는 1장 6척(5m)이다. 앞부분이 높고 뒷부분이 낮아서 사람이 탈 수 없다. 머리에는 귀 옆에 두 개의 짧은 살 같은 뿔이 있다. 소의 꼬리에 사슴의 몸을 가지고 있다. 발굽에는 세 개의 발가락이 있다. 납작한 입이 있으며 껍질을 벗기지 않은 쌀, 콩, 밀가루 떡을 먹는다. 38

『명태종실록』에서 1415년에 그들에 관해 기록되어 있는 부분은 다음과 같다. "마림(麻林, 말린디)국과 여러 번국(番國)이 기린, 천마(天馬), 신성한 사슴 등을 바쳤다. 황제는 봉천문(奉天門)에 나와서 이를 받았고, 문무 신료는 머리를 조아리며 칭송하고 축하했다."39 '기린'이라는 명칭은 행운을 가져다주는 것으로 여겨지며 고대 중국의 문헌에 나오는 상상의 유니콘과 같은 동물을 가리키는 것이다. 중국인 구경꾼들은 고대 중국의 전설적 동물인 기린의 명칭과 비슷한 발음(소말리아어 명칭이 키린이었다)이 나는 동물을 처음 보고 흥분으로 가득했을 것이 틀림없다.

호르무즈(정화의 최종 목적지)에 대한 마환의 서술 부분에서는 이 항구가 그 지역에서 가장 번성하는 상업 중심지였다고 묘사하고 있다. "여

---

38 馬歡, 『明鈔本《瀛涯勝覽》校注』, 84. Ma Huan/Mills, 158과 비교하시오.
39 鄭鶴聲, 鄭一鈞 編, 『鄭和下西洋資料彙編』(增編本), 1361.

러 장소에서 온 외국의 배들과 육지를 통해 여행한 외국 상인들은 거래와 교역에 참여하려고 모두 이 나라로 온다. 그래서 이 국가의 사람들은 모두 부유하다."⁴⁰

몽골 시대의 많은 지리 서술과 지도들은 모든 외국 상인과 여행객이 방문하는 교역의 중심지로 호르무즈를 묘사한다. 몽골이 몰락한 이후에도 호르무즈는 해상 교역 중지로 인한 고통을 거의 겪지 않았고, 계속 번영을 누렸다.⁴¹

마환의 기록은 정화의 원정이 중국인에게 이슬람 세계에 대한 지식을 증대시키고 믿을 수 없는 것이라 여겼던 고대의 기록을 확인하는 놀라운 기회를 제공했음이 분명하다. 마환은 자신이 방문했던 다양한 국가에서 체험했던 기후, 계절, 지형, 문화와 같은 다양한 변화 요소들에 대한 왕대연의 보고서를 눈으로 직접 확인하는 기회를 획득했다. 마환은 아래와 같이 설명한다.

> 이에 나는 각 국가 사람의 외모, 지역 풍습의 다양함, 토산물의 차이, 강역(疆域)의 경계에 대한 기록을 수집했다. [나의 기록들을] 책으로 만들기 위해 배치하고 제목을 『영애승람』이라고 지었다. 흥미를 가진 독자들은 이를 간략하게 보아도 다양한 외국에 대한 중요한 사실 모두를 배울 수 있을 것이다. 특히 황제의 치화(治化)가 퍼지는 것이 어느 정도인지를 볼 수 있을 것이고, 이는 이전 왕조들과 비할 바가 아니다. …… 진실로 이는 천 년에 [단지 한 번 일어나는] 놀라운 기회였다.⁴²

---

40 馬歡, 『明鈔本《瀛涯勝覽》校注』, 92. Ma Huan/Mills, 165와 비교하시오.
41 Piacentini, *Merchants - Merchandise and Military Power in the Persian Gulf*, 174-176.
42 馬歡, 『明鈔本《瀛涯勝覽》校注』, 1. Ma Huan/Mills, 69-70과 비교하시오.

이슬람 세계의 일부분으로 열거되어 있는 국가는 "왕과 백성들이 모두 무슬림 종교를 믿고", "아랄벽(阿刺壁, 아랍) 언어를 말하는" 곳으로 단지 4곳만 나와 있다. 이는 이전의 지리 서술에서 언급된 숫자보다 훨씬 적은 것이다. 그러나 마환은 세계의 지리를 서술하려고 한 것이 아니고, 정화 원정대가 방문했던 가장 중요한 지역만 논의하고자 했던 것이었다. 그는 인도 서남부 해안의 캘리컷에서 출발하여 네 곳의 이슬람 국가에 어떻게 도착했는지를 독자에게 알려준다.[43] 정화 원정대의 항로는 중국과 이슬람 세계 사이를 항해하려고 당 왕조 시기부터 무슬림, 중국인 상인과 선원 및 다른 여행자들이 활용했던 해상 교통로와 겹쳐 있다. 이와 비슷하게 원정대는 송, 원 정부의 후원 아래에 인도양의 해상 국제 교역이 번성했던 시기에 발전했던 선박 건조 및 항해 기술을 포함한 다양한 정보로부터 혜택을 받았다. 결국 해외로 탐험을 나간 신원들은 그들 스스로 기록을 편찬했고, 이 기록을 통해 이전 시기의 저작과 지도들에 담긴 내용을 확인하면서 인식을 확장해 나갔다. 영락제는 명의 정치적 힘을 서아시아 해안 및 동아프리카 해안 지대에서 보여주는 데에 성공했고, 인도양의 테두리를 따라 위치한 지역 지도자들과 조공 관계를 수립하면서 명의 영향력을 확보하는 데에도 성공했다.

이 위대한 역사적 항해는 주요 후원자였던 영락제가 사망하고 10년 내에 완전히 중단되었다.[44] 심지어 원정을 반대했던 사람들은 항해를 부활하는 데 필요한 정보가 진실이 아니라는 것을 영락제의 계승자에게 주장하려고 관련된 문서들을 없애버렸다. 그 결과 5장에서 살펴본 것을 포함

---

43 이 책의 앞부분에 있는 지도 3을 참고.
44 Wang Gungwu, "Ming Foreign Relations: Southeast Asia," *The Cambridge History of China*, vol. 8, 320-322.

해 극소수의 자료들만이 남아 있다. 중국 조정은 서아시아의 국가들과 석극적인 접촉을 유지하는 데에 점점 무관심했던 것 같다. 하나의 예를 들면, 조정은 중국의 사절을 보내달라는 호르무즈 지도자의 공식 요청을 무시했다. 15세기 말이 되면, 지역의 행정 관청이 외국 이웃들을 취급하는 부담을 떠맡기 시작했을 정도로 중앙 조정의 흥미가 줄어들었다.[45] 정화의 항해 이후 한 세기도 지나지 않아서 인도양을 가로질러 한때 번성했던 중국의 해양 활동은 활기를 잃었고, 이슬람 세계 및 다른 외국에 대한 중국인의 지식도 이에 따라 정체되었다. 중국에서 일어난 이러한 변화가 이슬람 세계에는 어떤 영향을 끼쳤을까?

---

45 Geoff Wade, The *Ming Shi-lu* as a source for Southeast Asian History, to accompany *Southeast Asia in the Ming Shi-lu: an open access resource* ⟨http://epress.nus.edu.sg/msl⟩, 2005, 31.

몽골 시대 직후의 정치적 변화와
무슬림의 중국에 대한 지식의 종합

이란의 몽골 정권인 일 칸국이 몰락하면서 이슬람 세계 중동에는 많은 변화가 야기되었다. 가잔의 재위(1295-1304) 시기에 몽골 지도자들이 이슬람교로 개종하면서 수니파와 시아파 사이에 큰 갈등이 발생하였다. 울제이투의 아들이자 일 칸국의 아홉 번째(그리고 마지막) 지도자인 아부 사이드(재위 1317-1335)가 사망한 직후에 왕조는 상이한 지역 정권들로 분열되었다.[46] 그러나 일 칸국의 실제 멸망은 중국에서 원 왕조가 몰락하기 15년 전인 1353년에 일어났는데, 이때까지 일 칸국이 다스렸던 지역에서는 다양한 세력이 등장하여 영토 일부를 다스려 세력을 키우는 등의 정치적 혼란이 존재했다.

티무르는 중국에 대해 적대적인 태도를 유지했으므로 두 사회 사이의 접촉은 감소했고, 몽골 이후 초기의 이란에 있는 무슬림들은 중국에 대한 새로운 정보를 획득할 기회가 더욱 적어졌다. 그러나 이전 시기의 지리 저술을 학문적으로 활용한 덕분에 이 시기에도 중국을 포함한 세계에 대한 무슬림의 지리 지식은 더 널리 유포되었다. 몽골의 붕괴 이후 이어진 정치적 격변에도 불구하고, 현존하는 많은 저술이 입증하는 것처럼

---

46 Morgan, *The Mongols*, 139-151.

학문과 문화의 발전은 지속되었다. 가장 중요한 후원자 중 한 사람이 바로 티무르였다. 몽골 조상들처럼 그는 제국의 수도인 사마르칸트로 수많은 기술자와 학자를 데려왔는데 이는 도시를 번창하는 교육의 중심지로 만들려는 계획의 일부였다. 이렇게 초빙된 사람 중 한 명이 이븐 할둔(Ibn Khaldūn, 1332-1406)이다. 그는 맘루크 왕조 치하 이집트에서 연구를 수행하고자 했던 스페인 출신의 위대한 역사가로, 티무르는 시리아를 공격하고 난 이후 이븐 할둔을 만나고 매우 기뻐했다.[47]

70대에 티무르를 만난 이븐 할둔은 엄청난 지식을 보유하고 있었고, 이를 기반으로 그의 유명한 저서인 『서설(序說, *Muqaddimah*, 1375)』을 집필했다. 『서설』은 역사학적, 사회학적 철학의 걸작으로 자리매김하고 있지만, 저술 당시 무슬림의 지리적 지식을 요약한 것으로도 큰 가치를 지닌다. 이븐 할둔은 전체 세계의 지리적, 역사적 개론을 저술한 10세기의 작가 알마수디를 역사가의 모범으로 간주했다.[48] 사실, 이븐 할둔은 알마수디와 닮아 있다. 왜냐하면 그는 『서설』을 저술할 때에 지리학과 같은 분과 학문에 따라 해당 부분을 알마수디와 유사하게 구성했기 때문이다. 이전의 지리학 연구들은 고정적 관념을 언급하면서 문화와 기질의 차이를 설명했던 반면, 이븐 할둔은 상이한 온도와 음식이 다른 기후대에 사는 사람들에게 영향을 끼친다는 가설을 세웠다. 그는 중국인이 온화한 기후대(특히 일곱 기후대 중에 3, 4, 5번째 기후대)에 사는 거주민이라고 서술하는데, 이러한 기후대를 가진 지역에 사는 사람들은 과학, 수공업, 음식을 보유했다. 중국인들은 아랍인, 비잔틴 사람, 페르시아인, 이스라엘인, 그리스인, 인도인들

---

47 *Muqaddimah*/Rosenthal, vol. 1, lxiii-lxiv.
48 *Muqaddimah*/Rosenthal, vol. 1, 63-65. *Muqaddimah*, vol. 1, 45-47과 비교하시오.

과 기후가 온화한 지역을 공유했고 이러한 사람들에 대해서는 아랍인들이 역사적 정보를 가지고 있었다.

이븐 할둔의 지리 지식은 일관적이지 않았다. 중국을 서술하는 다른 부분에서는 물리적으로 이슬람 세계의 중심으로부터 가장 멀리 떨어진 국가라고 하면서 1, 2 기후대에 위치하고 있다고 했는데, 그의 이론에 따른다면 중국은 온화한 지역 바깥에 있는 셈이 된다. 그가 오류를 저지른 이유 중 하나는 중국의 물리적 지리에 대한 가설을 구성하려고 자신이 다루는 지리적, 역사적 정보가 축적된 것을 종합하면서도 시대에 뒤떨어진 알이드리시의 『로제르의 책』을 참조했다는 사실에서 찾을 수 있다. 사실, 이븐 할둔의 『서설』에서 지리를 다룬 부분은 『로제르의 책』에 나오는 일곱 기후대와 열 개의 구획을 적절하게 요약해놓은 것이다. 이 요약은 그가 첨부한 세계지도에 대한 상세한 이야기를 제공하는 역할을 한다. 그리고 그 지도는 알이드리시의 세계지도를 복사한 것이다.[49] 알이드리시처럼 이븐 할둔은 첫 번째와 두 번째 기후대에 위치하며 세계의 가장 동쪽 구석에 있는 둘러싸는 바다까지 뻗어 있는 아홉 번째와 열 번째 구획에 중국을 위치시키고 있다. 그 또한 광주를 중국의 중심지로 인식하는데, 이는 이미 구식 정보이다. 송-원대에 남중국에서 가장 큰 국제 항구도시로 성장했던 천주가 광주를 넘어섰기 때문이다.[50]

비록 이븐 할둔은 알이드리시의 12세기 지리 지식에 주로 의존하고 있지만, 세계에 대한 새로운 정보가 때때로 나타난다. 이븐 할둔은 몽골 시

---

49 파도, 산, 더욱 투박하게 그린 해안선의 묘사에서 일부 문체상의 차이점을 제외하면, 이 지도는 알이드리시의 세계지도의 이른 시기 판본과 거의 동일하다. *Muqaddimah*/Rosenthal, vol. 1, 앞 페이지.

50 *Muqaddimah*/Rosenthal, vol. 1, 109-127. *Muqaddimah*, vol. 1, 83-97과 비교하시오.

대부터 갱신된 페르시아어 자료들은 언급하지 않는다. 그런데 이븐 할둔은 이븐 바투타를 언급한다. 이 모험가가 동방으로 여행했던 믿을 수 없는 이야기에서 이븐 할둔이 감지한 문제점들을 다룰 때에만 이야기하고 있는 것이다.

게다가 『서설』은 저자가 살아 있는 동안 혹은 그 직전 어느 시점에 일어났던 사건에 대한 정보와 함께 서술된 지리 요약으로 시작된다. 그 사건은 알이드리시가 『로제르의 책』을 편찬하고 시간이 훨씬 지난 이후의 일로, 중국과 무슬림의 접촉 역사와 일부 관련이 있는 것이었다. 이븐 할둔은 이 최근의 사건(카나리아 제도의 토착민을 유럽인이 정복했던 것)을 다음과 같이 설명한다.

> 우리는 이번 세기 중반에 유럽인의 선박들이 그 지역(영원한 섬들: 카나리아 제도)을 통과하면서 그들(그곳의 거주민)과 싸웠고 그들을 약탈했고 그들을 사로잡았고 일부 포로들은 가장 멀리 떨어진 모로코 해안에 팔아서 그곳 지배자에게 복종하도록 만들었다는 사실을 알게 되었다. 그들이 아랍어를 배웠을 때, 그 섬의 상황에 대한 정보를 알려주었다. ……51

이 기록은 분명히 15세기에 유럽인이 모국의 섬에서 노예사냥 사업에 착수했을 때, 카나리아 제도 사람들이 학살된 것을 언급한 것이다.52 이는 1402년에서 1496년 사이 카나리아제도에 대한 포르투갈의 팽창으로 인해 일어난 것이었다. 크리스토퍼 콜럼버스가 서쪽으로 항해하여 아시

---

51 *Muqaddimah*, vol. 1, 90. *Muqaddimah*/Rosenthal, vol. 1, 117과 비교하시오.
52 John Mercer, "The Canary Islanders in Western Mediterranean Politics," *African Affairs* 78, no. 311(April 1979): 159.

아에 도달할 수 있다는 가능성에 대해서 들은 것도 이 섬들에서였다. 이븐 할둔은 계속 아래와 같이 기록한다.

> 이 섬들의 위치는 우연한 기회에 발견될 수 있고, 그들을 향해 의도적으로 항해한 것이 아니었다. 바다에 있는 선박의 여행에서는 바람에 의존하기 때문에, 바람이 불어오는 방향과 이 바람의 길을 따라 펼쳐진 육지로부터 직선 항로로 [배들이] 지나갈 때에 바람이 어디로 인도하는지에 대한 지식(이 필요하다). 바람의 방향이 바뀌어 직선 항로를 따라 어디로 인도하게 될지를 알게 되면 돛을 장착하고, 항해를 담당하는 선원과 뱃사람들로부터 받은 해양 규범에 따라 배를 운반한다. 지중해의 양측과 그 두 해안에 위치한 나라들은 적당한 순서를 통해 그들 및 바다의 해안을 따라 자리한 그들의 위치에 관한 모든 사실을 보여주는 지도(아랍어로는 ṣaḥīfah)에 모두 표시되어 있다. 바람의 방향과 상이한 경로들은 [이처럼] 시노에 나온 [국가들과 함께] 서술되어 있다. 이 [지도는] '컴퍼스(아랍 문자로는 쿰바스(qumbāṣ)로, 이는 유럽 지도에 나타나는 나침 방위선의 지침면이다)'라고 불리고, 뱃사람들은 항해를 할 때 이 [컴퍼스에] 의지한다.[53]

이 기록은 바다를 다니기 위해 나침 방위선이 있는 나침반과 바람을 활용하여 항해하는 방법을 설명하고 있다. 여기에서 이븐 할둔은 주로 지중해에서의 항해를 논의하는데, 이러한 항해 방식은 인도양의 무슬림 선원들에 의해 가장 많이 활용되는 것이었다. 이와 같은 저술은 세계에서 일어나는 사건들에 대해 이슬람 작가들이 일반적으로 계속 관심을 가지고 있었음을 보여주고, 특히 당시 유럽인의 항해 경향에 주목했다는 것도 알

---

53 *Muqaddimah*, vol. 1, 90. *Muqaddimah*/Rosenthal, vol. 1, 117과 비교하시오.

려준다. 하지만 중국에는 그다지 관심이 없었다는 것도 확인할 수 있다.

　　비록 이븐 할둔의 지리 서술 부분에는 중국에 대한 더 많은 새로운 정보가 추가되어 있지 않았지만, 동시대 무슬림 중 일부는 중국으로 여행하여 그곳에서 경험한 것에 대한 새로운 정보를 포함하여 직접 쓴 보고서를 가지고 돌아왔다. 그러한 기록 중 가장 유명한 것은 술탄 마흐무드와 기야스 알딘 나카쉬(Ghiyāth al-Dīn Naqqāsh, 1419-1422년에 활약) 사절단이 기록한 것이었다. 이들은 티무르의 아들이자 티무르 왕조의 지배자였던 미르자 샤루흐(Mirza Shahrukh, 재위 1405-1447)가 명의 황제인 영락제의 조정에 파견했던 사절이었다. 1419년에 수도 헤라트를 떠난 사절단은 1420년에 사마르칸트에 도착했고, 여기에서 북경으로 돌아가는 중국 사절단과 합류했다. 그들은 1421년에 모국으로 돌아오기 전까지 황제의 조정에서 5개월 동안 체류했다. 사절단 중 한 사람이었던 기야스 알딘 나카쉬는 헤라트와 북경 사이를 여행하는 동안 관찰했던 것에 관해 보고서를 상세하게 서술했고, 몇몇 중요한 사건의 특정 날짜들도 언급하고 있다.

　　기야스 알딘 나카쉬의 기록은 그가 카타이라고 불렀던 중국에 대한 상세한 관찰들을 보여주고 있다. 많은 불교 사원이 특징적인 중국의 종교적 풍경, 사람들의 관습, 사절들의 여행에 필요한 안락한 숙박과 음식을 제공하는 많은 역참으로 구성된 정부의 급사(急使) 서비스, 황제가 사는 궁전의 장엄함, 잘 조직된 중국의 정부 및 행정 체계 등을 설명하고 있다. 기야스 알딘 나카쉬는 황제의 궁정에 상이한 국가에서 온 10만 명 이상의 외국인이 있다고 보고하는데, 이는 새로운 지역으로 자신의 권위를 확장시키는 데에 영락제가 성공했음을 확인시켜주고 있다. 정화의 항해를 포함해 영락제의 적극적인 대외 정책 뒤에는 이러한 자극 요인이 존재했던 것이다. 이븐 바투타와 같은 이전 시대의 작가들은 광범한 몽골제국의 동쪽과 서쪽 끝을 연결했던 잘 조직된 역참 제도와 모든 역참에서 제공했던 편리한 숙박 서비스를 특별하게 언급한다. 아마도 명 왕조는 이전 원 왕조의 유산에 기초하여 그 체계의 향상된 형태를 발전시켰겠지만, 그것은 중국 내부에서 더욱 체계적으로 작동했고 서역 국가와는 더욱 제한적으로만 연결되었을 뿐이었다.

기야스 알딘 나카쉬의 기록은 샤루흐의 궁정에 있었던 유명한 페르시아인 학자 하피즈-이 아브루(Ḥāfiẓ-i Abrū, 1430년 사망)에 의해 신뢰할 수 있는 것으로 간주되었다. 하피즈-이 아브루는 자신의 연대기에 기야스 알딘 나카쉬의 이야기를 요약해서 집어넣었던 것이다. 그래서 이 기록은 여행 기록 및 다른 증언의 형태를 집어넣으면서 무슬림 작가들이 중국에 대한 지리 정보를 어떻게 갱신했는지를 보여주는 좋은 사례를 제공한다. 하피즈-이 아브루는 또한 격자가 들어산 그의 세계지도 때문에 유명하다. 지도는 흐릿한 방식으로 주요 대륙과 바다를 그리고 있지만, 이슬람 지도에서는 최초로 중국(알신) 근처의 일본(알야반)을 표시했다. 알비루니가 이전에 그린 지도 형태와 같이 아프리카를 주변의 바다를 향해 동쪽으로 뻗어 있게 그려 놓지 않았다. 격자 체계는 함드 알라 무스타우피와 같은 이전 시대의 작가들로부터 영향을 받았던 것이겠지만, 하피즈-이 아브루의 격자 체계는 원형의 세계지도 밖에 격자를 놓았다는 점에서 독특하다.

이븐 할둔, 하피즈-이 아브루와 동시대를 살았던 다른 무슬림 작가들은 무슬림 선원들이 활동했던 주요 지역인 인도양 항해에 관해 저술을 남겼다. 페르시아인 역사가인 아브드 알라자크 알사마르칸디('Abd al-Razzāq al-Samarqandī, 1413-1482)는 번성하는 국제 항구인 호르무즈와 중국을 포함한 여러 상이한 지역에서 온 상인 방문객들에 대해서 자신의 책 『두 개의 상서로운 별자리의 등장과 두 바다의 합류(Maṭla'-i Sa'dayn wa-Majmaʿ-i Baḥrayn)』에서 증언하고 있다.

> 자룬(Jarūn)이라고도 불리는 호르무즈는 바다의 중심에 위치한 항구이고, 지구의 표면에서 그에 필적하는 곳은 없다. 일곱 기후대에서 이집트, 시리아, 룸의 국가들, 아제르바이잔, 아라비아 이라크, 페르시아 이라크, 파르스 지방들, 호라산, 트란스옥시아나, 다슈트-이-캅차크(Dasht-i-Kapchak, 킵차크 초원)의 왕국, 칼마크족이 평소 사는 지역들, 친과 마친[중국]의 모든 왕국들, 칸발리크의 마을 상인들이 모두 항구[호르무즈]로 항해한다. 해안의 사람들은 친, 자바, 벵갈, 실론의 국가로부터 이곳에 도착한다. 지르바드(Zirbad), 테나세림(Tenasserim), 소코트라(Socotra), 샤흐리노우(Schahrinou)의 도시에서, 디와-마할(Dīwah-Mahal, 몰디브)의 섬에서, 말라바르, 아비시니아(Abyssinia), 잔지바르 지역에서, 비자나가르(Bidjanagar), 칼바르가(Kalbargah), 구자라트, 캄베이(Cambay)의 항구에서, 아덴, 지다(Jidda), 얀부(Yanbu)까지 뻗어 있는 아라비아 지역의 해안에서 (호르무즈로 온다). 그들은 해, 달, 비가 아름답게 만든 것에 일조한 귀중하면서도 진기한 물건들을 모두 가지고 온다. 그리고 그것을 바다를 통해 운송할 수 있다. 선원들은 세계 모든 지역에서부터 물건을 넘치게 가져오고, 그들이 이곳에 가져온 상품들을 교류함으로써 별다른 노력 없이 오랫동안 찾지도 않고 원하는 모든 것을 손에 넣을 수 있다. 상업 거래는 돈 혹은 물물교환에 기초를 두고 있다.[54]

아브드 알라자크는 여전히 몽골 시대의 지명에 따라 중국을 표현하고 있다. 중국을 친과 마친의 왕국으로 나누고, 칸발리크의 '마을'에 주목

---

54 Ferrand, *Relations de Voyages*, 473-474. R. H. Major, *India in the Fifteenth Century: Being a Collection of Narratives of Voyages to India*(London, 1857), 5-7에 있는 영어 번역과 비교하시오.

을 했던 것이다. 그는 티무르 왕조의 지도자 샤루흐(1377-1447)의 특사로서 호르무즈를 방문하던 기간에 이러한 정보를 획득했을 가능성이 높다.[55] 앞서 살펴보았듯이 페르시아만 항구들의 지역 지도자들은 국제 교역을 지원했고, 정화의 함대와 같은 중국 선박들을 환영했다. 인도양에서 이루어진 무슬림의 해상 활동은 몽골 시대 이후에도 계속 번성했고, 무슬림 상업 공동체는 동아프리카, 인도, 동남아시아로 계속 팽창해 나갔다. 중국과의 무역 접촉은 지속되었지만, 그것은 제한된 사적(종종 불법적인) 연결망을 통해 이루어졌고 규모의 측면에서는 명확하게 교역이 감소하였다. 무슬림 작가들에 의한 항해 보고서의 생산은 이 시기에 정점에 달했다. 이슬람 세계에서 항해 지식이 축적되었고 나침반과 같은 항해 기술을 널리 받아들였기 때문이다. 이러한 작가들은 그들 자신이 대부분 선원이었고, 가장 유명한 이븐 마지드는 직접 인도양을 항해한 사람이었다.

---

55 아브드 알라자크는 페르시아만과 인도도 방문했다. Sanjay Subrahmanyam, *The Career and Legend of Vasco da Gama* (New York, 1997), 100; W. M. Thackston, *A Century of Princes: Sources on Timurid History and Art* (Cambridge, MA, 1989), 299-321을 참고.

인도양에 포르투갈인이 도래하기 이전 시기 무슬림의 항해

이전의 장들에서 살펴보았던 것처럼, 아랍-페르시아 무슬림들은 8세기부터 인도양에서의 해양 교역에서 지배적인 역할을 수행했다. 이렇게 활동을 하는 과정에서 그들은 계절풍 및 다른 항해 기술을 이용하여 중국으로 항해하는 방법에 관한 지식을 축적했다. 아쉽게도 선원들이 사용했을 것 같은 해도 혹은 항해 방법에 대한 직접적인 설명은 남아 있지 않다.[56] 그러나 현존하는 지리 기록은 항로에 대한 일반적인 설명과 저자가 선원들로부터 배운 항해 방향을 언급하고 있다. 1000년경에 편찬된 『인도의 불가사의에 대한 책(*Ajā'ib al-Hind*)』은 인도양에서 아랍인들이 항해하는 것에 대한 많은 이야기를 기록하고 있고, 나침반을 사용하지 않고 항해하는 사실에 대한 단서를 보여주고 있다. 이때 중국인 발명가들은 막 나침반을 사용해 항해하기 시작했을 때였고, 무슬림 선원들은 아직 나침반을 받아들이지 않았던 시기였다.[57]

중국으로부터 나침반을 받아들인 이후 무슬림들의 항해는 더욱 멀리 뻗어나갔고, 항해를 위해 스스로 천문학적 방식과 결합시켰다. 이와 유사

---

56 William C. Brice, "Early Muslim Sea-Charts," *Journal of the Royal Asiatic Society of Great Britain and Ireland* 1(1977): 53-61.
57 Buzurg b. Shahriyar, *The Book of the Wonders of India*.

하게 중국인들은 무슬림들의 방식을 흡수했다. 그 예로는 중국인과 무슬림의 방식을 결합했던 정화의 선원들을 들 수 있는데, 이것은 아마 지역의 토착 무슬림 선원을 고용하면서 생긴 결과였을 것이다. 여기에서 축적된 경험의 시간이 최고조에 이르렀고, 세대에서 세대로 전수되면서 15세기에는 전례가 없는 정교한 수준으로 무슬림의 항해 기술이 발전했다. 그리고 지중해의 선원을 포함하여 다른 선원들의 문화로 빠르게 퍼져나갔다.

이러한 발전은 몇몇 유명한 항해가가 키블라(Qibla)의 위치 즉 메카로 순례하러 가는 방향에 대한 안내서로서 출판하기 시작했던 항로 안내를 보면 명백하게 나타난다. 이렇게 출간된 항해 저술의 대부분은 또한 지리적 저술이라기보다는 기술적 매뉴얼로 활용하려고 만든 것이었다. 비록 항해 체계를 설명하려고 세계 지리에 대한 이론과 정보들을 문맥 속에서 언급하기는 했지만 말이다. 앞선 장들에서 살펴본 것처럼, 이전 시기의 이슬람 지리학과 여행 기록들은 종종 바다의 모양과 상황 및 바다들(특히 인도양)을 항해하는 가장 대중적인 통로를 서술하고 있다. 그러나 그들의 서술에는 전문 기술적인 내용이 많이 없는데, 아마도 정보를 제공받는 사람들(대부분 상인, 여행객)과 저자가 항해와 관련된 기술적 사안에 대해서는 관심이 적었기 때문이었을 것이다. 예를 들면, 이븐 바투타는 중국의 항해 선박들에 대해서는 일부 그럴 듯한 상세 내용을 알려주고 있지만 항해 방법에 대해서는 거의 기록을 남기지 않았다.[58] 항해 안내서의 저자들은 현재 활동하고 있는 선원들과 동료 항해가들에게 갱신된 매뉴얼을 알려주려고 항해 문헌을 저술했다.[59] 그래서 실질적인 항해에 대한 실용적이면서도

---

58 Ibn Mājid/Tibbetts, 3-4.
59 Hopkins, "Geographical and Navigational Literature," 324-327.

때때로는 극도로 기술적인 상세한 부분이 강조된 내용이 나오게 된 것이다. 1500년 이전에 항해와 관련된 기록을 출간한 몇몇 저자 중 가장 유명하고 영향력 있었던 인물은 아흐마드 이븐 마지드 알사디(Aḥmad b. Mājid al-Saʿdī, 1462-1498년에 활약)였는데, 그는 아랍인 항해가이자 지리학자로 종종 이븐 마지드라고 불렸다. 동시대인들보다 강하게 빛났던 그의 명성은 지리학자로서 그가 남긴 유산 때문에 생겼다기보다는 몇몇 학자가 아프리카에서 인도로 바스코 다 가마를 안내한 항해가가 이븐 마지드였다고 인지했기 때문에 얻은 것이다.[60]

이븐 마지드는 1421년에 도파르(현재 오만에 위치)에서 태어났다. 도파르는 정화의 함대가 방문했던 아라비아반도의 항구 중 하나였고, 이곳에서 이븐 마지드는 선원으로 이름이 난 가문에서 성장했다. 항해의 기술에 관한 거의 40편에 달하는 그의 저술 가운데에는 『바다의 지식의 첫 번째 원칙과 관련된 것을 요약한 모음집(Ḥāwiyat al-ikhtiṣār fī uṣūl ʿilm al-biḥār, 1462)』이라고 불리는 길이가 긴 시와 『항해의 첫 번째 원칙과 규칙에 관한 이로운 것들의 책(Kitāb al-fawāʾid fī uṣūl ʿilm al-baḥr wa-l-qawāʾid, 1490)』이라는 제목의 안내서가 포함되어 있다.[61] 이 두 책은 이슬람의 항해 과학을 다룬 완벽한 백과사전으로 구성되어 있다. 이븐 마지드는 자신의 경험과 아버지 및 할아버지로부터 물려받아 축적된 가문의 지식, 그리고 인도양의 선원 공동체에 소속된 뱃사람들이 알려준 세대에 걸친 노하우를 활용했다.

이븐 마지드의 시로 구성된 저술인 『바다의 지식의 첫 번째 원칙과

---

60 Ibn Mājid/Tibbetts, 9-10.
61 이븐 마지드의 저술에 대한 상세한 논의로는 Ibn Mājid/Tibbetts, 7-41을 참고.

관련된 것을 요약한 모음집』은 인도양 항구들의 위도와 경도 측정을 논의한 것 중에서 시기가 가장 빠른 저술이다.[62] 풍부하면서도 더욱 갱신된 정보로 더 잘 알려진 『항해의 첫 번째 원칙과 규칙에 관한 이로운 것들의 책』은 항해에 관한 백과사전적 보고서를 제공하고 있고, 이븐 마지드의 시대를 살았던 전문 항해가들이 알아야 했던 모든 세부 사항을 철저하게 설명하고 있다. 이 책은 28개의 달의 위치와 별의 위치, 나침반의 나침 방위선(방위를 나타내는 나침반의 지침면), 몬순과 다른 계절풍을 활용하여 인도양을 항해하는 방법에 대한 세심한 지침을 제공한다.[63] 이븐 마지드는 그의 보고서의 핵심 내용에서 선원에게 가장 중요한 두 가지 항해 요소를 언급한다. 바로, "별의 고도 측정과 나침반의 방위이고, 이것이 함께 작용하여 길이 놓일 수 있게 한다."[64] 우리는 앞서의 서술에서 정화 함대의 항해자들이 이 두 요소를 결합했음을 살펴보았다. 이븐 마지드는 항해가들이 그들의 위치를 확인하는 데 도움이 되도록 상이한 별들의 정확한 고도 수치를 제시하고 있고, 가야 할 방향을 정하기 위해 나침반의 방위 지시기와 별을 어떻게 활용하는지를 설명한다. 선원들은 별의 위치를 확인하려고 밤에 나침반을 사용했다. "경도(al-maraqq wa-l-maghzar)는 나침반의 지침면과 방위를 통해 [계산되고], 밤에 깨어 있으면서 방위를 유지하거나

---

62 Gabriel Ferrand, *Instructions Nautiques et Routiers Arabes et Portugais des XVe et XVI^esiècles*(Paris, 1921).
63 Ibn Mājid/Tibbetts, 29. 12개 부분 중에서 1-8 및 11장은 복잡한 항해 과학을 보여주고 있어서 기본적인 항해 기술의 용어에 익숙하지 않은 일반 독자는 따라가기가 어렵다. 푸아트 세즈긴은 이븐 마지드와 같은 항해 기록의 저자들이 경험을 통해 얻은 지식인 천문학적, 수학적 방법을 선호했다고 주장한다. 더욱 상세한 논의로는 Sezgin, *Mathematical Geography and Cartography in Islam and Their Continuation in the Occident,* Part 2, 157-264를 참고.
64 Ibn Mājid/Tibbetts, 272.

방향을 급변할 때에 활용한다. 그러나 천문학자들은 나침반을 일식과 월식 때에 사용한다. ……"[65]

이븐 마지드는 나침반의 모양 혹은 그 기원에 관해서는 언급하지 않는다. 몇몇 아랍어 문헌은 인도양에서 무슬림 항해가들이 활용하는 나침반을 "물에 떠 있는 속이 빈 철제 물고기 모양으로 된, 자성을 띤 바늘"이라고 서술하는데, 이는 1100년부터 중국인 선원들에 의해 활용되었던 나침반과도 닮아 있다.[66] 무슬림 선원들은 인도양을 안전하게 항해하려고 중국의 나침반과 무슬림이 별의 위치를 확인하며 원래 활용했던 기술을 결합했다고 결론을 내릴 수 있다. 우리는 앞서 정화 원정대의 선원들이 유사하게 이 두 기술을 결합했다는 것을 살펴보았다. 기술 지식이 교류를 통해 서로 발전한다는 것을 잘 보여주는 예라고 할 수 있다.

이븐 마지드는 또한 동아프리카에서 인도네시아까지 항해하는 것에 대한 상세한 설명을 제공하는데, 그 항로가 중국까지 확장되지는 않는다. 아마도 그가 홍해와 아라비아해에서 항해했지만, 동남아시아와 중국까지 가본 적은 없었기 때문일 것이다. 다른 고전적 지리 저술들을 참조하면서 이븐 마지드는 세계의 해안선에 대한 개략적 모습을 서술한 부분에서 말레이반도의 동쪽 해안 및 그곳에서부터 중국으로 가는 항로에 대한 언급을 추가하고 있다. 이 부분에서 확인되는 서술은 다소 모호하고, 이븐 마지드 스스로도 자신이 활용했던 저술들이 서로 일치하지 않는다는 점을 인

---

65 Ibn Mājid, 56-57. Ibn Mājid/Tibbetts, 91-92와 비교하시오.
66 Ibn Mājid/Tibbetts, 290. 중국인들은 그들의 배가 따라가야 할 방향을 찾기 위해 물동이에 자석이 붙은 물고기 모양의 나무 조각을 띄웠다. 1500년 이후 인도양에서 사용되었던 나침반의 세 가지 형태에 대해서는 Sezgin, *Mathematical Geography and Cartography*, Part 2, 253-259에 있는 그림 47-52를 참고.

정한다. 그래도 이븐 마지드는 다른 기록들에 근거하여 아프리카로부터 중국까지, 당시 알려진 세계 전체에서 항해하는 것에 대한 내용을 다루려고 노력했다.[67] 계절에 대해 설명하면서 그는 중국으로 가는 항로와 선원들이 중국에서 서방으로 항해해서 돌아오는 통로에 관해 서술한다.

> 산프(Ṣanf, 참파를 가리키는 것으로 현재 베트남)와 중국에서부터 말라카, 자바, 수마트라, 팔렘방 및 그 주변까지 그들은 알티르마(al-Tīrmā)에 여행한다. 티르마는 1년의 1사분기를 의미하는 것으로, 1년의 첫 100일에 해당된다. 그들은 [말라카]에서 캘리컷으로 가는 함대가 출발한 이후에 말라카에 들어오는데 때때로 [함대와] 마주치기도 하고 때로는 그들이 도착하기 전에 [함대가] 떠난다. 그리고 일반적으로 대략 새해가 시작되는 날 혹은 새해가 시작된 지 얼마 지나지 않아 산프에서 배가 오지 않을 것 같으면 도착하기 전에 떠난다. 그래서 호르무즈와 메카에서 오는 배들을 말라카에서 만난다. [산프에서부터] 말라카로 오는 가장 늦은 배는 120번째 날[3월 22일]에 도착한다.[68]

비록 상세함은 부족하지만, 이 기록은 모든 선원이 분명히 알고 있었을 정보를 제공하고 있다. 그 정보에는 항해를 시작해야 하는 계절(봄) 및 중국과 베트남에서 동남아시아를 통해 인도의 서부 해안(캘리컷)까지 항해하는 데에 필요한 전체 기간(100일)이 포함되어 있다. 서술되어 있는 항해 기간은 몽골 시대 중국 지도에 인용되어 있는, 천주에서부터 캘리컷 지역까지 항해하는 데 걸리는 기간(128일)과 비슷하다. 인도의 서남부 해안

67　세계의 해안에 대해 서술한 아홉 번째 부분을 참고. Ibn Mājid, 265-288. Ibn Mājid/Tibbetts, 204-216과 비교하시오.
68　Ibn Mājid, 324-325. Ibn Mājid/Tibbetts, 233과 비교하시오.

에서 아라비아반도로 가는 것에 관한 기록에서 보이는 다른 세부적인 항로는 아랍어, 중국어 문헌이 기록했던 일반적인 통로를 따르고 있다. 남아시아와 동남아시아의 무슬림은 인도양 서부에서도 활발하게 활동했다. 1498년에 바스코 다 가마가 아프리카 동부 해안에 도착했을 때, 그는 인도로 안내를 받고자 무슬림 선원들을 고용하려고 했다. 결국 말린디의 지도자가 그를 돕고자 선원을 파견했다. 포르투갈어 문헌에서는 바스코 다 가마가 아시아로 항해하는 데 도움을 주었던 무슬림 선원을 항상 구자라트 출신이었다고 기록한다.[69]

이븐 마지드의 시 전체를 번역했던 제랄드 티벳츠(Gerald Tibbetts)와 바스코 다 가마의 전기를 집필한 산자이 수브라만얌(Sanjay Subrahmanyam)은 이븐 마지드가 바스코 다 가마의 선원이었다는 증거가 없음을 설득력 있게 주장하고 있다. 이븐 마지드와 바스코 다 가마를 처음으로 연계시켰던 페란드(Ferrand)는 오스만 문헌에 있는 시의 운율을 인용하는데, 이는 아마도 반(反)아랍 정서를 표현하면서 유럽인에게 인도로의 항로를 가르쳐주었던 무슬림을 막연하게 비난하고 있는 것으로 보인다. 그러나 이 문헌은 이븐 마지드를 전혀 언급하지 않는다.[70]

그럼에도 불구하고, 이븐 마지드의 항해 안내서는 무슬림이 보유했던 높은 수준의 항해 지식을 충분히 대표하고 있다. 유럽인이 인도양을 가로질러 항해하여 아시아에 도달하려면 이 안내서가 꼭 필요했다. 이븐 마지드의 안내서는 당시의 가장 훌륭한 항해 저술을 상징하고 있고, 훗날의 무슬림 항해자들이 여전히 참조했던 문헌이었다. 물론, 다른 무슬림 항해

---

69 Ibn Mājid/Tibbetts, 10; Subrahmanyam, 8-9.
70 Ibn Mājid/Tibbetts, 10; Subrahmanyam, 112-128.

가에 의한 또 다른 항해 이론들도 유포되기는 했지만 말이다. 바스코 다 가마가 일단 희망봉을 돌게 되자 그는 여러 무슬림 안내자의 도움을 받아 안전하게 항해할 교통량이 많은 항로에 도착했다. 그 항로는 8세기부터 중국과 이슬람 세계 사이의 상품, 사람, 정보가 왕래했던 길이기도 했다.

맺음말

학자들은 종종 중국과 이슬람 세계 사이의 접촉이 몽골의 몰락과 함께 끝이 났다고 가정했다. 왜냐하면 명 왕조, 티무르 왕조와 같은 계승 국가들이 적대적인 정치적 관계에 휘말렸기 때문이다. 이는 해금 정책을 추진했던 명대 중국을 침입하려 했던 티무르의 시도에서도 명백하게 드러난다. 그러나 중국 및 이슬람 자료들을 면밀하게 조사해보면, 1500년대 유럽인이 팽창하기 직전인 15세기에 두 사회에서 최고조에 달했던 접촉과 지리 지식이 드러난다. 몽골인의 몰락 이후 터져 나왔던 정치적 혼란에도 불구하고, 중국인과 무슬림은 정치적 사절단을 교환하면서 서로 사회에 대한 일부 새로운 정보를 획득했다. 명 왕조로부터 파견된 진성의 사절단과 티무르 왕조에서 파견된 기야스 알딘 나카쉬의 사절단이 그 예이다. 중국인과 무슬림은 또한 몽골 시대로부터 물려받은 지리 지식을 잊지 않았다. 연구자와 지리학자들은 이전 시기의 지도들을 활용하여 세계지도를 계속 그렸다. 명대 중국의 학자들은 몽골 시대 지도들을 물려받아 『대명혼일도』, 『광여도』와 같은 새로운 지도를 제작하는 작업을 완수했다. 두 지도 모두 서아시아와 동아프리카 해안의 해안선을 꽤 정확하게 표현해내고 있다. 그러는 동안에 이슬람 세계에서는 학자들이 중국을 포함한 알이드리시의 세계지도에 대한 이븐 할둔의 서술을 널리 유포했다.

해양 세계의 관점에서 보면, 무슬림은 중국인이 이슬람 세계에 대해서 지식을 갱신했던 것보다 더욱 천천히 중국에 대한 지식을 갱신했다. 아마도 이슬람 세계보다는 정치적으로 더욱 통일되어 있었던 명대 중국은 원대의 선조들이 적극적으로 해양 교역을 후원하면서 만들어진 외국에 대한 풍부한 지리 정보를 더 쉽게 획득할 수 있었을 것이다. 명의 세 번째 황제인 영락제는 세계사에서 가장 큰 제국 함대를 서아시아와 동아프리카 해안에 보내면서 야망에 찬 외교적 사업을 실행하려고 이슬람 세계로 가는 해양 항로에 대한 정보를 활용했다. 일곱 번에 걸친 정화의 항해는 15세기 초 중국의 해양 활동이 최고조에 달했음을 보여주는 것이었다.

정화의 항해는 1405년에 시작되었는데, 이는 바스코 다 가마가 캘리컷에 도착하기 위해 희망봉 주위에서 모험을 했던 1498년보다 대략 한 세기 앞선 것이다. 명 왕조의 항해가 가진 주된 목표는 중국과 이슬람 세계 사이 아시아의 해안선을 따라 위치한 외국에 중국의 정치적 힘을 보여주려는 것이었다. 그를 위해서 중국인에게 양질의 지리적 정보가 필요했다. 정화의 항해도 및 마환이 직접 목격한 것에 관한 기록을 포함한 중국의 문헌은 정화의 선원들이 항해 과정에서 새로운 정보와 물품을 획득했고, 이전 시기로부터 물려받은 풍부한 정보를 활용했음을 보여준다. 그럼에도 불구하고, 영락제와 정화 제독이 사망한 이후 항해는 완전히 종결되었고 중국은 더 이상 그들의 가치 있는 정보를 활용하지 않았다. 그러한 정보를 사용하는 데 실패한 것은 훗날 유럽인 탐험가들과 뚜렷하게 대조를 보이는 부분이다.

몽골 이후 시기 이슬람 세계에서도 무슬림의 항해 지식이 최고조에 달하는 현상이 나타났다. 이는 이븐 마지드처럼 유명한 항해가들에 의한 항해 보고서들이 출간된 것을 통해서 확인할 수 있다. 이븐 마지드는 그의 저술에서 배를 운행하는 사람들을 위해 반드시 필요한 세부적인 기술들을 알려주고자 항해, 지리 기록들을 참조했고 자신의 경험도 활용했다.

아쉽게도 그의 기록은 중국에 대해서 새로운 정보를 많이 제공하지는 않는데, 그가 중국까지 멀리는 항해하지 않았기 때문이다. 그럼에도 불구하고, 그의 저술은 당시 무슬림의 항해 이론과 관행을 종합한 것이었다. 그 속에는 별의 고도를 측정하는 무슬림 전통의 항해 기술과 나침반을 활용하는 중국의 방식이 결합된 내용도 포함되어 있다. 또한 이븐 마지드는 아랍어와 페르시아어 지리 기록에서 발췌한, 중국에 대한 무슬림의 지리 지식을 활용하여 이슬람 세계에서부터 중국까지의 해안선을 묘사했다.

    1400년대 초에 중국인의 역사적 항해가 이루어진 직후, 새로운 변수가 중국-이슬람 관계에 영향을 끼치기 시작했다. 바로 아시아인의 바다에 유럽인이 도착한 것이다. 대략 1200년 이후, 유럽 사회는 인도양의 엄청나게 풍부한 시장에서 자신들이 주변적 위치에 있다는 것을 점점 알게 되었고, 일부 유럽인은 결국 인도양으로 직접 접근하는 길을 확보하기로 결심했다. 중개인들을 통해 아시아에서 유럽으로 점차 지리 지식이 흘러들어 갔음은 분명하고, 이는 1,000년 동안 지속되었던 자기중심의 세계관으로부터 유럽인이 점차 각성하게 되는 것에 기여했다. 이븐 마지드의 저술이 가진 중요한 의미는 몇 세기 동안 축적되었던 무슬림의 항해 지식, 혹은 인도양 세계 전체에 대한 지식을 총합하여 표현했다는 것에 있다. 정보의 대부분은 무슬림 항해자들에 의해 구현되었고, 그 항해가 중 일부는 포르투갈인에 고용되어 아시아로 그들을 안내했다.

    아시아의 바다로 유럽인이 도래한 것은 인도양 교역에서 중대한 전환점이 되었다. 왜냐하면 유럽인은 교역 시장을 장악하려고 실제 군사력을 활용했기 때문이다. 그래서 중국과 이슬람 세계의 활동적인 해상 접촉과 그 결과 상호 지식이 증대했던 것에 관한 우리의 서술은 이 시점에서 결론을 맺게 된다.

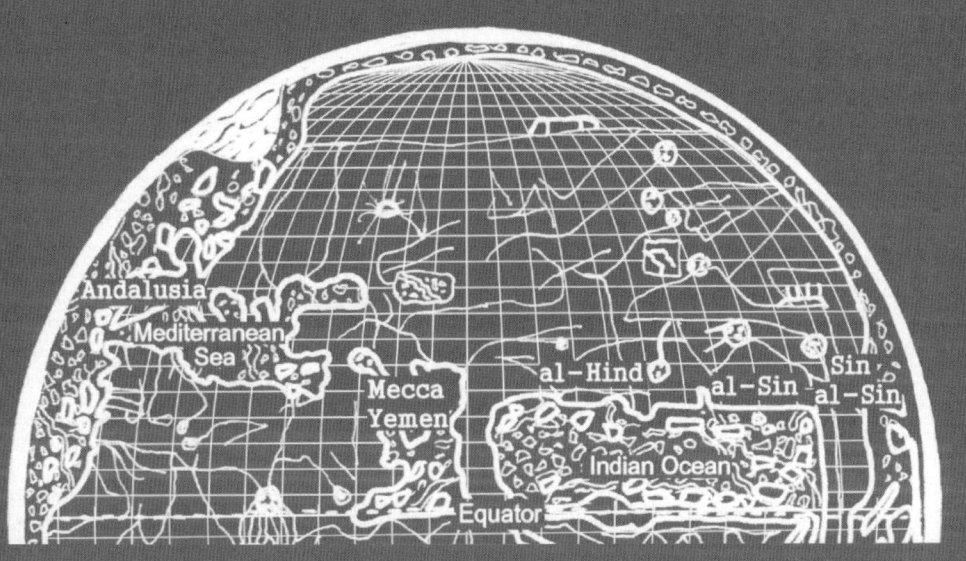

결론

전근대 중국과 이슬람 세계의 접촉에서

배울 수 있는 것들

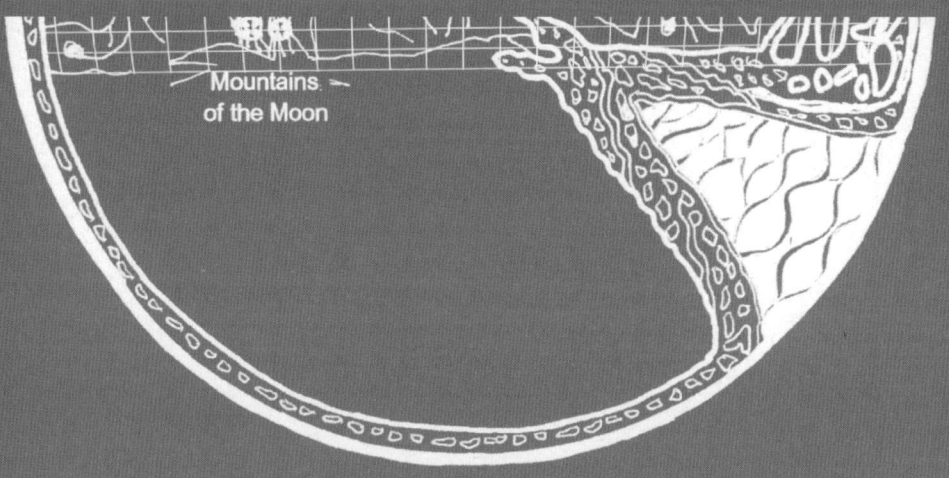

결론

중국과 이슬람 세계 사이의 접촉과 교류의 역사는 유럽인이 나타나기 이전 시기 만남 중에서 가장 주목할 만한 사례 중 하나를 제공한다. 왜냐하면 그 역사는 엄청난 부, 변화의 힘을 가진 사상, 거대한 권력과 연관되어 있기 때문이다. 진화하는 정치적 동력에서부터 전면적인 기술 진보에 이르기까지 두 지역에서 종종 발생했던 변화에도 불구하고, 이러한 접촉은 8세기 동안 중단되지 않고 이루어졌다. 이 접촉은 시간이 지나면서 지속해서 지리 정보를 이동하게 만들었는데, 그 과정은 세 단계의 뚜렷한 국면 속에서 진행되었다.

정치적 갈등이 상업, 문화 교류로 이어지다

지리학자와 지도 제작자들은 종종 정부의 후원을 받으면서 자신이 속한 사회의 지식 증대를 기록했고, 또 그러한 증대를 촉진하였다. 그러나 이러한 지식의 기초를 제공했던 정보는 여러 사회 사이를 이동하면서 문화 간 교류의 과정에 종사한 중개인들로부터 나왔던 것이었다. 얼마 지나지 않은 과거에는 종종 약한 사회를 정복하는 군사력으로 인해 다른 사회에 대해서 습득하게 되었고, 사람들을 통제하고 다스리려고 그들에 대해 배웠다.[01] 그러나 증거들이 입증하듯이 중국과 이슬람 세계 사이 접촉의 역사는 이러한 시나리오보다 훨씬 복잡하게 전개되고, 일반적인 패턴과 일치하는 것이 많지 않다.

사실, 두 세계 사이에서 일어난 접촉의 가장 극적인 형태는 동방과 서방 양쪽에서 팽창하는 두 제국(아바스 왕조와 당 제국)이 복잡한 정치적 갈등에 점점 빠지면서 시작되었고, 결국 751년 탈라스에서 군사적 결전을 벌여 격돌하게 된다. 정치적인 분쟁은 지속되었고 이로 인해 중앙아시아의 육로가 점차 쇠퇴했지만, 이러한 현상은 상인들의 시선을 바다로 돌렸다. 그 결과 해양을 통한 더욱 평화적인 형태의 상업 접촉이 번성하게 되

---

01 사례로는 18~19세기 대만에 대한 중국의 여행 문헌을 언급할 수 있다. Emma Jinhua Teng, *Taiwan's Imagined Geography: Chinese Colonial Travel Writing and Pictures, 1683-1895*(Cambridge, MA: Harvard University Press, 2004).

었다. 바다를 통한 확장 뒤에 자리한 주요 추진 세력은 이슬람 세계 출신의 아랍인, 페르시아인 등 선원 교역자들이었다. 이들은 이슬람의 정치적 확장으로부터 도움을 받았고, 상업을 장려하는 새로운 무슬림 윤리를 가지고 중국과 이슬람 세계 사이의 새로운 해양 가교를 건설하는 데에 있어서 중요한 중개자로서의 역할을 담당하기 시작했다. 해양 교역이 성행하였고, 중국과 이슬람 세계의 상호 교류가 일어나는 새로운 연결점은 인도양에서 발전했다. 이와 병행하여 항해 및 선박 건조 기술에서 진보가 발생했고, 이는 운송의 향상을 야기했다. 그 결과 더욱 많은 사람이 바다를 통해 이동하고 교역하면서 교통량도 늘어나게 되었다. 이슬람 세계 출신 상인들이 장거리 교통에서 가장 활발했지만(남아시아와 동남아시아 선원들로부터 도움을 받았다), 이윽고 바다는 중국인의 마음을 사로잡았다. 이동하는 상인과 선원들의 숫자가 늘어나면서 교역로를 따라 거주하는 이들이 점점 많아졌고, 토착 지역사회와 서로 교류하고 유대 관계를 발전시키기 시작했다. 물론, 그들은 주기적으로 모국으로 되돌아갔지만 말이다. 항로는 더욱 상세하게 기록되었고, 더욱 많은 사람이 거리와는 상관없이 교역 관계를 가지고 있는 국가에 대해 배울 기회를 얻게 되었다.

중국과 이슬람 세계 사이의 문화 간 접촉을 보여주는 증거는 지식의 생산과 교류가 긍정적인 결과만을 낳았다는 인상을 줄 수가 있다. 상인과 여행객들은 다른 사회에 대한 그들의 인상을 꾸밈없이 기록했고, 이로 인해 그들의 지식이 다른 상인과 여행객들에게 솔직하게 전달될 수 있었다. 그러나 국가, 아니면 국가의 후원을 받는 작가들은 중국과 이슬람 세계가 상호 교류한 가장 초기부터 지식의 해석을 만들기 위해 적극적으로 활동했다. 이때 제국의 역사가들은 다른 사회에 대한 간략한 서술을 구성하기 위해 상인, 여행객들이 작성한 정보를 인용했던 것이다. 이 책의 분석은 지리학 및 지도 제작 저술의 생산 뒤에 있는 국가의 안건을 충분히 명확하게 보여준다. 중국과 이슬람 사회의 통치자들은 다른 사회와의 교역을 진작시켜서 그 이득을 획득하기를 원했을 뿐만 아니라 그들 자신의 정치적 야망을 발전시키고 안전을 위한 더 좋은 전략을 세우려고 세계의 맥락 속에 그들과 다른 국가들의 위상을 더 잘 정립하려고 시도했다.

물론, 지리 지식은 단순히 낱말을 통해서만 전달되지 않았다. 지리학자들은 지도를 통해서 시각화하기도 했던 것이다. 지리적 데이터와 개념을 소통하는 것에 있어서 쓰는 것보다 그리는 것이 더욱 어렵다는 것을 입증할 수 있는데, 왜냐하면 그려서 표현하려면 고도의 지도 제작 기술이 충분히 필요하기 때문이다. 그러나 중국과 이슬람 사회의 지리학자들은 그 사회에서 전수되었던 지리 기록 및 지도 제작의 선례를 살펴볼 수 있었으므로 효율적인 지도를 제작하는 것에 성공했다. 초기 이슬람의 지리 저작들은 이슬람 세계 지역에 존재했던 이슬람 시대 이전 선조의 전통을 통해 받아들여졌던 고대 지리학자들의 지식을 활용했다. 그 고대 지리학자들은 프톨레마이오스와 같은 그리스인에서부터 비잔틴, 사산조 페르시아의 학자들에까지 걸쳐 있었고, 이들 모두가 이슬람 세계를 장악하게 되는 신흥 무슬림 문화를 형성했다. 이전 시기의 저작을 활용했던 무슬림 지리학자들은 당시의 더 정확한 세계 지도를 그리려고 경험이 많은 무슬림 여행자들로부터 새로 획득한 지식을 이용하여 지도를 갱신했다. 중국인은 늦어도 3세기부터 지도 제작 기술을 발전시켰지만, 대략 1000년경까지도 이 초기 지도들은 단순히 중국만을 묘사했다. 13세기에 몽골제국이 성장하고 나서야 중국인 사이에서는 새로운 감각의 지리적 이해가 생겨났다. 그들의 좁은 지리적 자기 인식이 시대에 동떨어진 것이었음을 알게 되었고, 중국이 세계에서 차지하는 지리적 위치에 대한 확장된 이미지를 보여주는 지도 제작을 장려했던 것이다. 세계 속의 중국을 새롭게 이해하려고 지리학자들과 지도 제작자들은 그들의 경계를 넘어 세계에 대한 추가적인 정보가 필요했다. 그 정보의 대부분은 원 궁정에서 일하던 무슬림 학자들을 통해 이슬람 세계로부터 획득한 것이었다.

몽골 지배 하의 통합된 세계에서 이루어진 정보의 직접 전달

중국과 이슬람 세계 사이의 교류 정도가 가장 컸을 때는 두 사회의 중요한 지역들이 몽골인 치하에 들어갔던 1260년부터 1368년 사이였다. 아바스 왕조의 수도인 바그다드를 몽골인이 파괴한 것, 전체 중화제국을 몽골인이 정복한 것(이전에 어떤 유목민 사회도 이를 달성한 적이 없었다)은 두 사회를 현저하게 바꾸어 놓았다. 분명히 몽골제국은 학살 속에서 탄생했다. 그러나 유라시아를 군사적으로 휩쓴 이후에는 곧 팍스 몽골리카(몽골의 평화)가 이어졌고, 제국을 가로지르고 그 너머에 이르기까지 문화 교류를 촉진했다. 이러한 교류에는 몽골인이 복속시켰던 사회들의 문화로부터 받아들인 상품과 정보의 유포가 포함되어 있었다. 물론, 학자들이 항상 몽골 시대를 이러한 방식으로만 바라보지는 않았다. 사실, 학자들은 최근에 들어와서야 몽골을 재평가하기 시작했다.[02] 몽골인을 단순히 파괴적이라고만 서술했던 예전의 낡은 부정적 고정관념을 대신해 역사가들은 세계사에서 중요한 변혁을 일으켰던 그들의 역할을 인식했다. 몽골인은 동방과

---

02 몽골제국 연구들에 대한 간명한 개관으로는 Peter Jackson, "The State of Research: The Mongol Empire, 1986-1999," *Journal of Medieval History* 26, no. 2(2000): 189-210과 Morgan, *The Mongols*, 181-227을 참고. 몽골 이전과 몽골 이후 시기를 연결하기 위한 설계로는 Paul Smith and Richard von Glahn, eds., *The Song-Yuan-Ming Transition in Chinese History*(Cambridge, MA: Harvard University Press, 2003)을 참고.

서방 사이의 경계를 지웠고, 멀리 떨어져 있어 분열된 사회를 하나의 세계 체제로 통합했다는 것이다. 이러한 능력을 통해 몽골인은 중국과 이슬람 세계 사이의 관계를 변화시켰다.

몽골이 지배하는 원과 일 칸국 사이의 장거리 접촉을 통해 이룩한 가장 두드러진 업적 중 하나는 두 사회의 세계 지리에 대한 지식이 증대했다는 것이다. 이는 그들의 전통적 자기중심 세계관을 어느 정도 수정할 수 있게 했다. 증거들은 몽골의 통치자들이 정치가, 학자는 물론이고 상품과 지식을 어떻게 교류했는지를 보여주고 있다. 중국의 원 왕조는 중국 전통의 지리학과 새로 알게 된 이슬람 지리학을 결합한 첫 세계지도의 제작을 후원했다. 쿠빌라이 지배 아래의 몽골 정부는 조정이 후원하는 학문적 편찬물을 만들면서 비중국인 학자들이 중국의 학자들과 협력하게 하면서 중국의 세계관을 확대했다. 멀리 서쪽에서는 이와 유사한 현상이 일 칸국에서 전개되었다. 무슬림들은 그들의 지리적 선조로부터 유산을 물려받았을 뿐만 아니라 활용할 수 있는 새로운 정보를 흡수하기도 했다. 이는 일 칸국의 가장 두드러진 성취 중 하나인, 최초로 체계화된 대규모 세계사가 나올 수 있게 했다. 이 위대한 업적은 지리 정보의 유입이 증대된 덕분에 만들어질 수 있었다. 정부의 후원은 세계에서 지식의 확대를 촉진했고, 세계 전역에서 사람과 사상이 빈번하게 이동하는 것 역시 촉진했다. 이러한 태도는 중국과 이슬람 사회 양쪽에 영향을 끼쳤고, 아마 동시대의 유럽인에게도 영향을 끼치기 시작했을 것이다. 그러한 측면은 마르코 폴로의 여행기에 반영되어 있는데, 마르코 폴로의 정보는 중국과 이슬람 세계의 동시대 자료를 통해 종종 입증될 수 있다. 이는 마르코 폴로의 회고가 마치 몽골 세계와 그 너머에 유포되었던 전체 지식을 표현한 것과 같다는 인상을 준다.

몽골의 시대 동안에 긴밀한 정치적 연계의 증대와 활기찬 교역 네트워크로 인해 중국과 이슬람 세계 사이의 접촉은 새로운 수준으로 증가했다. 중국인과 무슬림 모두 국가 및 민간 영역에서 서로의 사회에 대한 지리 지식의 실체를 확대시켰다. 개개인들은 세계의 사회들과 그곳에 도달하는 통로에 대한 지리 정보를 전달하려고 지방지, 여행기를 저술했다. 또한 일부 사람은 중국과 이슬람 세계 사이를 직접 여행했다고 주장하기도 했다.

몽골 시대에 중국으로 대규모의 무슬림이 이주했는데, 이것도 중국을 변화시켰다. 이른 시기에 중국으로 왔던 무슬림 이주자들은 광주와 같은 항구도시에 소규모 공동체를 형성했다. 이곳에서 그들은 중국 조정으로부터 허락을 받은 자치권 덕분에 독립적으로 살아갈 수 있었다. 서방을 향한 몽골의 원정이 종결된 이후, 많은 무슬림 병사기 중국으로 갔고 통투르키스탄 같은 지역에 정착했다. 수공업자와 상인들도 그 뒤를 따랐다. 이외의 많은 사람들이 광주, 천주와 같은 중국 동남부의 항구들에 정착했고, 남아시아 및 동남아시아와 중국의 교역을 위한 주요 상업 중심지들을 발전시키는 데에 도움을 주었다. 유명한 무슬림 여행가인 이븐 바투타는 많은 무슬림을 만났던 천주에서의 무슬림 네트워크에 관한 기록을 남겼다. 비록 이븐 바투타는 중국의 무슬림이 중국인과 사이가 좋지 않았다고 말하지만, 국제 교역에서의 협력을 보여주는 증거들은 그의 주장에 의문을 품게 한다. 마침내 몽골이 몰락했을 때, 무슬림들은 몽골인의 다른 협력자들과 마찬가지로 새로운 정치적 환경을 수용하고 거기에서 살아가는 방법을 찾아야 했다. 이렇게 되면서 그들은 별개의 민족 집단으로 발전하기 시작했는데, 이는 현재 중국의 회족(回族)을 형성하게 되는 과정의 출발이었다.

세계에 대한 지리 지식의 확산과 증대

몽골제국 치하에서 이루어진 전례 없는 문화 간 접촉의 시대는 오래 지속되지 않았다. 중국과 일 칸국에서 몽골 지도자들이 권력의 자리에서 물러난 이후, 두 사회 사이의 거리는 더 멀어졌다. 계승 정권들 사이의 긴장은 티무르가 새로운 명 제국을 공격하려고 시도하면서 최고조에 달했고, 침공 계획은 1405년에 티무르가 사망하고 나서야 중단되었다. 티무르의 실패가 중앙아시아에서 중화제국이 승리를 거둔 것으로 해석되지는 않는데, 이제 명 제국은 더는 전체 몽골제국의 종주국이 아니었기 때문이다. 진성, 기야스 알딘 나카쉬의 사절단과 같이 이전 관계가 일부 지속되었고 외교 관계를 유지하는 데에 기여했지만, 이러한 연결마저도 점점 떨어져나갔다. 그러는 동안에 새로 건립된 명 정권은 해양 경계 지대에서도 이와 비슷하게 심각한 타격을 입혔다. 해안을 따라 이루어지던 사적인 교역을 중지시키면서 지역의 번성했던 해양 교역과 이에 수반하는 사상의 자유로운 흐름을 막아버렸던 것이다. 그러나 몽골의 유산이 중국 사회에 남긴 흔적은 살아남아서 중국인들의 마음속에 계속 영향을 끼쳤다. 몽골-원 시대부터의 정보가 포함된 세계지도들과 지리 저술 중에서 남아 있는 많은 사본은 실제로 명대에 제작된 것이었다. 즉, 세계를 바라보는 지리적 관점의 유포는 몇 십 년 동안은 계속 이루어진 셈이다. 이러한 사실은 유명한 정화의 항해에서 압축적으로 드러나고 있다.

명의 황제 영락제의 함대가 인도양을 향한 원정을 떠났을 때, 그들은 이전 세대의 선원들이 만든 길을 따라갔다. 이 엄청난 원정대는 종종 규모와 동기의 측면에서 유럽의 탐험과 비교, 대조되었다. 정화 함대의 규모는 동시대 서방보다 훨씬 컸지만, 유럽인과 달리 중국인은 모르는 바다를 항해하지는 않았다. 전근대의 교류에 관한 많은 연구가 명대의 예외적인 업적으로서 함대의 주목할 만한 지리적 범주를 주목했고, 정화 원정대의 규모와 성취를 과장하고 있다. 그러나 실질적인 접촉은 이전 몽골 시대보다 더욱 제한된 것이었음이 입증되었고, 명대 중국에 유포되었던 지리 지식의 대부분은 이전 왕조에서 만들어진 것이었다. 그렇기 때문에 우리는 중국을 더욱 넓은 세계와 연결하고 중국인의 지리 지식을 확장한 업적을 원과 그 이전 시대가 남긴 유산의 공적으로 돌려야 한다. 실제로, 명 제국 시기는 이슬람 세계를 포함해 더 넓은 세계와 중국의 접촉이 줄어드는 시점이었다. 물론, 두 사회 사이의 접촉이 완전히 중단된 것은 아니었다. 비공식적 형태의 접촉과 교류는 지속되었던 것이다. 그러나 무슬림 상인들은 이전처럼 자유롭게 중국으로 여행할 수 없었다. 명 제국이 사적인 교역을 금지했기 때문이다. 같은 현상은 이슬람 세계에서도 확인할 수 있다. 몽골 이후의 시대 동안에 만들어졌던 무슬림의 항해 저술들은 항해 기술에서의 새로운 발전과 함께 인도양에 대한 이전 시기의 지리 정보를 종합했지만, 이전 세대가 중국 및 인도양의 동쪽 끝 부분에 대한 새로운 정보를 제공했던 것만큼을 달성하지는 못했다.

이와 동시에 유럽인은 1500년 이후 인도양 무대에 등장하기 시작했다. 그리고 중국과 이슬람 세계 사이의 직접적 접촉의 중요성은 줄어들었다. 아프로-유라시아 세계와 아메리카 대륙을 연결하는, 더욱 광범한 해양 세계 무역 체계가 점차 만들어졌기 때문이다. 유럽 국가들은 아시아로 가는 새로운 항로를 발견하려고 경쟁했다. 그 과정에서 그들은 아메리카 대륙으로 가는 항로를 발견했던 것이다. 대체로 무슬림 자료를 통해 획득한 발전된 지리 지식[03] 및 수 세기의 경험을 통해 수집된 일정 수준의 지리 지식과 항해 기술을 보유한 무슬림 선원들의 안내 덕분에 포르투갈인이 주도권을 잡았다. 이러한 무슬림 선원 중의 한 사람이 결국 바스코 다 가마가 희망봉을 돌고 난 후 그를 인도로 안내했다.

---

03 Sezgin, *Mathematical Geography and Cartography in Islam and Their Continuation in the Occident*, Part 2.

유럽인의 등장에 아시아의 지리 지식이 끼친 영향

유럽인들은 실제로 1492년과 1498년에 세계사의 전환점을 만들었다. 그러나 그들은 수십 년 전부터 이러한 업적의 토대를 준비하고 있었다. 중국과 이슬람 세계 사이의 접촉을 통해 축적되었던 지리 지식은 점차 유럽으로도 흘러들어갔다. 이러한 지식을 획득했던 최초의 유럽인은 몽골 시대 이탈리아의 상인들이었다. 프란체스코 페골로티(Francesco Pegolotti, 1310-1347년에 활약)는 아시아의 자료들로부터 수집했던 널리 퍼진 정보들에 기초하여 중국으로 향하는 길에 대한 조언을 포함하여, 상인들을 위한 여행 안내서를 저술했다. 마르코 폴로의 기록은 그가 실제로 중국을 여행했는지의 여부와 상관없이 당시 유럽에서 베스트셀러가 되었는데, 이 또한 역사적 현상을 반영하는 것이다. 몽골 시대에 이러한 저작들이 출현했다는 것은 재닛 아부-루고드(Janet Abu-Lughod)가 세계 경제 체제는 13세기에 존재했고 이것이 유럽의 체계의 선구로서 기능했다고 제안한 것을 상기하게 한다.04 아마도 마르코 폴로가 주장한 것의 진실에 대한 끝없는 토

---

04 재닛 아부-루고드(Janet Abu-Lughod)는 그의 책 *Before European Hegemony*에서 많은 수의 유라시아 사회가 몽골의 지배 아래에 있었던 13, 14세기에 절정에 이르면서 번영했던 유라시아 세계 경제 체제를 서술했다. 다양한 사회를 다룬 이 거창한 연구는 세계 체제가 유럽인의 지도 아래에 16세기부터 탄생했다고 가정하는 기존의 유럽중심적 세계 체제 이론(월러스틴의 이론 등)에 중대한 도전을 제기했다. 야망에 찬 가설에도 불구하고, 이 연구는 사회들이 13세기 전체 세계 체제에 어떻게 연결되었는가를 입증하

론 속에서 우리는 가장 중요한 점을 놓치고 있었던 것 같다. 아주 단순하게 말하자면, 마르코 폴로의 책은 전근대 세계 체계가 최고조에 이르렀던 것에 수반하여 정보가 대규모로 유포된 결과였다. 게다가 마르코 폴로의 여행기처럼 몽골 시대 저술의 영향력은 유럽의 팽창 시대에 중요하게 작용했음이 입증되었다. 마르코 폴로의 여행기는 이탈리아인 동료들에게 처음부터 의심을 받았지만, 결국 유럽에서 거대한 센세이션을 일으켰던 것이다. 항해왕 엔리케가 마르코 폴로의 책을 즐겨 읽었고, 동시대 사람인 크리스토퍼 콜럼버스가 인도, 중국, 일본으로 가고자 항해할 때에 마르코 폴로의 책을 가져갔다는 것은 잘 알려져 있다. 사실, 콜럼버스는 자기가 죽을 때까지 그의 유명한 탐험대가 인도에 도착했던 것이라는 확신을 가지고 있었다.

그래서 포르투갈인, 콜럼버스와 같이 유럽인의 팽창을 주도했던 사람들은 아시아에서 나타난 체계적인 지리 지식의 축적으로부터 도움을 받았다. 유럽인 지도 제작자들이 만든 새로운 지도는 유럽 중심 기독교 세계관에서 발전한 중세의 T-O 지도와는 달랐다. 예를 들면, 14세기에 널리 유포되었던 카탈루냐 지도는 아시아의 여러 특정 지명을 배치하였고, 대상(隊商)의 이동로와 해양 항로도 포함하고 있다. 새로 획득한 이슬람 지도들과 재구성한 그리스 세계지도는 유럽인이 더 넓은 바다로 항해할 수 있는 용기를 주었다. 실제로, 이러한 지식의 이동은 고대 그리스 철학 및 과학의 부활, 유럽인의 세계관 변화를 야기했던 르네상스의 새로운 인문주의 정신을 구성하는 상당 부분이기도 했다. 콜럼버스는 제노바나 베니스

기 위해 특히 아시아로부터 구체적인 사례들을 활용하는 데에 있어서는 그리 성공을 거두지 못했다. Janet L. Abu-Lughod, *Before European Hegemony: the World System A.D. 1250-1350*(New York, 1989).

와 같은 르네상스 도시에 소장되어 있는 수집품을 통해서 이러한 다수의 책들을 이용했고, 그 책을 공부하면서 세계에 대한 새로운 지식을 획득했다. 역설적으로, 콜럼버스는 아시아를 찾는다고 하면서 대신에 대서양을 가로질러 서쪽으로 여행을 했는데 이는 그가 지구의 둘레를 너무 작은 수치로 부정확하게 계산한 프톨레마이오스에 의존했기 때문이다. 이와는 대조적으로, 인도를 직접 찾아보겠다는 목표로 출발했던 항해왕 엔리케의 원정은 세계에 대한 더욱 정확한 지리 지식을 장착하고 있었다. 포르투갈 학계에서 수집된 이슬람, 그리스 지리학의 전문 연구들에 근거를 두고 있었던 것이다. 이러한 지식은 아프리카를 돌아 아시아로 항해하는 것을 후원했던 임무가 성공하는 데에 있어서 필요한 것이었음이 입증되었다.

이 중요한 시점에 일어났던 아시아와 유럽 사이의 접촉은 여전히 더욱 면밀하게 조사될 필요가 있는 주제이다. 그러나 1500년 이후 동쪽으로 직접 항해를 시작해서 이후에는 인도양의 교역을 장악한 포르투갈인과 다른 서구 상인들이 이슬람 세계와 중국 사이의 해안선에 대해서 이슬람 지리 서술이 제공했던 정확한 정보를 포함한 내용을 잘 활용했기 때문에 성공할 수 있었다는 점은 이미 분명해졌다. 그러나 아시아의 해안선에 대한 지식이 즉각 발전한 것은 아니었다. 그것은 중국과 이슬람 세계 사이의 수 세기에 걸친 지속적인 접촉을 통해 서서히 축적되었던 것이다. 중국과 이슬람 세계의 사람들은 이 책의 출발점인 750년에는 서로에 대해 많은 것을 알지 못했다. 이때부터 두 세계로부터 병사, 상인, 여행가, 학자들이 앞뒤로 이동하면서 점점 서로의 사회에 대해서 더 많이 알게 되었다. 오랜 기간에 걸쳐 중지되지 않았던 과정은 몽골 시대에 가장 강렬한 접촉 시기에 도달했다. 조지 후라니(George Hourani)가 반세기 전에 서술했던 것처럼, 광주에서 페르시아만까지 가는 통로가 1492년 이전에 정기적으로 활용되었던 가장 길면서도 교통량이 많았던 해양 항로였다. 1500년경이 되면 세계에 대한 지식이 이슬람과 중국의 지리학을 발전시켰고, 이것이 유럽으로도 흘러들어갔다. 확실히 육지와 바다를 통해 상품과 사람이 지속해서 교류하면서 지식의 실질적 이동이 발생했다. 이는 750년에서 1500년 사이 중국과 이슬람 세계에 영향을 끼쳤을 뿐만 아니라 1500년 이후 유럽과 세계사에도 영향을 끼쳤다. 구자라트 출신의 무슬림 선원이 1498년에 바스코 다 가마가 희망봉을 돌고 난 이후 그를 인도양으로 안내했던 것은 우연의 일치 그 이상의 사건이었다.

다(多)중심의 세계사 모델을 향하여

중국과 이슬람 세계의 접촉을 통해 축적된 아시아의 지식이 가진 세계사적 중요성을 정의해보자. 1500년 이후, 아시아의 두 사회는 대부분 비공식적인 교역을 통해 어느 정도 계속 상호 교류를 해나갔다. 그러나 이 접촉의 규모와 특성은 아시아에서 새로운 유럽인 세력이 적극적으로 활약하면서 크게 변화했다. 사실 유럽인은 이렇게 전수된, 세계에 대한 지식을 가장 훌륭하게 활용한 집단으로서의 위상을 가지게 되었다. 중국과 무슬림 세계 사이의 교류가 보여주는 장기간의 흥망성쇠는 이 사회들의 역사를 이해하는 데에 있어서 중요한 것이다. 그러나 세계사의 넓은 관점에서부터 그 관련성을 고려하는 것이 막상 중요하다. 그래야 다가올 수십 년 동안 접촉의 역사를 연구하는 데 있어 더 좋은 모델을 제공할 수 있게 된다. 문화 간 접촉의 모든 형태를 동등한 수준으로 자리매김하는 것이다.

　　전근대의 중국-이슬람의 접촉이 보여주는 더욱 큰 그림을 살펴보자. 상품을 추구하는 것은 거대한 규모의 교류를 야기하고, 이는 결국 지리 지식의 이동을 야기하게 되었다. 분명히 한 사회의 항로, 교역 물품, 역사, 문화적 관습에 대해 새로 획득한 정보는 이러한 지식을 얻은 사람들의 세계관에 영향을 끼쳤다. 서로 다른 사회가 세계에서 서로 멀리 떨어진 지역이라고 생각했더라도 다른 사회에 대해 배울 가치가 있고 그들과 교역을 할 의미가 있다는 것을 사람들이 점점 인식하게 되었던 것이다. 중국과 이슬람 사회가 서로 접촉을 하게 된 직후, 교류를 하던 양측의 지리학자들은 서로의 영토를 지도로 그리기 시작했고, 지리적 맥락 속에서 두 사회와 서로 간의 관계를 보여주는 세계지도를 결국 만들어냈다. 개념적으로, 지리학자들은 자신들이 그리는 지도들에 스스로가 속한 사회를 중심적인 위치에 두게 되지만 시대가 지나면서 다른 사회의 영토 윤곽이 점점 미묘해지면서도 정확성을 띠게 되었다. 학자들은 다른 지역을 실제로 방문했던 사람 혹은 그러한 사람과 대화를 나누었던 이들로부터 새로운 정보를 계속 확보했다. 많은 요소(상업 시장의 확장, 정치적 통제와 안전의 확대, 광범한 세계에 대한 늘어나는 호기심)가 모두 겹쳐지면서 지식을 계속 추구할 동기를 만들어냈다.

  초기 근대부터 제작되어 종종 새로운 영토를 정복하기 위한 국가의 안건들을 반영했던 유럽의 세계지도와는 대조적으로,[05] 전근대 중국과 이슬람 세계의 지도들은 오랜 시기에 걸쳐 두 사회 사이에서 이루어진 상업과 학문의 교류가 증대했던 흔적을 보여주는 기회를 제공한다. 물론 이러한 교류가 항상 평화적이지는 않았지만, 증거들은 중국과 이슬람 사회의 많은 작가가 서로를 대체로 호의적으로 보고 있었음을 암시한다. 이 책에서 검토한 무슬림 저자들은 중국인이 솜씨가 뛰어나고 수공업에 능숙하다고 서술했고, 중국의 광범한 영토와 체계적인 정치 및 법적 제도, 정교한 문화 그리고 재산을 높이 평가했다. 중국인 저자들도 비슷하게 긍정적인 모습을 그렸는데, 무슬림들이 훌륭한 문화를 가진 부유하면서도 품위 있는 사람들이라는 특징을 묘사했다. 대부분 이러한 특징 부여는 사실에 입각한 지식에 근거를 두고 있었다. 비록 때때로 환상적인 이야기 혹은 전설

---

05 Skelton, *Explorers' Maps*.

들이 포함되기는 했지만 말이다.

  전근대 중국인과 무슬림 사이의 접촉을 보여주는 시기의 자료들은 주로 교역을 주제로 삼아 서술했고, 지리학자들의 관심도 반영되었다. 중국에서는 중국 중심의 세계관을 수립하려고 정치적 동기가 추가되기도 했다. 이는 유럽인의 관점에서 이야기하는 '식민화'에 대한 관심으로부터 촉발된 것이 아니었다. 중국인은 전통적으로 그러한 개념을 가진 적이 없었다. 그러나 세계에 대한 중국의 접근은 종종 중국인이 정치적, 도덕적 정점에 위치한 계서(階序)에 비중국인들을 복속시켜야만 하는 조공 체계를 강제하려는한 희망에 의해 추진되었다. 그러한 상황에서는 관념적으로 불평등한 맥락 속에서 실제 경제적 이득을 가져오는 물품의 교류가 이루어졌다. 정화의 항해는 이를 보여주는 좋은 사례이다. 그들은 방문하는 국가들을 군사적으로 정복할 수 있는 능력을 분명히 보유했음에도 불구하고, 명의 함대는 단지 중국의 우위를 인정하고 제국의 수도를 향해 주기적으로 조공을 바치겠다는 약속을 받는 것만을 목표로 삼았다. 그렇게 하면서 명조정은 몇 세기 동안 인도양에서 중국의 힘과 위신을 확립하고, 중국이 그 교역을 장악하게 되기를 희망했던 것이다. 이슬람 세계에서 중국인과 적극적 관계를 유지했던 무슬림의 대부분은 상인이었다. 이러한 상인들은 모국에서 높은 가격을 받는 상품을 찾으려고 중국에 왔다. 그중 일부는 중국에 정착했고, 그러면서 이슬람교 신봉자들의 확장된 디아스포라(아랍어로 움마라고 한다)의 일부가 되었다. 이븐 바투타와 같은 극소수의 사람들이 단순히 지식(경건한 무슬림의 중요한 의무였다)을 목적으로 여행했다. 두 사회 사이에서 열려 있었던 인도양의 해로는 지리학자들이 군사적 정복보다 더 중요하다고 간주했을 것으로 보이는 상업적, 문화적 관계를 발전시키는 데에 작동했다.

결론을 내리기 위해서, 중국과 이슬람 사회의 장기적이면서도 동적이었던 접촉은 서로 다른 사회 출신으로 여러 문화를 보유한 다양한 부류의 사람들에 의존했다는 사실을 강조하는 것이 적합해 보인다. 몽골인은 가장 두드러지는 사례를 제공한다. 힘으로 중국과 이슬람 사회를 연결한 북쪽 몽골리아 출신의 이 유목민들은 피정복민의 정주 문화를 아주 적극적으로 받아들였고, 종종 창조적인 방법으로 '몽골의 멍에 아래에서' 문화적 교류가 이루어지는 기회를 많이 창출했다. 이는 중앙아시아의 초원지대에서 남아시아의 바다에 이르는 지역에 살았던 사람들, 동아시아와 서아시아의 다양한 민족 집단 중에서 단지 하나의 중요한 예에 해당될 뿐이다. 교류의 다양한 층위가 접촉과 교환의 전체 체계를 형성했고, 지식의 전파가 일어날 수 있는 다양한 채널을 만들어냈다.

전근대 시기 다양한 사회 사이의 물품 및 정보 교환과 긴밀한 연계는 몽골제국처럼 종종 군사적 정복에 의해 시작되었다. 이와는 대조적으로, 다양한 중심과 세계화된 사회로 특징을 설명할 수 있는 21세기 사회는 정치·군사적 갈등보다는 실용적인 상업적 접촉을 통해서 가장 많이 교류하는 경향이 있다. 비록 정치·군사적 갈등이 여전히 오늘날의 사회에서 역할을 하고 있지만 말이다. 이러한 점을 염두에 두면, 유럽 중심주의 모델을 극복하고 다중심 모델이 세계 역사의 지난 시대에 어떻게 적용될 수 있는지를 생각하는 것이 도움이 될 수 있다. 대략 같은 수준의 발전을 경험했던 두 사회, 즉 중국과 이슬람 세계 사이의 전근대 시기 관계는 식민화를 통한 만남에서 종종 찾을 수 있는 불평등한 접촉 패턴과는 상당히 다른 문화 간 교류를 분석하기 위한 대안 모델을 제공한다. 이는 우리에게 과거는 물론이고, 세계화된 우리의 세계를 만든 새로운 형태의 교류를 이해할 충분한 아이디어와 새로운 교훈을 제공할 것이다.

참고문헌

사료

'Abd al-Malik ibn Muḥammad Thaʿālibī(961 혹은 962-1037 혹은 1038). *The Book of Curious and Entertaining Information*. Translated by C. E. Bosworth. Edinburgh: Edinburgh University Press, 1968.

Abū al-Fidā' al-Ḥamawī(1331년 사망). *Géographie d'Aboulféda*. Translated by Joseph-Toussaint Reinaud and annotated by Fuat Sezgin. Frankfurt am Main: Institute for the History of Arabic-Islamic Science at the Johann Wolfgang Goethe University, 1998.

_____. *Kitāb Taqwīm al-buldān* [The book of survey of the lands, 1321년경]. Frankfurt am Main: Institute for the History of Arabic-Islamic Science at the Johann Wolfgang Goethe University, 1985.

Abū-Zayd Ḥasan al-Ṣīrāfī(10세기). *Aḫbār aṣ-Ṣīn wa l-Hind. Relation de la Chine et de l'Inde rédigée en 851*. Translated by Jean Sauvaget. Paris: Belles Lettres, 1948.

_____. *Ancient Accounts of India and China by Two Mohammedan Travellers, Who Went to Those Parts in the 9th Century*. Translated by Eusebius Renaudot. London: Sam. Harding at the Bible and Anchor on the Pavement in St. Martins-Lane, 1733.

_____.『中國とインドの諸情報』, 家島彦一 譯註. 東京: 平凡社, 2007. 2卷.

_____. *Relation des voyages faits par les Arabes et les Persans dans l'Inde et à la Chine dans le IXe siècle de l'ère chrétienne, Arabic text with French translation and commentary*. Translated by M. Reinaud. Osnabruck: O. Zeller, 1988.

Aḥmad b. Mājid al-Najdī(1462-1498년에 활약). *Arab Navigation in the Indian Ocean before the Coming of the Portuguese, being a translation of Kitāb al-fawā'id fī uṣūl 'ilm al-baḥr wa-l-qawā'id of Aḥmad b. Mājid al-Najdī*. Translated by G. R. Tibbetts. London: The Royal Asiatic Society of Great Britain and Ireland, 1971.

_____. *Kitāb al-fawā'id fī uṣūl 'ilm al-baḥr wa-l-qawā'id* [The book of profitable things concerning the first principles and rules of navigation]. Dimashq: al- Maṭba'ah al-Ta'āwunīyah, 1971.

Ahmad, S. Maqbul. *Arabic Classical Accounts of India and China*. Shimla: Indian Institute of Advanced Study, 1989.

Ahmad, S. Maqbul, ed. *Al-Mas'ūdī Millenary Commemoration Volume*. Aligarh: Indian Society for the History of Science, 1960.

Anonym. *The Periplus Maris Erythraei: Text with Introduction, Translation, and Commentary*. Translated by Lionel Casson. Princeton, NJ: Princeton University Press, 1989.

_____. 村川堅太郎 譯註, 『エリュトゥラー海案內記』, 東京: 中央公論社, 1993.

Arabian Nights: The Marvels and Wonders of the Thousand and One Nights. Translated by Richard F. Burton, and edited by Zack Zipes. New York: Signet Classic, 1991. 2 vols.

Bākran, Muḥammad ibn Najīb(1208년에 활약). *Dzhakhān name (Kniga o mire)* [세계의 책]. Edited by Iu. E. Borshchevskii. Moscow: Izdatel'stvo vostochnoi literatury, 1960.

_____. *Jahān-nāmah* [세계의 책]. Tehran: Ibn-I Sīnā, 1963.

Bretschneider, Emil(1833-1901). *Mediaeval Researches from Eastern Asiatic*

Sources: Fragments towards the Knowledge of the Geography and History of Central and Western Asia from the 13th to the 17th Century. London: Routledge & Kegan, 1910 [1888]. 2 vols.

Budge, E. A. Wallis, Sir(1857-1934). *The monks of Kûblâi Khân, Emperor of China*. London: The Religious Tract Society, 1928.

Buzurg b. Shahriyār(10세기). *The Book of the Wonders of India: Mainland, Sea and Islands*. Translated by G. S. P. Freeman-Grenville. London: East-West Publications, 1981.

陳大震.『大德南海志殘本』.廣州:廣州市地方志硏究所, 1986.

陳振孫(1183년경-1262).『直齋書錄解題』.上海:商務, 1937.

『大元聖政國朝典章』.北京:中國廣播電視出版社, 1998. 3卷

Dimashqī, Shams al-Dīn Muḥammad ibn Abī Ṭālib(1256-1327). *Manuel de la cosmographie du Moyen age(Nukhbat al-dahr fī 'ajā'ib al-barr wa-'l-baḥr)*. Translated and annotated by M. A. F. Mehren. Copenhagen: Institute for the History of Arabic-Islamic Science at the Johann Wolfgang Goethe University, 1994[1874].

_____. *Nukhbat al-dahr fī 'ajā'ib al-barr wa-'l-baḥr* [The choice of the age, on the marvels of land and sea]. Frankfurt am Main: Institute for the History of Arabic-Islamic Science at the Johann Wolfgang Goethe University, 1994[1865-1866].

杜環(751-761년에 활약).『經行記箋注』.張一純 箋注..北京:中華書局, 2000.

杜佑(735-812).『通典』.北京:中華書局, 1988.

Elliot, Henry Miers(1808-1853). *The History of India, as Told by Its Own Historians: the Muhammadan Period*. Edited from the posthumous papers of Sir Henry

Miers Elliot by John Dowson. Frankfurt am Main: Institute for the History of Arabic-Islamic Science at the Johann Wolfgang Goethe University, 1997.

房玄齡(579-648) 編, 『晉書』. 北京: 中華書局, 1974.

法顯(337년경-422). 『法顯傳校注』. 章巽 校注. 上海: 上海古籍出版社, 1985.[法顯 著, 李載昌 譯, 『法顯傳』, 東國大學校佛典刊行委員會, 1980.]

費信(1409-1430년에 활약). 『星槎勝覽校注』. 馮承鈞 校注. 臺北: 臺灣 商務印書館, 1962.[비신 지음, 박세욱 역주, 『서양으로 간 명나라 사신들의 기록 - 『성사승람』 역주』, 영남대학교출판부, 2023.]

_____. *Xing cha sheng lan: the Overall Survey of the Star Raft*. Translated by J. V. G. Mills. Wiesbaden: Harrassowitz, 1996.

Ferrand, Gabriel. *Relations de voyages et texts géographiques arabes, persans et turks relatifs a l'extrême-orient du VIIIe au XVIIIe siècles*. Paris: E. Leroux, 1913-1914.

權近(1352-1409). 『陽村集』. 서울: 솔 출판사, 1997.

Ḥamd Allāh Mustawfī al-Qazwīnī(1281년경-1339). *Geographical Part of the Nuzhat al-Qulub composed by Hamd-Allah Mustawfi of Qazwin in 740*(1340). Edited and translated by G. Le Strange. Leyden: E. J. Brill, 1919. Vol.1 in Persian and Vol.2 in English.

何喬遠(1558-1632). 『閩書』. 福州: 福建人民出版社, 1995. 5卷

Herodotus(기원전 5세기). *The Histories*. Translated by Aubrey De Sélincourt. London: Penguin Books, 2003.[헤로도토스 지음, 천병희 옮김, 『역사』, 숲, 2009.]

Ḥudūd al-ʿĀlam. *"The Regions of the World": A Persian Geography 372 A.H.-982 A.D*. Translated by V. Minorsky. Frankfurt am Main: Institute for the History of Arabic-Islamic Science at the Johann Wolfgang Goethe University, 1993.

慧超(704-783). 『往五天竺國傳箋釋』. 張毅 箋釋. 北京: 中華書局, 2000.[혜초 지음,

정수일 역주, 『혜초의 왕오천축국전』, 학고재, 2004.]

Ibn al-Faqīh(902년에 활약). *Compendium libri Kitāb al-Boldān* [A book of the countries]. *Bibliotheca Geographorum Arabicorum*, Vol. 5, edited by M. J. de Goeje, Lugduni-Batavorum, 1885.

Ibn al-Nadīm, Muḥammad b. Isāaq(987년에 활약). *The Fihrist of al-Nadīm: a Tenth-Century Survey of Muslim Culture*. Edited and translated by Bayard Dodge. New York: Columbia University Press, 1970.

Ibn Baṭṭūṭa(1304-1378). 『大旅行記』. 家島彦一 譯注. 東京: 平凡社, 1996-2002. 8 卷.[이븐 바투타 지음, 정수일 역주, 『이븐 바투타 여행기』, 창작과 비평사, 2001.]

_____. *The Travels of Ibn Battutah*. Edited by Tim Mackintosh-Smith. London: Picador, 2003.

_____. *The Travels of Ibn Battuta A.D. 1325-1354. Translated with Revisions and Notes from the Arabic Text Edited by C. Défrémery and B. R. Sanguinetti*. Translated, revised, and annotated by H. A. R. Gibb. Cambridge: The Hakluyt Society, 1958-2000. 5 vols.

_____. *Voyages d'Ibn Batoutah: texte arabe, accompagné d'une traduction*. Edited by C. Defrémery and B. R. Sanguinetti. Paris: Imprimerie impériale, 1853-1858.

Ibn Khaldūn(1332-1406). *Al-Muqaddimah* [The introduction]. Al-Dār al-Bayḍa (Casablanca): Khizānat Ibn Khaldūn, Bayt al-Funūn wa-l-'Ulūm wa-l-Ādāb, 2005. 3 vols.

_____. *Muqaddimah, an Introduction to History*. Translated by Franz Rosenthal. Princeton, NJ: Princeton University Press, 1967.[이븐 할둔 지음, 김호동 옮김, 『역사서설: 아랍, 이슬람, 문명』, 까치, 2003.]

Ibn Khurradādhbih(848년에 활약). *Kitāb al-Masālik wa 'l-mamālik* [Book of routes and realms]. Edited by M. J. de Goeje. Leiden: E. J. Brill, 1889.

al-Idrīsī, al-Sharīf (1100-1165 혹은 1166). *Géographie d'Edrisi*. Translated by P. Amédée Jaubert. Frankfurt am Main: Institute for the History of Arabic-Islamic Science at the Johann Wolfgang Goethe University, 1992[1836-1840].

_____. *India and the Neighboring Territories in the Kitāb Nuzhat al-Mushtāq fi'khtirāq al-'afāq of al-Sharīf al-Idrīsī*. Translated by S. Maqbul Ahmad. Leiden: E. J. Brill, 1960.

_____. *Nuzhat al-mushtāq fī ikhtirāq al-āfāq*[The pleasure of him who longs to cross the horizons]. Edited by R. Rubinacci and U. Rizzitano. Napoli: Istituto Universitario Orientale, repr. PortSaid, n.d, 1970.

Jahn, Karl. *Die Chinageschichte des Rašīd ad-Dīn*. Vienne: Österreichischen Akademie der Wissenschaften, 1971.

Jan Yün-hua. *A Chronicle of Buddhism in China, 581-960 A.D.: Translations from Monk Chih-p'an's Fo-tsu t'ung-chi*. Santiniketan, 1966.

Juwaynī, 'Alā' al-Din' 'Aṭā Malik(1226-1283). *The History of the World Conqueror*. translated from the text of Mirza Muhammad Qazvini by John Andrew Boyle. Manchester: Manchester University Press, 1997.

al-Kāshgharī, Maḥmūd(11세기). *Compendium of the Turkic Dialects(Diw'an' Luyāt at-Turk)*. Translated by Robert Dankoff. Cambridge, MA: The Harvard University Printing Office, 1982-1985.

林之奇(1112-1176). 『拙齋文集』. 臺北: 臺灣 商務印書館, 1971.

李燾(1114-1183). 『續資治通鑑長編』. 北京: 中華書局, 1979-1995.

劉煦(887-946). 『舊唐書』. 北京: 中華書局, 1975.

劉郁(1260년대에 활약). 『西使記』. 叢書集成初編本. 上海: 商務印書館, 1936.

李志常(1193-1256). *The Travels of an Alchemist: the Journey of the Taoist, Ch'ang-ch'un, from China to the Hindukush at the Summons of Chingiz Khan, recorded by his disciple, Li Chih-ch'ang*. Translated by Arthur Waley. London: George Routledge & Sons, Ltd, 1931.

羅洪先(1504-1564).『廣輿圖』. 臺北: 學海出版社, 1969.

馬歡(1414-1451년에 활약).『明鈔本《瀛涯勝覽》校注』. 萬明 校注. 北京: 海洋出版社, 2005.[마환 지음, 홍상훈 번역 및 주해,『영애승람 역주』, 동문연, 2021; 마환 지음, 박세욱 역주,『영애승람 역주』, 세창, 2023.]

_____. *Ying-yai Sheng-lan: The Overall Survey of the Ocean's Shores*. Translated by J. V. G. Mills. London: Hakluyt Society, 1970.

Major, R. H. *India in the Fifteenth Century: Being a Collection of Narratives of Voyages to India*. London: The Hakluyt Society, 1857.

Marwazī(1056-1120년에 활약). *Sharaf al-Zamān Ṭahir Marvazī on China, the Turks and India: Arabic Text(circa A.D.1120) with an English Translation and Commentary*. Translated by V. Minorsky. Frankfurt am Main: Institute for the History of Arabic-Islamic Science at the Johann Wolfgang Goethe University, 1993[1942].

al-Masʿūdī, Abū al-Ḥasan ʿAlī b. al-Ḥusayn b. ʿAlī(896-956). *El-Mas'udi's Historical Encyclopedia: entitled "Meadows of Gold and Mines of Gems."* Translated by Aloys Sprenger. London: Printed for the Oriental Translation Fund of Great Britain and Ireland, 1841.

_____. *Les prairies d'or*[Meadows of gold]. Translated by Barbier de Meynard and Pavet de Courteille, revised and corrected by Charles Pellat. Paris: Société asiatique, 1962-1989. 5 vols.

_____. *Murūj al-dhahab wa-ma'ādin al-jawāhir* [Meadows of gold and mines of gems]. Bayrūt: Dār Ṣādir, 2005. 4 vols.

Miller, Konrad. *Mappae Arabicae: Arabische Welt- und Länderkarten*. Reprinted by Fuat Sezgin. Frankfurt am Main: Institute for the History of Arabic-Islamic Science at the Johann Wolfgang Goethe University, 1994[1926-1931]. 2 vols.

al-Muqaddasī, Muḥammad b. Aḥmad Shams al-Dīn.(946년경). *Aḥsan al-taqāsīm fī ma'rifat al-āqālīm* [The best divisions for knowledge of the climates (regions)]. *Bibliotheca Geographorum Arabicorum*, Vol. 3, edited by M. J. de Goeje, Leiden: Brill, 1976[1877].

_____. *The Best Divisions for Knowledge of the Regions: a Translation of Ahsan al-Taqasim fi Ma'rifat al-Aqalim*. Translated by Basil Anthony Collins. Reading, UK: Centre for Muslim Contribution to Civilization, Garnet Publishing, 1994.

歐陽修(1007-1072). *Biography of Huang Ch'ao[Hsīn T'ang-shū 225C. 1a-9a]*. Translated by Howard S. Levy. Berkeley: University of California Press, 1955.

_____. 『新唐書』. 北京: 中華書局, 1975.

Polo, Marco(1254-1324). *The Description of the World*. Translated and annotated by A. C. Moule and Paul Pelliot. London: G. Routledge, 1938.[김호동 역주, 『마르코 폴로의 동방견문록』, 사계절, 2000.]

_____. *The Travels of Marco Polo*. Translated by Ronald Latham. London: Penguin Books, 1958.

Ptolemy(90년경-160). *Ptolemy, Geography, Book 6: Middle East, Central and North Asia, China*. Translated by Helmut Humbach. Wiesbaden: L. Reichert, 1998-2002.

Rashīd al-Dīn(1247-1318). "Jāmiʿ al-tawārīkh[The compendium of chronicles]." 1518. Istanbul, Topkapi Sarayi Müzesi, Revan.

_____. *Die Chinageschichte des Rasīd al-Dīn*. Translated and edited by Karl Jahn. Vienna: Herman Böhlaus, 1971.

_____. *Rashiduddin Fazlullah's Jamiʿuʾt-tawarikh: Compendium of Chronicles*. Translated by W. M. Thackston. Cambridge, MA: Harvard University, Dept. of Near Eastern Languages and Civilizations, 1998. 3 vols.

_____. 『라시드 앗 딘의 집사』. 김호동 역주. 파주: 사계절, 2002-2005. 3권.

Rockhill, William. "Notes on the Relations and Trade of China with the Eastern Archipelago and the Coast of the Indian Ocean during the Fourteenth Century," Part II. *T'oung Pao* 15(1914) and 16(1915).

沈括(1031-1095). 『夢溪筆談校證』. 臺北: 世界書局, 1961.[심괄 지음, 최병규 옮김, 『몽계필담』, 범우, 2021.]

司馬光(1019-1086). 『資治通鑑』. 北京: 中華書局, 1995.[사마광 지음, 권중달 옮김, 『자치통감』, 삼화, 2000~2010.]

司馬遷(기원전 145년경-기원전 86). *Records of the Grand Historian of China, translated from the Shi chi of Ssu-ma Ch'ien, Vol.II: the age of emperor Wu 140 to circa 100 B.C.* Translated by Burton Watson. New York: Columbia University Press, 1961.

_____. 『史記』. 北京: 中華書局, 1959.[사마천 지음, 신동준 옮김, 『사기』, 위즈덤하우스, 2015.]

宋廉(1310-1381) 編. 『元史』. 北京: 中華書局, 1976.

al-Tabarī(838-923). *The History of al-Tabarī(Taʾrīkh al-rusul waʾl-mulūk): An Annotated Translation*. Translated by Jane Dammen McAuliffe. New York:

State University of New York Press, 1985-2007. 40 vols.

脫脫(1313-1355). 『宋史』. 北京: 中華書局, 1977.

Al-'Umarī, Ibn Faḍlallāh(1301-1349). *Das mongolische Weltreich: al-'Umarī's Darstellung der mongolischen Reiche in seinem Werk Masālik al-abṣār fī mamālik al-amṣār: mit Paraphrase und Kommentar*. Edited and translated by Klaus Lech. Wiesbaden: Otto Harrassowitz verlag, 1968.

_____. *Masālik al-abṣār fī mamālik al-amṣār* [Ways of perception concerning the most populous (civilized) provinces]. Casablanca: Tawzī' Sūshibrīs, 1988.

汪大淵(1311-1350). 『島夷誌略校釋』. 蘇繼頎 校釋. 北京: 中華書局, 1981.[왕대연 지음, 박세욱 역주, 『바다와 문명: 도이지략 역주』, 영남대학교출판부, 2022.]

王士點(1358년 사망). 『秘書監志』. 高榮盛 點校. 杭州: 浙江古籍出版社, 1992.

王惲(1227-1304). 『玉堂嘉話』 楊曉春 點校. 北京: 中華書局, 2006.

魏源(1794-1856). 『海國圖志』. 臺北: 成文出版社, 1967.[위원 지음, 정지호 외 역주, 『해국도지』, 세창출판사, 2021~ .]

吳文良 編. 『泉州宗敎石刻』. 吳幼雄 增訂. 北京: 科學出版社, 2005.

玄奘(602-664). 『大唐西域記校注』. 季羨林 校注. 北京: 中華書局, 1985.[김규현 역주, 『대당서역기』, 글로벌콘텐츠, 2013.]

徐松(1781-1848). 『宋會要輯稿』. 北京: 中華書局, 1957.

許有壬(1287-1364). 『至正集』. 臺北: 商務印書館, 1978.

姚廣孝(1335-1418). 『永樂大典』. 北京: 中華書局, 1959.

Yāqūt ibn 'Abd Allāh al-Ḥamawī(1179-1229). *Muʻjam al-buldān* [Dictionary of countries]. Bayrūt: Dār al-Kutub al-'Ilmīyah, 1990. 7 vols.

_____. *Yāqūt's Geographisches Wörterbuch: herausgegeben von Ferdinand Wüstenfeld*. Frankfurt am Main: Institute for the History of Arabic-Islamic

Science at the Johann Wolfgang Goethe University, 1994[1866-1873]. 6 vols.

義淨(635-713).『南海寄歸內法傳校注』.王邦維 校注.北京: 中華書局, 1995.

"Zeyl Khwāja Naṣir al-Dīn Ṭūsī bar Jahāngūshāī-yi Juwaynī." In *Tārīkh-i Jahāngūšāī*, ed. Qazwīnī. Leyden: Brill, 1937.

張廷玉(1672-1755).『明史』.北京: 中華書局, 1974.

章巽.『古航海圖考釋』.北京: 海洋出版社, 1980.

趙汝适(1170-1228). *Chau Ju-Kua: his work on the Chinese and Arab trade in the twelfth and thirteenth centuries entitled Chu-fan-chi (Description of foreign peoples)*. Translated and annotated by Friedrich F. Hirth and W. W. Rockhill. St. Petersburg: Printing Office of the Imperial Academy of Sciences, 1911.

_____.『諸蕃志』.藤善眞澄 譯.大阪: 關西大學, 1991.[조여괄 지음, 박세욱 역주,『바다의 왕국들:『제번지』역주』, 영남대학교출판부, 2019.]

_____.『諸蕃志校釋』.楊博文 校釋.北京: 中華書局, 1996.

『鄭和航海圖』.向達 整理.北京: 中華書局, 1961.

鄭鶴聲, 鄭一鈞 編.『鄭和下西洋資料彙編』(增編本).濟南: 齊魯書社, 2005. 3卷.

鄭思肖(1241-1318).『鄭思肖集』.上海: 上海古籍出版社, 1991.

志磐(13세기).『佛祖統紀』.揚州: 江蘇廣陵古籍出版社, 1991.

周密(1232-1298).『癸辛雜識』.北京: 中華書局, 1988.

周去非(12세기).『嶺外代答校注』.楊武泉 校注.北京: 中華書局, 1999.

朱彧(11-12세기).『萍洲可談』.上海: 上海古籍出版社, 1989.

연구

'Abdur Rahman, Khandkar M. "The Arab Geographer Yāqūt al-Rūmi." *Journal of the Asiatic Society* 3(1958): 23-28.

Abu-Lughod, Janet L. *Before European Hegemony: the World System A.D. 1250-1350.* New York: Oxford University Press, 1989.[재닛 아부-루고드 지음, 박흥식·이은정 옮김, 『유럽 패권 이전: 13세기 세계체제』, 까치, 2006.]

Adams, Jonathan. "Ships and Boats as Archaeological Source Material." *World Archaeology* 32.3(2001): 292-310.

Ahmad, Nafis. *Muslim Contribution to Geography*. Lahore: Ashraf Press, 1965.

Ahmad, S. Maqbul. "Cartography of al-Sharīf al-Idrīsī." In *The History of Cartography: Volume Two, Book One, Cartography in the Traditional Islamic and South Asian Societies*, edited by J. B. Harley and David Woodward, 156-174. Chicago: University of Chicago Press, 1992.

_____. ed. *Al-Masʿūdī: Millenary Commemoration Volume*. Aligarh: Indian Society for the History of Science, 1960.

_____. "Travels of Abu'l Hasan ʿAli b. al Husayn al-Masʿudi." *Islamic Culture: An English Quarterly* 28, no. 1(January 1954): 509-524.

Allen, Roger M. A. *An Introduction to Arabic Literature*. New York: Cambridge University Press, 2000.

Allsen, Thomas T. *Commodity and Exchange in the Mongol Empire: A Cultural History of Islamic Textiles*. Cambridge: Cambridge University Press, 1997.

_____. *Culture and Conquest in Mongol Eurasia*. Cambridge: Cambridge University Press, 2001.

_____. "Ever Closer Encounters: the Appropriation of Culture and the Apportionment of Peoples in the Mongol Empire." *Journal of Early Modern History* 1(1997): 2-23.

_____. "Mongolian Princes and Their Merchant Partners." *Asia Major* 2(1989): 83-126.

_____. "Mongols as vectors for cultural transmission." In *The Cambridge History of Inner Asia: Vol. 2: The Chinggisid Age*, ed. Nicola Di Cosmo and Allen J. Frank, 135-154. Cambridge: Cambridge University Press, 2009.

Amitai-Preiss, Reuven. *Mongols and Mamluks: The Mamluk Ilkhanid War, 1260-1281*. Cambridge: Cambridge University Press, 1995.

青山定雄.『唐宋時代の交通と地誌地圖の研究』. 東京: 吉川弘文館, 1963.

有高巖.「元代の海運と大元海運記」,『東洋學報』7(1917): 411-424.

Armijo-Hussein, Jacqueline Misty. "Sayyid 'Ajall Shams al-Dīn: A Muslim From Central Asia, Serving the Mongols in China, and Bringing 'Civilization' to Yunnan(A thesis presented to the committee on Inner Asian and Altaic studies)." Ph.D. diss., Harvard University, Cambridge. 1996.

Ashtor, E. "The Kārimī Merchants." *Journal of the Royal Asiatic Society of Great Britain and Ireland*(1956): 45-56.

Aubin, Jean. "Les princes d'Ormuz du XIIIe au XVe siècle." *Journal Asiatique* 241(1953): 77-138.

Aujac, Germaine, et al. "Greek Cartography in the Early Roman World." In *The History of Cartography: Volume One: Cartography in Prehistoric, Ancient and Medieval Europe and the Mediterranean*, edited by J. B. Harley and David Woodward, 161-176. Chicago: University of Chicago Press, 1987.

Ayres, John. "The Discovery of a Yuan Ship at Sinan, South-West Korea: A First Report." *Oriental Art* 24, no. 1(Spring 1978): 79-85.

Bade, David. *Khubilai Khan and the Beautiful Princess of Tumapel*. Ulaanbaatar: A.

Chuluunbat. 2002.

白壽彝. 「宋時伊斯蘭教徒底香料貿易」, 『禹貢』 7(1937): 47-77.

白壽彝, 楊懷中 編. 『回族人物志』. 銀川: 寧夏人民出版社, 1985. 2卷.

Barfield, Thomas J. *The Perilous Frontier: Nomadic Empires and China, 221 BC to AD 1757*. Cambridge: Blackwell, 1989.[토마스 바필드 지음, 윤영인 옮김, 『위태로운 변경』, 동북아역사재단, 2009.]

Barthold, W. *Turkestan down to the Mongol Invasion*. Translated from the original Russian and revised by the author with the assistance of H. A. R. Gibb. Frankfurt am Main: Institute for the History of Arabic-Islamic Science at the Johann Wolfgang Goethe University, 1995[1928].

Bausani, A. "Religion under the Mongols." In *The Cambridge History of Iran*, Vol. 5, edited by J. A. Boyle, 538-549. London: Cambridge University Press, 1968.

Bearman, P. J. et al., eds. *The Encyclopaedia of Islam*, 2nd Edition. Leiden: Brill, 1954-2005. 12 vols.

Beckingham, C. F. "The Riḥla: Fact of Fiction?" In *Golden Roads: Migration, Pilgrimage and Travel in Mediaeval and Modern Islam*, edited by I. Netton, 86-94. Richmond, UK: Curzon Press, 1993.

Beckwith, Christopher I. *The Tibetan Empire in Central Asia: a History of the Struggle for Great Power among Tibetans, Turks, Arabs, and Chinese during the Early Middle Ages*. Princeton, NJ: Princeton University Press, 1987.

Bennison, Amira K. *The Great Caliphs: The Golden Age of the 'Abbasid Empire*. New Haven & London: Yale University Press, 2009.

Bentley, Jerry H. *Old World Encounter: Cross-Cultural Contacts and Exchanges in*

Pre-Modern Times. New York: Oxford University Press, 1993.[제리 벤틀리 지음, 김병화 옮김, 『고대 세계의 만남: 교류사로 읽는 문명 이야기』, 학고재, 2006.]

Biran, Michal. *Chinggis Khan*. Oxford: Oneworld, 2007.

_____. *Qaidu and the Rise of the Independent Mongol State in Central Asia*. Richmond: Curzon, 1997.

_____. "The Mongols in Central Asia from Chinggis Khan's invasion to the rise of Temür: Ögödeid and Chaghadaid realms." In *The Cambridge History of Inner Asia*: Vol. 2: The *Chinggisid Age*, ed. Nicola Di Cosmo and Allen J. Frank, 46-66. Cambridge: Cambridge University Press, 2009.

_____. *The Qara Khitai Empire in Eurasian History: Between China and the Islamic World*. Cambridge: Cambridge University Press, 2005.

Birrell, Anne, trans. *Classic of Mountains and Seas*. London: Penguin Books, 1999.

Black, Jeremy. *Visions of the World: A History of Maps*. London: Octopus Publishing Group Ltd, 2003.[제러미 블랙 지음, 김요한 옮김, 『세계 지도의 역사』, 지식의숲, 2006.]

Bloom, Jonathan M. "Lost in Translation: Gridded Plans and Maps along the Silk Road." In *The Journey of Maps and Images on the Silk Road*, edited by Philippe Forêt and Andreas Kaplony, 83-96. Leiden: Brill, 2008.

_____. *Paper before Print: the History and Impact of Paper in the Islamic World*. New Haven, CT: Yale University Press, 2001.

Bol, Peter. *'This Culture of Ours': Intellectual Transitions in T'ang and Sung China*. Stanford, CA: Stanford University Press, 1992.

Bosworth, C. E. "An Alleged Embassy from the Emperor of China to the Amir Naṣr b. Ahmad: a Contribution to Sâmânid Military History." In *Yâd-nâme-ye īrānī-ye Minorsky*, edited by M. Minovi and I. Afshar, 17-29. Tehran: Uden Forlag, 1969.

Boyle, John. A. "Dynastic and Political History of the Īl-Khāns." In *The Cambridge History of Iran*, Vol. 5, edited by J. A. Boyle, 303-421. London: Cambridge University Press, 1968.

_____. "The Death of the Last ʿAbbāsid Caliph: a Contemporary Muslim Account." *Journal of Semitic Studies* 6(1961): 145-161.

Braudel, Fernand. *La Méditerranée et le Monde Méditerranéen a l'époque de Philippe II*. Paris: Colin, 1949.[페르낭 브로델 지음, 주경철 외 옮김, 『지중해: 펠리페 2세 시대의 지중해 세계』, 까치, 2017~2019.]

Bretschneider, Emil. "Chinese Medieval Notices of Islam." *The Moslem World* 19, no. 1(January 1929): 52-61.

Brice, William C. "Early Muslim Sea-Charts." *Journal of the Royal Asiatic Society of Great Britain and Ireland* 1(1977): 53-61.

Browne, Edward G. *A History of Persian Literature under Tartar Dominion(A.D. 1265-1502)*. Cambridge: Cambridge University Press, 1920.

Busse, Heribert. "Arabische Historiographie und Geographie." In *Grundriss der Arabischen Philologie*, Vol. II, *Literaturwissenschaft*, edited by Helmut Gätje, 293-296. Wiesbaden: Reichert, 1987.

Campbell, Tony. "Portolan Charts from the Late Thirteenth Century to 1500." In *The History of Cartography: Volume One: Cartography in Prehistoric, Ancient and Medieval Europe and the Mediterranean*, ed. J. B. Harley and David Woodward, 371-463. Chicago: University of Chicago Press, 1987.

曹婉如 等 編. 『中國古代地圖集: 戰國-元』. 北京: 文物出版社, 1990.

Carboni, Stefano. *Glass from Islamic Lands*. New York: Thames & Hudson Inc. 2001.

Casale, Giancarlo. *The Ottoman Age of Exploration*. New York: Oxford University Press, 2010.

Chaffee, John W. "Diasporic Identities in the Historical Development of the Maritime Muslim Communities of Song-Yuan China." *The Journal of the Economic and Social History of the Orient* 49.4(2006): 395-420.

_____. "Maritime Tribute and Maritime Trade from the Southern Seas in the Early Song." Unpublished paper presented at the annual meetings of the Association for Asian Studies, Boston, March 2007.

_____. "The Impact of the Song: Imperial Clan on the Overseas Trade of Quanzhou." In *The Emporium of the World: Maritime Quanzhou, 1000-1400*, edited by Angela Schottenhammer, 13-46. Leiden: Brill, 2001.

Chan, Hok-lam. "The Chien-wen, Yung-lo, Hung-his, and Hsüan-te reigns, 1399-1435." In *The Cambridge History of China*. Vol. 7: *The Ming Dynasty, 1368-1644*, Part 1, edited by Denis Twitchett and Frederick W. Mote, 182-304. Cambridge: Cambridge University Press, 1988.

晁中辰. 『明代海禁與海外貿易』. 北京: 人民出版社, 2005.

Chaudhuri, K. N. *Trade and Civilisation in the Indian Ocean: An Economic History from the Rise of Islam to 1750*. Cambridge: Cambridge University Press, 1985.

陳達生. 『泉州伊斯蘭敎石刻』. 福州: 福建人民出版社, 1984.

Chen Dasheng, and Denys Lombard. "Foreign Merchants in Maritime Trade in Quanzhou('Zaitun'): Thirteenth and Fourteenth Centuries." In *Asian Merchants and Businessmen in the Indian Ocean and the China Sea*, edited by Denys Lombard and Jean Aubin, 19-24. Oxford: Oxford University Press, 2000.

陳高華.『元大都』. 北京: 北京出版社, 1982.
_____.「元代的航海世家澉浦楊氏」,『海交史硏究』1(1995): 4-18.
陳高華, 陳尙勝.『中國海外交通史』. 臺北: 文津出版社, 1997.
陳高華, 吳泰.『宋元時期的海外貿易』. 天津: 天津人民出版社, 1981.
陳高華, 吳泰, 郭松義.『海上絲綢之路』. 北京: 海洋出版社, 1991.
陳佳榮, 謝方, 陸峻嶺.『古代南海地名彙釋』. 北京: 中華書局, 1986.
陳信雄.「宋元的遠洋貿易船」,『中國海洋發展史論文集』. 2卷, 臺北: 中央硏究院三民主義硏究所, 1986.
Chung Kei Won, and George F. Hourani. "Arab Geographers on Korea." *Journal of the American Oriental Society* 58, no. 4(December 1983): 658-661.
Clark, Alfred. "Medieval Arab Navigation on the Indian Ocean: Latitude Determinations." *The Journal of the American Oriental Society* 113(1993): 360-373.
Clark, Hugh R. "Muslims and Hindus in the Culture and Morphology of Quanzhou from the Tenth to the Thirteenth century." *Journal of World History* 6, no. 1(Spring 1995): 49-74.
Congreve, H. "A Brief Notice of Some Contrivances Practiced by the Native Mariners of the Coromandel Coast, in Navigating, Sailing and Repairing their Vessels." In *Introduction: à L'astronomie Nautique Arabe*, edited by Gabriel Ferrand, 25-30. Paris: Librairie Orientaliste Paul Geuthner, 1928.
Conservation and Restoration Report of Shinan Ship. 목포: 국립해양유물전시관, 2004.
Curtin, Philip D. *Cross-Cultural Trade in World History(Studies in Comparative World History)*. Cambridge: Cambridge University Press, 1984.[필립 D. 커틴 지음,

김병순 옮김, 『(경제 인류학으로 본) 세계 무역의 역사』, 모티브Book, 2007.]

Dalen, Benno van. "Islamic and Chinese Astronomy under the Mongols: A Little-Known Case of Transmission." In *From China to Paris: 2000 Years Transmission of Mathematical Ideas*, edited by Yvonne Dold-Samplonius et al., 327-356. Stuttgart: Steiner, 2002.

de la Vaissière, Étienne. *Sogdian Traders: A History(Handbook of Oriental Studies)*. Boston: Brill, 2005.

De Weerdt, Hilde. "Maps and Memory: Readings of Cartography in Twelfth- and Thirteenth-Century Song China." *Imago Mundi* 61, no. 2(2009): 155-157.

Di Cosmo, Nicola. *Ancient China and its Enemies: The Rise of Nomadic Power in East Asian History*. New York: Cambridge University Press, 2002.[니콜라 디 코스모 지음, 이재정 옮김, 『오랑캐의 탄생』, 황금가지, 2005.]

Dilke, O. A. W. "The Culmination of Greek Cartography in Ptolemy." In *The History of Cartography: Volume One: Cartography in Prehistoric, Ancient and Medieval Europe and the Mediterranean*, edited by J. B. Harley and David Woodward, 177-200. Chicago: University of Chicago Press, 1987.

Donini, Pier Giovanni. *Arab Travelers and Geographers*. London: Immel, 1991.

Drake, F. S. "Mohammedanism in T'ang Dynasty." *Monumenta Serica*, vol. VIII, 1943.

Dreyer, Edward L. *Zheng He: China and the Oceans in the Early Ming Dynasty, 1405-1433*. New York: Pearson Longman, 2007.

Dunn, Ross, E. *The Adventures of Ibn Battuta: A Muslim Traveler of the 14th Century*. Berkeley: University of California Press, 1986.

Edson, Evelyn. *The World Map, 1300-1492: The Persistence of Tradition and*

Transformation. Baltimore: The Johns Hopkins University Press, 2007.

Edson Evelyn and Emilie Savage-Smith. *Medieval Views of the Cosmos*. Oxford: Bodleian Library, 2004.

Elvin, Mark. *The Pattern of the Chinese Past*. Stanford, CA: Stanford University Press, 1973.[마크 엘빈 지음, 이춘식 외 옮김, 『중국역사의 발전형태』, 신서원, 1989.]

Endicott-West, Elizabeth. "Merchants Associations in Yüan China: The Ortoү." *Asia Major* 2(1989): 127-154.

Enoki Kazuo. "The Liang chih-kung-t'u 梁職貢圖." In *Studia Asiatica: the collected papers in Western languages of the late Dr. Kazuo Enoki*. 東京: 汲古書院, 1998.

潘晟, 『宋代地理學的觀念·體系與知識興趣』. 北京大學校 博士學位論文, 2008.

Ferrand, Gabriel. *Instructions Nautiques et Routiers Arabes et Portugais des XVe et XVIe siècles*. Paris: Geuthner, 1921.

Finlay, Robert. "How Not to (Re)Write World History: Gavin Menzies and the Chinese Discovery of America." *Journal of World History* 15, no. 2(2004): 229-242.

_____. "The Treasure Ships of Zheng He: Chinese Maritime Imperialism in the Age of Discovery." *Terrae Incognitae* 23(1991): 1-12.

Flecker, Michael. "A Ninth-Century AD Arab or Indian Shipwreck in Indonesia: first evidence for direct trade with China." *World Archaeology* 32, no. 3(2001): 335-354.

_____. *The Archaeological Excavation of the 10th Century: Intan Shipwreck*. Oxford: Archaeopress, 2002.

Franke, Herbert. "Aḥmad (?-1282)." In *In the Service of the Khan*, edited by Igor de Rachewiltz, et al, 539-557. Wiesbaden: Harrassowitz Verlag, 1993.

Franke, Herbert and Denis Twitchett. *The Cambridge History of China*. Vol. 6: *Alien Regimes and Border States, 907-1368*. Cambridge: Cambridge University Press, 1994.

Fuchs, Walter. *The "Mongol atlas" of China by Chu Ssu-pen, and the Kuang-yü-t'u*. Peiping: Fu Jen University, 1946.

福建省泉州海外交通史博物館. 『泉州灣宋代海船的發掘與研究』. 北京: 海洋出版社, 1987.

藤井讓治, 杉山正明, 金田章裕 編. 『繪圖·地圖からみた世界像』. 京都: 京都大學大學院文學研究會, 2004.

Gibbins, David and Jonathan Adams. "Shipwrecks and maritime archaeology." *World Archaeology* 32, no. 3(2001): 279-291.

Gies, Frances Carney. "Al-Idrisi and Roger's Book." *Saudi Aramco World* 28.4(July/August 1977): 14-19.

Goitein, S. D. *Letters of Medieval Jewish Traders*. Princeton, NJ: Princeton University Press, 1973.

Gruendler, Beatrice. "Tawqīʿ(Apostille)." In *The Weaving of Words: Approaches to Classical Arabic Prose*, edited by Lale Behzadi and Vahid Behmardi, 101-130. Beirut: The German Orient-Institut Beirut, 2009.

Gutas, Dimitri. *Greek thought, Arab Culture: the Graeco-Arabic Translation Movement in Baghdad and Early Abbasid Society(2nd-4th/8th-10th Centuries)*. New York: Routledge, 1998.

Hall, Kenneth R. "Indonesia's Evolving International Relationship in the Ninth to Early Eleventh Centuries: Evidence from Contemporary Shipwrecks and Epigraphy." *Indonesia*, 90(October 2010): 1-31.

_____. "Local and International Trade and Traders in the Straits of Melaka Region: 600-1500." *Journal of the Economic and Social History of the Orient* 47, no. 3(2004): 213-260.

_____. "Ports of Trade, Maritime Diasporas, and Networks of Trade and Cultural Integration in the Bay of Bengal Region of the Indian Ocean: c.1300-1500." In *Empires and Emporia: The Orient in World Historical Space and Time*, edited by Jos Gommans. Leiden: E. J. Brill, 2010.

_____. *Secondary Cities and Urban Networking in the Indian Ocean Realm, c. 1400-1800*. Lanham, MD: Lexington Books, 2008.

_____. *The Growth of Non-Western Cities: Primary and Secondary Urban Networking, c. 900-1900*. Lanham, MD: Lexington Books, 2011.

韓儒林 等. 『元朝史』. 北京: 人民出版社, 1986. 2卷.

Hargett, James M. "Song Dynasty Local Gazetteers and Their Place in the History of Difangzhi Writing." *Harvard Journal of Asiatic Studies* 56, no. 2(December 1996): 405-442.

Hartner, Willy. "The Astronomical Instruments of Cha-ma-lu-ting, Their Identification, and Their Relations to the Instruments of the Observatory of Marāgha." *Isis* 41(1950): 184-194.

Hartwell, Robert M. "Demographic, Political, and Social Transformations of China." *Harvard Journal of Asiatic Studies* 42(1982): 365-442.

_____. "Foreign Trade, Monetary Policy and Chinese 'Mercantilism'." 劉子健博士頌壽紀念宋史研究論集刊行會 編. 『劉子健博士頌壽紀念宋史研究論集』. 京都: 同朋舍, 1989.

Heinen, Anton M. *Islamic Cosmology: A Study of As-Suyūṭī's al-Hay'a as-sanīya fī l-hay'a as-sunnīya*. Wiesbaden: F. Steiner Verlag, 1982.

Heng, Chye Kiang. *Cities of Aristocrats and Bureaucrats: the Development of Medieval Chinese Cityscapes*. Honolulu: University of Hawai'i Press, 1999.

Hinz, Walther. *Islamische Masse und Gewichte: Umgerechnet ins Metrische System*. Leiden: E. J. Brill, 1970.

Ho, Chuimei. "The Ceramic Boom in Minnan during Song and Yuan Times." In *The Emporium of the World: Maritime Quanzhou, 1000-1400*, edited by Angela Schottenhammer, 237-281. Leiden: Brill, 2001.

Hodgson, Marshall G. S. *The Venture of Islam: Conscience and History in a World Civilization*. Chicago: University of Chicago Press, 1974.

Holt, P. M., ed. *The Cambridge History of Islam, Vol 1A: the Central Islamic Lands from Pre-Islamic Times to the First World War*. Cambridge: Cambridge University Press, 1970.

Hopkins, J. F. R. "Geographical and Navigational Literature." In *The Cambridge History of Arabic Literature: Religion, Learning and Science in the 'Abbāsid Period*, edited by M. J. L. Young, 301-327. Cambridge: Cambridge University Press, 1991.

Hostetler, Laura. *Qing Colonial Enterprise: Ethnography and Cartography in Early Modern China*. Chicago: University of Chicago Press, 2001.

Hourani, George F. *Arab Seafaring*. Edited by John Carswell. Princeton, NJ: Princeton University Press, 1995.

Hsiao, Ch'i-ch'ing. "Mid-Yuan Politics." In *The Cambridge History of China*. Vol. 6: *Alien Regimes and Border States, 907-1368*, edited by Herbert Franke and Denis Twitchett, 490-560. Cambridge: Cambridge University Press, 1994.

謝明良.「記黑石號(Batu Hitam)沈船中的中國陶瓷器」,『美術史研究集刊』 13(2002): 1-60.

黃純艷.「宋代登聞鼓制度」,『中州學刊』6(November 2004): 112-116.

Huang, Shih-shan Susan. "Daoist Imagery of Body and Cosmos, Part 1: Body Gods and Starry Travel." *Journal of Daoist Studies* 3(2010): 57-90.

Idema, Wilt L. "The Tza-jiu of Yang Tz: An International Tycoon in Defense of Collaboration?" In *Proceedings on the Second International Conference on Sinology*, edited by Academia Sinica, 523-548. Taipei: Academia Sinica, 1989.

Irwin, Robert. "The Emergence of the Islamic World System: 1000-1500." In *The Cambridge Illustrated History of the Islamic World*, edited by Francis Robinson, 32-61. New York: Cambridge University Press, 1996.

石田幹之助.『長安の春』. 東京: 講談社, 1979.[이시다 미키노스케 지음, 이동철·박은희 옮김,『장안의 봄』, 이산, 2004.]

Israeli, Raphael. "Medieval Muslim Travellers to China."『海上絲綢之路研究 1』. 福州: 福建教育出版社, 1997.

Jackson, Peter. "The State of Research: The Mongol Empire, 1986-1999." *Journal of Medieval History* 26, no. 2(2000): 189-210.

Johns, Jeremy and Emilie Savage-Smith. "The book of curiosities: a newly discovered series of Islamic maps." *Imago Mundi* 55(2003): 7-24.

Kaplony, Andreas. "Comparing al-Kāshgharī's Map to his Text: On the Visual Language, Purpose, and Transmission of Arabic-Islamic Maps." In *The Journey of Maps and Images on the Silk Road*, edited by Philippe Forêt and Andreas Kaplony, 137-153. Leiden: Brill, 2008.

Kauz, Ralph. "A Kāzarūnī Network?" *Aspects of the Maritime Silk Road: From the*

Persian Gulf to the East China Sea. Wiesbaden: Harrassowitz Verlag, 2010.

Kauz, Ralph and Roderich Ptak. "Hormuz in Yuan and Ming Sources." *Bulletin de l'École Française d'Extrême-Orient*, 88(2001): 27-75.

Keith, Donald H. and Christian J Buys. "New Light on Medieval Chinese Seagoing Ship Construction." *The International Journal of Nautical Archaeology and Underwater Exploration* 10, no. 2(May 1981): 119-132.

Kentley, Eric. "The Sewn Boats of India's East Coast." In *Tradition and Archaeology: Early Maritime Contacts in the Indian Ocean*, edited by Himanshu Prabha Ray and Jean-Francois Salles, 247-260. New Delhi: Manohar, 1996.

Khalidi, Tarif. *Islamic Historiography: the Histories of Mas'ūdī*. Albany: State University of New York Press, 1975.

Kim, Hodong. "The Unity of the Mongol Empire and Continental Exchanges over Eurasia," *Journal of Central Eurasian Studies* 1(2009): 15-42.

_____. 「蒙元帝國期 한 色目人 官吏의 肖像 - 이사 켈레메치('Isa Kelemechi, 1227-1308)의 생애와 활동」, 『中央아시아研究』 11(2006): 75-112.

King, Anya H. "Beyond the Geographers: Information on Asia in Early Medieval Arabic Writers on Pharmacology and Perfumery." Unpublished paper presented at the AAS annual conference, Philadelphia, March 27, 2010.

King, David A. *World-Maps for Finding the Direction and Distance to Mecca*. Leiden: Brill, 1999.

Kracke, Edward A. "Early Visions of Justice for the Humble in East and West." *Journal of the American Oriental Society* 96, no. 4(October-December 1976): 492-498.

Kračkovsky, I. Y. *Izbrannye socineniya IV: Arabskaya geograficeskaya literature*. Moscow: Izd-vo Akademii nauk SSSR, 1955-1960.

_____. *Tārkh al-adab al-jughrāfī al-'Arabī*. Translated by Hāshim Ṣalāḥ al-Dīn 'Uthmān. Cairo: Lajnat al-Taʾlīf wa-al-Tarjamah wa-al-Nash, 1963-1965.

Krawulsky, Dorothea. *The Mongol Īlkhāns and their Vizier Rashīd al-Dīn*. Frankfurt am Main: Peter Lang, 2011.

桑原隲蔵.『蒲壽庚の事蹟』. 東京: 平凡社, 1989[1922].

_____. "On P'u Shou-keng." *Memoirs of the Research Department of the Tōyō Bunko* 2(1928): 1-79, 7(1935): 1-104.

Lambourn, Elizabeth. "India from Aden: *Khuṭba* and Muslim Urban Networks in Late Thirteenth-Century India." Edited by Kenneth R. Hall. *Secondary Cities and Urban Networking: in the Indian Ocean Realm, c.1400-1800*. Lanham, MD: Lexington Books, 2008.

Lane, George. *Early Mongol Rule in Thirteenth-Century Iran: A Persian Renaissance*. London: RoutledgeCurzon, 2003.

Langlois, Jr. John D. ed. *China under Mongol Rule*. Princeton, NJ: Princeton University Press, 1981.

Larner, John. *Marco Polo and the Discovery of the World*. New Haven, CT: Yale University Press, 1999.

Laufer, Berthold(1874-1934). *Sino-Iranica; Chinese Contributions to the History of Civilization in Ancient Iran, with Special Reference to the History of Cultivated Plants and Products*. Chicago, 1919.

Lazard, G. "The Rise of the New Persian Language." In *The Cambridge History of Iran*, Vol. 4, edited by R. N. Frye, 595-632. London: Cambridge University

Press, 1975.

Ledyard, Gari. "Cartography in Korea." In *The History of Cartography, Volume Two, Book Two: Cartography in the Traditional East and Southeast Asian Societies*, edited by J. B. Harley and David Woodward, 235-345. Chicago: University of Chicago Press, 1994.

Leslie, Donald Daniel. *Islam in Traditional China: A Short History to 1800*. Belconnen ACT: Canberra College of Advanced Education, 1986.

Leslie, Donald Daniel and K. H. J. Gardiner. "Chinese Knowledge of Western Asia During the Han." *T'oung Pao* LXVIII, no. 4-5(1982): 254-308.

Lewis, Bernard. "Egypt and Syria." In *The Cambridge History of Islam, Vol 1A: the Central Islamic Lands from Pre-Islamic Times to the First World War*, edited by P. M. Holt, Ann K. S. Lambton, and Bernard Lewis, 175-230. Cambridge: Cambridge University Press, 1970.

Lichtenstadter, Ilse. *Introduction to Classical Arabic Literature: With Selections from Representative Works in English Translation*. New York: Twayne Publishers Inc., 1974.

李錦繡, 余太山. 『《通典》西域文獻要注』. 上海: 上海人民出版社, 2009.

Limbert, John. *Shiraz in the Age of Hafez: The Glory of a Medieval Persian City*. Seattle: University of Washington Press, 2004.

劉迎勝. "A Lingua Franca along the Silk Road: Persian Language in China between the 14th and the 16th Centuries." In *Aspects of the Maritime Silk Road*, ed. Ralph Kauz, 87-95. Wiesbaden: Harrassowitz Verlag, 2010.

_____. 『絲路文化: 海上卷』. 杭州: 浙江人民出版社, 1995.

_____. 「有關元代回回人語言問題」, 『元史論叢』 10(2005): 19-38.

Lo, Jung-pang. "The Emergence of China as a Sea Power during the Late Sung and Early Yüan Periods." *Far Eastern Quarterly* 14, no. 4(1955): 489-503.

羅香林. 『蒲壽庚研究』. 香港: 中國學社, 1959.

Lurje, Pavel B. "Description of the Overland Route to China in Hudud al-'Alam: Dates of the Underlying Itinerary." 『歐亞學刊』 6(2007): 179-197.

前嶋信次. 「タラス戰考 - 本章」, 『史學』 32, no. 1(1959): 1-37.

_____. "The Muslims in Ch'üan-chou 泉州 at the End of the Yüan Dynasty, Part 1." *Memoirs of the Research Department of the Tōyō Bunko* 31(1973): 27-51.

馬建春. 「元代東傳回回地理學考述」, 『回族研究』 45, no. 1(2002): 14-19.

_____. 『元代東遷西域人及其文化研究』. 北京: 民族出版社, 2003.

Manz, Beatrice Forbes. *The Rise and Rule of Tamerlane*. Cambridge: Cambridge University Press, 1989.

Marshak, Borris. *Legends, Tales, and Fables in the Art of Sogdiana*. New York: Biblioteca Persica Press, 2002.

馬强. 『唐宋時期中國西部地理認識研究』. 北京: 人民出版社, 2009.

Mattock, J. N. "Ibn Baṭṭūṭa's Use of Ibn Jubayr's Riḥla." In *Proceedings of the Ninth Congress of the Union Europeenne des arabisants et Islamisants*, edited by Rudolph Peters, 209-218. Leiden: E. J. Brill, 1981.

McLaughlin, Raoul. *Rome and the Distant East: Trade Routes to the Ancient Lands of Arabia, India, and China*. London: Continuum, 2010.

Menzies, Gavin. *1421: The Year China Discovered America*. London: Bantam Dell Pub Group, 2002.[개빈 멘지스 지음, 조행복 옮김, 『1421 중국, 세계를 발견하다』, 사계절, 2004.]

Mercer, John. "The Canary Islanders in Western Mediterranean Politics." *African Affairs* 78, no. 311(April 1979): 159-176.

三上次男.『陶磁貿易史研究(下) - 中近東編』. 東京: 中央公論美術出版, 1988.

_____.『陶磁貿易史研究(上) - 東アジア·東南アジア編』. 東京: 中央公論美術出版, 1987.

_____.『陶磁の道: 東西文明の接點をたずねて』. 東京: 岩波書店, 1969.

Miquel, André. *La Géographie Humaine du Monde Musulman jusqu'au Milieu de 11e Siècle*. Paris: La Hay, Mouton & Co, 1967-1988. 4 vols.

_____. "L'Inde et la Chine vues du cote de l'Islam." In *As Others See Us: Mutual Perceptions, East and West*, edited by B. Lewis and E. Leites, 284-300. New York, 1985.

三杉隆敏.『'元の染付'海を渡る; 世界に擴がる燒物文化』. 東京. 農山漁村文化協會, 2004.

Mittenhuber, Florian. "The Tradition of Texts and Maps in Ptolemy's Geography." In *Ptolemy in Perspective: Use and Criticism of his Work from Antiquity to the Nineteenth Century*, edited by Alexander Jones, 95-119. New York: Springer, 2010.

宮紀子.「「混一疆理歷代國都之圖」への道 - 14世紀四明地方の「知」の行方」,『モンゴル時代の出版文化』. 名古屋: 名古屋大學出版會, 2006, 517-523.

_____.『モンゴル帝國が生んだ世界圖』. 東京: 日本經濟新聞出版社, 2007.[미야 노리코 지음, 김유영 옮김,『조선이 그린 세계지도: 몽골 제국의 유산과 동아시아』, 소와당, 2010.]

宮島一彦.「『元史』天文志記載のイスラム天文儀器について」,『東洋の科學と技術: 藪內淸先生頌壽記念論文集』, 407-427. 京都: 同朋舍, 1982.

Miyakawa, Hisayuki. "An Outline of the Naitō Hypothesis and its effects on Japanese Studies of China." *Far Eastern Quarterly* 14(1955): 533-552.

宮崎正勝.『鄭和の南海大遠征: 永樂帝の世界秩序再編』. 東京: 中央公論社, 1997. [미야자키 마사카쓰 지음, 이규조 옮김,『정화의 남해 대원정』, 일빛, 1999.]

Morgan, David. *The Mongols*. Oxford: B. Blackwell, 2007[1986].[데이비드 O. 모건 지음, 권용철 옮김,『몽골족의 역사』, 모노그래프, 2012.]

Mote, Frederick W. and Denis Twitchett. *The Cambridge History of China*. Vol. 7: *The Ming Dynasty, 1368-1644*, Part 1. Cambridge: Cambridge University Press, 1988.

南京市博物館.『寶船廠遺址』. 北京: 文物出版社, 2006.

Needham, Joseph, and Wang Ling. *Science and Civilisation in China. Vol. 3: Mathematics and the Sciences of the Heavens and the Earth*. Cambridge: Cambridge University Press, 1959.

Needham, Joseph, Wang Ling, and Lu Gwei-djen. *Science and Civilisation in China. Vol. 4: Physics and Physical Technology: Part III. Civil Engineering and Nautics*. Cambridge: Cambridge University Press, 1971.

Netton, I. R. "Myth, Miracle and Magic in the Riḥla of Ibn Battuta." *Journal of Semitic Studies* 29(1984): 131-140.

_____. "Basic Structures and Signs of Alienation in the Riḥla of Ibn Jubayr." In *Golden Roads: Migration, Pilgrimage and Travel in Mediaeval and Modern Islam*, 57-63.

應地利明.『地圖は語る:「世界地圖」の誕生』. 東京: 日本經濟新聞出版社, 2007.[오지 도시아키 지음, 송태욱 옮김,『세계 지도의 탄생』, 알마, 2010.]

_____.『繪地圖の世界像』. 東京: 岩波書店, 1996.

_____. 「インド洋の陸封と解放」, 『大地の肖像 - 繪圖・地圖が語る世界』. 藤井讓治, 金田章裕, 杉山正明 編, 29-53. 京都: 京都大學學術出版會, 2007.

Okada, Hidehiro. "China as a Successor State to the Mongol Empire." In *The Mongol Empire and its Legacy*, edited by Reuven Amitai-Preiss and David O. Morgan, 260-272. Leiden: Brill, 1999.

Ondaatje, Christopher. *Journey to the Source of the Nile*. Toronto: HarperCollins Publishers Ltd., 1998.

Ostafin, Barbara. "Yāqūt-Geographer, Compiler or Adīb? According to the Preface to his Dictionary." *Folia Orientalia* 30(1994): 119-123.

Park, Hyunhee. "A Buddhist Woodblock-Printed Map and Geographic Knowledge in 13th Century China," *Crossroads - Studies on the History of Exchange Relations in the East Asian World* 1(September 2010): 55-78.

_____. "Cross-Cultural Exchange and Geographic Knowledge of the World in Yuan China." In *Eurasian Influences on Yuan China: Cross-Cultural Transmissions in the 13th and 14th Centuries*, edited by Morris Rossabi and John Chaffee, 125-157. Singapore: The Institute for Southeast Asian Studies, 2012.

_____. "Port-City Networking in the Indian Ocean Commercial System Represented in Geographic and Cartographic Works in China and the Islamic World from 750 to 1500." In *The Growth of Non-Western Cities: Primary and Secondary Urban Networking, c. 900-1900*, edited by Kenneth Hall, 21-53. Lanham, MD: Lexington Books, 2011.

Pearson, Richard, Li Min, and Li Guo. "Port, City, and Hinterlands: Archaeological Perspectives on Quanzhou and its Overseas Trade." In *The Emporium of the World: Maritime Quanzhou, 1000-1400*, edited by Angela Schottenhammer, 177-235. Leiden: Brill, 2001.

Pelliot, Paul(1878-1945). *Notes on Marco Polo*. Paris: Impr. nationale, 1959. 3 vols.

Piacentini, V. F. Merchants - *Merchandise and Military Power in the Persian Gulf (Sūriyānj/Shahriyāj-Sīrāf)*. Rome: Accademia Nazionale Dei Lincei, 1992.

Pirazzoli-T'serstevens, Michèle. "A Commodity in Great Demand: Chinese Ceramics Imported in the Arabo-Persian Gulf from the Ninth to the Fourteenth Century." *Orient* 8(2004): 26-38.

Prinsep. J. "Note on the Nautical Instrument of the Arabs." In *Introduction: à L'astronomie Nautique Arabe*, edited by Gabriel Ferrand, 1-24. Paris: Librairie Orientaliste Paul Geuthner, 1928.

Ptak, Roderich. *China's Seaborne Trade with South and Southeast Asia(1200-1750)*. Aldershot: Ashgate, 1999.

_____. "Glosses on Wang Dayuan's Daoyi zhilüe." In *Récits de Voyages Asiatiques: Genres, Mentalistés, Conception de l'Espace, Actes du Colloque EFEO-EHESS de Décembre 1994,* edited by Claudine Salmon. Paris: Ecole française d'Extrême-Orient, 1996.

_____. "Merchants and Maximization: Notes on Chinese and Portuguese Entrepreneurship in Maritime Asia, c.1350-1600." In *Maritime Asia: Profit Maximization, Ethics and Trade Structure, c.1300-1800*, edited by Karl Anton Sprengard and Roderich Ptak. Wiesbaden: Harrassowitz, 1994.

_____. "Ming Maritime Trade to Southeast Asia, 1368-1567: Visions of a 'System.'" In *From the Mediterranean to the China Sea: Miscellaneous Notes*, edited by Claude Guillot, Denys Lombard and Roderich Ptak, 157-191.

Wiesbaden: Harrassowitz, 1998.

_____. "Wang Dayuan on Kerala." In *Explorations in the History of South Asia: Essays in Honour of Eietmar Rothermund*, edited by Georg Berkemer, Tilman Frasch, Hermann Kulke, and Jürgen Lütt. New Delhi: Manohar, 2001.

邱軼皓.「輿圖原自海西來 - 〈桃里寺文獻集珍〉所載世界地圖考」,『西域研究』82, no. 2(2011): 23-37, 142-143.

Rachewiltz, Igor de. "Marco Polo Went to China." *Zentralasiatische Studien* 27 (1997): 34-92.

Ragep, F. Jamil. "Islamic Reactions to Ptolemy's Imprecisions." In *Ptolemy in Perspective: Use and Criticism of his Work from Antiquity to the Nineteenth Century*, edited by Alexander Jones, 121-134. New York: Springer, 2010.

Rapoport, Yossef. "The Book of Curiosities: A medieval Islamic view of the East." In *The Journey of Maps and Images on the Silk Road*, edited by Philippe Forêt and Andreas Kaplony, 155-171. Leiden: Brill, 2008.

Ray, Himanshu P. *The Archaeology of Seafaring in Ancient South Asia*. Cambridge: Cambridge University Press, 2003.

Richards, D. S. ed. *Islam and the Trade of Asia*. London: Spottiswoode, Ballantyne & Co. Ltd, 1970.

Risso, Patricia. *Merchants & Faith: Muslim Commerce and Culture in the Indian Ocean*. Colorado: Westview Press, 1995.

Robinson, David M. ed. *Culture, Courtiers and Competition: the Ming Court(1368-1644)*. Cambridge, MA: Harvard University Asian Center, 2008.

榮新江,『中古中國與外來文明』. 北京: 生活 讀書 新知 三聯書店, 2001.

Rossabi, Morris. ed. *China among Equals: The Middle Kingdom and Its Neighbors, 10th-14th Centuries*. Berkeley: University of California Press, 1983.

_____. "From Chen Cheng to Ma Wensheng: Changing Chinese Visions of Central Asia." *Crossroads - Studies on the History of Exchange Relations in the East Asian World* 1(September 2010).

_____. *Khubilai Khan: His Life and Times*. Berkeley: University of California Press, 1988.[모리스 로사비 지음, 강창훈 옮김, 『수성의 전략가, 쿠빌라이 칸』, 사회평론, 2015.]

_____. "Mongol Empire and its Impact on the Arts of China." Unpublished paper prepared for the conference at the Hebrew University of Jerusalem, June 2006.

_____. "The Ming and Inner Asia." In *The Cambridge History of China*. Vol. 8: *The Ming Dynasty, 1368-1644*, Part 2, edited by Denis Twitchett and Frederick W. Mote, 221-271. Cambridge: Cambridge University Press, 1998.

_____. "Two Ming Envoys to Inner Asia." *T'oung Pao* 62, no. 1-3(1976): 1-34.

_____. *Voyager from Xanadu*. Tokyo: Kōdansha International, 1992.[모리스 로사비 지음, 권용철 옮김, 『랍반 사우마의 서방견문록』, 사회평론아카데미, 2021.]

Rougeulle, Axelle. "Medieval Trade Networks in the Western Indian Ocean(8-14th cent.): Some Reflections from the Distribution Pattern of Chinese Imports in the Islamic World." In *Tradition and Archaeology: Early Maritime Contacts in the Indian Ocean*, edited by Himanshu Prabha Ray and Jean-Francois Salles, 159-180. New Delhi: Manohar, 1996.

佐口透. 『モンゴル帝國と西洋: 東西文明の交流』. 東京: 平凡社, 1998.

Saliba, George. *A History of Arabic Astronomy: Planetary Theories during the Golden Age of Islam*. New York: NYU Press, 1995.

Schafer, Edward H. *The Golden Peaches of Samarkand: A Study of T'ang Exotics*. Berkeley: University of California Press, 1963.[에드워드 H. 셰이퍼 지음, 이호영 옮김, 『사마르칸트의 황금 복숭아: 대당제국의 이국적 수입 문화』, 글항아리, 2021.]

Schottenhammer, Angela, ed. *The Emporium of the World: Maritime Quanzhou, 1000-1400*. Leiden: Brill, 2001.

_____. "Transfer of Xiangyao 香藥 from Iran and Arabia to China - A Reinvestigation of Entries in the *Youyang zazu* 酉陽雜俎(862)." *Aspects of the Maritime Silk Road: From the Persian Gulf to the East China Sea*. Wiesbaden: Harrassowitz Verlag, 2010.

Sen, Tansen. *Buddhism, Diplomacy, and Trade: the Realignment of Sino-Indian Relations, 600-1400*. Honolulu: University of Hawai'i Press, 2003.

_____. "The Yuan Khanate and India: Cross-Cultural Diplomacy in the Thirteenth and Fourteenth Centuries." *Asia Major* 1/2, part 1/2(2006): 299-326.

Sezgin, Fuat. ed. *Studies on Yāqūt al-Ḥamawī(d. 1229)*. Frankfurt am Main: Institute for the History of Arabic-Islamic Science at the Johann Wolfgang Goethe University, 1994.

_____. *Mathematical Geography and Cartography in Islam and Their Continuation in the Occident*. Parts 1-3(Being an English Version of Volume X, XI, and XII of *Geschichte des Arabischen Schrifttums*), translated by Guy Moore and Geoff Sammon. Frankfurt am Main: Institute for the History of Arabic-Islamic Science at the Johann Wolfgang Goethe University, 2000-2007. 3 vols.

_____. *Science and Technology in Islam: Catalogue of the Exhibition of the Institute for the History of Arabic-Islamic Science Johann Wolfgang Goethe University in Frankfurt, Germany) at the Frankfurt Book Fair 2004.* Frankfurt am Main: Institut für Geschichte der Arabisch-Islamischen Wissenschaften, 2004.

Skaff, Jonathan K. "The Sogdian Trade Diaspora in East Turkestan during the Seventh and Eighth Centuries." *Journal of the Economic and Social History of the Orient* 46, no. 4(2003): 475-524.

Skelton, R. A. *Explorers' Maps: Charters in the Cartographic Record of Geographical Discovery*. New York: Praeger, 1958.

Sleeswyk, Andre Wegener. "The Liao and the Displacement of Ships in the Ming Navy." *The Mariner's Mirror* 82, no. 1(February 1996): 3-13.

Smith, Paul, and Richard von Glahn, eds. *The Song-Yuan-Ming Transition in Chinese History*. Cambridge, MA: Harvard University Press, 2003.

Smith, Richard J. *Chinese Maps: Images of "All Under Heaven."* Hong Kong: Oxford University Press, 1996.

Snow, Philip. *The Star Raft: China's Encounter with Africa*. New York: Weidenfeld and Nicolson, 1988.

So, Billy K. L. *Prosperity, Region, and Institutions in Maritime China: the South Fukien Pattern, 946-1368*. Cambridge, MA: Harvard University Asia Center, 2000.

Soucek, Priscilla. "Ceramic Production as Exemplar of Yuan-Ilkhanid Relations."

Res 35(Spring 1999): 125-141.

Sprenger, Aloya. *Die Post- und Reiserouten des Orients*. Nendeln, Liechtenstein: Kraus Reprint, 1966.

Spuler, B. "The Disintegration of the Caliphate in the East." In *The Cambridge History of Islam, Vol. 1A: the Central Islamic Lands from Pre-Islamic Times to the First World War*, edited by P. M. Holt, Ann K. S. Lambton, and Bernard Lewis, 143-174. Cambridge: Cambridge University Press, 1970.

Steinhardt, Nancy Shatzman. "Chinese Cartography and Calligraphy." *Oriental Art* 43, no. 1(1997): 10-20.

_____. *Chinese Imperial City Planning*. Honolulu: University of Hawaii Press, 1990.

Subrahmanyam, Sanjay, *The Career and Legend of Vasco da Gama*. New York: Cambridge University Press, 1997.

杉山正明.『文明の道, 第5卷, モンゴル帝國』. 東京: NHK出版, 2004.

_____.『クビライの挑戰: モンゴル海上帝國への道』. 東京: 朝日新聞社, 1995.

_____.『モンゴル帝國の興亡』. 東京: 講談社, 1996. 2卷.[스기야마 마사아키 지음, 임대희 외 옮김,『몽골세계제국』, 신서원, 1999.]

_____.『モンゴル帝國と大元ウルス』. 京都: 京都大學學術出版會, 2004.

_____.『疾驅する草原の征服者: 遼·西夏·金·元』. 東京: 講談社, 2005.

_____.「東西の世界圖が語る人類最初の大地平」,『大地の肖像 - 繪圖·地圖が語る世界』, 藤井讓治, 金田章裕, 杉山正明 編, 54-69. 京都: 京都大學學術出版會, 2007.

_____.『遊牧民から見た世界史 - 民族も國境もこえて』. 東京: 日本經濟新聞社, 1997.[스기야마 마사아키 지음, 이경덕 옮김,『유목민의 눈으로 본 세계사』, 시

루, 2013.]

孫光圻.『中國古代航海史』. 北京: 海洋出版社, 2005.

孫光圻, 金陳鷹.「試論鄭和索星術中的阿拉伯天文航海因素」.『鄭和研究論文集』 Vol. 1. 大連: 大連海運學院, 1993.

臺灣中硏院歷史語言硏究所 編校.『明實錄校勘記』. 北京: 綫裝書局, 2005.

高橋正.「アル・クワーリズミー圖説[概報]」.『地理學史研究』2(1962): 7-58.

Tampoe, Moira. *Maritime Trade between China and the West: An Archaeological Study of the Ceramics from Siraf(Persian Gulf), 8th to 15th centuries A.D.* Oxford: B. A. R., 1989.

唐志拔.「鄭和寶船尺度之我見」.『船史研究』17(2002): 21-27.

Tazaka Kōdō 田坂興道. "An Aspect of Islam Culture Introduced into China." *Memoirs of the Research Department of the Tōyō Bunko* 16(1957): 75-160.

_____.『中國における回敎の傳來とその弘通』. 東京: 東洋文庫, 1964. 2卷.

Teng, Emma Jinhua. *Taiwan's Imagined Geography: Chinese Colonial Travel Writing and Pictures, 1683-1895*. Cambridge, MA: Harvard University Press, 2004.

Thackston, W. M. *A Century of Princes: Sources on Timurid History and Art*. Cambridge, MA: The Aga Khan Program for Islamic Architecture, 1989.

Tibbetts, G. R. *A Study of the Arabic Texts Material on South-east Asia*. Leiden: Brill, 1979.

_____. "Later Cartographic Developments." In *The History of Cartography: Volume Two, Book One, Cartography in the Traditional Islamic and South Asian Societies*, edited by J. B. Harley and David Woodward, 137-155. Chicago: University of Chicago Press, 1992.

_____. "The Balkhī School of Geographers." In *The History of Cartography: Volume Two, Book One, Cartography in the Traditional Islamic and South Asian Societies*, edited by J. B. Harley and David Woodward, 108-136. Chicago: University of Chicago Press, 1992.

Tillman, Hoyt Cleveland and Stephen West, eds. *China under Jurchen Rule*. Albany: State University of New York Press, 1995.

Twitchett, Denis. *The Writing of Official History Under the T'ang*. New York: Cambridge University Press, 1992.

Twitchett, Denis and Frederick W. Mote. *The Cambridge History of China*. Vol. 8: *The Ming Dynasty, 1368-1644*, Part 2. Cambridge: Cambridge University Press, 1998.

Twitchett, Denis and Janice Stargardt. "Chinese Silver Bullion in a Tenth-Century Indonesian Wreck." *Asia Major* (3rd series), 15, no. 1 (2002), 23-72.

Ulving, Tor. *Dictionary of Old and Middle Chinese: Bernhard Karlgren's Grammata Serica Recensa Alphabetically Arranged*. Göteborg: Acta Universitatis Gothoburgensis, 1997.

海野一隆.『地圖の文化史 - 世界と日本』. 東京: 八坂書房, 1996.

_____.『東洋地理學史研究:·大陸篇』. 大阪: 清文堂出版, 2004.

Vikor, Knut S. *Between God and the Sultan: A History of Islamic Law*. New York: Oxford University Press, 2006.

Wade, Geoff, and Sun Laichen, eds. *Southeast Asia in the Fifteenth Century: The Ming Factor*. Singapore: University of Singapore Press, 2010.

_____. "The *Ming Shi-lu* as a source for Southeast Asian History, to accompany *Southeast Asia in the Ming Shi-lu: an open access resource* 〈http://epress.

nus.edu.sg/msl〉, 2005.

Wang Gungwu. "Merchants without Empire: The Hokkien Sojourning Communities." In *The Rise of Merchant Empires. Long Distance-Trade in the Early Modern World, 1350-1750*, edited by James D. Tracy, 400-421. Cambridge: Cambridge University Press, 1990.

_____. "Ming Foreign Relations: Southeast Asia." In *The Cambridge History of China*. Vol. 8: *The Ming Dynasty, 1368-1644*, Part 2, edited by Denis Twitchett and Frederick W. Mote, 301-332. Cambridge: Cambridge University Press, 1998.

_____. *The Nanhai Trade: Early Chinese Trade in the South China Sea*. Singapore: Eastern Universities Press, 2003.

Wang Jianping. *Concord and Conflict: the Hui Communities of Yunnan Society*. Stockholm: Almqvist & Wiksell, 1996.

Wang Q. Edward. "History, Space, and Ethnicity: The Chinese Worldview." *Journal of World History* 10, no. 2(Fall 1999): 285-305.

汪前進, 胡啟松, 劉若芳.「絹本彩繪大明混一圖研究」,『中國古代地圖集: 明』, 曹婉如 等 編, 51-55. 北京: 文物出版社, 1994.

Wang Tao. "Parthia in China: a Re-examination of the Historical Records." In *The Age of the Parthians: The Idea of Iran*: Vol. 2, edited by Vesta S. Curtis and Sarah Stewart, 87-104. London: I. B. Tauris, 2007.

王庸.『中國地圖史綱』. 北京: 商務印書館, 1958.

Wheatley, Paul. "Geographical Notes on Some Communities Involved in Sung Maritime Trade." *Journal of the Malayan Branch of the Royal Asiatic Society* 32, no. 2(1961): 5-140.

Whitehouse, David. "Abbāsid Maritime Trade: the Age of Expansion." In *Cultural and Economic Relations between East and West*, edited by H. I. H. Prince Takahito Mikasa. Wiesbaden: Otto Harrassowitz, 1988.

Wilkinson, Endymion Porter. *Chinese History: a Manual*. Cambridge, MA: Harvard University Press, 2000.

Wills, John E. "Maritime Asia, 1500-1800: The Interactive Emergence of European Domination." *The American Historical Review* 98, no. 1(1993): 83-105.

Woodward, David. "Medieval Mappaemundi." In *The History of Cartography: Volume One: Cartography in Prehistoric, Ancient and Medieval Europe and the Mediterranean*, ed. J. B. Harley and David Woodward, 286-370. Chicago: University of Chicago Press, 1987.

吳春明.『環中國海沉船：古代帆船·船技與船貨』. 南昌: 江西高校出版社, 2003.

家島彥一.『イブン·バットゥータの世界大旅行 - 14世紀イスラームの時空を生きる』. 東京: 平凡社, 2003.

_____.「十五世紀におけるインド洋通商史の一齣: 鄭和遠征分隊のイエメン訪問について」,『アジア·アフリカ言語文化研究』8(1974): 137-155.

山形欣哉.『歷史の海を走る: 中國造船技術の航跡』. 東京: 農山漁村文化協會, 2004.

楊志玖.『元史三論』. 北京: 人民出版社, 1985.

Yee, Cordell D. K. "Chinese Maps in Political Culture." In *The History of Cartography, Volume Two, Book Two: Cartography in the Traditional East and Southeast Asian Societies*, edited by J. B. Harley and David Woodward, 71-95. Chicago: University of Chicago Press, 1994.

_____. "Reinterpreting Traditional Chinese Geographic Maps." In *The History of Cartography, Volume Two, Book Two: Cartography in the Traditional*

East and Southeast Asian Societies, edited by J. B. Harley and David Woodward, 35-70. Chicago: University of Chicago Press, 1994.

_____. "Taking the World's Measure: Chinese Maps between Observation and Text." In The History of Cartography: Volume Two, Book Two: Cartography in the Traditional East and Southeast Asian Societies, edited by J. B. Harley and David Woodward, 96-127. Chicago: University of Chicago Press, 1995.

Yokkaichi Yasuhiro 四日市康博. "Chinese and Muslim Diasporas and the Indian Ocean Trade Network under Mongol Hegemony." In The East Asian Mediterranean: Maritime Crossroads of Culture, Commerce and Human Migration, edited by Angela Schottenhammer, 73-102. Wiesbaden: Harrassowitz Verlag, 2008.

_____.「元朝の中賣寶貨: その意義および南海交易・オルトクとの關わりについて」,『内陸アジア史研究』17(2002): 41-59.

袁曉春.「韓國新安沉船與中國古代沉船比較研究」, The Conservation and Restoration of Shinan Ship, the 20 Years History. 목포: 국립해양유물전시관, 2004.

弓場紀知.「エジプト・フスタート遺跡出土の陶磁: 遺物一覽表」,『陶磁器の東西交流: エジプト・フスタート遺跡出土の陶磁』. 東京: 出光美術館, 1984.

_____.「元青花磁器とモンゴル帝國」,『陶磁器の東西交流: エジプト・フスタート遺跡出土の陶磁』. 東京: 出光美術館, 1984.

Zhang Jun-yan. "Relations between China and the Arabs in Early Times." The Journal of Oman Studies, no. 6(1980): 91-109.

張星烺.「泉州訪古記」,『地理雜志』17, no. 1(1928): 3-22.

색인

저작명

『가잔의 역사』 279
『가장 사람이 많은 [문명화된] 지역들에 관해 인식하는 방법(Masālik al-abṣar fi mamālik al-amṣār)』 306
『경역들의 조사(Taqwīm al-buldān)』 303
『과학의 진기함과 눈을 위한 경이로움의 책(Kitāb Gharā'ib al-funūn wa-mulaḥ al-'uyūn)』 178
『광여도(廣輿圖)』 338
『금의 초원과 보석의 광산(Murūj al-dhahab wa-ma'ādin al-jawhar)』 160
『남해지(南海志)』 241
『당률』 153
『대명혼일도(大明混一圖)』 336
『대원대일통지(大元大一統志)』 222
『도로와 왕국의 책(Kitāb al-Masālik wa-l-mamālik)』 139
『도이지략(島夷誌略)』 244
『두 개의 상서로운 별자리의 등장과 두 바다의 합류(Maṭla'-i Sa'dayn wa-Majma'-i Baḥrayn)』 370
『로제르의 책(The Book of Roger)』 182

『무비지(武備志)』 351
『민서(閩書)』 245
『바다의 지식의 첫 번째 원칙과 관련된 것을 요약한 모음집(Ḥāwiyat al-ikhtiṣār fī uṣūl 'ilm al-biḥār)』 375
『불조통기(佛祖統紀)』 98
『비서감지(秘書監志)』 217
『사기(史記)』 41
『산해경(山海經)』 43
『서사기(西使記)』 204
『서설(序說, Muqaddimah)』 365
『서역번국지(西域蕃國志)』 344
『서역행정기(西域行程記)』 344
『서지목록의 책(Kitāb al-Fihrist)』 131
『성교광피도(聲敎廣被圖)』 226
『성사승람(星槎勝覽)』 356
『세계의 지역들(Ḥudūd al-'Ālam)』 179
『세계의 책(Jahān-nāmah)』 191
『세계 정복자의 역사』 268
『수평선을 건너기를 바라는 자의 기쁨(Nuzhat al-mushtāq fī ikhtirāq al-āfāq)』 182
『시대의 선택, 육지와 바다의 경이로움에 대하여(Nukhbat al-dahr fī 'ajā'ib al-barr

wa-'l-baḥr)』 304
『신당서(新唐書)』 85
『에리트레아 항해기(The Periplus of the Erythraean Sea)』 36
『여지도(輿地圖)』 104
『역대지리지장도(歷代地理指掌圖)』 92
『역사의 사슬(Silsilat al-tawārīkh) 148
『영락대전(永樂大典)』 222
『영애승람(瀛涯勝覽)』 357
『영외대답(嶺外代答)』 111
『영혼의 희열』(Nuzhat al-Qulūb) 294
『우적도(禹跡圖)』 93
『원경세대전(元經世大典)』 219
『인도의 불가사의에 대한 책('Ajā'ib al-Hind)』 147
『일 칸의 천문표(Zij-i Īlkhānī)』 271
『제번도(諸蕃圖)』 119
『제번지(諸蕃志)』 111
『중국과 인도의 소식(Akhbār al-Ṣīn wa-l-Hind)』 145
『지구의 형태(Ṣūrat al-arḍ)』 137
『지리 사전(Mu'jam al-buldān)』 188
『지역들의 책(Kitāb al-Buldān)』 170
『집사(集史)』 265
『창조물의 기적과 현존하는 것들의 불가사의('Ajā'ib al-makhlūqāt wa-gharā'ib al-mawjūdāt)』 273
『천일야화』 147

『청원속지(清源續志)』 245
『타브리즈의 보고(寶庫)(Safineh-yi Tabrīz)』 293
『통전(通典)』 65
『한서(漢書)』 85
『항해의 첫 번째 원칙과 규칙에 관한 이로운 것들의 책(Kitāb al-fawā'id fī uṣūl 'ilm al-baḥr wa-l-qawā'id)』 375
『해국도지(海國圖志)』 219
『해내화이도(海內華夷圖)』 91
『혼일강리도(混一疆理圖)』 226
『혼일강리역대국도지도(混一疆理歷代國都之圖)』 225
『화이도(華夷圖)』 93

ㄱ

가잔(Ghazan) 240
가즈니 114
가탐(賈耽) 83
감포(澉浦) 240
강리도 225
거란족 요 왕조 112
게니자(Geniza) 기록 161
경덕진(景德鎮) 248
고금화이구역총요도(古今華夷區域摠要圖) 92
고려 282
고선지(高仙芝) 72
곡과 마곡(Gog and Magog) 169
곽간(郭侃) 208

곽자의 209
관본선(官本船) 239
광륜강리도(廣輪疆理圖) 231
광서 112
광주(廣州) 34
광주통해이도 85
금 왕조 202
기야스 알딘 나카쉬(Ghiyāth al-Dīn Naqqāsh) 369
김사형(金士衡) 225

ㄴ

나시르 알딘 투시(Naṣīr al-Dīn Ṭūsī) 270
나일강 120
나홍선(羅洪先) 338
남송 111
노미(盧眉) 104
니스바(nisba) 121

ㄷ

다우선 149
다이불(Daibul) 87
달의 산 228
당 고종 92
당 태종 92
대도(大都) 283
대식(大食) 215
대운하 285

동남해이도(東南海夷圖) 339
동대식해 116
동진단지리도(東震旦地理圖) 102
두우(杜佑) 65
두환(杜環) 66
둘러싸는 바다 170
다르 알이슬람(Dār al-Islām, 이슬람의 지역) 137

ㄹ

라시드 알딘(Rashīd al-Dīn) 265
랍반 바르 사우마(Rabban Bar Sauma) 289
대투 244
로제르 2세 186
루킨(Lūkīn) 141
룸(Rūm) 104
르네상스 399
리흘라 314

ㅁ

마라게 230
마르바지(Marwazī) 179
마르 야발라하 3세(Mar Yaballaha III) 290
마르코 폴로 30
마친(Māchīn, 더 큰 중국) 178
마환(馬歡) 332
만리장성(萬里長城) 279
만지 282

말린디(Malindi) 333
맘루크 왕조 61
메카 47
명 왕조 62
모곤(茅坤) 지도(정화항해도) 52
몽골인 61
무슬림 공동체 108
무함마드 이븐 나지브 바크란(Muḥammad ibn Najīb Bākran) 190
무함마드 이븐 투글룩(Muhammad Ibn Tughluq) 316
물사리(勿斯離) 114
뭉케 204
미지의 땅 27
민(閩) 240

ㅂ

바그다드 46
바스라(Basra) 87
바스코 다 가마(Vasco da Gama) 25
바이트 알히크마(Bayt al-Ḥikmah, 지혜의 집) 136
반고(班固) 85
발키(Balkhī) 학파 166
배수(裵秀) 95
볼라드(Bolad) 265
부이 왕조 267
북경 233
북송 109

비신(費信) 356
비잔틴제국 46
빌리 소(Billy So) 111

ㅅ

사마천(司馬遷) 41
사산조 페르시아제국 33
사이드 아잘 샴스 알딘(Sayyid ʿAjall Shams al-Dīn) 215
사이드 이븐 아비 와카스(Saʿd b. Abī Waqqāṣ) 34
삼불제(三佛齊) 160
상덕(常德) 204
상도 216
색목인 214
샴스 알딘 디마슈키(Shams al-Dīn Dimashqī) 304
서남해이도(西南海夷圖) 339
서대식해(西大食海) 116
서역(西域) 41
서융(西戎) 68
서토오인지도(西土五印之圖) 98
서해(西海) 72
석국(石國) 73
세리카(Serica) 34
셀주크 왕조 267
소그드인 35
술탄 마흐무드 180
스기야마 마사아키 61

스리비자야 105
시나위(施那幃) 121
시라즈(Shiraz) 206
시라프(Sīrāf) 54
시박사 112
시아파 이스마일리 교단 268
신라 35
신 알신(Ṣīn al-Ṣīn) 304
신압타라(辛押陀羅) 109
신종(神宗) 109
신 칼란(Ṣīn Kalān) 319
실크로드 27
샤리아(Sharia) 77
슈나(Sunnah) 77

ㅇ

아랍인 27
아릭 부케(Arigh Böke) 210
아미르 사이드 토간 샤(Amīr Sayyid Toghān Shāh) 238
아바스 칼리프 왕조 35
아부 알피다(Abū al-Fidā') 303
아부 자이드 알하산 이븐 알야지드 알시라피(Abū Zayd al-Ḥasan b. al-Yazīd al-Sīrāfī) 122
아브드 알라자크 알사마르칸디('Abd al-Razzāq al-Samarqandī) 370
아비시니아 해(Abyssinian Sea) 163
아유브 왕조 123

아인 잘루트(Ayn Jālūt) 전투 61
아케메네스조 페르시아 271
아타 말릭 주베이니('Aṭā Malik Juwaynī) 268
아타벡 207
아흐마드(Aḥmad) 214
안녹산(安祿山)의 반란 74
안식(安息) 42
알고 있는 땅 144
알렉산더 280
알렉산드리아 124
알마수디(al-Mas'ūdī) 160
알만수르(al-Manṣūr) 87
알신(al-Ṣīn) 138
알와크와크 144
알우불라(al-Ubullah) 87
알이드리시(al-Idrīsī) 29
알타우히디(al-Tawḥīdī) 155
야마가타 킨야(山形欣哉) 350
야쿠트 이븐 압드 알라 알하마위(Yāqūt ibn 'Abd Allāh al-Ḥamawī) 188
양유(楊熮) 349
양주 139
양추(楊樞) 200
엘리자베스 램본(Elizabeth Lambourn) 312
여진족 112
영락제 343
예언자 무함마드 238
예케 몽골 울루스 210

오감(吳監) 245
오감(吳鑒) 199
오르탁(ortagh) 235
오스만제국 333
오지 토시아키(應地利明) 186
왓사프(Waṣṣāf) 291
왕대연(汪大淵) 199
왕운(王惲) 208
왕응린(王應麟) 96
우공도(禹貢圖) 51
우구데이 284
우마이야 칼리프 왕조 34
운노 카즈타카(海野一隆) 296
울제이투 276
움마 404
원 왕조 61
위원(魏源) 219
유욱(劉郁) 204
유프라테스강 149
이븐 마지드(Ibn Mājid) 333
이븐 아미르 하집(Ibn Amīr Ḥājib) 307
이븐 알나딤(Ibn al-Nadīm) 131
이븐 알파키흐(Ibn al-Faqīh) 169
이븐 와하브(Ibn Wahab) 156
이븐 주바이르(Ibn Jubayr) 314
이븐 주자이(Ibn Juzayy) 315
이븐 파들알라 알우마리(Ibn Faḍlallāh al-ʿUmarī) 306

이븐 하자르(Ibn Khazar) 313
이븐 할둔(Ibn Khaldūn) 365
이븐 후라다드비(Ibn Khurradādhbih) 134
이집트 51
이택민(李澤民) 225
인도양 25
일본 104
일 칸국 61
임지기(林之奇) 121
알무카다시(al-Muqaddasī) 168
알발키(al-Balkhī) 166
알비루니(al-Bīrūnī) 174
알이스타흐리(al-Iṣṭakhrī) 166
알화리즈미(al-Khwārizmī) 138
이븐 바투타(Ibn Baṭṭūṭa) 263
이븐 하우칼(Ibn Ḥawqal) 168

ㅈ

자말 알딘 이브라힘 이븐 무함마드 알티비 (Jamāl al-Dīn Ibrāhīm b. Muḥammad al-Ṭībī) 311
자말 알딘(중국어 자료의 찰마로정(扎馬魯丁, Jamāl al-Dīn)) 216
자이툰(Zaitūn) 285
자카리야 이븐 무함마드 알카즈비니(Zakariyāʾ b. Muḥammad al-Qazwīnī) 272
장건(張騫) 41
장안(長安) 67

재닛 아부-루고드(Janet Abu-Lughod) 398
적수담(積水潭) 233
정사초(鄭思肖) 251
정절재(丁節齋) 238
정크선 107
정화(鄭和) 52
제럴드 티벳츠(Gerald Tibbetts) 379
제율국(提颶國) 87
조셉 니덤(Joseph Needham) 295
조여괄(趙汝适) 111
조지 후라니(George Hourani) 400
존 채이피(John Chaffee) 108
주거비(周去非) 111
주밀(周密) 242
주사본(朱思本) 339
주원장(朱元璋) 336
중국 중심의 세계 질서 342
지반(志磐) 98
지폐 321
진대진(陳大震) 241
진성(陳誠) 344
진 왕조 34
지팡구(Jipangu) 144

ㅊ

차가타이 칸국 222
천주(泉州) 56
청 왕조 222
청준(清濬) 226
청화백자 248
쵸두리(K. N. Chaudhuri) 58
추연(鄒衍) 245
치니스탄(Chinistan) 179
치용원(致用院) 239
친(Chīn, 중국) 178
칭기즈 칸 61

ㅋ

카나리아 제도 367
카라코룸 204
카라 키타이(乞台) 180
카리미(Kārimī) 313
카말(kamāl) 354
카바(Ka'bah) 357
카슈가리(Kāshgharī) 177
카우준(Kāuzūn, 즉 고종) 282
칸발릭 282
칸주(Khānjū) 142
칸푸(Khānfū) 141
칼리프 아미르 알무미닌 76
칼리프 알마문 136
칼리프 알만수르 133
칼리프 알무타미드 139
쿠란 39
쿠빌라이 61
쿠파(Kūfa) 66

퀼론(Quilon) 116
크리스토퍼 콜럼버스 30
키블라(Qibla) 374
키타이 176
킵차크 칸국 222

ㅌ

T-O 지도 399
탈라스 전투 73
탕헤르(Tangiers) 314
토곤 테무르 324
토마스 올슨(Thomas Allsen) 213
토번(吐蕃) 81
티그리스강 149
티무르 331
티무르 왕조 62
티베트 81

ㅍ

파르티아제국 42
파티마 왕조 123
파흐루 알딘(Fakhru al-Dīn) 291
팍스 몽골리카 61
페르낭 브로델 58
포르투갈인 227
포수경(蒲壽庚) 212
프톨레마이오스 46

ㅎ

하노이 141
하라즈(kharāj) 232
하즈(hajj) 114
한서역제국도(漢西域諸國圖) 98
함드 알라 무스타우피(Ḥamd Allāh Mustawfī) 191
함드 알라 무스타우피 알카즈비니(Ḥamd Allāh Mustawfī al-Qazwīnī) 294
항해왕 엔리케 332
해금(海禁) 341
행비서감사(行秘書監事) 216
행중서성(行中書省) 286
행천부사(行泉府司) 236
혜초(慧超) 35
호라즘 샤 203
호르무즈(Hormuz) 200
홍려시(鴻臚寺) 44
황소의 반란 190
회회국자감(回回國子監) 215
회회력(回回曆) 217
회회사천대(回回司天臺) 215
회회(回回) 215
후트바(khuṭba) 153
훌레구 61
훔단(Khumdān) 156

역자 후기

역자는 어렸을 때부터 지도 보는 것을 참 좋아했다. 특히 서울특별시의 모습 전체를 보여주는 지도와 각 구(區)의 지도를 꼼꼼히 들여다보고 있으면 시간이 훌쩍 지나갔다. 아마 어린 마음에 지도를 보고 머릿속에서나마 서울의 구석구석을 여행하고 싶었던 모양이다. 어릴 적 그 버릇은 지금까지도 이어지고 있고, 그런 덕분인지 스마트폰으로 지도를 검색하지 않아도 서울의 어느 동네가 어디쯤 위치해 있는지 대략은 알고 있다. 어렸을 때처럼 지도만 들여다봤다면, 그저 상상에 머물렀겠지만 대학생이 되고나서부터는 살던 동네 반경에서만 돌아다니지 않았기 때문에 머릿속에 있던 동네들의 지리적 위치를 토대로 궁금한 곳은 직접 가서 살펴보는 일이 많아졌던 것이다. 지도에서 익힌 지리 정보와 실제로 가보면서 알게 된 위치 및 정보가 합쳐지면서 역자 자신도 모르게 서울의 지리를 연마(研磨)한 셈이었다.

이미 오래 전부터 역자처럼 지도를 통해 낯선 곳에 관한 정보를 획득하려는 수많은 사람이 존재했다. 그리고 지도를 보는 것으로 만족하지 않고, 당시 알려진 세계에 대한 지식을 토대로 지도를 그리는 사람들도 생겨났다. 21세기 현재에는 위성사진 등을 통해 세계의 정확한 모습을 확인할 수 있지만, 전근대에는 당시까지 발전했던 과학과 지도 제작 기술을 활용하여 지도를 제작했다. 그러다보니 우리가 알고 있는 세계의 모습과는 전혀 다른 지도가 등장할 수밖에 없었다. 그러나 낯선 사람들 사이의 교역이 점차 활발해지고, 항해술의 발전으로 인해 교역의 양과 질이 모두 향상되면서 세계지도의 모습도 달라져갔다. 상상 속에서 그려왔던 낯선 지역을 직접 가볼 수 있게 되고, 낯선 지역의 사람들을 만나 지리적 정보를 획득하면서 지리 지식이 갈수록 정밀해질 수 있었기 때문이다. 그리고 정밀해진 지도를 바탕으로 직접 여행하는 사람들도 생겨나면서 지도의 가치는 더욱 올라가게 되었다. 역자처럼 지도와 그것이 반영한 실제 지리에 흥미를 가졌던 수많은 사람의 탐험과 노력 및 지식의 교류와 전파가 축적되면서 지금의 우리는 지도를 통해 세계 구석구석을 찾아갈 수 있게 된 셈이다.

    이 책은 바로 지도와 지도 제작, 그리고 지리적 지식이 발전하는 모습을 중국과 이슬람 세계 사이의 교류를 분석하는 작업을 통해 증명해냈다. 중국인에게 이슬람 세계는 낯선 공간이었고, 반대로 이슬람 세계의 사람들에게는 동쪽 끝의 중국과 아시아가 낯선 지역이었다. 서로 낯선 공간에 대해 호기심을 품었었고, 항해술의 발전 등으로 인해 중국과 이슬람 세계 사이의 광범한 교류가 이루어지면서 그 호기심과 의문점을 해결하고자 했다. 그 과정에서 중국인은 서아시아, 심지어 아프리카의 존재에 대해서 조금씩 정확하게 인지했고 이슬람 세계의 사람들은 중국의 정치적, 지리적 형세 및 그 주변 지역에 대해서도 서서히 정확한 지식을 축적할 수 있었다.

    이러한 지식 교류 촉진의 전환점이 된 시대가 바로 몽골제국이 유라시아 세계를 지배했던 13~14세기였다. 티모시 메이(Timothy May)는 몽골제국이 만들어낸 다양한 물질적, 정신적 교류를 '칭기즈의 교환'(Chinggis Exchange)이라는 용어를 사용해서 표현한 바 있는데 지리적 지식과 지도 제작 방법의 교류 역시 칭기즈의 교환이 가리키는 범주에 포함된다고 할 수 있다. 몽골이 동아시아에서 서아시아에 이르는 광범한 지역을 단일한 제국으로 만들면서 몽골제국 시기 이전보다 동서 교류는 훨씬 신속하고 안전하게 진행될 수 있었다. 그리고 몽골제국은 다양한 민족 출신의 지식인들을 최대한 활용하여 안정적 통치를 구축하고자 했고, 이러한 배경 때문에 여러 지역의 학문적 지식이 제국의 곳곳으로 전파되었다. 그 결과, 몽골제국 시대부터 진정한 '세계지도'라고 부를 수 있는 지도가 제작되기 시작했다. 조선 초기에 제작된 '혼일강리역대국도지도'는 몽골제국 시대에 이루어진 지리 지식의 교류가 어떠한 결과를 낳았는지를 있는 그대로 보여주는 지도라고 할 수 있다.

몽골제국 시대라는 전환점이 가지는 첫 번째 의미는 동아시아와 서아시아의 지리적 지식이 교환되면서 더욱 정확해진 지도가 등장하게 만들었다는 것이다. 그리고 두 번째 의미는 바로 '대항해시대'가 가능한 환경을 조성했다는 점이다. 아시아보다 수준이 한참 뒤떨어져 있던 유럽이 오랜 세월에 걸쳐 만들어진 아시아의 지도, 항해술, 관련 지식을 수용하여 태평양, 인도양으로 진출할 수 있었던 것이다. 즉, 기존의 서양중심주의 역사관에서는 대항해시대를 기점으로 하는 근대사가 콜럼버스, 바스코 다 가마에 의해서 창조된 것처럼 서술하지만 사실 이들은 아시아에서 이미 활용되던 것들을 활용했을 뿐이었다. 그렇기 때문에 서양중심주의의 협소한 역사관에서 탈피하려면 아시아에서의 물품, 지식, 사상 등의 교류와 이동에 주목하여 여기에 중요한 역사적 의미를 부여할 필요가 있다. 이 책은 수많은 물품과 지식 중에서 지도, 지리 지식을 소재로 삼아 새로운 역사적 관점을 확립하고자 한 노력의 결실이다.

이 책의 원서가 2012년에 처음 출간되었을 때, 저자의 이름을 보고 한국인 연구자가 이렇게 광범한 연구를 진행했다는 것을 알게 되어 매우 놀랐던 기억이 난다. 당시 역자는 대학원 박사과정을 시작하고 있어서 몽골제국의 정치사 연구에 계속 매달리고 있었지만, 이 책을 언젠가는 세밀하게 공부해보겠다는 생각을 품고 있었다. 그러던 차에 동국대학교 문화학술원 HK플러스사업단에서 이 책의 번역을 역자에게 제안했고, 역자는 이때가 아니면 이 책을 자세히 들여다보기 어려울 것 같다는 생각에 곧바로 번역을 수락했다. 한문과 아랍어 사료를 넘나드는 이 책을 번역하는 것이 쉽지는 않았지만, 정치사를 주로 공부했던 역자가 역사를 바라보는 관점을 넓히고 '물품', '지식'에도 주목할 수 있는 중요한 계기가 되었다. 좋은 계기를 제공해주신 동국대학교 문화학술원 HK플러스사업단의 선생님들께 감사드린다.

번역 과정에서 저자인 박현희 선생님께 의문이 가는 부분에서는 여러 가지 질문을 메일로 드렸다. 저자의 입장에서는 굉장히 번거로운 일이었을 것임에도 불구하고, 여러 질문에 세심하게 답변을 보내주셔서 큰 도움이 되었다. 그리고 원서의 오류에 대한 수정 제안도 해주셔서 번역 과정에서 수정할 수 있었고, 관련 자료들도 직접 보내어 역자가 최대한 번역을 편하게 할 수 있도록 많은 배려를 해주셨다. 이 지면을 빌려 저자 박현희 선생님께 감사의 말씀을 드리고자 한다.

이 책의 교정과 편집 과정에서 많은 수고를 해주신 경인문화사의 편집진 여러분께 감사의 말씀을 드린다. 지도와 관련된 책이라서 특히 지도 그림의 편집이 중요했는데, 깔끔하게 편집해주셨기 때문이다. 그리고 이번에는 노트북 앞에 앉아서 무슨 책을 번역하고 있는지를 물으시며 항상 관심을 두고 아낌없는 지원과 응원을 보내주신 부모님께 또 다시 감사의 말씀을 드린다.

2023년 9월
옮긴이 권용철

Mapping the Chinese and Islamic Worlds by Hyunhee Park, published in English by Cambridge University Press.
Copyright © Hyunhee Park 2012
This translation of Mapping the Chinese and Islamic Worlds is published by arrangement with Cambridge University Press.

이 책은 토니 인터내셔널을 통한 Cambridge University Press와의 독점 계약으로, 한국어판 저작권은 "동국대학교 문화학술원 HK+사업단"에 있습니다. 저작권법에 의해 한국 내에서 보호를 받는 저작물이므로 무단전재와 무단복제를 금합니다.

동국대학교 문화학술원 번역총서 06

중국과 이슬람 세계의 지도 그리기
전근대 아시아에서의 문화 간 교류

초판 인쇄 | 2024년 1월 24일
초판 발행 | 2024년 2월 1일

지 은 이	박현희
옮 긴 이	권용철
기 획	동국대학교 문화학술원 HK+사업단
발 행 인	한정희
발 행 처	경인문화사
편 집	김윤진 김지선 유지혜 한주연 이다빈
마 케 팅	전병관 하재일 유인순
출판번호	406-1973-000003호
주 소	파주시 회동길 445-1 경인빌딩 B동 4층
전 화	031-955-9300 팩 스 031-955-9310
홈페이지	www.kyunginp.co.kr
이 메 일	kyungin@kyunginp.co.kr

ISBN 978-89-499-6778-3   93910
값 32,000원

* 저자와 출판사의 동의 없는 인용 또는 발췌를 금합니다.
* 파본 및 훼손된 책은 구입하신 서점에서 교환해 드립니다.